实践⇆反思 教育学文丛

丛书主编 陈向明

心灵的转化
参与和跨界中的教师学习

陈向明　王富伟 — 主编

教育行动研究工作坊优秀论文集（一）

Transformation of
the Mind
Teacher Learning Through
Boundary-crossing Participation

教育科学出版社
·北京·

代序

求知索途：实践—反思教育学的路径

陈向明　北京大学教育学院

2000 年，我在教育科学出版社出版了《质的研究方法与社会科学研究》，作为国内首部系统介绍质性研究方法论的著作，这本书在学界引起了不小的反响。很多读者看到这本书后感慨道："原来研究还可以这么做！"的确，质性研究方法在 21 世纪初的引入，丰富了我国的教育实征研究方法。此后，我在国内不遗余力地推广质性研究方法，在这几十年里，我逐渐意识到质性研究不是一套简单中立的方法技术，其所秉持的人文关怀与理论敏感性正在酝酿着一种全新的教育学。

反思当前教育研究的"痼疾"：很多人理论做得很好，但不去田野，缺乏现实感；有的人实践做得不错，但缺乏提炼理论的能力。作为一名教育研究者，我一直努力搭建实践与理论之桥，做"两栖动物"。这种跨界研究的意识在二十多年前就已经开始萌芽。受英国国际发展部资助，我在 1999 年赴甘肃参与中英基础教育改革项目，在前沿的教学理念与贫瘠的教育土壤之间挣扎，尝试寻找一条扎根西部的教育变革之路。从 2003 年起持续推进的教师实践性知识研究项目，旨在用"实践性知识"这个貌似自相矛盾的概念找到教师专业的独特性。

我们作为研究者与一线教师一起挖掘教师的实践智慧，增强了他们的专业自尊和自信。在这期间，我们每年还承担了教育部"国培计划"和其他各类教师培训项目，并一改传统的讲座式培训模式，用参与式方法激活了教师的团体动力，帮助教师提高了批判性反思的能力。在这些研究和实践的基础上，2010 年我在《北京大学教育评论》发表了《范式探索：实践-反思的教育质性研究》一文，初步提出"实践-反思教育学"的概念，并以此来推动这一独特的教育研究范式的发展及其实践。

若干年过去了，现在我们对实践-反思教育学有了一些新的认识，也积累了一些研究经验。然而，一直困扰我们的一个问题是：实践-反思教育学究竟具有什么独特的研究路径？我们通过大量的课题研究和教育实践改革，逐渐摸索出一条实践与反思之间交错往复的道路。铺就这条实践-反思教育学的路径，主要包括五个步骤：问题聚焦、现实表征、关系联结、思维跃升、行动介入。

"问题聚焦"是对实践的第一重反思。面对教育现象，实践领域的工作者往往不能很清晰地意识到哪些问题需要处理、哪些内容适合研究，或者不敢剖析自己内心深处的隐痛和复杂的社会-文化结构性问题。因此，"问题聚焦"是实践-反思教育学的第一步，只有在形成问题意识，将习以为常的现象"问题化"之后，才有可能突破自己日用而不知的"无意识"。

"现实表征"是对问题的纵深刻画，帮助我们丰富反思的资料。实践-反思教育学跳出了纯概念的游戏，主张对教育问题进行最直接、最朴素的描述、解释和分析。我们通过访谈、观察、收集实物等多种方式，获得对教育现场的充分了解和理解，并通过故事、隐喻、行动公式等将这些理解外化。这种深描与多元表征的方法源自质性研究方法论的滋养，也增强了我们对现实教育问题做出理性判断的信心。

"关系联结"体现了一种关系性思维，强调研究过程的情境性、社会性、跨界合作等要素。这里既包括研究者与被研究者之间的平等对话关系，也包括研究者与研究现象之间时近时远的关系，更暗含着研究者与自己在过去、现在及未来之间的关系。实践-反思教育学对关系的意识和建构贯穿研究始终，多重关系的联结，意味着跨越边界，整合多种资源，借助多样的判断，形成对问题更整全的认识。同时，实践-反思教育学研究者本人也在复杂多元的关系联结中发生着微妙的变化。

"思维跃升"是对反思的再反思，是概念化、理论化的抽象过程，是学术研究的高阶追求。实践-反思教育学将一线教育工作者鲜活、丰富的实践经验，借助新颖视角下的理论洞察加以呈现，同时进一步重构理论。正是因为实践-反思教育学强调不同知识领域之间的跨界合作，所以它才有可能碰撞出新的火花，才有可能实现思维的跃升，并形成有新意的、有强大解释力的理论，才能赋予理论更广阔的适用空间。通过创造新的知识形态，实践-反思教育学在学理上力图为我国本土教育学理论创建提供资源。

"行动介入"是指再次回到实践中，借助研究的洞见解决现实问题。传统的教育学研究要求研究者不要干预现场，要客观地观察和分析教育现象。而对实践-反思教育学来说，不去改变、不去行动、不去触碰现象本身，是了解不到真实的现象的。正如库尔特·勒温（Kurt Lewin）所说："了解这个世界的最好的办法就是去改变它。"① 教育研究工作不能止步于知识的生产，还应该对它们所反映的对象——教育实践——产生实质性的影响。在实践-反思教育学研究范式下，教育的知识生产与教育实践改进之间水乳交融，能够加强教育研究对教育实践改进的推动作用，同时也使得教育实践改进超越经验摸索的层面。

---

① 转引自：阿吉里斯，帕特南，史密斯. 行动科学：探究与介入的概念、方法与技能 [M]. 夏林清，译. 北京：教育科学出版社，2012：前言3.

民大学附属中学通州校区、清华大学附属中学大兴学校两所学校开展的跨界课例研究，总结提炼出几十种一线教师易于使用的课例研究工具，并积累了丰富的案例。我们分享这些工具包和案例集，希望能够帮助一线教师明确学生学习的发生机制及影响因素，构建引导学生学会学习的教学策略，真正落实"以学生为本"的课程与教学。

从文丛第二辑的主要内容可以看到，实践-反思教育学力图抓住教育实践的本质特点，聚焦教师在日常工作中面临的、反复发生的、难以解决的"顽症"。通过扎根一线的田野研究和跨界合作，我们作为研究者、同行者，协助一线教师了解自己的教育信念，进而提升自己发现问题和解决问题的能力。教育研究不能只搞宏观鸟瞰的理论，也不能只埋到细节里做实际事务。在埋到细节里做实际事务时，要偶尔抽身出来看看这个实际事务到底在讲什么；在搞宏观鸟瞰的理论时，又需要关注细节，思考到底有什么证据来支持自己的理论。正如杜威所说，做教育就需要既有理论思维又有实践思维的人，偏哪一个都不好。[①] 实践-反思教育学勾勒出了一种我为之神往的学术状态，它实则在为教育研究者本人赋能，帮助我们脚踏实地、仰望星空，在动态的、不确定的社会大环境中创造可能性。

2022 年 6 月

---

① 转引自：陈向明，安超，方明军，等. 被打断的教育与自我唤醒的学习：陈向明教授叙事行动研究访谈录 [J]. 现代远程教育研究，2021（6）：3-11.

本书序

『实践－反思教师研修』①的一种可能样态

陈向明　北京大学教育学院

本文集收录的是北京教育科学研究院德育研究中心举办的教育行动研究工作坊前三期学员的论文，其中大部分论文来自第三期三个工作坊之一的教育叙事行动研究工作坊（另外两个是教育案例研究工作坊和教育调查研究工作坊）。作为这三期工作坊的主讲教员之一，特别是教育叙事行动研究工作坊的负责人，我希望利用这个机会对第三期教育叙事行动研究工作坊的创新探索机制进行深入分析，以便对我国当前教师研修②现状的改进贡献一点思路和做法。

一、教育叙事行动研究工作坊的运作方式

教育叙事行动研究工作坊的目的是针对学员工作中遇到的、反复发生的"顽症"，采取叙事行动研究的方式，协助学员提高发现问题、

---

① 感谢安超、欧群慧、卢杨、王青对本文提出修改建议。

② 我们将"培训"改为"研修"，是希望教师改变被动接受专家讲授的现状，更加主动地对自己面临的困境进行研讨。

解决问题的能力以及反思的意识和水平。本工作坊有 34 位学员、2 位教员（欧群慧和我）、2 位助教（安超和王青）、1 位班主任（任敬华）、1 位参与式观察员（卢杨）（工作坊嵌套了我在北京大学基础教育研究中心申请的课题"教师跨界学习机制研究"）。学员来自大中小幼不同学段和不同学校，按照研究问题的性质分成 6 个小组。6 位工作人员均来自大学和科研机构，疫情期间全部变成了教员，每人深入一个小组，在网上对学员进行个性化的引导并组织小组团队学习。

工作坊持续了整整一年，每三周集中一天上课和交流。课后学员写反思笔记，收集和分析资料，在教员的引导下反复改写教育叙事，每周一次与教员一起开展线上小组活动，分享研究进展和困惑，同时在自己的日常教育教学行动中实施干预措施并评价干预效果。当学员遇到瓶颈问题（如主题不明确、叙事不生动、反思不深刻）时，教学团队邀请了其中 7 位学员与教员结对授课，分享突破瓶颈的经验，大大促进了参与者对教育叙事行动研究的理解。

此外，还有 6 位学员与 6 位教员一起多次被邀请参加学术会议和讲座，组队分享自己的研究心得和体会，大大激发了参与者的专业荣誉感和主体能动性。这种组队分享的机制在以前的教师"培训"中几乎没有。学员们的"现身说法"给参与者带来了"镜道"的效果，即通过别人的故事反观自己，而教员的点评和理论提升则增强了学员分享的学理性和可推广性。在工作坊开展过程中，有 7 位学员自愿报名参加了嵌套的研究课题，定期与研究团队一起对自己的研修实践进行反思和系统的研究。方明军作为研究课题的总协调员，做了很多组织工作。

由于工作坊开展了 12 次集中研修，大部分学员的论文也经历了 12 次乃至更多次的修改。在修改过程中，教员对每一位学员的论文都提出了细致的修改建议。在需要的时候，教员还对部分有困难的学员进行了 1 对 1、多对 1 的长时段指导。通过 12 次集中研修以及各种个性化指导、小组合作学习和自我研究，最终的研究成果大大超出了我们的预期。到目前为止，除了收录在本论文集中的作品，我们已经在各类刊物（包括中文的 CSSCI 和国外的 SSCI）上发表了 40 多篇论文。这实乃"无心插柳柳成荫"，正是由于团队一开始没有功利化的追求，以自我成长为共同愿景，才真正激发了大家的主体性和创造性，让这些源自心灵的成果"涌现"出来。

二、"实践-反思教师研修"的意涵

很显然，这样一种教师研修与目前我国大部分教师培训（大班额、一次性、专家拼盘式讲座）很不一样。基于过去 20 多年对"实践-反思教育学"范式下教师专业发展的探索①，我们将其命名为"实践-反思教师研修"。

之所以如此命名，是因为我们秉持"实践优先"的原则，从教师面临的"顽症"（困境、麻烦）入手，根据他们希望解决实际问题的诉求，将"叙事探究"改造成"叙事行动研究"。通过"讲述—行动—再讲述—再行动"的螺旋上升，学员对自己的教育教学实践进行了系统探究和行动干预，进而讲述出生动、深刻、感人的教育叙事。实践是为了善的目的而改变对象的活动②，具有复杂性、不确定性、不稳定性、独特性和价值冲突性等特点③。从事教育实践的教师最需要的素养是择宜，即在具体的情境中做出此时此地最为恰当的判断和行动。理论与实践的关系一直是教师专业发展面临的一个难题，而叙

---

① 陈向明. 范式探索：实践-反思的教育质性研究 [J]. 北京大学教育评论，2010 (4)：40-54，188；陈向明. 实践-反思性行动研究的意涵和路径 [J]. 人民教育，2023 (Z3)：109-112.

② 亚里士多德. 尼各马可伦理学 [M]. 廖申白，译注. 北京：商务印书馆，2003：3.

③ 舍恩. 反映的实践者：专业工作者如何在行动中思考 [M]. 夏林清，译. 北京：教育科学出版社，2007：11.

事行动研究则力图跨越这个鸿沟，要求研究的问题来自实践，在实践中做研究，研究结果反哺实践。同时在实践中提炼知识，与现有理论进行对话，形成跨越理论与实践二元对立的实践性知识①。

"实践-反思教师研修"不仅强调"实践的优先性"，而且重视反思的作用。反思并不是"反复思考"的意思，而是思想以自身为对象反过来而思之②。反思的实质是将主体客体化、对象化，对主体自己的观念和思维方式进行考量，涉及的是"对思想的思想"。反思具有自反性、批判性和超越性等特点，教师的反思只有当理论和实践能够以一种统一的方式被教师看成是有"问题"的时候才是可能的③。因此，工作坊不断鼓励学员质疑自己习以为常的事情，特别是意识到自己的信奉理论（espoused theory）与使用理论（theory-in-use）之间的差距④，通过"双环学习"⑤反思自己的价值观和教育信念，完成心智模式的转变，而不仅仅是"单环学习"，即根据行动结果仅仅改变自己的行动策略。

在开展工作坊的过程中，我们逐步形成了对教育叙事行动研究的基本要求：①主题要明确，要有张力、悖论、矛盾，要出人意料；②故事情节要生动，对故事发生、发展过程的描述要翔实；③反思要深刻，特别要结合个人的生命史以及自己目前所处的社会结构和文化环

---

① 有学者将有关实践的知识分成三类："为了实践的知识"（knowledge for practice），即学术界为实践开发的知识；"实践中的知识"（knowledge in practice），即实践者在自己的实践中形成的知识；"实践性知识"（knowledge of practice），即超越了理论和实践、正式和非正式、内部和外部等二元对立，相互对话形成的知识（COCHRAN-SMITH M, LYTLE S L. Relationships of knowledge and practice：Teacher learning in communities [J]. Review of Research in Education, 1999, 24（1）：249-305）。本文使用的"实践性知识"意指第三个。

② 孙正聿. 反思：哲学的思维方式 [J]. 社会科学战线, 2001（1）：46-53.

③ 张立昌. 试论教师的反思及其策略 [J]. 教育研究, 2001（12）：17-21.

④ 卢真金. 反思性实践是教师专业发展的重要举措 [J]. 比较教育研究, 2001（5）：53-59.

⑤ ARGYRIS C, PUTNAM R, SMITH D M. 行动科学 [M]. 夏林清, 译. 台北：远流出版公司, 2000：74.

境，对故事进行学理探究。我们借助叙事三维生活空间（时间、空间、地点）、生态系统（小、中、外、大系统）、三种故事（伪装的故事、隐秘的故事、信奉的故事）等理论视角，鼓励学员对自己的日常惯习和教育信念进行深入的反思和元反思（对自己反思习惯和特点的反思）。

三、"实践-反思教师研修"的基本特征

基于对教育叙事行动研究工作坊经验的系统分析，我们认为，"实践-反思教师研修"的特征主要体现在如下5个方面：①将伦理实践作为教师研修的性质定位；②将激发性信任作为教师研修的动力机制；③将共同流现作为教师研修运行的理想形态；④将心灵转化作为教师研修的欲求结果；⑤将教员自身的蜕变作为教师研修的附带目标。

第一，就教师研修作为一种人类实践而言，我们提倡将其性质主要定位于一种伦理性实践。以往的教师培训大都关注教师的认识活动，即通过学习知识和技能，了解和理解自己、社会和自然。而伦理性实践关注的是如何激发人性中的善和潜能，学习如何在社会中与他人一起过一种美好生活。教师研修只在头脑上做功夫是不够的，更需要考虑是否具有教育性[1]，即是否有利于教师作为一个完整的"人"的成长。沿用列维纳斯伦理学中的"他者理论"，工作坊教员的责任（responsibility）来自对教师成长的回应（response）（二者来自同一词根）[2]。教员只有臣服于（subject to）这个责任，自己作为有能力负责的教员的主体性（subjectivity）才得以彰显（二者也来自同一词根）。

---

[1] 比斯塔. 教育研究：一种非正统的导论 [M]. 祝刚，译. 北京：北京师范大学出版社，2023：120.

[2] 列维纳斯. 总体与无限：论外在性 [M]. 朱刚，译. 北京：北京大学出版社，2016：10.

"打开"思维、心灵和意志，"跳进水中学游泳"，接纳全新和未知的事物①。教员不仅需要借助自身作为教学的具身性载体，而且需要高度关注学员的状况，深度倾听他们表达的和无法表达的情感、感受，然后给予恰当的回应。很多次，大家好像联结到了一个集体创造的源头，时间、空间、概念和推理都消失了，人与人之间的区隔也消失了，共同朝向不可预期的可能性②流动。当教员在预设与生成、动与静、收与放之间保持适度张力，学员在面临新内容时充分调动自己的前理解和具身性体悟，教员和学员成为一个共同流动的整体时，便会出现这种意想不到的、触及灵魂的高潮③。这种"共鸣"和"共现"往往是可遇而不可求的，但是在场者可以朝向心中的最佳意象不断努力。

一个非常明显的例子是，一些学员在工作坊快要结束的时候似乎还不明其理，后来突然在一夜之间便写出了精彩的叙事。这类学习方式被我们命名为"顿悟式学习"（相对于"渐进式学习"）。根据格式塔心理学的解释，当学员面临"顽症"不知如何处理时，其大脑中出现了知觉缺口或缺陷。而教员并没有立刻灌输知识或技能，而是让学员自己"在水中挣扎"。此时学员会调动自己的已有经验，不断尝试各种办法，掂量利弊，直至突然意想不到地被书中的一句话、教员的一个点评、组员的一个评论甚至学生的一个眼神所"击中"，进而出现"开悟"的现象——知觉缺口被直觉和想象力所填补，瞬间完成了认知、情感和价值观的整体跃升④。

第四，就研修的结果而言，"实践-反思教师研修"更加关注心灵转化，而不仅仅是知识和技能的掌握。在工作坊前期，很多学员陷入

---

① 夏莫，考费尔. U型变革：从自我到生态的系统革命 [M]. 陈秋佳，译. 杭州：浙江人民出版社，2014：115.

② 比斯塔. 教育的美丽风险 [M]. 赵康，译. 北京：北京师范大学出版社，2018：58.

③ 陈向明. 优秀教师在教学中的思维和行动特征探究 [J]. 教育研究，2014 (5)：128-138.

④ 陈向明. 教师的顿悟式学习是如何发生的 [J]. 上海教师，2021 (1)：44-51.

日常工作中的"顽症"不能自拔，就是因为他们囿于"单环学习"①，在行动结果和行动策略之间反复循环。后来，借由分析性对话、推论阶梯、左手栏、反思表、反思性写作等工具进入"双环学习"，他们不仅根据行动结果调整行动策略，而且了解并调整了自己的价值观和教育信念，行动的结果也大大改变。

例如，针对"个别生"问题，很多学员一开始往往纠缠于采取什么措施让他们从"不正常"变得"正常"。因此，他们采取各种管理办法希望能够调教这些"问题学生"，如找家长、罚做作业、口头批评、假装生气、廉价表扬等，但是效果依然不佳。直至他们意识到，"问题"其实主要在于自己对什么是"正常"和"不正常"的儿童抱有偏见。一旦自己改变了对儿童的认识，"问题儿童"就消失了。有教师在反思笔记中说："一想到自己无意中制造了很多'问题儿童'，就脊背发凉。"这说明，教师研修不能仅仅停留在术和器上，而要提升到法和道的高度。②

第五，"实践-反思教师研修"不仅会改变学员的心智模式，而且会促使教员转变心态，重新定位自己的角色、任务和作用。本次工作坊的教员全部来自大学和科研机构，而学员均来自一线课堂，这便形成了一个跨界学习的场域。来自不同活动系统（学术系统、教学系统）的人们彼此相遇，必然会产生一些价值观、信念和行为习惯上的摩擦。而跨界学习理论认为，差异不是学习的障碍，而是学习的资源③；因为有差异，所以才需要相互学习。据此，教员在工作坊工作的

① ARGYRIS C, PUTNAM R, SMITH D M. 行动科学 [M]. 夏林清，译. 台北：远流出版公司，2000：74.

② 李赛强. 教学技能工作坊本土实践研究 [J]. 上海教师，2021（4）：53-60.

③ AKKERMAN S F, BAKKER A. Boundary crossing and boundary objects [J]. Review of Educational Research, 2011, 81（2）：132-169; STAR S L. This is not a boundary object: Reflections on the origin of a concept [J]. Science, Technology & Human Values, 2010, 35（5）：601-617.

过程中，也对自己的角色进行了调适，从"指导者"变成了"引导者"（facilitator），通过创造有意义的教育事件，激发学员自主学习的信心和能力。教员还承担了理论提炼和对话的任务，不仅在学员遭遇困难的时候适当介绍通俗易懂、风趣幽默、好用的"为了实践的知识"，而且在深刻理解学员实践的基础上，协助他们提炼自己"实践中的知识"，然后与学术理论进行对话，进而形成新的"实践性知识"。

由于角色和任务的转变，教员的行为也发生了很大的变化。起初，部分教员很担心自己能力不足，试图用大量的理论知识来填充自己的讲义。后来发现，只要自己放下"架子"，身体力行，展现出一个"好的学习者"的真实样子，就能激发学员的学习——最好的教学其实是用自己的学习激发和带动他人的学习。作为真实的学习者，教员并不隐藏自己的无知和脆弱，而是真诚对待和表达真实的自我，结果激发了学员用情感（而不仅仅是理智）触摸理论和实践（这也是一个"激发性信任"的例子）。教员超负荷的真诚投入和耐心陪伴让学员非常感动，课堂上多次出现了温情涌动、催人泪下的场面。

四、总结与展望

"实践-反思教师研修"意在促进教师作为一个整体的"人"的发展，而不仅仅是收获一个理论包或工具箱——这也是本文集名使用"心灵的转化"的一个重要原因。为了让教师敢于面对自己存在的不足和盲点，我们通过激发性信任努力创设了一个开放、安全、平等交流的研修环境。工作坊尽量让所有人都参与到研修计划的制订和实施之中，"打开"心灵、思维和意志，共同在场，共同创造，进而让一些事先无法预料的新事物自然涌现出来。最终，参与者在"实践-反思-实践"不断循环上升的过程中，逐步形成了对自己心智模式的觉知和改善。

我们将教育叙事行动研究作为工作坊的内容、路径和载体，特别有利于学员的思维训练和心灵转化。作为一个贯彻"实践-反思教师研修"的抓手，它促使学员在日常实践中不断反思和改善自己的心智模式。此外，我们将来自西方的"叙事探究"改造成"叙事行动研究"①，也可以看作一个本土化改造，促使学员根据行动干预的效果反映回观自己的心智模式，因而变成了一个更好的"人"。

由于意在促进教师全人的发展，工作坊结束之后对学员的影响仍旧回响久远。一些学员在自己学校的教研活动中引入了工作坊的模式，让学校所有人（包括校医）都参加教研活动，发表自己的看法。有的学员回校后组织了叙事学习小组，带领同事一起持续开展校本研修。还有的学员组建了家校合作共同体，使用在工作坊学到的方法改进与家长的沟通。本文集的附录中收录了一些学员在工作坊结束之后发表的论文，从中可以看到近几年大家不断努力取得的进步。由于篇幅有限，很多后续发表的论文尚未收录。

需要在此特别说明的是，由于工学矛盾、经验不足等原因，本文集收录的论文并不都是"上乘之作"，仍旧存在很多可以改进的空间。有的学员面临的"顽症"在工作坊结束时也并没有完全"解决"，仍在一定程度上困扰着他们。然而，一线教师在繁忙的工作中能够写出这些真诚、真实、超越"好人好事"的叙事，在我们看来已经是一件非常了不起的事情。而"顽症"没有被"解决"（可能永远也无法"解决"，只是得到部分"缓解"）并不是"失败"。只要学员对问题有了更加深入的理解和体悟，意识到问题的复杂性或对问题进行了重构，实现了心灵的转化，并能够找到自己在社会结构中的可为之处，便可以认为是一种"成功"。

叙事探究具有"疗愈"的作用，能够让教师通过生活—讲述—再

---

① 陈向明. 从"叙事探究"到"叙事行动研究"[J]. 创新人才教育，2021（1）：50-56.

讲述—再生活①，脱掉粘在身上的那件"湿衬衫"②，与问题拉开距离，更加客观、系统地对其进行反思和重构。由于工作坊将"叙事探究"改造成了"叙事行动研究"，教师不仅学会了"用故事思维"③（而不是对故事进行思维），而且能够重新进入"田野"进一步收集和分析资料，并采取行动对这件"湿衬衫"进行改造。而且，更加重要的是，由于创造了一个反思回旋的空间，教师能够减少因为不能完全"解决"问题而产生的内疚感和无力感。教育问题非常复杂，不是教师用一己之力就能"解决"的，特别是当今如此剧烈的"加速社会"④中几乎人人都陷入"内卷"的窘境下。现在，工作坊的学员和教员作为首次"吃螃蟹的人"，已经做出了自己初步的努力。我们衷心希望这些努力能够有助于点燃我国广大教师内心的探究热情，增强其投身教育行动研究的信心和力量。本文集中教师展现的独特智慧和风采，体现了"实践-反思教师研修"的一种可能样态，希望能够给读者带来一些启发，也能够为我国的教师教育改革提供一点新的视野、思路和方法，进而让我们的亿万儿童从中受益，更加健康地学习和成长。

---

① 克兰迪宁. 进行叙事探究［M］. 徐泉，李易，译. 重庆：重庆大学出版社，2015：13.

② "湿衬衫"是来自工作坊学员张东云老师的一个本土概念，意指那个紧紧粘在身上、怎么也甩不掉的"问题"，形成了对教师无能的"污名"。

③ 同①14.

④ 罗萨. 加速：现代社会中时间结构的改变［M］. 董璐，译. 北京：北京大学出版社，2015.

重新定义行动研究①

王富伟 北京教育科学研究院

当我落笔开始写这篇序言时，第四期教育行动研究工作坊正在筹办结业仪式，第五期也即将开班。而当我准备收笔完成这篇序言时，第五期刚刚结业，第六期也在筹划之中。本书为前三期工作坊学员的优秀论文集，此时出版，有了一种历史与未来交汇的意义。

一、工作坊的学习跃迁

第一期工作坊创办于 2016 年 5 月，历时一年，当时名称还是"质性研究方法与教育研究"研修课程，属于北京教育科学研究院德育研究中心刚成立的北京市反思型教师质性研究室的第一项重大活动，目的是通过教一线教师质性研究方法助其成为反思型教师。当时主讲教师只有我和陈向明教授，北京大学教育学院的缪静敏博士担任学术助教，北京交通大学附属小学的王小东老师担任行政助教，学员则主要

① 感谢陈向明教授和谢春风研究员对本文的反馈意见，感谢王青、张森、王旭辉、马金鹤等工作坊教学团队伙伴对"重新定义研究"的讨论。按照惯例，文责自负。

是面向北京市中小学进行招募。尽管陈老师鼎鼎大名，我们中心谢春风主任也大力支持，邀请了几个区县的德育教研室主任参与研究室的成立暨工作坊的宣讲活动，但招生还是显得比较困难。可能这是一个新生事物，有些让人畏难，也让人观望，以致最后只招收了27人，其中还包括张森和李明蔚两位北京师范大学博士生以及陈老师的三位北京大学的访问学者。确实，尽管首期我们已经构建了指向理论与实践兼容的工作坊整体框架，包括一学年讲习12次研究方法的课程设置、边学边做的参与式教学、学员结业时完成一项研究的目标等，但将其实现并非易事。在教与学双方都感困难的情况下，本期并没有产出论文形式的成果。① 虽然本文集收录了首期学员夏红梅老师的文章，但那还是夏老师在参加了第二期工作坊部分课程后写出来的。

第二期工作坊于2017年10月至2018年7月期间举办，学员主要以北京市大兴区的30位班主任为主，教员则扩大到6人，主讲教师除了我和陈老师，还增加了北京师范大学的赵树贤老师，担任助教的则有北京大学的张颀博士、北京教育科学研究院的马金鹤老师和北京市大兴区教师进修学院的李颖老师，名称也改为"教育质性研究工作坊"。鉴于对第一期的反思，本期加强了对学员个人研究的要求，通过密集的小组讨论和个别指导，大部分学员都澄清了自己的研究问题；在资料分析阶段，根据学员需求和思维习惯，在扎根理论的编码分析之外，又引入叙事探究的故事撰写，使得本期有14名学员完成了研究报告，其中11篇被收录于本文集中。但本期暴露了学习分化的问题，如何使教学内容适合每一位教师，也即如何使研究方法适用于多样实践情境，成为工作坊后续探索的主线。

第三期工作坊于2019年9月至2020年10月期间举办，后半段教学

---

① 关于前四期工作坊的演化、模式以及机制，我已另文做了详细分析，参见：王富伟，李一凡. 从故事到叙事与模型：教师反思心智的实现路径 [J]. 学前教育，2023（21）：13-18；王富伟. 教师的心灵转化：基于"教育行动研究工作坊"的案例研究，待发表。

受新冠肺炎疫情影响在线上完成。本期学员共计93位，主要是北京市中小学教师，其中52位是由北京市海淀区教育党校统一组织报名。结合学员特点，本期根据研究方法类型将学员分为三个班：教育叙事行动研究工作坊（简称"叙事班"），34人；教育调查研究工作坊（简称"调查班"），20人；教育案例研究工作坊（简称"案例班"），39人。三个班统称为教育行动研究工作坊。相应地，教员也主要根据擅长的研究方法类型进行选配，分班组建了5人、3人和5人的教学团队，再加上1名总助教和3名来自"教师跨界学习机制研究"课题组的观察员，共计17位教员。从整体看，本期工作坊成果丰富，一共收获了46篇研究报告，其中31篇入选本文集，构成文集主体。但内部分化却又加剧了，叙事班、调查班和案例班分别提交了26篇、14篇和6篇，其中叙事班有26篇入选本文集，且基本上都已在刊物上发表。分化加剧是教学内容的适用边界与教学实践的模式特征共同作用的结果，叙事班的"成功"主要源于其创造的密集的教学互动和亲切的师生关系，并与教师对叙事思维的亲和性形成了正向的叠加效应。但是，三个班都没有摆脱方法本位的倾向，都将研究方法当作一门学科知识来教，从特定角度看反而相对弱化了工作坊的实践倾向。

第四期工作坊受疫情影响较大，时间为2021年9月至2023年3月，12次教学活动有10次在线上完成。但由于在反思前三期得失的基础上采取了相应调整，本期反而取得了丰硕的成果：71位学员有68位提交了结业成果。首先，工作坊定位由研究方法教学转变为实践问题解决，这体现在教学组织上，一开始并没有按研究方法类型分班，而是结合学员研究主题将他们和12位教员平均分配为两个班，研究问题、研究设计和资料收集等内容的授课前6次统一进行，直到第7次之后才根据研究问题适用性和学员自愿选择，分别按叙事分析、编码分析和统计分析三个路径进行教学。其次，基于叙事思维与模型思维两种人类基本思维模式，将研究方法与学员的思维习惯进行匹配，以使其研究开展更为适切。① 最后，引入和开发了推论阶梯、分析性对话、左右手栏、循环提问、因果环路图、"婚礼"场景创设和学习逻辑层级7个思维工具，以帮助学员学习从系统思维和关系视角分析与解决问题，并最终提炼出"培育和启发反思心智"② 作为工作坊的宗旨。但以上这些都是以教员与学员的密集互动和高度投入为基础的，尤其是最后研究报告的完成，极其耗费时间和精力，一般需要修改十几稿才能达到我们设想的"标准"。那么，问题就来了，学员学习研究方法和用研究改善实践，需要写成论文并投稿发表吗？

第五期工作坊开始于2023年3月，带有明确的实验性质。为了降低投入强度和更加贴近实践，本期变革了整个课程设置，授课次数从12次减为7次，授课内容不再是研究方法讲习，而是以7个思维工具为主。师生比配置更有利于个性化指导，教学团队包括5位主讲教师和1名助教，而学员只招收了30名，全部是大兴区的骨干班主任。整体定位则是学员通过学习和应用思维工具来解决一个教育教学中的"顽症"，对这一改变过程的文字记录可作为结业成果——某种意义上，本期工作坊把"研究作为副产品"。经过这些调整，本期教学进展顺利，于2023年7月4日进行了最后一次集中教学活动，但拖至12月24日才开始筹备结业仪式，原因在于学员们提交的研究成果远远未达预期，而修改起来也颇为费劲。由于没有进行资料分析和论文写作的专门学习，教师很难把自己的改变过程适切地表达出来——即使他们在实践中取得了很好的效果。在指导教师修改论文的过程中，我们也发现，那些课上和研讨过程中发生的所谓视角转换和思维变化并没有真正落地生根，恰恰是"写作"才促进了具体实践的改变，而写作

---

① BRUNER J. Actual minds, possible worlds ［M］. Cambridge：Harvard University Press，1986：11-43.

② 反思心智是指心智之心智，是一种通过反思认清自我心智之模式和所处情境之框架的心智层级，包括认知、情感和价值观要素，从整体上体现了人们如何看待世界以及看到的世界是什么，具体可以分为探究的思维、开明的心态和全纳的精神。

成果最终则成为记录问题解决过程或改变历程的文本。这不禁让我们重新思考写作、发表乃至研究对工作坊学员和更大教师群体的意义。

至此，我们已经从论文产出角度，简要回顾了工作坊探索理实兼容的演变过程，如果从贝特森的学习逻辑层级理论①来看，我们至少经历了两次学习层级跃迁。第一次发生于第二期，工作坊研究方法的教学内容在单一的扎根理论基础上增加了叙事探究，这属于同一选集（多个研究方法）中变化选项（具体研究方法）的第一层级学习，学习效果在第三期达到了顶峰。第二次发生于第四期，工作坊由方法本位转向了需求本位，教学内容跳出了研究方法的知识逻辑而偏向问题解决需要的实践逻辑，并增加了思维工具的选项集，这属于第二层级学习。那么第五期是不是发生了第三层级的学习？也即舍弃研究方法选项集而专用思维工具选项集的变化是不是意味着这些选项集的框架发生了变化？目前从第五期来看，基本上具备了可能性。因为我们在深层上重构了对"研究"及其与"实践"关系的理解：研究不再只是一种抽离出来的"专门活动"，也有可能是融入日常实践中的思维方式。这突破了我们作为研究者或学者的心智模式，不仅从"研究"的角度而且也从"实践"的角度看待理实兼容。对此我们将会在第六期乃至第七期、第八期中坚持不懈地进行探索和完善。

二、教师的心灵转化

本文集是前三期优秀研究成果的汇总，那么站在历史与未来的交汇处，它到底具有什么样的意义呢？我们先来看这些论文代表了什么。它们是工作坊的学员试图通过"专门研究"来解决工作问题的文字记

---

① BATESON G. Steps to an ecology of mind [M]. New York：Ballantine Books，1972：279-308.

录。尽管具体问题多种多样，包括个别生教育、课堂管理、家校沟通、教师成长和教师合作等，但解决办法却都和往常不一样，即和日常的例行工作不同。这次他们都进行了问题界定、资料收集、资料分析和论文写作等"专门"的研究活动。因此，他们都同时经历了"行动中反思"和"行动后反思"①，这些文字是探究和反思的结果，是对自我改变和问题改善的梳理与展示。大体上，这些改变可以分为四种基本类型。

（1）问题重构，是指教师最初面对的问题，在经过研究后得到了重构或发生了实质性变化。例如，韩茜老师最初看到小男孩聪聪不太爱说话、不太积极回应老师和同学，就觉得他是个"怪"孩子，把自己面对的问题界定为"如何让特殊孩子转变，赶上大部队"。但随着研究的不断深入，她最终发现自己是在以一种"缺陷"模式看孩子，不能接受孩子的与众不同。而当她开始在教育中接纳聪聪本来的样子时，原来的问题就得到了消解，聪聪并不"特殊"，她需要做的是"如其所是地爱孩子"。

（2）原因澄清，是指教师最初对问题的原因分析往往指向个体，但经过探究后发现了结构性症结，从而实现自我清明或自我和解。例如，胡媛媛老师最初为"好"学生（成绩优异）不听讲而苦恼，以为是自己教学水平有问题，经过研究之后发现，她的问题受"影子教育"等结构性因素的影响，即学生在课外辅导班中学了相同知识后对课堂学习失去兴趣，和她的教学水平并不相关，从而得到了自我松绑。

（3）渐进改善，是指教师面对的问题在经过研究后，逐渐得到了部分解决或在可控范围内得到了部分改善，未来仍有可能改进。例如，顾国银老师面对课堂上教师越是鼓励学生积极问答学生越是沉默的现

---

① 舍恩. 反映的实践者：专业工作者如何在行动中思考 [M]. 夏林清，译. 北京：教育科学出版社，2007：40-56.

象，进行了多轮行动研究，先后发现是课堂形式、学生态度、他人评价和集体氛围等因素影响了学生回答的积极性，随后在每一阶段都采取针对性改进措施，最终使得全班愿意回答问题的人数倍增。

（4）全新改变，是指教师面对的问题，经过研究之后得到了全面的、根本性的转变。例如，杨素芳老师所面对的问题是无论怎样采取"说教"等措施都无法促使小郭同学按要求完成作业。在她的教育观念由"教育"学生转变为"尊重"学生，并采取了允许学生基于兴趣写作业、同伴帮扶等措施之后，问题最终得到解决，小郭同学能够积极完成作业。

以上四种改变类型构成本书的四个篇章。它们之间没有高低之分，都是教师特定阶段的特定情境之作。也许"全新改变"更能满足人们对"圆满"结局的期待，但如果重新提出一个真实的问题，可能会产生更久远的影响。对于一线教师来说，通过研究来解决问题，意味着学会了以一种新的思维方式来对待工作，在碰到困惑后会去界定问题，实施观察，建立假设，进行推理和验证，具备了杜威所说的反思性思维[①]。同时，这也意味着他们能够比较系统地看待问题，以开放的心态容纳差异，可以从关系重构的角度寻求问题解决之道。总之，发生了心灵的转化，教师可以借此实现自我松绑，跳出自责或推责的境地，相对自主地成长。这对学生及其家庭来说无疑是巨大的福音。试想如果一个所谓的"差生"能被老师"正常"对待，得到适合其个性发展的教育，进而撕掉"差生"标签，那么这个孩子及其家庭该是多么地喜悦！如果一所学校拥有许多这样的教师，那么学校所面对的教师合作和家校沟通等系统性问题也许就能得到有效缓解！

---

① DEWEY J. How we think: A restatement of the relation of reflective thinking to the educative process [M]. Lexington: D. C. Heath and Company, 1933: 106-117.

三、产出情境性知识

本书每一篇文章后面都附有工作坊教员的"点评",其实说成"对话"更为合适。因为我们教员在指导、点拨学员做研究的同时,也在体会什么是真正的教育实践问题,相信读者阅读时也会有这种体验。一线教师基于实际工作问题的研究,会滋养教员对教育的实践感,不至于无病呻吟,进而做出元气淋漓的研究。另外,教师是实践者,所做出的研究也会丰富研究者对"研究"的理解,使研究者能从"实践"去看理实兼容。文集中每位教师基本上做的是个案式研究,也即研究的或是一个学生、或是一个班级、或是一个家庭,最终目的是直接理解和解决围绕个案所发生的问题。出于对这一"现实"的尊重,又考虑到展示和交流的需要,我们在指导教师写文章时摸索出了以下几个"标准":问题明确,逻辑通顺,细节丰富,反思真诚,情理动人。

如果读者中有担任学术期刊编辑的朋友,也许会认为这样的文章难以发表,因为它们过于关注细节,带有个人价值倾向和情感波动,缺乏文献综述和理论高度,总之,学理性不够。确实,我们有过这样的遭遇:我们曾带着学员的文章,找过教育研究领域几家刊物(都是C刊)的编辑,但纵使他们充满欣赏和同情,也都立刻拒稿,因为这些文章与一般的学术文章格格不入。即使某些文章最终能在一些面向一线教育工作者、不那么强调学术性的刊物上发表,也是经过了一再努力。但教师的文章真的缺乏学理性吗?这取决于如何理解学理性。对于学理性,目前学界盛行的理解是与"普遍性知识"关联在一起的,认为研究的产出应是普遍规律(即使是在相对意义上),能对线性增长的知识谱系增砖添瓦。但教师产出的却是"情境性知识"①，是对具体情境中发生的事务进行解释，并可直接用于改善实践。因此，如果存在对立，也应是情境性知识和普遍性知识的对立，而非情境性和学理性的对立。那么，哪种知识会更有前景呢？且不说普遍性知识已经受到了普遍质疑，在充满不确定性的当下，情境性知识也许更能带来适切性启发。本书的出版就是一种预示。但不管如何，从更广阔意义而言，教师的行动研究产出正在创造一种新的知识类型。

北京第二实验小学的芦咏莉校长在最近一篇文章中讲述了她是如何在从大学教授转变为小学校长的过程中实现"研究与实践相融相生"的，其中一条就是以"研究"的方式开展工作。她认为：研究论文浓缩了整个研究过程，其中每个章节就是一个工作环节，主要包括价值与原则（研究意义/价值与指导思想）—目标与风险（研究问题）—前期经验与基础（文献综述）—资源与策略（研究方法）—推进与分工（研究过程）—结果或调整（研究结果）—反思与成长（研究结论）。② 与此相比，这本文集的历史意义一下子明朗起来：虽然都是在用研究解决实践问题，但"研究"在芦校长那里是一种工作方式，而在我们的学员这里是一种专门活动，文集是对这一专门活动的记录。由此，它的未来意义也显露出来，工作坊不断贴近实践之改进的终点，是促进教师把研究作为工作方式，未来的文集也将包括他们研究性工作的记录。

但仍存在一个过程需要跨越：芦校长已具备了研究思维，才能将其作为工作方式，但我们的教师需要学习和培养研究思维，才能将其融入工作之中。我们讲习研究方法，就是迈向这一过程的第一步，而

① CONNELLY F M, CLANDININ D J. Teachers' professional knowledge landscapes：Secret, sacred, and cover stories [M] // CONNELLY F M, CLANDININ D J. Teachers' professional knowledge landscapes. New York：Teachers College，1995：3–15.

② 芦咏莉. 从大学教授到小学校长："活"起来的研究生活 [J]. 中小学管理，2023（11）：5–8.

跳出方法本位的改进和引入思维工具，则是中间的过渡。从这个角度看，要不要写作及发表论文的问题也得到了解答：写作和发表论文作为研究的"浓缩"，当然属于教师学习做研究的关键部分。而从第五期的经验看，写作也是改变过程中的关键部分，通过写作实践改善才能得到贯通。因此，工作坊的学员需要写作，教员也要把写作作为一项专门的内容来教。此时，写作就不仅仅是记录，更是创造和改变。

我们仍然不能忘记阿吉里斯的提醒，属于行动研究结果的写作需要在严谨性与有用性之间把握微妙平衡①，而我们在教的过程中需要保持开放性——最起码，我们现在已经有了专门研究活动记录和研究性工作记录两种类型，前者以研究促行动，后者融研究于行动。当我们和教师一起开放探索理实兼容之时，也许会创造出更多的未知类型，从而缓解教师的学习分化问题。因此，一定意义上我们也重新定义了行动研究：从主旨上，将其从技术支持层面变为心灵转化层面，这是前三期所实现的；从形式上，将其专门性溶解在日常工作实践之中，这是后续所要实现的。

四、在跨界与参与中学习

最后，再让我们回过头来看文集的作者是如何学习的。工作坊的教学模式是参与式学习，强调教师作为学习主体的能动性和对教学组织的介入，强调平等关系与安全氛围的营造。② 正是教师对教育教学实践问题的不懈探究，以及在工作坊教学活动中的多样反馈，才促进了工作坊的不断改进。本文集是他们学习研究的知识性代表成果。但

① 阿吉里斯，舍恩. 组织学习Ⅱ：理论、方法与实践［M］. 姜文波，译. 北京：中国人民大学出版社，2011：28-48.
② 陈向明. 在参与中学习与行动：参与式方法培训指南［M］. 北京：教育科学出版社，2003：前言1-10.

从最初作为"合法的边缘性参与者",到最后完成工作坊学习,也往往意味着"身份"的转变①,那他们成为像我们教员一样的"研究者"了吗?并不能说是。但他们也确实与之前不再一样,可能"研究型教师"是个不错的身份标签,不过现实中并不存在这一共同体。他们更像是与我们教员一起创造了一种新型的学习共同体,双方都在探索研究与实践相结合的适宜之路,在此意义上,也许可以称之为"理实兼修者"。

因此,教师也是在跨界中学习。工作坊有着多重边界,包括教师与学者的群体间的身份边界、不同学校和机构之间的组织文化边界、教师个体之间的心智框架边界等。跨界学习意味着反思和放弃独断的专业控制,理解和接受不熟悉的多样性,负起情境性的个体责任。②因此,我们一起摸索出工作坊的三条基本教学原则:尊重学员学习主体、构建平等沟通关系、提供专业指导。跨界学习也意味着所学并非现成的、明确的、稳定的和共识的知识,需要参与者通过合作创造新的概念与方法③,需要参与者同时在认知、情感和价值观上转变自己的心智模式,也即实现转化性学习④。这也正是工作坊的教与学投入大、难度高、付出多的基本原因。但教师最终做到了,本文集就是这种心灵转化的体现。

但工作坊深嵌在权威式的师生关系传统之中,深嵌在小学和大学等级区分的体制之中,在教学组织、语言风格、师生情谊等方面难免

① 莱夫,温格. 情景学习:合法的边缘性参与 [M]. 王文静,译. 上海:华东师范大学出版社,2004.

② SUCHMAN L. Working relations of technology production and use [J]. Computer Supported Cooperative Work,1993,2(1-2):21-39.

③ ENGESTRÖM Y,ENGESTRÖM R,KÄRKKÄINEN M. Polycontextuality and boundary crossing in expert cognition:Learning and problem solving in complex work activities [J]. Learning and Instruction,1995,5(4):319-336.

④ KEGAN R,What "form" transforms? A constructive - developmental approach to transformative Learning [M] //ILLERIS K. Contemporary theories of learning:Learning theorists…in their own words(2nd). London and New York:Routledge,2018:29-45.

带有传统与体制的影子。我们通过强调跨界参与，已经创造了学员与教员之间的横向学习和平等关系，那是不是就变成了比斯塔所批评的"学习化"以及教员仅作为陪伴者和促进者的情形？并不是。我们认可比斯塔对"重新发现教学"的呼吁①，在工作坊中强调了"教"的意义。当然它不是传统控制取向的讲授和灌输，也与比斯塔对教育"主体化"功能的侧重稍有不同②。它是通过教员的专业洞见，包括给予肯定、提出质疑和指出可能，来引导和启发学员学会如何做研究。这是一项专门性事业，尽管没有明确的蓝图，对最终做出什么样的"研究"也没有定论，但它可以在教员与学员的持续互动中打破各自现有的不可能性成见，一起来实现不可预见的可能。正如这本文集，并不是我们事先"规划"出来的，而是我们与教师逐渐创造出来的。欢迎大家一起来鉴读！

2023 年 11 月 17 日初稿完成于牛街西里

2024 年 1 月 15 日修改于牛街西里

---

① 比斯塔. 重新发现教学 [M]. 赵康，译. 北京：北京师范大学出版社，2021.
② 比斯塔. 测量时代的好教育：伦理、政治和民主的维度 [M]. 张立平，韩亚菲，译. 北京：北京师范大学出版社，2019.

致谢

王富伟　陈向明

　　我们的教育行动研究工作坊是一个新生事物，它能发展到第五期并后续可期，以及能将前三期学员论文结集出版，离不开众多有识之士的开创性支持！

　　首先要感谢谢春风研究员。工作坊乍看像是一个单纯的教师"培训"项目，似乎不应纳入主办方北京教育科学研究院德育研究中心的业务范围之内。确实，时任院领导曾有质疑之声，但作为中心业务负责人的谢主任却顶住了压力，他慧眼独具地将其定位为用方法论重构教师育德能力的一项事业，因此从业务许可、团队组建和招生宣传等方面不遗余力地给予支持，使得工作坊终能走上一条探索理实兼容沟通之路。而且，他还是工作坊的演讲嘉宾，每期都无偿与工作坊学员分享他的科研之道和治学方法，颇受学员欢迎。北京教科院培训中心的李文义主任和刘志斌主任助理在提供培训资质、探索落地机制以及支持重要活动等方面都对工作坊给予了大力帮助，李主任还一直有意把工作坊打造成一个品牌项目。北京教科院组织宣传部的郭冠伟副部长则在工作坊新闻稿的发布上采取了包容新事物的态度，有时为了符合院网发稿要求，还会亲自下笔修改；而现在工作坊成了主办单位的"品牌"项目，这离不开冯洪荣院长和熊红副院长的大力支持，在此一并致谢！

学员是工作坊之源，但如果没有学员所在单位给予时间和经费上的支持，工作坊就会成为无源之水。北京交通大学附属小学的郑云宏校长，第一期就给工作坊推荐了两名学员、一名行政助教并提供教学场地，后续第三期和第四期则分别推荐了3名和15名学员，是自工作坊初创以来长期、坚定的支持者。北京市宣武回民幼儿园的孟春燕园长则给第四期工作坊推荐了25名学员，占全园教师的1/3左右，如果不是志同道合以及对工作坊有着充分信任，很难做出这样涉及全员工作协调的安排。第二期工作坊落足北京市大兴区，则是由北京市大兴区教师进修学校德育研究室的李颖副主任牵线搭桥。她是第一期学员，深刻体验到了工作坊对于班主任转变的意义，因此她向王永庆校长请示后帮助招募了30名学员。后续，她又参加了第三期工作坊，并把第五期工作坊请回大兴区，又帮助组建了一个30名学员的班级。第三期工作坊的一大半学员则由北京市海淀区教育党校办公室的夏红梅主任帮助招募，她也是第一期的学员，觉得这么好的学习也能给学校领导带来实质性转变，于是在请示陈岩校长和李继英副书记之后，把参加党校培训的52名学员转到了工作坊。我们对以上管理者致以特别感谢！工作坊学员来源广泛，包括北京市海淀区、大兴区、西城区、东城区、石景山区、朝阳区、房山区、平谷区等，我们也由衷感谢相关区教委和学校管理者的支持！

工作坊活动的重要构成部分是特邀讲座，我们基本上每期都会邀请两到三位嘉宾来给我们学员演讲，帮他们开阔视野、学习相关技能。嘉宾包括首都师范大学杨朝晖教授，《中国教师》编辑部原主任、《教学管理与教育研究》编辑部主任谭苗苗编审，北京教育科学研究院德育研究中心主任谢春风研究员，华东师范大学基础教育改革与发展研究所原所长杨小微教授，北京市垂杨柳中心小学金都分校校长郑丹娜、一土教育创始人李一诺博士，北京大学陈向明教授，《学前教育》资深编辑李原老师等。往期学员也会来给新学员传经送宝，他们是北京小学大兴分校杨素芳老师、北京交通大学附属小学张东云老师、中国人民大学附属中学西山学校李洁老师、北京市府学胡同小学雷悦老师、北京市房山区周口店中心校常海英老师。我们由衷感谢以上老师给予工作坊的大力支持！

从第二期工作坊开始，每期结业仪式我们都会邀请相关专家来对我们学员的作品进行点评，他们包括北京大学教育学院院长阎凤桥教授、北京师范大学教育学部副部长余凯教授、北京教育科学研究院副院长钟祖荣教授、北京教育科学研究院教师中心原主任余霞研究员、首都师范大学教师教育学院院长田国秀教授、新加坡国立大学方燕萍教授、北京大学陈向明教授、北京第二实验小学校长芦咏莉教授。这些专家的点评鼓舞了我们办好工作坊的信心，同时也提升了我们的专业水准。此外，北京大学中国社会与发展研究中心主任邱泽奇教授、北京师范大学文学院院长王立军教授、北京师范大学于洪霞副教授，以及教育部教材局原一级巡视员申继亮教授都以不同方式为工作坊提供了支持。对以上专家我们也表示由衷感谢！

工作坊之所以被逐渐接受并获得了一定声誉，除了口碑相传外，还因为我们很多学员的文章得到了发表。当今，一方面强调理论带帽的"普遍性知识"广受推崇，另一方面过于简化和过于美化的好人好事叙述模式广为盛行，在这种情势下，能接受我们学员带有反思性的、表达情境性知识的文章实属不易。我们要感谢这些勇于尝新的刊物及个人：《北京教育教学研究》编辑部主任任亚方老师，《新教育》编辑部主任王学男老师，《中国教师》主编郭华教授和编辑部主任李莎老师，《北京教育》主编王雪莉老师和编辑汪倩老师，《上海教师》编辑宁彦锋老师，《创新人才教育》编辑熊晨老师，《湖南师范大学教育科学学报》编辑部主任张曙光博士，《学前教育》编辑李原老师。而本文集能得以出版，则有赖于教育科学出版社学术著作编辑部的前后两位主任刘明堂老师和翁绮睿老师，他们对文集未来所能产生的广泛启发性具有先见之明，翁老师更是以她一贯的出版热情和高明的催稿策略促成了本书主编之一王富伟去履行他负有的职责，而编辑何蕴老师则极其耐心、认真、专业，保证了本书的文字质量。在此也都深表感谢！

工作坊的推广也得益于媒体报道，这里要特别表示感谢的媒体及个人包括《中国青年报》樊未晨记者，《中国教育报》黄金卢克记者、张东记者和胡茜茹记者，《现代教育报》冉阳主任，《中国教师报》崔斌斌记者，中国教育电视台吕燕茹主任。还要感谢对我们的结业仪式提供网上直播支持的学术志总经理宋义平博士及其团队，中国教研网刘盼盼老师及其团队，潭水源教师社区高勤丽院长及其团队，以及在新冠肺炎疫情期间提供场地支持的北京市和平里第一小学洪爱民校长及其团队。还由衷感谢其他对工作坊提供支持的单位和个人，恕我们不能一一提起！

教员是工作坊的两大主体之一，如果没有教员的辛苦付出和勇于反思，就不可能有工作坊的持续发展，也不可能有这本文集。我们要感谢的伙伴包括北京师范大学赵树贤讲师，首都师范大学欧群慧副教授、廖娟副教授、张森讲师，南京大学刘霄讲师，北京教科院马金鹤副研究员、任敬华副研究员、朱凌云副研究员、沈培副研究员、李一凡副研究员、宋洪鹏副研究员、殷蕾助理研究员，北京教育学院崔艳丽副教授、卢杨副教授，中央民族大学王旭辉副教授，国家教育行政学院屈潇潇副教授，北京理工大学王青讲师，湖南师范大学方明军副教授，北京大学谢萍博士、博士生缪静敏和张颀，北京交通大学附属小学王小东主任，北京市大兴区教师进修学校李颖主任和柳立新老师，北京师范大学助理研究员安超，北京师范大学博士生谢珊，首都师范大学硕士生邢晨晨，中央民族大学硕士生李琳娜。特别是李琳娜，辅助完成了本书的初步整理和编辑工作。

当然，最后也最需要感谢的是工作坊学员，正是你们的参与，让教员有了真正接触、研究教育实质问题的机会，我们一起开创了一种新的教师学习模式，一条教育研究与实践相融互生的创新之路！

2023 年 11 月 25 日

目录

第一篇

问题重构

完美画作中的一滴墨

——一位老班的自我松绑[①]

北京市朝阳区白家庄小学　陈铁苹

一位教师，如果没有做过班主任，也许不是一位完美的教师。如今我做了三十几年的班主任，成长为市、区优秀班主任，有了自己的区级名班主任工作室，还出版了自己的专著……应该说是完美的，但没教过一、二年级，总觉得还有点儿缺憾。就在五年前，我终于接了第一个一年级班，可以带一个完整的六年，真是令我梦寐以求的事。我有机会做最完美的教师，为教师生涯画上一个圆满的句号。

① 本文撰写中多次得到北京大学教育学院教授、博士生导师陈向明，北京教育科学研究院德育研究中心副研究员任敬华，北京师范大学助理研究员安超等老师的指导，一并表示衷心的感谢！

在小王的故事中我不断改变着思维的角度，在三位老师的帮助下我找到了一个全新的视角——一个"优秀老班"的自我松绑，通过叙事探究，在不断反思中完成了自我疗愈。在教育叙事行动研究工作坊第一次体验了从向内反思再到多元环境思考的转变。我认识到一个"优秀老班"，只有脱去自己坚硬的外壳，才能真正看懂孩子内心的成长需要，真正走出了困境。

本文运用了布朗芬布伦纳的生态系统理论。这个理论强调发展个体嵌套于相互影响的一系列环境系统之中，在这些系统中，系统与个体相互作用并影响着个体发展。本文从小王的个体发展涉及的小环境、中环境、外环境和大环境四个系统进行了分析。

一、憧憬——创作一幅最完美的画作

9月1日，看着40个天真无邪的"小豆包"，我欣喜若狂。眼前仿佛铺着一张洁白的画纸，我憧憬着六年中能精心描绘孩子们快乐成长的每一个瞬间，在毕业典礼上呈上一幅最完美的画作。

这五年，我从"六年为学生一生奠基"的视角出发，凝聚家校共育的合力，让每个学生快乐、自信、健康地成长。我们秉承着学校的"云鹤精神"，创建了"云鹤班"，通过云鹤精神，开展文化育人。我凭着二十余年的教育经验，想出各种策略，培养孩子坚持做事的好习惯。坚持培养阅读习惯，孩子们年平均阅读量大增。持续实施星级评价，将学校的培养目标与学生的愿望、家长的期望相结合，制定了一套有效又有趣的动态星级评价标准，在争星中孩子们的良好习惯得到了培养。坚持开展丰富多彩的主题课程实践探究，孩子们可以在天坛公园、国子监、东岳庙漫步，游走北京中轴线，探索北京老字号，研究中国龙文化、传统服饰文化等。把生活引入课堂，再把课堂延伸到生活，让孩子们学会学习，提升责任感，做一个有担当的人。坚持举行"明星学生"展播活动，美食小达人、"二战"知识小达人、钢琴小王子、美丽小主播……人人都是班中不可或缺的一颗星。我憧憬着"小云鹤"们的羽翼变得更加结实。

我希望到毕业时，快乐的"小云鹤"们羽翼丰满，携手并肩，迎着喷薄欲出的朝阳，展翅飞翔！那该是多么美好的一幅画卷啊！

二、破坏——完美画作中的一滴墨

就在我每时每刻都在为完美画作而倾心构图、凝神运笔时，班中的小王同学却像一滴突兀滴落的墨，在画纸上显得那么扎眼。

小王同学胆子大，敢想敢做；好逞强，不愿受约束；好反抗，越到高年级，逆反心理越严重。一年级时，他在厕所小便时，溅到别人身上，搞得小朋友过来告状，他却满不在乎地说一句"我没有"。他还在操场上用粉笔写骂人的话，给老师起难听的外号。体育课上，老师让体委收垫子，他不想跟大家站队，自行跑去跟体委争抢收垫子，结果两个人吵了起来。小王连喊带嚷、拳打脚踢，一脚踹到了体委的下身关键部位，口中还振振有词："谁让他跟我抢的?"他上课无所顾忌，各种接下茬儿的话随口就说。老师提醒、制止他，他就出怪声，成心气人，有时脾气一上来，张嘴就骂老师。

他很好面子，出了问题，同学"告状"，老师追问，他总能找到"理由"来遮掩。一天中午，我在给孩子们分午饭，其他班同学告诉我，小王去厕所撕了很多卫生纸，团成团，沾上水，往天花板上扔。我马上跑过去看，只见天花板上沾满一块块的"膏药"，地面上全是水，一片狼藉，保洁阿姨正犯愁呢。还没等我开口，他马上说"不是我，我没扔"。同学们都证明他扔了，他却说"不是我一个人扔的，我只扔了一个"。看他那蛮横的样子，我压住满腔怒火告诉他："现在不是扔几个的问题，是扔没扔的问题。""扔啦!"小王同学小脖子一扭，浑身还乱颤，一副无所谓的样子。我严厉地批评了他几句，让他向保洁阿姨道歉，他满不在乎、含糊其词地说："对不起。"他的态度毫无真诚之意，就是口服心不服啊！这分明就是挑战我的心理底线，我气愤地说："让你家长看看你的状态!"心想："你别着急，我还收拾不了你?"

每天不是孩子们向我"告状"，就是任课老师找我反映小王上课违反纪律。我越是用心地描绘心中完美画作，小王就越像画纸上一滴突兀的墨，那么刺眼又挥之不去，困扰着我，让我痛心。

三、维护——试图刮掉画作的墨迹

做了多年的班主任，"我要优秀"的心态早已内化成了一种习惯。对工作要求的标准越来越高，班中有一点点瑕疵我都很在意，都想尽快弥补、纠正，尽力维护"优秀"的形象，试图刮掉画作中的墨迹，保证画作的完美。

（一）十八般武艺，屡试屡败

无论小王怎么折腾，我都会使出十八般武艺来解决问题：从开始的苦口婆心讲道理，到后来的严厉批评；从私下晓之以理动之以情，到召开班会试图集体带动；从各种评价激励，到与家长沟通。小王就是油盐不进，一切都无所谓。他的行为使很多同学们经常受连累和欺负，而且对他屡教不改的行为也比较厌烦了。渐渐地，同学们都开始远离他，跟他一起玩的伙伴越来越少。

去年11月，还有两周就轮到我们班在学校的升旗仪式上做班级文化展示了。我想利用小王会跳街舞的特长，由他组建一个街舞社团，跟几个小伙伴一起表演。一方面让他有展示自己的机会，同时也能改善他与同学们的关系。于是，我组织全班一起欣赏他的街舞视频，鼓励同学们积极参与，但只有4名同学勉强报名参加。前两次训练，我跟他们一起练，不让他离开我的视线，因为我担心他会欺负同学、又出乱子。为了鼓励他和街舞团的团员，我也参与其中当起了学生，跟他一起学，但他只顾显摆自己会跳，忽视了其他人。我就尽力告诉他怎么教其他同学跳。总之，能让他做一些事情，让他从中感受到跟同学友好交往的快乐，我心里还是有一丝安慰的。

然而好景不长。第三天中午，因为他没有完成数学课堂作业，老师要找他补课，加之我还要组织下午的全年级家长讲堂活动，不能陪他们去训练，当天的排练只能暂停。尽管我答应他，找时间一定把这次排练补回来，小王就是一百个不行，非要去训练不可。怎么讲怎么哄都不行，就得依着他才行，一口一个"不行，我就得现在去练街舞"。正在我试图和他继续沟通的时候，他突然间跑上讲台，小手一挥，大喊一声："街舞队排练去！"我当时气得肺都要炸了，也随之大喝一声"不许练！"一个中午，他就这样折腾，我心情低落到谷底。下午全年级学生在会议厅听家长讲堂的课，我安排他坐在我身边。他又是一百个不乐意，说啊、笑啊、在椅子上乱颤啊……非得引起别人的注意，授课老师也因此不得不几次暂停讲课。他就是在向我示威："我就是不服，你能把我怎么样？"最后为了保证会场秩序，杨主任把他带离了会场。我的脸火辣辣的，气愤、委屈、无奈，一股脑涌上心头。我的眼泪在眼眶里打转，无计可施、身心俱疲的我多么希望有什么惩罚措施能让他畏惧，能助我一臂之力，可是我无计可施。

（二）家校携手，频繁遇冷

这五年，我也曾多次跟小王家长联系，力求家校携手帮助孩子成长，但每一次都让我心灰意冷。

小王的爸爸是我们区一所学校的德育副校长，每天很早就去上班了，晚上十点、十一点才回家，这时孩子早已睡觉了。自从教小王以来，邀请家长来学校面谈，真的非常难，电话的那一头总说工作忙，来不了。电话里交流，表现得也是很不耐烦。小王的爸爸很强势，又好面子，听不进老师说孩子不好。如果听说老师请家长，对孩子就是一顿痛骂暴打。小王的妈妈是幼儿园老师，有时能勉强到学校来，但也是面无表情地听着，淡淡地说"老师，我回去教育他"。

曾经有一次，我把小王在学校发生的事情转告了来接他的舅舅。当天晚上，小王父亲在电话中就一连串地质问我："我的孩子怎么了？是你不让他上学了吗？"家长劈头盖脸地冲我这么一通质问，气得我浑身发抖。等他说完后，我慢慢地跟他聊了半个多小时。虽然沟通以表面相互理解的状态结束，但我心里极其痛苦，眼泪扑簌簌落下来。我怎么也想不通，自己在小王身上下这么大功夫，煞费苦心，不但得不到家长的任何肯定，还遭到如此对待。回想以前，孩子有再大的问题，家长跟老师交流时都是积极配合的，是跟老师站在一起的，从没有站在老师的对立面。我甚至觉得我的言行如若有一点闪失，小王家长会上诉学校，对我一票否决。我每天面对小王就像走钢丝：管他，我已无能为力；不管他，全班上课受到干扰，班级荣誉受到损害。挫败、憋屈、苦闷……我每天都身心俱疲。

（三）"优秀老班"，如困兽斗

不抛弃不放弃，"优秀老班"怎能畏缩？一定还有办法。在后来的日子里，我在班中又开展"写赞美日记"的活动，鼓励同学们每天细心观察班中的小事，来夸夸身边的小伙伴，每天午餐休息时，同学们进行交流分享。为此，我还召开了班委干部会，让他们有意识多观察小王的优点进行表扬。但我又担心小王会觉得不自在，我尽力引导全班互相点赞，让小王在不知不觉中感受全班同学和老师对他的关爱和温暖。但对于小王来讲，中午受夸赞时挺高兴，下午上课就又回归原样，该闹还闹。这让我有一种被耍弄的感觉，心里不住地抱怨怎么会这么倒霉，碰上这样的孩子。

为了创作出最完美的画作，小王每次出现问题，我都会尽快地去纠正，就想把画作上的这滴墨，用小刀轻轻地、快速地刮掉，不留一点印痕，维护我心里的完美。而随着年级的升高，小王愈加反抗，不想被教育、不想被约束。音乐课上他把大家公用的音乐书撕碎扔到柜顶上；数学老师让他改错后再去操场活动，他就使劲踢班级书架以示抗议；体育课上没有安排篮球运动，他却随意玩篮球，老师制止，他就踢篮球，还故意攀爬校园围栏……他想做什么就要做什么，否则，就是各种控制不住的情绪反抗。而我的班级又怎能允许任课老师说出存在纪律问题？一个几十年的"优秀老班"，连一个"小淘气"都降服不了，我怎么给年轻老师树立榜样？在无计可施的情况下，我将小王的情况跟学校做了汇报，想借助学校的力量教育他。学校领导找到了他，与他谈心、沟通、提希望、定目标。当着领导的面，小王表现得尤为乖顺，保证遵守纪律、不再破坏纪律、不损坏集体荣誉。校领导摸着他的头，给予极大的鼓励，临别时他还跟领导合影，高兴地回到班里。看着他的表现，我松了一口气：上级的干预还真有效果啊！可是还没来得及回味兴奋的心情，小王就又在厕所弄了一裤子水，把卫生纸一圈一圈地缠在头上、脖子上、大腿上，像个战场上的重伤员在班中哗众取宠。他去了两次校区主管那里，每次回来都变本加厉，认为是我"告状"了。他要求："不许跟我爸爸联系！"问及为什么，他说爸爸会打他，听他这样说，我觉得这孩子也确实可怜。

可是，多次求助校领导，最终教育效果依然寥寥。此时，我觉得不但给领导添了麻烦，而且在领导和同事面前丢人。何况小王的父亲是德育副校长，与我同一区工作，这些都使我证明自己优秀的渴望更为迫切。我要做到最好，才对得起一个个优秀奖章和证书，对得起"优秀老班"的称号。荣誉的光环如同紧箍咒束缚着我，我的内心压抑极了。我想快速刮掉"墨迹"，尽快解决小王的纪律问题，于是我找他谈话，从轻言细语到忍无可忍而雷霆大发。在班中开展集体活动，其他同学都受教了，而他却无动于衷。每一次我都费尽了心力，想与家长配合，但都碰了壁。到头来，我还是苦口婆心地说教。随着我刮"墨迹"的力度越来越大，我的执着似乎伤害了小王的心。我跟他说话，他眼睛根本不看着我，小脑袋左摇右晃，两手插兜，两腿乱颤，一副不忿儿的样子。我愈发感觉画纸被刮到了只剩薄薄的一层，但还有"墨迹"，我真的不敢再刮了，特别害怕失去整张画作。失落、无奈、痛苦、委屈……各自消极情绪把我包裹在一个茧里，我的内心呐喊着："一定要完美！我要最完美的画作！"

四、迷茫——寻觅画作上的滴墨人

教了小王五年了，改变不了孩子，我每天在不解、苦闷和焦虑中挣扎，度日如年，想逃避又不甘。一个"优秀老班"不能对"混世魔王"坐视不管，望着画作上的那扎眼的墨滴我陷入沉思，还能怎么办？

（一）惊天逆转——小王父子"变了"

"终于放假啦！"我长出一口气，一想到一个寒假都不用跟小王交锋，真是太幸福了！甚至内心深处隐隐地在幻想，如果他下学期能转学，那该多好啊……但这种逃避的背后，还有一种不甘心。不把他教育好，怎么证明我是个货真价实的优秀班主任？当初接班时憧憬的最完美作品呢？完美画作上的这滴墨，成了我心中的结。

没想到寒假刚刚过了一周多，席卷全球的疫情爆发了，全国人民都为抗击疫情而隔离在家。为了孩子们居家的生活和学习能丰富多彩些，班里开展了一系列的活动。每次活动小王都认真参与，家长拍摄的他套被罩、洗衣服等做家务照片中他的小模样特别可爱。看着他的照片，我想，开学我还得面对这个孩子啊，趁着假期，加强一下联络，让他知道老师还惦记着他。于是我拨通了他妈妈的电话，让妈妈把电话开免提，让孩子一起听电话。半个多小时的交流中，我问了孩子长胖了没有，每日三餐是否按时吃饭，生活是否有规律，都看了什么书……嘘寒问暖，亲切交流，孩子和妈妈表现得都很轻松愉快。后来，我跟小王商量能否为班级的活动宣传做一个美篇，他特别痛快地答应了。他们娘俩都是第一次做，反复打磨。第二天他们呈现出来特别精美的美篇。我将其转发到班群里，还发了朋友圈，特意对小王进行了表扬，家长们也给了小王特别的鼓励。这一次友好的交流，像一团小火苗在我的心中燃烧起来，对他每天的作业我也更加细致地点评，孩子对班级群里的活动也表现得越来越积极。

2月17日是"停课不停学"的第一天，线上课非常拥堵，大家观课的效果非常差。让我惊喜的是我突然接到小王爸爸的短信，告诉我区内线上课直接点击链接地址，不用登录就能观看。我把链接转到班群中，一下解决了大家的燃眉之急。我当时为小王爸爸的举动惊喜得蹦了起来，惊呼："哇！这是怎么了？小王爸爸竟然主动跟我交流了！"瞬间，我的心就像密不透风的房间打开了一条缝，拂过一股清风，我兴奋极了。

（二）不是他的错，难道……真的都是我的错？

线下"混世魔王"一样的小王，怎么会突然有这么大的变化？这个困惑真真地扰乱了我的心。一次交谈、几次鼓励就能使家长和孩子都发生这么大的变化？这分明是讲不通的。我陷入深深的彷徨与迷茫，我不愿相信又不由得偷偷揣度：难道这都是我的错？正当我彷徨时，教育叙事行动研究工作坊团队的老师们看到了我写的故事，陈教授和老师们与我一起线上交流讨论。在工作坊云课堂上，任老师用我的故事做了"无往不胜者的自我松绑"的系统分析，建议我在故事中与自我对话、澄清情绪、探寻内心的成长。安老师帮我对小王事件进行再理解：为什么优秀的光环成了紧箍咒？我需要先找到紧箍咒松动的契机，我试图为小王的成长护航的同时，实际上小王也是在帮助我成长。陈教授耐心地告诉我要回溯自己的成长经历：怎么成长为优秀的教师，又是怎么一步步被"优秀"捆绑的？学习合作小组的老师们头脑风暴，帮我挖掘背后的成因。渐渐地，我仿佛看到了这滴墨对于我的意义。

五、接纳——系统思考与珍爱这滴墨

几十年班主任的成长历程，从稚嫩的小老师成长为"优秀老班"，其中的酸甜苦辣，唯有自己知道。工作中遇到困境如何去化解？在工作坊的学习中，我学会了运用生态系统的思维方式。只有脱去"必须优秀"的坚硬外壳，懂得发挥优势的同时挖掘真实的自己，去尊重、接纳自己和学生，理解完美画作中的这滴墨的真正价值，让自己变得更加真实而柔软，才能回归教育的初心，让学生个性化地成长。

（一）优秀变成了"紧箍咒"

"让优秀成为一种习惯"是多么励志的一句话，可在我身上，优秀却成了包袱。我从小在农村长大，看着父母面朝黄土背朝天地辛苦劳作，自己下定决心要靠知识改变命运，逃出那片黄土地。我从小学到初中都是全优生，以优异成绩考上了师范学校。1989 年毕业时，我是屈指可数的择优分配生，从农村来到了北京市中心一所小学教学。爸爸奖励了我一辆飞鸽自行车，能够在邻里乡间给父母争光，我觉得特别自豪。

工作以后，我初生牛犊不怕虎。一些教法自己搞不太懂，课上教不明白，就真诚地跟孩子们一起讨论，站在讲台上的经常是可爱的孩子们，而不是我。我靠着勤奋踏实、虚心好学和真诚热情赢得了学生的喜爱。他们还都挺争气，班级无论是学习成绩，还是运动会、卫生评比样样都不错，评上了优秀班集体。5 年后我就被评为区级优秀教师。第一次获得这样的殊荣，兴奋之余，我增添了自信，更有干劲了，憧憬着自己将来会变得更加优秀。

在后来的教学路上，我越来越顺利。全校教师中第一个被评为北京市班主任紫禁杯特等奖，第一个在全区做了名师展示，第一个拥有了区级名班主任工作室……各种面向各地的班主任工作经验交流活动越来越多，每次交流中我都把自己的成功做法分享给别人，这带给我极大的充实和满足感。回到班中就想做得更好，要不断推陈出新。在不断的实践积累中，我成为大家心目中的"榜样"，影响力、受关注度越来越高，在校内我成了无所不能的班主任。

随着年龄和阅历的增长，做事完美、追求优秀，不知不觉成了我的事业标准。家校活动有声有色、常规习惯年级优秀、科任课让授课教师省心等，这些我觉得是理所应当的，这才能称为优秀。当学生有了问题，我条件反射一样要马上纠正，下次课不能再出现，这才能证明我优秀，才能迎合老师们心中的期待，才能在工作室中给老师们树榜样。就这样，不知不觉中优秀成了我身上一个重重的包袱。

为了帮助小王，虽然我用尽了十八般武艺，但目标指向是"你要听我的话，我的画卷上不需要这滴墨，你要成为我需要的色彩"。由于自己一直优秀，我似乎很难理解学困生的真实心理活动。现在静下来分析小王那天非要闹着去练街舞，可能是想两周时间内练好，因为要代表班级在全校展示，不抓紧时间练就来不及了。而我想到的是他不能离开我的视线，不能出乱子，不能给班级抹黑，班级还有很多很多的事情要我去做，他一个人太牵扯我的精力了。

每天面对四十个孩子，小学班主任的工作和教学任务繁杂而琐碎，小到学生穿脱外套、吃饭、喝水、上厕所，大到教学设计、批改作业、关注学习效果；从卫生到纪律，从习惯培养到身心健康。行外人眼中鸡毛蒜皮的小事，在我们看来都是惊天动地的大事。一天，睿睿情绪低落地走进教室，我询问后得知他父母吵架，妈妈生气回了姥姥家，他自己哭了一宿没睡好觉。放学后，我像居委会工作人员一样做夫妻调解工作，直到看到一家三口开心地和好了，我才走出了校门。一天，彤彤不敢交作业，原来头天晚上，妈妈嫌她做作业磨蹭、写得不好，一怒之下把本子给撕了。我课下先帮助孩子补好作业，又进行心理帮扶，晚上跟家长电话沟通……每天想得到的和想不到的事情如天上星星那么多。每个孩子都是我心中的宝贝，我愿意倾尽全力，做到完美，不辜负家长的期望，不辜负领导的信任。

所以，教这个班五年来，为创作最完美的画作，我连睡觉做梦都在跟小王"交锋"，总想做到最好。即使科任老师说"班级整体特别好，就小王随便说话"。我听了都会像被针刺了一样很不舒服，"不完美"的别扭感立刻涌上心头。在我心里，就算班级整体再好，也都会被这一滴墨彻底遮掩。我的情绪也会如波涛汹涌的海浪，不断翻滚，不能平息。我每天被坏情绪左右，带着苦闷和无奈，带着委屈和焦虑上课，仿佛走入了黑洞，看不到光明和希望。孩子们经常跟家长说："陈老师今天心情又不好了。""陈老师不爱笑了，没有以前漂亮了。"渐渐地，我发现，孩子们阳光可爱的笑脸也少了，对孩子们的歉疚油然而生。

多年来，每每获得一个新的荣誉，捧着红彤彤的证书，我内心的喜悦都是短暂的，更多的是马上思考下一步我怎么更优秀，才能实至名归。渐渐地，为了维护他人心中"高、大、全"的形象，我对自己的要求愈发高起来。荣誉如同一道道"紧箍咒"，束缚得我喘不过气来。多年来，我一直保持昂扬的斗志，希望对得起大家称赞的"火一般的铁苹精神"。教育系统内长期实施的教师队伍评优制度，让我这样的少数人脱颖而出，成为一定范围内被大力宣传的典型人物。在聚光灯下，我的虚荣心得到了极大的满足，同时我也时刻控制自己的一言一行以符合"标杆"该有的形象。久而久之我深感压力巨大，内心变得越来越脆弱，外表也变得越来越坚硬。

（二）放下包袱，给自己松绑

教育行动研究工作坊的研究，启发、引导着我从多元视角看待小王这滴特殊的墨的教育意义，用系统思维拨开我心头的迷雾，使我向着优秀的目标成长。毋庸置疑，将荣誉的光环作为迈向更高台阶的基石无可厚非，但是我们需要守住教育的初心，回归教育的本真，理性思考自己的教育行为所映射出来的对教育的自我认识。

不知多少次，在与小王谈话时，我真诚地说："老师、家长和同学都在帮助你，我们都在陪伴着你。"看似贴心、温暖的话，却招来小王冰冷的一句"我不需要帮助"。我痛心他的不懂事，这都多少年了，我对他不抛弃不放弃，管理班级的大部分时间和精力都花在他的身上，就算是块石头也该被焐热了吧，他怎么就感受不到我的真心？工作坊任老师和我共同分析"帮助"这个词背后的含义。为什么一听到"都在帮助你"这样的话，小王就会抗拒，甚至有时可能"爆炸"呢？"帮助"背后似乎暗含对小王的否定判断："你不行，你有问题，你有困难……"而且，不管小王接受不接受，我们都要对他进行干预。而胆大敢为的小王岂能容许他人说自己不行呢？因而就越发抵触、抗拒这些所谓的帮助。作为教师，尽管我还没能破解走进小王内心宝库的密码，但是至少，我也不该在探寻的途中启动他的"防御机关"。思考到了这里，我的内心似乎有了一丝丝的光亮，照亮了通往宝库的第一个台阶。我应该做的是先理解小王的真实需求，找到能够被他接受的、能够真正影响他的教育方式。

9月1日，终于迎来了疫情后的新学期。开学第一天我重新安排了座位，采取孩子们自愿结组的办法。小王半天找不到组，有点小沮丧。我用眼神鼓励他，一会儿小王主动找到了几个同学，说了几句，脸上露出了笑容。小王被安排到了教室的中间部分，没有坐回那个多年的"特别关照"座位。他前后左右地看了看，我送给他一个微笑，他也咧嘴冲我笑了笑。现在我明白了，疫情前后变化的不是小王，而是我。

每天，他高高兴兴来到教室，我给他测体温，他主动说"谢谢"。午餐时，他能主动过来帮助同学分发水果和酸奶。当然，分发过程中还会出现大声嚷叫的情况，但我会调整情绪，让他冷静冷静再发东西，并为他配备一个助手。如今，小王上课虽然还有接下茬、故意说笑、破坏纪律的时候，虽然还会跟同学闹矛盾，虽然还有在厕所打闹的情况……但我知道后，能够摆正心态、调整情绪，心平气和地跟他交流，鼓励他自己提出改进办法。最近还让他当上了队长，举着班牌带领同学放学。我在班中还开展了系列主题实践活动，用班级活动引导小王找到自信，体验成功。

经由小王的故事，目前我思考最多的问题是：孩子内心真正需要什么？我要引导孩子感受到"班级需要我，我有存在的价值和意义，集体不能没有我"。每一个孩子都是独特的个体，每一个孩子都渴望成功。教育者需要秉持发展的观点看待学生，让每一滴墨都发挥应有的作用，让每一种色彩都焕发存在的意义，才能成就真正完美的画作。

回顾过去 5 年多的时间，我原认为是小王这一滴墨破坏了整幅画作的美感，必须刮掉。现在，放下包袱的我，用轻松平和的心态与他相处，感觉被他牵扯的精力少多了。现在的小王，不再是一滴刺眼的墨，他是这幅画作中一只羽翼渐丰、欲飞又止的小鹤。虽然还没有能翱翔于天空，但他正是构成整幅生动又写实画作的点睛之笔！

提笔瞬间，我一下子从抱怨转为感恩，心中涌动着一种酣畅淋漓的快感，似乎听到了生命拔节的清脆声响。

我的画作还在继续创作中，小王这滴墨让我明白了要多角度看问题，要学会给自己松绑，做放飞心灵的普通人。一个"优秀老班"，虽然好似永远在追求完美的路上，但要有正确的自我认知、悦纳自己和他人，更要尊重学生的个性和差异。每一个孩子都是一个独特的生命体，教育就是要让每一个生命绽放异彩。期待明年毕业时，我的画作是充满温情和智慧的，墨迹淡淡地晕染开去，化作一条清澈的溪水，一位老者坐在溪边，望着远处天空中一群展翅翱翔的云鹤，向着高远的天边飞翔！飞翔！

点评

陈铁苹老师是一位有着多年班主任工作经验的优秀教师，"无往不胜"的教育经历带来荣誉的同时也如"紧箍咒"一般束缚着她。面对班里的"混世魔王"，陈老师反复调整行动策略却并没有达到预期的效果。在教育叙事行动研究工作坊中，陈老师积极探究，然而始终在"都是他的错"和"难道是我错了"的归因中徘徊。在近一年的学习和对叙事文本的讨论与思考中，系统思维的方式给陈老师带来了极大的启发。她开始不再单纯地期待问题解决，而是摒弃最初线性归因的惯性思维模式，尝试运用系统思维的方式进行反思，同时在对个人成长及工作经历的反思中实现自我觉察和自我审视。"盛名"有时带来的是"维护"的压力，陈铁苹老师几经挣扎终于突破了自我设限。她的故事在优秀教师群体中极具代表性，她的反思也是非常有价值和意义的。如果陈老师在挣脱自我的"紧箍咒"之后，再深入地对优秀教师所处的生态系统进行反思，也许会为这个故事赋予更深刻的意义。

——任敬华

接纳是最好的温柔

——教师的反身性成长①

北京市房山区河北中心校　韩　茜

去年九月开学，我成为新一年级的班主任，我的内心充满期待。作为一名刚刚完成一轮小学教学的教师，关于哪些方面做得好应该继续发扬，哪些方面做得欠妥应该改进，我已经进行了深刻反思，自认为可以做到面面俱到。在暑假里我定目标、做计划、立规矩……做好了充足的准备，迎接即将入学的孩子们。

一、远离集体的"怪"小孩

开学第一天，孩子们带着兴奋与好奇走进教室，乖乖地坐在座位上。而一个小男孩却一直站在教室的最后边，我叫他坐下，他不理我，叫他过来，他也不理我。其他同学和他打招呼，他也不理。作为"老教师"的我，第一感觉是他对新环境的适应能力较差，过几天就好了，

① 本论文得到教育叙事行动研究工作坊的导师团队陈向明教授、欧群慧老师、王青老师、安超老师、任敬华老师以及"思维之花"小组的杨晓琴、刘宏艳、岳悦以及芦天虹各位老师的莫大帮助，衷心感谢大家给我的修改建议和启发。

因此我也就没太在意这件事。

但后来我就不这么认为了。开学已经有半个月了，班里的大多数孩子都已经能够适应小学的学习生活了，他们能听懂老师的指示，守规矩，唯独他却与众不同。那个小小的身影排队时总是出现在队伍的最后面，和班里的其他同学保持三四米的距离。做操时，其他同学都会跟着老师的指示做动作，只有那个小小的身影，一动不动地站在那里。无论老师们怎么说、怎么演示，他就那么呆呆地看着老师，不说也不动。

课上，他从不听老师讲课，老师提问时他什么都不回答，老师让干什么他都不干，唯一的回应就是呆呆地看着老师。

课下，他亦是如此，同学们叫他他都不理。拉他一起玩，他会甩开别人的手，然后呆呆地看着同学不说话。渐渐地孩子们都不再主动理他了。

这个小男孩叫聪聪，看着他的种种表现，我不自觉地给他贴上了"特殊孩子"的标签。工作这些年，我真没见过这种孩子，快一个月了还是融入不到集体中来。我心急如焚，想方设法地改变他，不让他落单。

工作坊的第一次活动正好就在这个开学季，导师留给我们的作业是让大家选择自己要写的故事。由于聪聪的与众不同，我决定要研究他。故事的主人公确定以后，主题也就定下来了："如何让特殊孩子转变，赶上大部队"。之所以选择这个孩子有两个原因：一是我认为他确实很特殊。我当班主任的时间也不短了，从来没遇到过这样的孩子，我必须帮助他融入集体。二是根据以往的经验，孩子越特殊，问题越突出，经过人为干预后孩子的改变就越明显。

二、制造"契机"：想方设法改变他

从第一次写故事开始，我就把大概框架就想好了：关注孩子，发现问题；找出成因，分析问题；通过策略，解决问题。

选好故事以后，我就朝着这个方向努力。叙事探究要通过观察和交流来了解和分析人物。为了研究聪聪，那些日子我抽出所有的空余时间观察他，看他都在做什么。只要有机会我就找他聊天，每时每刻都在寻找教育契机，希望早日把他转变成我眼中的"正常孩子"。但结果并不理想，我对聪聪"满腔热忱"，而他无动于衷。

不过那时我坚信，只要抓住机会对他进行教育引导，他一定能变"正常"。那段时间，办公室的老师都开玩笑说我快魔怔了，但我不以为意，觉得我干的事，他们不懂，自己仍特别坚定地朝着目标前进。我始终朝着把他变"正常"这个方向努力：一有时间就主动找他聊天，无果；让别的孩子和他同桌，多和他说话，无果；鼓励其他老师和他聊天，无果。聪聪的反应一如既往，只是呆呆地看着你。面对这样的孩子，我真是十分无奈，不知该如何是好。由于是开学初，学校的工作特别多。事一多，我就没有太多的时间去跟聪聪较劲了。我心里也琢磨着，可能是我太心急了，让他再适应适应吧！时间就这样一天天地过去了，我对聪聪没有再投入过多的精力。他还是那样，沉浸在自己的世界里。

三、孤独男孩："我有一个农民奶奶"

课间是孩子们最快乐的时间。那是一天下午的大课间，孩子们一起在操场上跳绳、跑步、做游戏，到处都是欢声笑语。而我还像往常一样，一边溜达一边照看着他们。突然，我发现了站在楼门口的聪聪，他双手插着兜，远远地望着我们，小小的身影看起来是那么的孤单。我赶紧走过去，问他："你怎么不和大家一起玩呀？"聪聪还是呆呆地看着我，没说话。"不喜欢和大家一起玩吗？"他还是没说话，"那你和我一起遛弯吧，你看我自己多孤单呀，你当韩老师的好伙伴吧！"我一边说一边拉起了聪聪的小手。其实我已经做好了他甩开我手的准备，但没想到聪聪竟然没有拒绝。我太意外了，心里有些小兴奋。

我俩手拉手地走到了操场上。"老师，你知道吗？我有一个农民奶奶……"嗯？他竟然说话了？竟然主动开口跟我说话了！我简直不敢相信自己的耳朵，我太激动了，一时间反而不知道该接什么……聪聪反复地说着农民奶奶。农民奶奶是谁？为什么叫她农民奶奶？我的脑子里出现了一堆大大的问号，可惜都没能从聪聪那里得到答案。和聪聪的聊天中只有这个农民奶奶，再没有其他内容的出现。不过我还是幸运地成为班级里第一个也是唯一一个和聪聪说过话的人。

晚上放学时，我和前来接聪聪的奶奶聊了聊。通过奶奶的描述，我基本了解了他的成长环境：聪聪的父母工作都比较忙，他从小是和奶奶一起长大的。他们在山里有一个自己的小院子，奶奶大多数时间都在种地，所以聪聪便说奶奶是个农民奶奶。村里的人大多搬到山外面去了，留下的基本上都是些老人，因此聪聪也没有什么同龄的玩伴，与他相处的人都是些年纪很大的爷爷奶奶。

聪聪是在村里上的幼儿园，一起上幼儿园的没有几个孩子。幼儿园老师从来没跟奶奶说过孩子有什么不同，家长也没想过问问孩子在园里的表现。

现在聪聪上小学了，他和奶奶就从山里搬出来了。他依然是和奶奶一起生活。爸爸妈妈只有周末才回来，回来后基本上也是一人捧个手机，跟聪聪也没有什么交流。

听了聪聪的经历，我想了很多。他之所以有现在的种种表现，跟他的成长环境有很大的关系。他也许并不是不想和别人一起玩，只是不知道该怎么和别人相处。陌生的环境、陌生的面孔可能让他无所适从，他不知道应该怎样去面对大家。大半个月对于大多数孩子来说也许可以很好地适应新环境，但对于聪聪而言，可能还是短了些，不足以让他适应周围的环境。

我想，如果要改变聪聪，就得改变他的原生家庭，这可能吗？我心里很清楚，以我的一己之力去改变他的家庭状况，这简直是天方夜谭。这条路肯定是行不通的，但聪聪真的让我拉了他的手并主动和我聊起了他的农民奶奶，这不就是个好的开始吗？

那时我正好参加了教育叙事行动研究工作坊的第三次活动，我和同组的老师提到聪聪的变化。王老师建议我换个主题，研究一下"他为什么只和我说话"，试着从自身的角度去分析一下他只跟我交流的原因。当时我认为王老师说得特别有道理，比我之前的主题更有研究价值，于是决定按照这个方向开展研究。但回到学校真正实施时，却又是在用我的教育理念改变他。我还告诉自己要迎难而上，一定要和聪聪的父母一起努力，把聪聪变成一个能融入集体的"正常"孩子。

说干就干，我拨通了聪聪妈妈的电话。聪聪妈妈是个护士，经常加班，没有太多时间陪孩子。妈妈说，她眼中的聪聪是个胆子有点小但是话很多的孩子。我问她是否了解孩子在校的表现，妈妈表示没问过孩子在学校的情况。她觉得孩子在家什么样，在学校也会是什么样。面对聪聪妈妈的答案，我一时语塞，于是，我把孩子的在校表现跟聪聪妈妈说了一下。聪聪妈妈表现得很诧异，不敢相信这是自己孩子的表现。她说要找孩子谈谈，说完就匆匆地挂断了电话。

第二天，我问前来送聪聪上学的奶奶，妈妈是怎么跟聪聪谈的。奶奶说聪聪的爸爸打电话对孩子一顿嚷，说是再不好好听讲，就要揍他了。奶奶说，聪聪的爸爸没有什么教育方法，只要觉得孩子不听话了，不是嚷，就是打。

四、遭遇瓶颈：到底是谁"不正常"？

这一天，聪聪更沉默了。看着小小的聪聪，我很自责，感觉我的莽撞行事让他受委屈了。回到办公室，我和资深的班主任宋老师说起了这件事。宋老师带班经验丰富，经常为我们指点迷津。宋老师问我，想把聪聪变成什么样呢？"变成一个性格活泼，能和大家一起学习、一起游戏的'正常'孩子呀！"我立刻回答。"这只是你眼中的'正常'，可你并没有想过，孩子是不是想变成你想要的样子。"听了宋老师的话，再想想王老师说的可以试着从自身找找原因，我第一次对自己的行为产生了怀疑。

一个学期下来，聪聪的改变并不明显，我心里特别着急，我这故事还怎么续写呢？为了让我的故事能继续向前发展，有时候我会把聪聪的表现夸大其词地描写出来。那是寒假前的一天，山里下了很大的雪。课间的时候，我带着孩子们到操场上打雪仗，大家玩得不亦乐乎。可聪聪就一直在跑道上站着，双手插着兜，呆呆地看着大家。我叫他过来和大家一起玩，他没有拒绝。但他只是站在我的身旁，不玩也不说话。我看着他的样子，再想想工作坊要交的作业，决定把这个场景中的聪聪写成主动来到我身边看大家打雪仗。这样的变化，既能证明我的干预有效果，又能让我在工作坊活动时有话说。虽然这不真实，却能解决我眼前的写故事难题。

疫情那段时间，我处于写故事的瓶颈期。因为疫情，我见不到孩子，聪聪又太小，每次和他视频都得等他妈妈有时间。他的妈妈工作特别忙，因此我和聪聪视频的机会少得可怜。而且视频时的聪聪一直沉默，问什么都不理我，都是他的妈妈在一旁帮他作答。这导致我疫情期间一直没得写，所以那时我一直考虑换个故事去写。没过多久，我们小组进行了一次线上讨论，我和大家分享了一个聪聪给我的惊喜：

几天前班里举行了一次线上讲故事比赛，每个孩子录一个讲故事的视频发到群里。我印象里的聪聪是一个沉默不语、远离人群的孤单男孩。但视频里讲故事的聪聪却是一个眉飞色舞、神采飞扬的阳光男孩。我都不敢相信这是我认识的聪聪。事情分享完，组内老师建议我把这次讲故事比赛当作一个教育契机，鼓励聪聪，让他在直播时为大家讲故事。这样可以帮他建立自信，早日和大家熟悉起来，也让我的故事能继续写下去。

故事洋洋洒洒地写了四千多字了，可是越写我觉得越看不到希望，聪聪离我眼中的"正常"还差十万八千里。我突然发现自己陷入了一个死循环：发生一件事，我就把这个事当作一个教育契机，想方设法地通过这个契机去改变聪聪，让他融入集体，但效果不佳，接着再来一件事，将其作为教育契机，找机会去改变他，效果仍然不佳。就像讲故事比赛，为了鼓励聪聪，跟他视频的时候，我特别兴奋地告诉他："你的故事讲得真好，韩老师可爱听了。"听了这话，视频那边的聪聪只是面无表情地"嗯"了一声。"韩老师还想知道故事里的小燕子后来怎么样了，你能给我讲讲吗？""你能告诉我为什么喜欢小燕子吗？"回应我的依然只有沉默。我知道我又失败了……到此时，我已经完全没有写下去的动力了。

于是，我开始沉下心来思考："为什么会陷入这样的死循环？为什么聪聪还没变成'正常'孩子？为什么我的教育方法对他作用不大？"我的脑子里一大堆问题，却找不到答案，急需有人拉我一把，帮我找到一个突破口。

五、峰回路转：如其所是地爱孩子

6月13日，工作坊的三位导师一起分析我的故事。任老师说："从你的叙述当中我没看出这个孩子有什么特殊的，这不就是一个慢热型小孩的正常表现吗?"听到这句话,我真是大吃一惊,一点都不认同她的说法,心想:"这么不正常的孩子您怎么就没看出来呢?"我老想打断她的话,告诉她这个孩子就是不正常的,他的一切表现都跟其他孩子不一样。我急切地想证明自己的想法是对的,想让导师们都和我一样,觉得这个孩子是特殊的。但是很遗憾,三位导师都不认同我的观点。她们都觉得孩子没有什么不正常的,接下来,导师的一番话彻底颠覆了我的认知。

导师说,其实并不是孩子有什么不正常,孩子可能只是因为成长环境不同,身边没有小伙伴,一直与老人生活在一起,不知如何与其他孩子交往。当面对陌生的孩子和陌生的环境时,他的应激反应和其他孩子不一样。他可能只是适应新环境的能力比一般孩子差一些,时间要久一些。而作为老师的我却不假思索地给他贴上了"特殊"的标签。我总想着把孩子变成我眼中的"正常"孩子,而没想过去接纳孩子的不一样。

在讨论过程中,安老师说我们应该如其所是地爱孩子。一开始我不太能理解这句话。后来陈老师和安老师又做了一番解释和说明:如其所是地爱孩子就是接纳孩子现在的样子,陪伴孩子自然而然地成长,为孩子提供必要的帮助和支持,而不是按照我们成年人自己心目中的标准来评判孩子,强行改造孩子。如其所是地爱孩子,要求教师采取欣赏的眼光,能够看到每个孩子的独特之处,而不是用固定的标签将孩子归类,专门针对孩子的"不足"加以改造。

"哦!原来教育还可以这样:接纳他本来的样子是教育,无声地陪伴是教育,默默地欣赏也是教育……"我顿悟了,脑子瞬间灵光了。脑海里浮现出过去我和聪聪相处的种种:当他呆呆地看着我时,我以为找到了教育契机,在我"殷切"的追问下,他默默转开了视线;当他悄悄走近玩伴时,我以为找到了教育契机,在我"热情"的引导下,他默默地走远了;当他静静地站在我身旁时,我以为找到了教育契机，在我"似火"的问候下，他默默地离开了……其实慢热的他也在渐渐地融入大家，喜欢无声地参与其中。这些细微的变化都被我忽视了，"不正常"的我一味地要把"正常"的他变得和大家一样。

回想这大半年的工作，我每天都在想着如何改变聪聪，如何让聪聪变成我眼中的"正常"孩子。为了这个目标，我采用所谓的教育手段去干预他、改变他，孤注一掷地认为教育就该是这样，就该把他变成我想要的样子。这样我的成就感就会油然而生，这样我就会是一位成功的班主任，我也可以用自己的经历去给别的班主任做经验介绍。我所做的一切，都是以自我为中心的。我从来没想过，聪聪需要什么，聪聪的内心是怎么想的，他觉得怎样和他人相处才是最舒服的……这些我都没考虑过。我根本就是接纳不了这个看似与众不同的孩子。这样想来，我俩到底是谁不正常呢？那个人似乎是我。

可是接纳孩子就意味着一味地自我否定吗？显然不该是这样的。那我为什么要这么急切地去改变聪聪呢？这跟我知道的一个学生有关。小琦是五年级时转到隔壁班的一个孩子，和聪聪的经历相似：父母不在身边，奶奶一手带大，性格孤僻，不与人接触。因为不是自己班的孩子，所以我也就没有过多关注。印象中这个孩子总是孤孤单单一个人上学、回家。山里的孩子上初中都要到很远的寄宿制学校，那批孩子小学毕业后不久，我无意间听说小琦休学了。原来他根本无法适应住宿生活，不知道怎样和老师、同学相处，再加上没有奶奶的陪伴，整天郁郁寡欢，到后来死活都不上学了……

小琦的事情让我沉思良久，好好的孩子怎么就不能跟正常孩子一样学习生活呢？如果在学校时老师能多关心他一些，多做些干预，也许就不会出现后来的结果。那时，我便暗暗发誓一定不会让我的任何一个学生落单。

就是这潜意识里的不准落单，使我孤注一掷地要改变聪聪、要帮助他，不能让他重蹈小琦的覆辙。这大概就是一个教师对孩子本能的爱吧！爱本身并没有错，我只是用错了方法。

好的教育不该如此，作为教师，我不该站在高处俯视孩子，认为自己就是权力的拥有者，所有的孩子都要按照我的意愿来行事。我应该蹲下来平视孩子，用心接纳所有孩子的不同，尊重孩子的成长规律，欣赏孩子的个性特征。不要总尝试改变孩子，也不要刻意寻找教育契机去干预孩子的成长。我应该做一个无声的陪伴者，默默地观察，静静地等待机会的到来。就像我和聪聪的第一次对话，不就是在那不经意的瞬间开始的吗？

六、静待花开：接纳是最好的温柔

又是一个九月初，又到一个开学季，经历了半年的线上教学，再次见到孩子们，我难掩心中的喜悦。我的聪聪长高了没？胖了没？变了没？正想着，那个小小的身影出现在教室门口，双手插着兜，没有进门。"聪聪，你来啦，快进来呀！"我开心地唤他，可并没有得到他的回应。他只是站在那里，呆呆地看着我，没吭声。"过了一个假期，不认识韩老师啦？"我依然没得到回答。这要是一年前，我肯定会快步走到他面前，拉着他的手不停地嘘寒问暖。可是现在，我抑制住自己内心的冲动，笑了笑，指了一下前面的座位，告诉他"你坐那儿"，然后就接着干自己的事了。那时我的心里很忐忑，不确定聪聪会有怎样的反应。过了一会儿，我用余光看见那个小小的身影默默地走到了自己座位上，开始摆放学习用品……我的心里大大地松了一口气。

接下来的日子里，我不再追着聪聪问东问西，也不让其他孩子拉着他干这干那，更不强迫他一定要站到队伍中去。当他呆呆地看着我时，眼神交汇那一刻，我会回他一个大大的微笑；当他悄悄地靠近玩伴时，我会轻轻地拉起他的手，和他一起感受大伙儿的快乐；当他静静地站在我身边时，我会温柔地抚摸他的头，跟他分享班里的趣事。我对他和对其他孩子一样，没有投入过多的关注，怎样对待他人就怎样对待他。这样的相处方式让聪聪感到前所未有的放松。

一些天后，我发现那个小小的身影排队时站到了队伍中间，不再跟大家保持几米距离。这个变化令我很惊讶，但我压下了内心的狂喜，尽量让自己恢复平静，走过去轻轻地摸了摸他的头。这时聪聪回过头来，笑着对我说："韩老师，我知道我是二（1）班的，我应该排这儿。"

故事还是那个故事，聪聪还是那个聪聪，而我却不再是那个一意孤行的我，我的故事也发生了质的改变。

 **点评**

从"我是为你好"到"静待花开"，作者完成了一位年轻教师对儿童从"俯视"到"平视"、从"改造"到"理解"、从"行动"到"无为"的转变。从自己的经验和观察出发，韩老师判断聪聪是个"怪小孩"。这是"看山是山，看水是水"。正因为有了前置的意念，韩老师"看山不是山，看水不是水"，用能想到的各类方法去改变和矫正聪聪，却一直没有效果。直到韩老师再次审视自己的"缺陷模式"，她终是"看山仍然是山，看水仍然是水"，理解了每个孩子个体的成长规律。俯仰之间，韩老师已然从妄想纠正孩子的规诫人，蜕变为能够审视自身教育理念、接纳学生差异的关怀者。促成这一结果的原因，在于韩老师心智的改变——当技术层面的屡次干预效果不好时，就开始思考自身的价值观和教育理念。韩老师除了自我反思，还能积极向外部指导者寻求帮助。这"一内一外"的策略，都为苦于寻求改变的老师们呈现了可借鉴的经验。很多初入职场的老师在结构性困境中苦苦挣扎而倍感无力时，更容易执着于对儿童个体的改造，却无视

儿童和自己真正的需要。这个时候，来自不同环境的跨界群体的支持就显得格外重要。工作坊中大学研究者的一句"如其所是地爱孩子"，与其说是点醒了这位年轻的老师，毋宁说是这位老师在一个自由开放的环境中感受到群体支持的温暖和思想碰撞的魅力后，产生了心灵解冻和苏醒。

——王青、安超

各说各话

—— 课堂随意说话的扎根理论研究

北京大兴区大辛庄中学　宋　佳

一、问题的提出

学生上课随便说话可能是很多一线任课教师所经历过的事情，也是令人十分头疼的一件事。因为这既影响课堂正常的教学秩序，也会影响其他同学的听课效果，还会影响教师的讲课思路。但老师们一直没有找到合适的解决办法，问题停留在反复发生、反复处理的恶性循环之中。通过研究，寻根溯源，找出这一问题背后的原因，也许我们就能找到应对措施，从而打破这一循环，这就是本研究的缘起。

一个周三的下午，小英老师上完课回到办公室，和同组的老师说："一（5）班的王某某上课老是管不住自己的嘴，真是不知道他总在说什么，这一节课提醒他好几次，太随意了！"旁边的小王老师回应着："那个孩子在我的课上也爱随意说话，反复提醒好几次才管点儿用。我要是温柔相待，那孩子简直不把我的话放在心上，我要是严厉地说他几句，还老实些。"一旁的数学老师说道："这孩子在我的课上还不错啊，比较规矩。"其实类似的对话，在我们的办公室里经常会听到。大概就是有的孩子在某些教师的课堂纪律表现差，爱随意说话，而在有些教师课上却比较规矩。那是什么原因呢？

教师和学生是如何界定随意说话这一现象的？在出现课堂随意说话的现象后，教师采取了什么措施，效果又如何呢？教师对学生课上随意说话背后的原因是如何解释的？这正是本研究所要尝试回答的问题。

二、研究的过程与发现

按照扎根理论的要求，我在进行资料收集的同时对资料进行了分析，并对资料进行三级编码，现将研究过程与发现呈现如下。

1. 一级编码

我是一名班主任，为了避免选择自己班作为研究对象可能带来的研究偏差，我选择了同年级另一个班进行研究。在最开始的时候，我对教该班英语的小英老师进行了访谈，在分析访谈资料之后，又对小英老师进行了补充访谈。后续我又对教该班历史的小王老师、纪律较好的学生小小、纪律较差的学生然然、纪律更差的学生阳阳进行了访谈及补充访谈，总共对5位研究对象进行了7次访谈。经过对访谈资料进行标签化处理，我提炼出6个类属，并进行了属性和维度分析（见表1），下面进行详细介绍。

表1　一级编码的类属

类属	属性	维度
随意说话的差异界定	主体	教师/学生
	尺度	宽/严

类属	属性	维度
发生的场景条件	便利性	大/小
	自控力	强/弱
随意说话产生的影响	程度	严重/不严重
	对象	自我/他人
教师管理措施	方式	严管/不严管
	效果	有效/无效
随意说话原因的差异解释	角度	教师上课有没有趣味性/学生爱不爱学
	主体	学生/教师
教师个体差异	个人形象魅力	大/小
	日常说话风格	反复唠叨型/随意型

（1）随意说话的差异界定：通过资料分析，我发现"随意说话"这一概念并非具有明确一致的含义，实际上不同个体对它的界定并不相同，这体现在说话尺度的不同。小英老师认为耽误上课的说话就属于"随意说话"，不管说话内容与课堂教学是否相关，也不管是私下说还是公开说。相比而言，小王老师定义的"随意说话"尺度可能比较宽松，他也不认可耽误上课的说话，但他并不将其界定为"随意说话"，而是将耽误上课并且不听老师提醒仍我行我素的说话视为"随意说话"。纪律较差的学生然然倒是和小王老师的界定一致，也是认为老师反复提醒仍旧说话的行为就算是"随意说话"。但纪律更差的学生阳阳，他的界定尺度反而比较紧，认为只要是说与课堂教学不相关的话就是"随意说话"，不管是否耽误上课。纪律较好学生小小的界定稍微有些复杂，对于与上课无关的说话而言，他认为只要耽误老师上课的说话就算"随意说话"；对于与课堂内容相关的说话，他与小王老师一致，即多说几句话不算"随意说话"，只有在老师提醒后还

说话的才算"随意说话"。可以预期，教师、学生不同个体对"随意说话"定义的不一致，一定程度上容易引发教师眼中"随意说话"的发生。

（2）发生的场景条件：即随意说话在什么情况下发生。很重要的两点因素就是周围环境的便利性和学生的自控能力。说话的便利性是指周围存在爱说话的人，有别人带动说话，这是座位上的便利，还有小组活动提供的便利。从学生角度来看，教师身份的不同也会影响便利性，班主任的课约束力更强。正如小王老师在访谈中所提到的："班主任权力大，可以叫家长，可以让学生写检查，有的班主任厉害，不用叫家长学生们就怕。"由此可见，学生在班主任的课上不敢说话，是因为班主任的权力大；反之，在非班主任教师的课上，缺少了这种班主任独有的威慑力，孩子们就容易放纵。

自控能力是指学生能否控制自己不随意说话，尤其是不受别人干扰而随意说话。学生阳阳在这方面稍差，他自己对这一点似乎也有清醒认识："有时候，老师讲的没有意思，或者说一个什么话题我就想跟别人说几句，控制不住自己。"

（3）随意说话产生的影响：课堂上发生随意说话现象的时候，或多或少会对课堂中的各个相关个体产生一些影响。一方面，说话学生会对教师和其他学生产生一些影响。小英老师在访谈中提到"学习好的同学注意力能够集中，能跟着老师的思路走。但是如果课堂上出现一些状况的话，他们的思路也容易被影响"。"当然有了，影响我上课的情绪，对那些学习好的同学有一定影响，我要强调课堂纪律，这也打断了那些学生的思路。整体纪律也很受影响，对班级管理也十分不利。""学习一般的学生，注意力还可以，能够跟着老师的思路走，但也很容易被影响。"另一方面，随意说话也会对说话者本身产生影响。由于说话的学生并没有觉得自己的"说话"是一种影响，没有意识到可能对自身产生的影响，所以影响虽存在，却可能被学生忽视。

（4）教师管理措施：当发生课堂随意说话现象时，教师会采取一些管理措施。从资料分析中发现，最有效的管理措施主要有两种：一是严厉训斥，即面对随意说话的学生，老师会严厉训斥："别说了，闭嘴!"二是威胁，即任课教师对随意说话的学生说："再说就去你们班主任那儿。"当教师使用这两种手段时，学生一般就会停止随意说话。而那些不那么有效的措施，比如重复制止和提醒，就不能阻止学生随意说话。如果教师执意要管，最后会升级到以上两种"严管"措施。但"严管"所起到的效果也是暂时的，"当时能够安静那么几分钟"，"基本上你说完这些话，那些爱说话的其实还是那样，老实不了多久"。所以教师就可能索性不管："有的时候我课快讲不完了，怕耽误进度，我也没管他们，他们就说得比较多。"

（5）随意说话原因的差异解释：从学生的角度来看，三位学生都在访谈中提到，如果老师的上课方式没有趣味性就容易引起随意说话的现象。没有趣味性主要指上课形式比较单一，学生听不懂也不想听的；而有趣是指学习形式多样，如小组学习、播放视频等。从教师的角度看，主要看学生爱学和不爱学。爱学是指学生有兴趣、听得懂、喜欢学，就会专注听课；而不爱学则指学生听不懂、不喜欢、不想学，就容易随意说话，甚至有的教师认为"小组活动"给不爱学的学生提供了随意说话的机会。

（6）教师个体差异：从教师角度来看，为什么存在学生在这位教师的课上说话，而在另一位教师的课上却不说话的现象呢？从资料分析结果来看，是由于教师个体之间存在着差异。小英老师在访谈中说道："可能是不喜欢我吧？学生不喜欢我，可能是因为我年龄比较大了。"可见教师在年龄和相貌等方面的个人魅力，也是影响学生行为选择的一个因素。

个体差异还体现在教师的日常说话风格方面，小英老师和小王老师都属于"好说话"的老师，所以相比其他老师，他们的课堂上更容易发生随意说话的现象。相较而言，小英老师更好说话，所以学生更不怕她，以致她总是在反复制止学生随意说话，但是没有效果。小王老师面对学生随意说话现象，则有时管、有时不管，允许学生偶尔说话。小英老师的日常说话风格是反复唠叨型，小王老师则是随意型。

2. 二级编码

二级编码主要是通过"讲故事"提炼核心类属。"讲故事"是指在前期分析的基础上，围绕中心现象概括出一个描述性的故事。提炼核心类属则是将这一故事概念化，对中心现象进行命名①。

（1）"讲故事"。一些教师在办公室经常抱怨有学生上课随意说话，然而各方对"随意说话"的理解并不一致。这就有可能引发学生以为自己在"正常说话"却被教师视为在"随意说话"的现象。自制力比较弱的学生容易随意说话，而他们扎堆时更容易随意说话。但如果在班主任或较为严厉的教师的课堂上，学生就不敢随意说话。对于随意说话现象发生的原因，学生们认为是由于教师的上课方式没有趣味性，而教师则认为是由于学生不爱学。教师对随意说话采取了不同的管理措施。如果不是进行严厉管理，如严厉呵斥或威胁说找班主任，学生就不会听从。但即使采取"严管"策略，效果也只是暂时的，随意说话现象没过多久还会再次出现。所以教师才不停抱怨学生课上随意说话。当然，教师的日常说话风格以及个人魅力都会影响管理效果。

（2）确定核心类属。对于随意说话是什么、为什么发生，不同师生有不同看法。教师的管理措施也仅是就事论事，只是制止了一时的随意说话行为，但并没有去探讨其背后的实质问题。分析至此，我们发现研究问题不再仅是"随意说话为什么发生"，而是演进至"随意说话为什么反复发生"。其背后的原因主要是相关各方各说各话，却没

---

① 王富伟、陈向明. 实用之需：小组合作学习的教育价值：基于扎根理论的本土研究. 工作论文，2018.

有涉及实质问题。所以我们将核心类属提炼为"各说各话：对实质问题的忽略"。

3. 三级编码

三级编码是围绕着核心类属，把其他类属关联起来，形成理论。核心类属具有两种类型：一种是"太阳型"，它与其他类属的关系类似于太阳与其行星之间的关系；另一种是"建筑型"，它由其他类属共同构成，它们之间的关系类似一栋建筑与其门、窗、墙和房间之间的关系。建筑型类属不需要单独分析其属性和维度，本研究中的核心类属就是这种类型。

"各说各话：对实质问题的忽略"这一概念是用来解释"随意说话为什么反复发生"这一问题的，它由我们已分析出的六个类属构成。理论上，这些类属的属性和维度可以分成多种模式（本研究中的类属都是四种模式），具体见表2至表7。

表 2　随意说话的差异界定

主体	尺度	
	宽	严
教师	A	B
学生	C	D

A 模式：教师尺度宽，认为耽误上课且学生不听提醒属于随意说话；

B 模式：教师尺度严，认为耽误上课属于随意说话；

C 模式：学生尺度宽，认为老师反复提醒不听属于随意说话；

D 模式：学生尺度严，认为说与课堂无关的话属于随意说话。

表3　发生的场景条件

便利性	自控力	
	强	弱
大	A	B
小	C	D

A模式：环境便利性大，学生自控能力强，随意说话现象发生可能性低；

B模式：环境便利性大，学生自控能力弱，容易发生随意说话现象；

C模式：环境便利性小，学生自控能力强，不容易发生随意说话现象；

D模式：环境便利性小，学生自控能力弱，容易发生随意说话现象。

表4　随意说话产生的影响

对自我的影响	对他人的影响	
	严重	不严重
积极	A	B
消极	C	D

A模式：对自我有积极影响，对他人影响严重；

B模式：对自我有积极影响，但对他人影响不严重；

C模式：对自我有消极影响，对他人影响严重；

D模式：对自我有消极影响，对他人影响不严重。

表 5　教师管理措施

方式	效果	
	有效	无效
严管	A	B
不严管	C	D

A 模式：教师严厉地呵斥学生或找班主任干预，学生基本不随意说话，有效果；

B 模式：教师采取严管方式，学生还是随意说话，没有效果；

C 模式：教师并不采取严管措施，学生停止随意说话，有效果；

D 模式：教师不进行严管，学生持续随意说话，没有效果。

表 6　随意说话原因的差异解释

主体	角度	
	没有趣味性	不爱学
学生	A	B
教师	C	D

A 模式：学生认为教师上课没有趣味性；

B 模式：学生认为自己不爱学；

C 模式：教师认为自己上课没有趣味性；

D 模式：教师认为学生不爱学。

表 7　教师个体差异

个人形象魅力	日常说话风格	
	反复唠叨型	随意型
大	A	B
小	C	D

A 模式：教师个人形象魅力大，日常说话风格属于反复唠叨型；

B 模式：教师个人形象魅力大，日常说话风格属于随意型；

C 模式：教师个人形象魅力小，日常说话风格属于反复唠叨型；

D 模式：教师个人形象魅力小，日常说话风格属于随意型。

以上这些模式的相互组合可以构成多种情况。但限于篇幅，我们基于现有资料，选择以"随意说话的差异界定""随意说话原因的差异解释""教师管理措施"三个类属以及它们的特定组合，来回答研究问题。当然，其他类属也是影响因素，但其作用是辅助性的，这里不再专门论述。

师生对随意说话的差异界定，实际上直接会影响他们对"正常说话"的界定，在表 2 的 A 模式之下，教师实际上对学生课堂说话并不是太在意，认为学生偶尔说几句也属正常，关键是在教师提醒之后不再去说就可以；如果学生也持这种观念，即 C 模式。那么我们可以想象，课堂的画面可能是这样的：那些爱说话的学生说他们的话，教师讲他要讲的课，互不打扰；当学生说话打扰到教师讲课时，教师会提醒，学生会在提醒之后有所改变，教师继续讲课。只要教师的提醒管用，这种局面就会一直延续下去。只有当提醒不管用时，教师才会采取严厉措施。但是，如果表 2 的 C 模式遇上 B 模式，即对随意说话界定宽松的学生遇到尺度严的教师，围绕随意说话现象的师生互动就会形成教师不断制止学生说话的局面，但这时学生可能反而认为教师的行为是不合理的，不管教师的制止，以致教师不得不增加使用严管措施的频率，但这会增加学生的抵触情绪。

对于随意说话原因的差异解释，我们的资料只出现了两种模式，即表 6 的 A 模式（学生认为教师上课没有趣味性）和 D 模式（教师认为学生不爱学）。我们看到，这实际上是师生将彼此分了类，教师认为不爱学的学生总会随意说话，而学生则认为教师上课无趣才是导致他们随意说话的原因。但双方都没有关注自身原因，因而也就忽视了双方都有责任这一事实。

对随意说话的不同界定和产生原因的差异解释决定了教师管理措施的方式和效果。如果教师的界定尺度较宽松，则不会轻易采用严管方式；如果教师界定的尺度较严格，就会经常采用严管方式，和学生关系比较紧张。但两种管理方式背后都隐含着一种假定：那些不爱学的学生随意说话是正常的，只能通过严管方式暂时制止一下，只是使用的频率不同而已。但严管措施的效果也要取决于学生对随意说话的界定和归因，如果学生认为教师严格，就会认为教师的严管不合理，如果学生认为教师上课无趣，就会认为教师管得不公平。这都会影响他"听话"的程度。即使学生迫于威慑，当时不说话了，但过后又会故态复萌，以致随意说话现象反复发生，形成学生不停地说、教师不停地管无效的恶性循环。

三、结论和建议

分析至此，我们可以得出结论，正是"各说各话：对实质问题的忽略"导致了随意说话现象的反复发生。课堂上教师和学生都在关注自己的理解，根本没有去关注问题本身是什么及其背后存在什么原因。正是这样长期的"各说各话"才致使问题反复发生，教师反复处理，但毫无效果。从教师角度看，这可能是长期习惯于传统的严管模式，站在传统教育的战线上总在"管"，却不思考管得合不合适，没有去想学生为什么不听，一时的"管住"只是压制问题，并没有真正解决问题本身，所以传统"严管"的教育之根的确害人不浅。

但"严管"并不可持续：一是教师没有精力，二是课堂上耗不起时间，三是学生没有心悦诚服。而反复采取这种管理措施的结果是：课堂秩序勉强可以得到维持，教师可以完成教学任务的进度，但是"差生"——"随意说话的学生"却日渐坐实了名头，不再改变。因此，课堂教学的管理要产生实效，需要教师能够从"反复解决"中真正跳出来，需要教师去思考学生随意说话背后真正的原因。针对不同情况采取不同措施，让"各说各话"的师生能够站在一起、关注实质问题，让师生能够受益于课堂、从凌乱中解脱出来，让课堂能够真正活跃有度。

四、研究不足和自我反思

本研究存在以下不足：第一，抽样选择的访谈对象和班级有局限性；第二，在干预措施和理论层面思考还不够深入；第三，对类属的归类和属性维度分析提炼还有待进一步思考。

最初选择"课堂随意说话"这个研究主题的时候，我的思考仅仅局限于通过一些言语、活动想方设法让学生安静下来，让课堂有序，却从未去思考学生随意说话的真正原因。思考停留在表面，急于解决问题，急于恢复"静"。我总认为教师说的学生就应该听，而学生有时候会听、有时候不听，我却没有去想他们为什么不听，总在"管、管、管"。从前，我觉得严厉起来。请家长、找班主任就能解决随意说话的问题，但其实这只是暂时地压制问题，并没有真正解决问题。

这一年来，在研究中思考让我渐渐改变了对"课堂随意说话"的认识，特别是在理清核心类属之后。我觉得自己再回到一线工作中，面对课堂随意说话、学生作业有问题等时常发生在我们教师身边的事情的时候，会提醒自己不要急匆匆地下结论，多一些客观的思考。我告诉自己应该听一听学生和自己的声音，去挖掘一下为什么。我也时刻告诉自己不要戴着"有色眼镜"去看学生、看问题，这样在遇到很多问题的时候，才不会让自己陷入无穷无尽的问题反复中去，也不至于让相关各方各说各话，忽略问题的实质。

通过这次学习，我特别希望这样结合身边实例做研究而产生的思考能为更多的教师所了解，让研究助力更多的一线教师从繁杂的班级事务中真正地解脱出来。

 点评

　　宋老师的这项研究深刻而有趣！"随意说话"是常见的课堂现象，通常在教师看来，现象背后的原因是那些说话的学生不爱学习；而在学生看来，则有可能是教师讲课无趣。不同于这种通常的看法，宋老师先探究对"随意说话"的界定，使得我们明白，正是对问题的"各说各话"，才可能是导致问题反复发生的根本原因。学校生活中多有类似的循环问题发生，如果大家能像宋老师一样，先从问题的界定入手，可能会比先进行原因分析更有利于澄清对问题的认识。宋老师采用了扎根理论研究路径，为中小学教师如何从实践中提炼抽象概念提供了一个鲜活案例，七易其稿的写作过程也说明了应用"模型思维"的不易。论文所提炼的类属还可以用更具实质性含义的概念来表达，比如"发生的场景条件"是什么样的场景条件呢？关键类属"随意说话的差异界定"更是提出了一个编码中的难题。对于这种涉及差异比较的类属，如何从关系而不是实体的角度进行界定呢？与目前文中的分析不同，该类属的属性也可划分为尺度界定的教师差异和学生差异两个属性，维度分别都为宽和严。这样进行交互分类所形成的差异模式分别是：（1）教师程度宽，学生程度宽；（2）教师程度宽，学生程度严；（3）教师程度严，学生程度宽；（4）教师程度严，学生程度严。也许这样分析更能凸显随意说话的差异界定是师生关系的问题，而不仅是学生或教师的问题？其实宋老师后面对于类属关系的分析也体现了这一点。仅就这一问题所引起的思考而言，宋老师的这篇论文价值非凡！

——王富伟

橡皮

——一位青年班主任对教师面子和里子的不同看法①

北京市海淀区西苑小学　张　迪

一、这块橡皮的主人是小高

"张老师，小高一直在课上说话、尖叫、大笑，还拿毛笔乱写乱画，书法老师请您现在过去一趟……"

"张老师，刚才在体育课上，我带着学生做准备活动。您班这小高不但不做，而且还说话、招惹同学，被我批评了，他还一口咬定是同学招惹他……"

"张老师，我刚才发水果，还没发到小高，他上来就要抢。我不给他，他就骂我……"

"张老师，刚才我和小刘在聊天，小高硬是要问我们在聊什么，我们不想告诉他，他就骂我……"

---

①　本文得到了北京大学教育学院陈向明教授、首都师范大学初等教育学院欧群慧教授、北京教育科学研究院德育研究中心任敬华老师、北京理工大学人文学院王青老师、北京师范大学助理研究员安超老师的帮助与指导，在此表示衷心感谢！

是的，我就是这个张老师，一个教龄只有6年的青年班主任。五年级（1）班是我这学期新接手的班级，老师和学生口中的"小高"，是我班里的一个小男生，也是一个令很多老师都感到头疼的学生。小高名声在外，就连前任班主任S老师也拿他没有办法，同学们都认为，"他就那样儿，没救了"。

在和S老师办理班级交接手续时，我了解到很多小高在过去的三年里所发生的故事。对待小高，前任班主任给我的建议是"务必小心"：当小高违反课堂纪律的时候，一定严肃处理；他常常招惹同学并引发冲突，在处理这些问题时，一定要录像并有"人证"在场，否则他会将自己的责任推卸得干干净净；在放学之前一定要和他确认今天在学校是否还有未解决的矛盾，以免他回家和妈妈说"同学们都欺负我，老师也不管"。除了建议，S老师还把她没收小高的玩具、文具转交给了我。听着那些故事，看着这些玩具、文具，我心想："虽然从教的时间还不长，可我已经送走了两届毕业生。调皮的学生我见过不少，区区一个小高，还能在我这班里掀起多大的风浪啊！"

9月初的北京，天气仍然炎热。新学期的开学典礼依旧在操场上举行，小高尽管汗流浃背，但始终遵守纪律，坚持到了开学典礼结束。这一切我都看在眼里，我对小高进行了表扬，并且将他被S老师没收的电动橡皮擦以奖励的形式返还给了他。拿到这块失而复得的橡皮后，小高高兴极了，不停地向我表示感谢。我本以为这件事一下拉近了我与小高的距离，和他搞好了关系，期待他会有所收敛。可没想到开学后的第一周，小高就在课上大笑、尖叫、说话，严重违反纪律，任课老师叫学生请我去接小高回班。

小高是个喜欢画画的孩子，当我把他接回班陪着他时，如果没有作业，他就会画画。因此，他常备着彩铅、彩笔和橡皮，特别是那块失而复得的橡皮，小高告诉我说那块橡皮特别好用，班里同学只有他有电动橡皮。听小高讲着同学找他借用这块橡皮的故事，我能感受到他很喜欢这块橡皮，这块班中独一无二的橡皮给小高带来了一份骄傲。在与小高聊画、聊他的这些画具的时候，我也告诉他作为高年级的学生，上课应该遵守纪律、认真听讲。小高每次都会非常真诚地向我承认错误并答应我会改进，可每周我还是会经常因小高违反课堂纪律而被迫陪着他。尽管每次突如其来的"陪伴"会影响我很多工作，但我仍旧相信小高会在我的特殊照顾下有所进步。

我知道，这样的陪伴并不是长久之计，我不能总因小高而"随叫随到"，如果我不在学校，小高可怎么办呢？很快，我最担心的事果真发生了。

二、这块橡皮让我好没面子

开学后的一个月，有一次我外出学习，一整天没有在学校，晚上回到家中便收到了小高妈妈发来的短信：

张老师，我想和您反映的是关于小李和小党的事。昨晚小高提起您今日要外出，所以我也提醒了孩子要注意。下午孩子回来眼圈红红的，说是被气哭了好几次。孩子反映：为避免冲突，他被老师安排去了4班，小李趁他没在班里把他的文具拆得拆、毁得毁，笔芯里的油甩得哪儿都是，还把胶棒掏空了……

小高、小李和小党都是比较好动的孩子。听前任班主任说，从一年级起他们三人只要在一起就会出乱子。看着小高妈妈发来的那些被损毁的文具照片，我很快便发现了那块小高最喜爱的橡皮已是伤痕累累。我相信小高是被欺凌了，我这个新班主任下定决心一定要解决"高、李、党"这一历史遗留问题。于是我一面承诺小高妈妈会处理此事，一面心里琢磨着如何进行调查，替小高打抱不平。

第二天，我用了一上午的时间，分别听取了"高、李、党"三人以及班里多名知情学生的陈述后，事件的经过逐渐在我脑中变得清晰了起来。可事件的结果却是那样的令人震惊——小李和小党确实摔了小高的笔袋，但并未造成文具损坏；而小高为了让小李和小党受批评，让他们赔偿文具来"报仇"，便对自己的文具进行了恶意地损毁，从而顺机嫁祸给小李和小党。天呐！这样的结果让我的"打抱不平"充满了讽刺。为了达到目的，小高竟会对自己最喜欢的那块橡皮痛下狠手，他真的喜欢那块橡皮吗？难道他和我说的话都是骗我的吗？难道我给予了他那么多次特殊的陪伴是在浪费时间吗？难道同学口中所说的"他就那样儿，没救了"是真的吗？

曾经，我对自己是那样充满信心，相信自己会做好前任班主任没有做好的事；我对小高是那样充满信任，期待自己会帮助小高进步。可半个学期过去了，小高的课堂纪律并未有所改进，仍然会在班级中故意招惹同学而引发冲突，使得越来越多的学生、家长向我投诉。小高的不受约束、为所欲为，让我不得不承认他是我见过的最棘手的"失常学生"。是的，"晓之以理，动之以情"无法打动小高，"严厉评判，约谈家长"无法让小高畏惧，小高的种种表现让我感到他和同龄学生相比有失正常状态。我的耐心被他一点一点地、一天一天地慢慢消磨着。每当老师向我反映小高糟糕的课堂表现，每当学生向我投诉小高令人恼火的行为举止，都让我感到有些焦虑甚至是愤怒。

作为全校唯一的语文男教师，学校给予了我很多学习的机会以及展示的舞台。学校领导对我的栽培与信赖，让我对工作不敢有丝毫的松懈。作为全校唯一的青年男班主任，我每次接新班时都能感受到家长对我的不信任，但是我对学生尽心尽力，事无巨细的工作态度和风格，最终都能将家长对我的"不放心"转化为对我的认可，使家校关系变得更加和谐、融洽。可如今面对小高，我教育了他这么久，他竟毫无起色。还有那块被小高自己损坏的橡皮，我每次想起小高和它，就觉得真是讽刺，真是好没面子！

渐渐地，当小高又犯错时，我和他私下交流的次数变少了，对他当众批评的次数变多了。因为我认为小高屡次不顾他人的感受，影响同学的学习和在校生活。我给予他的特殊照顾已经足够多了，可他一次次的表面认错悔过，实则是对我一次次的哄骗。现在，我必须要给全班学生一个交代，而最好的方式就是当众批评他。

三、我从这块橡皮上赢回了面子

一次我看管学生自习时，中途回办公室拿东西。当我再次返回教室，多个学生向我反映，说我刚离开教室，小高就"发作"了，他不仅用橡皮擦掉了同学的部分作业，还辱骂制止他的同学。当听到这里，我的怒火一下被点燃了，但我还是抑制住了。我先与小高确认同学所说的情况是否属实。我本想让他承认错误，我教育他两句这件事就过去了，大家还能继续上自习，可谁曾想小高一边笑着一边矢口否认。这下可激起了民愤，多半个班的学生大喊"瞎说""又说谎"。小高见大事不妙，便改口说是其他同学趁老师不在就招惹他。同学们对他的不满也再次加剧，我依旧想让小高说实话、承认自己的错误，可他那无法忍住的窃笑，好像是我们所有人都在和他做游戏一样。他继续把责任全部归咎于同学。

于是，我爆发了！我要平息民愤，我要让全班学生知道我是可以收拾他的！"你！现在把桌椅搬到教室的后面去！"我厉声呵斥道，这时小高收起了笑容，他明白我让他调换座位是对他的一种惩罚，于是他胆怯地嘀咕着，"不……不……我不去后面"，桌角上的橡皮也被他不小心碰到了地上。我心想："你想不去就不去，你想在班里折腾就折腾，什么都听你的，我成什么了？是你这场闹剧中的配角吗？拉上我一起让其他学生看笑话吗？你真当在这班里我拿你没办法、没有威信了吗？"想到这里，我更是坚定了给他调换座位的决心。"捡起橡皮，搬后面去！"可不管我怎样用严厉的语言命令小高，他就是站在座位旁边，可怜巴巴地看着我，嘴里依旧嘀咕着"我不去"。我和他就这样对峙着，这份僵持让我有些尴尬，小高没有执行我的命令，其他学生也在目不转睛地望着我，似乎在看我如何收场。

"小高，你把桌椅搬后面去吧！别气张老师了！""是啊，本来就是你的错，还要影响我们。"这时学生中间的几声议论，给了当时无助的我莫大的动力！这是来自学生的声援啊，这是来自学生的鼓励啊！于是，我让同学强行将小高的桌椅搬到了教室后面的角落，途中我隐约听到来自其他学生的掌声与欢呼声。很快教室里就安静了，小高坐在教室最后面的座位上，一手拿着橡皮一手握着铅笔画起了画。我终于也平静了下来，因为我赢了小高，我在全班学生面前证明了自己，展示了我对学生扰乱班级纪律行为"零容忍"的态度。特别是在与令众人无可奈何的小高的对峙中，我让全班同学看到了班主任的威信，赢回了面子！

四、橡皮虽小却大过了小高

尽管我胜利了，但我深知这样的方式过于简单、粗暴，且有"用力过猛"之嫌，内心有些愧疚。所谓"打一巴掌给一甜枣"，当小高表现好时，我会在班里表扬他，并带领同学们为他鼓掌，认可他的进步。私下里，我还承诺他如果没有老师、同学向我投诉他的不良表现，我就让同学当着他的面给他妈妈发语音来表扬他，我也会在放学时向他妈妈当面表扬他。"阿姨好！我是小高的同学，小高今天在课上进步特别大，不出怪声了，也不随便大笑和说话了，老师还表扬了他。"每当小高亲眼看到、听到同学这样给他妈妈发表扬语音时，总会高兴好一会儿。每当放学我和他妈妈重申小高当天的表现、表扬他的进步时，小高和妈妈都很开心，小高的妈妈会特别尊敬地向我表示感谢。这样的方法，既减少了老师和学生向我投诉小高的次数，又得到了小高家长的感谢，我总算是又一次赢回了面子。不过现在想想，这是个多么奇怪、多么荒唐的做法呀！我这不是在和小高做交易吗？他要用"好表现"来换取我对他大张旗鼓的"表扬"，而这一切都是我和他约定好的，我这不是在为了我的面子而贿赂他吗？

其实与小高的每次接触，也并非都是在"教训"中发生的。尽管小高在班里显得调皮一些，但在他无事可做的时候，还是很愿意帮助我做一些事情的。一次我要布置板报，需要学生帮我剪纸。小高表现得非常积极，第一个跑过来找我领取任务。我给了他一些纸，他高高兴兴地回到座位剪了起来。无意间，我看了他一眼，而就这一眼，让我看到了一个眼神无比专注、动作无比谨慎的小高，他就那样安静地坐在那里，一下一下地剪着纸，生怕剪坏了。

这个场景深深地印在了我的脑海里。如果有人问我："小高积极的表现和消极的表现各占多少？"我想我会给出 80% 与 20% 的回答，因为在大多数情况下，小高可以正常地与和自己关系还算不错的同学聊天、做游戏，能够按时完成作业、积极改错，能够积极地对待老师布置给他的任务。他和很多学生一样，有着天马行空的想法，有着天真可爱的模样。或许是因为前任班主任的介绍，使我早将"爱违纪、爱打闹、爱说谎"当作了对小高的第一印象，从而产生了锚定效应。又或许是小高在"失常状态"下破坏课堂纪律、扰乱班级秩序加大了我的工作量。种种负面的印象与评价，都融入那块被小高亲手毁坏的橡皮里。这块橡皮虽然个头不大，但是它却大过了小高。因为它挡住了我的视线，所以导致我平时看到的恰恰是小高这 20% 的消极表现，而对那 80% 的积极表现视若无睹。

五、我需要这块橡皮

小高需要用那块橡皮来擦掉他画错的线条和颜色，我同样也需要那块橡皮。它提醒着我要记得小高曾多么让我感到失落，提醒着我要盯着小高这 20% 的消极表现不放，因为它对我来说是意义非凡的。

这 20% 承载着前任班主任对小高的无可奈何，包含着班中大部分同学对小高"他就那样儿，没救了"的态度和看法，体现着我这新任班主任的能力所在。我要在小高这 20% 的区间内，纠正他没有被前任班主任纠正的行为，解决没有被前任班主任解决的他与同学的矛盾。我要在领导和同事面前证明，那个令很多老师都感到头疼的小高，在我接班后进步了、变好了！

归根结底，这 20% 可以让我在学校领导、同事以及学生、家长那里"很有面子"。"春蚕到死丝方尽，蜡炬成灰泪始干"，甘守三尺讲台的教师，是否也需要面子呢？我的答案是肯定的，因为"面子"代表我们在人际交往过程中的心理状态，鲁迅先生也曾认为"面子"是"中国人精神的纲领"。作为一名青年教师，我需要面子，它是我在工作和生活中从别人那里得到的尊重、认可以及良好的声誉。

六、橡皮擦掉了错误的字迹

1. 我需要面子

虽然我已经花费了大量的时间，使用了不同的方法来试图调整小高的失常状态，但是小高好像和我打起了游击战，一学期以来并没有明显的改变。我不禁自问：是不是我解决问题的出发点从一开始就错了？

作为一名年轻的教师，我在大学期间学习了很多有关教育教学的理论知识，我希望能够将它们融入工作，理论联系实际，解决小高的问题，从而在学校中让领导和同事们看到我的才干。我渴望得到大家的关注和认可。

因为学生时代的我在班中并不优秀，甚至有些表现平平。性格使然，我始终与老师保持一定的距离，课堂上很少参与互动，遇到困难也很少主动寻求老师的帮助。自然而然地，班级舞台上的追光灯不会照耀到我，围绕在老师身边的学生中不会有我的身影。尽管我在班级生活中有存在感，但几乎没有体验过成就感。

大学毕业后，我选择教师这一职业。一方面是因为我喜欢孩子，对待孩子我有足够的爱心、耐心和责任心，我愿意陪伴他们共同成长。另一方面是因为"教师是太阳底下最光辉的职业"，我相信只要热爱教育事业，认真地工作，用心地关注学生成长，就会受人尊敬，这也使我对教师这个职业又多了一份向往。

工作初期的几年里，作为一名青年教师，我努力从不同的方面来提升自己的业务水平，受到了学校领导的重视。正是由于这份肯定，我竭尽所能地将每个任务都做好、做细，尽管辛苦，但却心潮澎湃。作为一名青年班主任，我主动走近许多班里的"刺头"学生，与他们建立亦师亦友的关系，尝试站在他们的角度去理解犯错、闯祸的无心之举和故意而为。久而久之，在帮他们"拔刺"的过程中，他们逐渐发现我这位男班主任与其他班主任的不同，我也得到了他们发自内心的信任与敬佩。同时，家长们也能够感受到我对学生的真心付出和对工作的不遗余力，这使我也赢得了来自家长的认可和尊重。

接手五年级（1）班的第一天，一些学生和家长就给我打了"预防针"，告诉我小高在班中的表现。而小高的妈妈也在放学后找到我，似乎是担心我不了解班中情况，告诉我小高说自己在班里是如何"受欺负"的。尽管通过观察，我能够推断小高妈妈听信小高的讲述，是不了解他在班里真实的情况的。但是我能切身感受到，无论是小高妈妈，还是班里的其他学生和家长，都在观望着我这"新官"上任后是如何燃起这"三把火"的。因此，我迫切希望能够在最短的时间内处理好小高的问题，给班中所有学生和家长一个满意的结果，消除大家对我的担心和不信任。

我作为全校唯一的男班主任，身份的特殊性不言而喻，我想无论是领导、同事，还是家长，他们都在关注着我的工作，关注着我所带的班级，而我对学生投入的精力和付出的爱也不少于其他女班主任。我希望我的努力能够通过学生让外界看到，为我赢得面子、获得声誉。毕竟很多人看待班主任的班级管理工作，就是简单的"安定应长久，一乱毁所有"。所以我要想得到来自他人的肯定和认可，就意味着我要根据工作环境的要求和规范，来设定自己的行为。这就使得在工作中，似乎总有个评委拿着考核表在我身后跟着我，他无声地关注着我的一言一行，为我的每个举措打钩或画叉，并实时向外公布。很少有人会在意我对学生投入了多少爱，大部分人更愿意通过那张考核表上的钩和叉来衡量我的工作能力与成绩。这就迫使我将所有的注意力都集中在评委手中的那张考核表上。

2. 我看清面子

对自身快速成长的迫切期望，让我全力以赴地完成每项工作；对努力提高在学校的地位和价值的渴望，使我不甘落后于其他青年教师。种种压力，加剧了我对解决小高问题的渴望。而这份渴望，却含有太多的杂质。

一心注重面子，一味追求功利，一切都以考核为重，这样是否会让我们成为优秀的老师？成为帮助学生成长，深受学生喜爱的老师？我现在对小高的种种举措，会不会对他的成长造成影响？学生不是我们的商品，他们的表现不是我们的营业额。作为教师，我们的首要任务不是用爱育人吗？所以在陪伴学生成长的过程中，有些时候我们既要放下身段，也要放下面子，这既是给学生机会，也是给自己机会。

教师放下一颗追求面子的心，便会更容易蹲下身去走近学生、关注学生。学生也同样会将真实的自己展现出来，更加轻松地与老师沟通，健康成长。青年教师放下一个追求面子的心，便会少了一些功利，少了一些精神负担，敢于在工作中大胆创新、尝试，即使失败也是一次磨砺的过程，有助于自身成长。

3. 我发现里子

一块橡皮，可以擦掉我们写错的字迹，也可以修正我们错误的认识。一次偶然的机会，我在一部电影中看到这样一句台词：人活在世上，有的活成了面子，有的活成了里子。对我自己而言，面子是我一直所追求的来自他人的肯定和赞许，那么里子是什么呢？

想必"里子"应是我该具备的专业能力与专业素养，也正因有了它，我的"面子"才有了根基与依靠。特别是青年教师，倘若在自身能力不足时，为了面子假装清高，只能让我们错过很多机会，为自己的成长增添很多障碍。青年教师要面子，不能算是一件错事，我好面子、要面子、争面子，是因为我对自己的发展有高目标，对自己的成长有严要求，心中追求的是能力的提高和业务水平的精进，所以我渴望得到来自他人对我专业水平的认可。

回想自己曾是那样希望通过改变小高而赢得面子，我不禁要问："是不是当时我的里子太薄了呢？"人们常常仅凭衣服的外表是否好看来判断它，可是真正能够保暖的是衣服的里子啊。看来作为一名教师，我们在追求面子的时候，更需要在里子上多花时间，多下功夫。毕竟里子才是我们稳站三尺讲台的根基，才是我们扎根教育一线的能量。正视自己，提升自己，行所当行，止所当止，取所当取，这样才是我们赢得面子最有效的方式。

就像小高手中的那块橡皮，它曾在班里是独一无二的，它曾给小高带来过同学的关注，它曾令小高感到骄傲和快乐。小高的这块橡皮，也让我认识到，教师的眼中不该只有面子，还要有里子；不该只有失常学生，还要有对学生无限的期许和无条件的爱。

 **点评**

张迪老师文中的故事十分生动鲜活，仿佛就发生在我们眼前。跟随着张老师的叙述，我们似乎能体会到他当时的感受和情绪。年轻的张老师是学校唯一的男班主任，领导的"栽培与信赖"让他自觉不能辜负，家长的"不放心"使他更加努力去证明自己。面对顽皮学生多次"挑战底线"的行为，张老师在尝试各种策略未果之后，甚至为了赢回面子而做了胜之不武的举动。赢了面子并没有让张老师开心，他反而静下心开始反思自己的面子和里子。正是这个反思帮助他从单纯追求问题解决的单环学习开始向引发价值观改变的双环学习过渡，同时，里子究竟是什么？如何通过里子来赢得面子？这些问题的答案似乎也呼之欲出了。

——任敬华

"我"的"动物园"？谁的幼儿园？

——本能"我"与专业"我"的磨合与共生①

北京市宣武回民幼儿园　朱晨晓

硕士毕业后，我进入了幼儿园工作。和幼儿相处的过程，也是理论与实践碰撞的过程。这个过程中总会发生许许多多的小插曲，有些让人发笑，有些让人思考。九月的一天，在小班建筑区里发生的一个小故事，就引发了我的自问和思考。

一、"我"的"动物园"

故事发生的当周，我在幼儿园某小班做临时配班老师。这个小班的教室分为两个房间，设置不同的游戏区域，一个房间是美工区、益智区，一个房间是建筑区、娃娃家。区域游戏时，班上的幼儿分成两组，分别在两个房间游戏，大约20分钟后进行交换。我大多在建筑区

① 本论文缘起于第三期教育行动研究工作坊的学习。知之愈明，则行之愈笃；行之愈笃，则知之益明。衷心感谢工作坊的六位老师：深入浅出的陈向明老师、谆谆教导的欧群慧老师、娓娓道来的卢杨老师、体贴入微的任敬华老师、颜值才华兼备的王青老师和温柔又深刻的安超老师，感谢他们带来的一个个干货满满的课堂，感谢爬山虎小组的小伙伴们一同开展的一次次激烈的讨论，感谢工作坊所有小伙伴带给我的启发和建议。愿自己能在叙事研究的路上不断明知笃行。

和娃娃家的房间进行游戏指导和观察。

这天，我正和几个孩子一起游戏。小班幼儿刚入学不久，对于建筑区的使用还处在没有目标的搭建阶段。墩墩看到建筑区有好多动物模型，兴奋地跟我说："老师，咱们来搭一个动物园吧！"我心中一喜："孩子们开始有搭建的想法和目标了！好兆头！"

于是，我和孩子们一起搭了一个围合的圆形当作动物园的围栏，孩子们在我的引导下还用小块的积木将里面划分成一个个场馆，有大象馆、老虎山、长颈鹿馆……我心想："今天孩子们的这个作品很成功啊，孩子们通过建筑区的操作获得了身临其境的体验，一会儿要请其他的小朋友一起来欣赏欣赏！"就这样，我心里做好了计划，并暗自兴奋着。

活动交换时间到了，另一批小朋友过来建筑区和娃娃家玩。我心里惦记着这个"动物园"，对进了建筑区的几个小朋友千叮咛万嘱咐："你们一定要保护好这个动物园哦！"一看到他们有想碰这个积木的动作，我就过去啰唆两句。可就当我在娃娃家指导游戏的那一小会儿，就听见建筑区传来一声："汽车开喽！呜——咣！"我猛地一回头，"动物园"的围栏已经被推倒了！里面的动物们倒得歪七扭八的，再也没有动物园的样子了。我心里特别着急，对着拿小汽车的六六来了一句："你干嘛动我的动物园啊！"

说完这句话，我心里马上一惊！我反应是不是太激烈了？面对一个 3 岁多的孩子，语气是不是有点太凶了？这可不是一个研究生老师该有的行为啊！看着六六有点不知所措的小脸，我心里愧疚极了，赶快放缓了语气，上前去抱了抱六六，故作轻松地说道："没关系，倒了就倒了吧。咱们一起把这个动物园再搭起来好不好？"可惜，这次的小朋友兴趣不在于此，他们更想玩开汽车的游戏。我整理好了情绪，陪孩子们用积木铺起了"公路"和"赛道"。

可是之前那个画面一直在我脑海里盘旋着。更引发我思考的一点是：明明这是孩子们搭的"动物园"呀，我怎么下意识会说成"我的动物园"呢？

二、"我"是从哪里来的

我一边整理这个故事，一边展开了思考。

每次区域游戏过后，都会有一个分享的环节，孩子们可以分享自己的问题、发现和作品。分享环节也是丰富其他幼儿游戏经验的重要环节，在老师的引导下，孩子们可以发现"原来还可以这么玩"，玩的经验越来越丰富，孩子们也在悄悄发展。在我心里，当天建筑区里的"动物园"是那么的成功，简单的积木在孩子们的想象中和实际生活相对接，我特别想请他们在分享环节和班里所有的小朋友分享，这样孩子们在建筑区会有更多更明确的搭建目标，也许是小区、超市、停车场、自己的家……有了这样的想法，这个"动物园"就成了我接下来预设好的一个内容。因此当它不复存在的时候，我心里着急不仅是因为这个作品被毁了，还是因为分享环节没有办法进行了，已经预设好的内容失去了作品的支撑，又需要做调整了。

随后，我和同事们分享了这个故事，大家的反应也各有不同。

教师A："这根本不叫事儿啊，我觉得你也没什么问题，是孩子还没树立好保护别人作品的意识，不必给自己增加这么大压力。"嗯？我给自己的压力太大了？

教师B："是不是受到班级环境的限制了？游戏的过程对于孩子而言有不合理的地方，才会发生这种小插曲，可以把班级环境做些调整。"对！这是一个好主意！

教师C："我从来都没这么想过，一开始觉得你想的有点多，不过听了你的故事，我发现自己在工作中也经常会这样说话，比如'给我过来''我都说了…你还…'之类的，看来我也应该反思一下了。"原来，这种现象并不只出现在我身上。

教师 D："你这反应，跟小朋友是一样一样的！把自己也当成小朋友了吧！"嘿！这个"动物园"是孩子提出的想法，我引导孩子们一起搭的，在为孩子们骄傲的同时，自己也挺有成就感，所以当它被推倒的时候，我也觉得心疼了！

作为新教师，同事们的实践经验都比我丰富。听了大家的看法，我意识到：我当时之所以着急，主要是因为我预设好的内容被打乱了，而且我下意识地把这"动物园"当成了自己的。

厘清这件事之后，大多数同事都认为这并不是什么大事，只不过是游戏过程中的一个小插曲罢了。那为什么我的反应会如此强烈，把它当作一个问题来处理呢？我为什么会对这个"我"如此在意呢？

回想自己当时的情绪，先是本能的生气，随后而来的是愧疚和懊恼。生气的是，说了那么多遍，"动物园"还是被推倒了；愧疚的是，不该反应那么激烈，对小朋友那么凶；而懊恼的是，幼儿本身兴趣各异，而且小班幼儿的社会性一直都在发展中，出现这样的情况实在是再正常不过了。自己作为研究生，怎么能犯这么低级的错误呢，也太不专业了！

是的，我在意的地方在这里！是教育理念和本能反应的碰撞，是在学校学到那么多理论知识在实践中却没能很好应用的落差感。

专业的"我"在处理这次"动物园"事件时的方式本应更巧妙、更贴近幼儿，但本能的"我"却出现了生气、着急的情绪。虽然及时刹住了车，但这种情绪来源于哪里呢？怎么才能处理好这两个"我"的关系，让落差感小一些呢？

三、如何处理本能"我"和专业"我"的关系

我知道，这二者的关系是必须要处理好的。我一直坚定地认为：

幼儿园是"幼儿的乐园",应该是儿童快乐成长与发展的地方,应该是属于儿童的。如果总是本能"我"在先,那幼儿园又该是谁的呢?因此,二者的关系必须理一理了。

(一)本能"我"的纠结与探寻

在工作坊一次课上,我和所有人分享了这个小故事,大家纷纷从自己的角度帮我分析。有位老师说道:"我感觉这个故事反映出老师教育观念上有一定问题,反映的是对孩子的掌控欲过强。"听到这话,我不自主地皱起了眉头,心里本能地感觉到抗拒,内心想的是:"说我教育观念有问题也太严重了吧!"然后为自己"辩解"起来:"其实我知道我不应该这么做,只不过当时没控制住自己,有点像是本能的反应。"接着另一位老师说:"我很欣赏的一点是,朱老师没有觉得这件事是对的,而是马上就反应过来自己不应该这样做,进而开展了反思,这说明朱老师还是有专业的敏感性。"听到这话时,我赞同地点了点头。

之所以回想起这个片段,源于疫情期间在家和先生的一次讨论。忘了讨论缘何而起,先生说:"你特别不爱听别人批评你。"我皱起了眉头:"我哪有!"先生说:"你看,就像现在一样,一听到不太好的评价,你脸上马上就显露出不开心了。"我心里"咯噔"一下,会不会我给别人也留下了喜怒无常的印象?

先生接着说:"我理解你的情绪来得快去得也快,但容易让别人觉得你比较情绪化。可能因为你从小接受表扬比较多,一旦有人批评或者质疑你,你的反应都会有些激烈,比如马上为自己反驳,或者脸上表现出不开心。"

我沉默了,回想到了工作坊上那一幕。当我听到别人不同的评价时,面部表情是不是也变化得非常明显呢?我跟先生分享了课上的这个小片段,先生分析道:"每个人的评价都是基于自己的经验,也许别人说的正是你没想到的地方呢！你太爱自己给自己做判断，大家只是在帮你分析这件事情呀。"

听到这儿，我想起了读过的《被讨厌的勇气》：我们的很多心理困扰都来自社会和他人的期待和评价，正是这种评价体系，造成了人的骄傲和自卑。我大概就是过于骄傲吧！

从小到大，我听到的表扬远远多于批评。作为家里的独生女，父亲在外工作的时间比较长，主要是母亲陪伴在我身边。她是我的妈妈，同时也是很多学生的老师，虽然经常忙到没时间管我，但总是希望我能成为一个优秀的人，也就是现在常说的"别人家的孩子"。每次听到别人夸"这孩子从小就特别优秀"时，妈妈总是笑得很开心："还挺省心的，我都没怎么管她。"仔细想想，正面评价谁不喜欢听呢？来自妈妈的认可则更让人渴望。虽然从小到大一直还算顺利，但大概是从小习惯了去追求这种认可，再加上以研究生身份参加工作后，总想在实践中得到同事的肯定，很担心别人会有"不过如此"的评价，所以我既有些骄傲又有些压力，对于负面的评价本能地会有些抗拒。用先生的话说有些"完美主义"，总是想得到他人认可，维护自己的完美形象。结合"动物园"事件，本能"我"之所以会生气，反映了我在自己掌控内的事物被打破时的不冷静，过后的懊恼是担心别人对自己会有不好的评价，这也许就是一种过于追求完美的体现吧！

（二）"专业"我的反思与提升

经过"动物园"事件，我先是想到了在课程预设与生成上存在的不足。面对这种突发事件，完全可以更加灵活地处理，根据幼儿的需要和兴趣找到更好的解决方法，不断调整活动。我和几位老教师探讨了这个问题，总结出一些比较好的做法。比如：可以及时用照片或视频的形式记录下来和其他幼儿一起分享；可以分享新搭建的"高速公路"，这也是源于幼儿的兴趣；可以在结束活动后和孩子们讨论一下应该怎么保护他人的作品；可以把活动区的形式做一定的调整，使其变得更适宜孩子们去游戏；等等。

我还想到了在这次"动物园"事件中自己作为教师的定位。《幼儿园教育指导纲要（试行）》提出：教师应成为幼儿学习活动的支持者、合作者、引导者。我明白幼儿是在游戏中发展的，我在区域游戏中是以合作者的身份出现的，是幼儿的伙伴，和幼儿合作探究。当我把"动物园"作为预设内容时，我作为引导者设计着接下来的活动。但作为一名专业的幼儿园教师，作为幼儿的支持者，除了为幼儿提供丰富的物质环境，还应该去关怀、尊重和接纳幼儿，在心理上给幼儿充分的支持。而我当时的反应显然是过激的，并未对幼儿有足够的理解和接纳。

作为一名入职不到两年的新教师，我的实践经验还是太少了，深深地感觉到在面对课堂上突发的小意外时，理论知识还需要更多的实践支持才能得到更灵活的应用。如果脱离实践去谈理论，理论就只能"轻飘飘"地吹过去，而不是"强有力"地去指导实践。

工作中，我了解到类似的事情并不只在我一个人身上发生过。有些同事也意识到某些时候自己的本能情绪会以不恰当的方式被带入工作实践，活动本应更贴近幼儿，却被自己不恰当的情绪和行为影响而有所偏离。比如幼儿特别喜欢自己在班内美工区完成的作品，想带回家，老师却打算用这个作品来装饰教室，就直接拒绝了幼儿的请求。事后我们的讨论中，这位老师说道："回想起来，感觉孩子当时很受伤。太不合适了，我完全可以让孩子带回家，在美工区中再做一份不就好了嘛！"

经过讨论，我们都有了一定的启发。一方面我们需要更加努力地去提升和磨炼自己的专业能力，在实践中更好地去运用理论；另一方面，也许我们可以发现内心深处的自己：是否太过追求完美？是否对自己不够自信？是否对工作的热情有所减少？更好地理解和接纳自己，才能做出适合的调整。

四、本能"我"与专业"我"的磨合与共生

这样一个小故事在工作中并不起眼，但放到工作坊里一起分析，就变成了对自我的接纳和人生追问，对自我的发现、自身的成长和改变是我最大的收获。想接纳自己，先要了解自己。面对那个过于追求别人认可、过于追求完美的自己，我学会了接纳自己，承认自己也会有缺点和失误，毕竟"人无完人"嘛！尽自己最大的努力就好了，有些成长需要实践，也需要时间。

同时，通过工作坊的学习，我在专业上的提升是显而易见的，最重要的是我学会了反思。唐纳德·舍恩的反思性实践思想中提到了两种认知形式："行动中认知"和"行动中反思"①。正如了解专业理论的自己，有时候处于"行动中认知"阶段，即在自己经验范围内的实践情境中我知道如何去做。但真实的实践是复杂、不确定、独特的，产生的结果往往让我感到意外。值得坚持的是我当下进行的"行动中反思"：起初，我出现了本能的反应，随即引发了自己对于这个事件的关注和反思。结合事后和大家一起进行的"对行动的反思"，我更好地了解了这种本能反应的原因，也反思了当时的行为，还思考了事后应该怎样更好地行动。这样的反思探究过程对我来说实在是太有意义了。

"动物园"事件过后，我对自己的行为更敏感了，更愿意去反思和调整自己，同时也更放松了，只要是在成长就好了。又一次在建筑区，中班的孩子们搭了个大飞机，结果有个小朋友从旁边经过，"咣

---

① 朱琼敏．唐纳德·舍恩的反思性实践思想及其对我国成人高等教育的启示[D]．福州：福建师范大学，2007.

当——哗啦"，整个飞机的积木散落一地。我"哎呀"一声，搭飞机的孩子气得直跳脚，撞到飞机的孩子站在一旁手足无措。虽然这架飞机也是打算在分享环节给其他小朋友展示的，但这次我采取了不同的解决办法："哎呀，坠机了，太可惜了！突发事件！咱们一会儿跟小朋友分享一下，一起想想办法，好不好？"我先引导撞到飞机的孩子给建筑区的小朋友道了歉，然后请他们一起把散落的积木收拾了起来，最后在分享环节请孩子们分享了当下的感受，孩子们说："我们可以给建筑区设计一个小围栏！""咱们可以提前把设计图画好，这样即使塌了也能重新搭起来！""经过建筑区的小朋友一定要小心，不能穿行！"瞧，孩子们的智慧是无穷的，我是不是也成长了一些呢？

专业"我"和本能"我"就像一枚硬币的两面，专业"我"的一面朝上，要求我要做一个专业的教师；可面对不确定的实践环境，本能"我"的一面也是有可能朝上的。二者虽然需要磨合，但最终还是同一枚硬币，还是共生的。教师也是有血有肉的人，有不恰当的情绪能及时反思和调整，就在实践中慢慢成长了。别忘了，和孩子在一起露出发自内心的笑容，也是一种本能啊！

在实践中提升专业"我"，在人生中悦纳本能"我"。用好这枚硬币，应该能让"我"成长为一个更自信、更专业，同时也更爱自己、能坦然面对人生的"我"吧。

 点评

在日常教学中司空见惯的寻常小事也能深挖出"宝藏"。本想用来展示的搭建作品被撞翻，老师生气地对"肇事"小朋友脱口而出——"你干嘛动我的动物园啊！"叙事探究由此开始。借助分析性对话，朱老师澄清了事件背后是新手教师如何处理本能"我"与专业"我"分离的问题。借助生命历程回溯，朱老师意识到本能"我"在面对自我掌控的事物被打破时常出现情绪过激反应的心智模式，这一心智模式产生的根本原因是对于他人评价的在乎。借助双环学习，她意识到缩小本能"我"与专业"我"的差距，要在反思性实践中去寻求价值观层面的改变。通过对小事的深挖，教师获得了"宝藏"：一方面，澄清了小事背后隐藏的专业成长的大问题；另一方面，学会了运用叙事探究工具促进自我成长的研究方法。相信有了这样的"宝藏"，年轻教师定会在本能"我"与专业"我"的磨合与共生中加速专业成长。

——卢杨

是什么让我们忽视了他的优秀？

——探究『被报告分子』问题行为背后的原因①

北京第一师范学校附属小学 丁珊

一、"被报告分子"频繁"上线"

"老师，老师，小徐刚刚又在厕所推了我一下。"

"老师，老师，小徐还故意把水弄到我身上。"

"他还站在门口，拦住路，不让我们出去。"

……

一到课间，班里的男孩子们常常像小鸟一样在我耳边叽叽喳喳说个不停。而"被报告"的同学就是我们故事的主人公——小徐，故事发生的地点常常是男卫生间。一到课间，"厕所战争"就爆发了，小徐不仅是"战争"的始作俑者，还常常是"战争"的胜利者，因而就成为"被报告"的对象。为此，我也和小徐的家长聊过几次，家长也

① 本论文得到了第三期教育行动研究工作坊陈向明老师、欧慧群老师、王青老师、安超老师以及学员张东云老师、张晓燕老师、贾宁杰老师的很多帮助，在此表示感谢！

认为孩子有些淘气，但又有些无计可施。同时他们也表示，每次小徐犯了错误，他们都是以说教为主，不会有其他的惩罚措施，这样也就导致说教越来越不管用了。我只好明令禁止小徐不能在人多的时候去上卫生间，如果想去，要向老师"请假"，得到允许后再去。可是这样的警告对他来说似乎是如风过耳，只要我稍微不注意，他就依旧我行我素，溜进卫生间，玩上一个课间。有时他和同学玩得高兴，但更多的时候都以其他同学向老师"告状"结束。

一天课间，一位同学匆匆地从卫生间跑回来对我说："老师，老师，小徐把卫生间的门弄掉了。"我一听，赶忙冲进去，万幸的是没有孩子受伤。但卫生间三个隔间中的一个门已经掉了下来，掉下来的门斜靠在门框上，里面的男孩子们面面相觑，谁也不说话，一向热闹的卫生间里这会儿出奇地安静。一见我来了，男生们便开始七嘴八舌地说了起来。再三确认后，我终于弄清了事情的原委：小徐把小宋拉进卫生间的隔间里说话（小宋是班里一个较为特殊的孩子，由于和其他同学存在一些差异，大多数的同学不喜欢和他交往，但小徐很喜欢他），小戴也想进去找小宋说话（当时的我也不知道他们为什么那么喜欢在卫生间里说话），可小徐却不让。小徐和小戴两人就一个往里推门，一个往外推门，争执之中门就这样被弄坏了，掉了下来。

事情很清楚，两个孩子都有错误，可小戴承认错误的速度明显更快。当我走进男卫生间看到倒在地上的门时，当其他同学七嘴八舌地向我报告他们看到的事情经过时，小戴就已经发现自己犯了大错误，吓得哭了起来。可小徐呢，却一脸无辜地看着我，不管同学们怎么说当时他也一直在用力推门，他都不停地辩解，说不是自己弄的，是因为小戴非要进来才弄坏的。看着旁边泣不成声的小戴和理直气壮的小徐，我感觉自己心中的怒火在熊熊燃烧。小戴的泪水仿佛替他赢得了一些我的偏向，而小徐的态度却让我更为恼火。我压住怒火，让其他同学从卫生间里散开，赶紧回班上课，然后把小徐和小戴带到旁边的空教室，对他们进行安全教育。期间小徐还在不停辩解着，直到我告诉他门是向内开的，他向外推门是导致门坏的主要原因时他才不情愿地承认了错误。

随后，我带他们来到总务处，询问应如何赔偿坏掉的门。总务处的老师告知学校没有合适的合页，需要家长买来合页。于是我分别联系了两个孩子的爸爸，由于小戴和小徐家是邻居，小戴的父亲工作很忙，两人达成共识后由小徐的父亲买来合页，送到学校。

下午，学校派工友来查看被损坏的门，发现并不是合页的问题，于是就把门修理好了。课间，小朋友们告诉我男卫生间的门已经修好了。我第一时间打通了小徐父亲的电话，告诉他门已修好，不用过来了，但是回家后还要对孩子进行安全教育。小徐的父亲也是满口答应。

虽然未伤到人，门也很快安装好了。但把卫生间的门弄掉，小徐在小学阶段也算犯了个大错误。原以为我严厉的批评教育加上家长的安全教育，能够让小徐认识到自己的错误，最起码在最近几天里会稍微"收敛"一些，然而，事实却并非如此……

第二天，由于要上一次展示课，我带班里孩子来到了校图书馆。这是他们第一次来到图书馆，大家都十分新奇，带着好奇的眼光打量着图书馆的一切。正当我给同学们安排座位的时候，一位同学大喊起来："老师，小徐把小宋的鼻子打出血了！"只见小宋的手捂着鼻子，鲜血正顺着手指缝往下滴呢！再看地上，也有了一小摊血迹。我赶忙从图书管理员老师那里借来一些纸巾，然后立刻让同学带小宋去医务室，我则留下来询问这起冲突发生的缘由。

同学们七嘴八舌地说着，小徐一如既往满脸委屈地站在一旁"被报告"着，这一幕让我感到熟悉不已。听了几个同学的描述，我大概了解了整个事件的缘由：图书馆门口有一个检测的设备，地上有一块凸起的灰色部位。小宋由于好奇想站上去，可小徐就是不让。虽然他并不是班干部，而且小宋站上去也不会毁坏设备，但他就是不让小宋站上去。结果一拉一拽，小徐误伤了小宋的鼻子。

昨天斜倚在门框上的门还没从我脑海中散去，今天地上的鲜血更激起了我的怒火。但我不是一个"大喊大叫"型老师，而且班里其他同学还在等我安排座位，准备明天的展示课，因此我让小徐等在旁边先反思一下。等到忙完，我终于有时间静下来和小徐好好聊一聊，可谁知孩子开口的第一句话依旧是：小宋他……责任又被他推给了同学，他反复和我说是小宋先要站上去，他怕小宋把设备踩坏，才要制止他。然而小宋不听劝告，一意孤行，且有推搡他的行为，所以一拉一拽之间，才弄伤了小宋的鼻子。无奈，我又是一番苦口婆心地说教，才让小徐认识到了自己行为的错误。

二、家校沟通中的"意外"

由于接二连三地出现问题行为，我觉得有必要和小徐家长好好谈一谈了，于是我拨通了小徐父亲的电话，请他来一趟学校，但他以工作忙为由拒绝了，说让孩子姥姥放学时找我。放学时孩子姥姥来了，先是斥责了孩子一番，接着把话头一转，对我说其实他家孩子也经常在男厕所里受欺负，只是他们没有说罢了。昨天孩子爸爸已经请了假，却接到了我的电话，告知不用来学校，用他爸爸的原话说："老师不让我过去。"

我一听，原来家长也是带着怒气来的。看来是对我的工作不满意，所以经三番五次沟通却没有收获实效，最终导致小徐一连两天出现问题行为，造成了不小的影响。我立刻给孩子姥姥解释了昨天事情的前因后果。送走孩子姥姥后，我又给小徐的爸爸妈妈分别打了电话。原来他父母认为课间让孩子去卫生间要"请假"的事让孩子丢了面子，结下了心结。昨天孩子父亲请了假，想过来和我谈谈孩子的情况，却被告知不用过来了，家长以为我不想沟通，这样心结就更深了。我解释道，这样做不仅是为了小徐，也是为了更多的孩子。这样做就是为了防止发生昨天和今天这种事情，如果当初我们家校配合得好，能够将孩子随意和同学打闹的坏习惯改正过来，这两天的两起事件也就不会发生了。

家长的心结解开了，后续家校工作的开展也就顺畅了一些，然而小徐的问题行为还在不停地出现，"厕所战争"也在不断上演。小徐成了全班最令我头疼的孩子，每每听到他又出现了什么问题，我往往是一个头两个大。小徐对我的管教也甚是不喜欢，我想我们之间应该就是那种"相看两生厌"的关系！然而疫情期间的点滴小事，却让我重新认识到了小徐对我的态度，从而让我开始静下心来反思我对他的态度。

三、认识全新的"小徐"

记得那天学校网课平台第一次播放我录制的微课，我特意去看留言板，想看看许久未见的孩子们会有怎样的回复。没想到小徐居然第一个在下面留言。他这样写道："是丁老师！真好！"虽然只有短短的几个字，却让我感受到了小徐当时在微课里听出我声音时的高兴与欣喜。他居然按时听课了？听到了我的声音这么高兴？这令我很是意外。在我心目中一向是个"问题分子"的小徐，摇身一变成了按时上课、积极与老师互动的乖孩子。

更令我惊讶的是，过了几天，我们召开了一次网络班会，目的是了解孩子们居家学习的情况和感受。我与孩子们自然而然地聊到了线上的课程，我问："大家都喜欢什么课呢？"孩子们七嘴八舌地说着：数学、科学小实验、体育课、英语故事……唯独没有语文课，可能因为语文都是练字和阅读推荐，与其他课程相比有些枯燥吧，但其实我心里还是有些失落和遗憾的。正当我这样想着，小徐却在屏幕那头笑盈盈地说："我最喜欢丁老师的课了。"此话一出，着实让我心里一惊，没想到缓解我尴尬的居然是一向最让我"头疼"的小徐。看着他的笑脸，我突然发现小徐今天格外可爱，脑海中不禁浮现出了以前曾经忽略掉的一些画面：他把午餐时最爱的水果拿来与我分享；他在值日时毫不吝惜自己的力气，擦地擦到满头大汗；他在运动会上拼尽全力为班级获得奖牌……

班会很快结束了，小徐的笑脸却在我的脑海中挥之不去。这次特殊的班会，他表现十分积极，与老师、同学们的交流也十分融洽，丝毫没有以往的"问题行为"。小徐也是一个很可爱的孩子呢！他也很喜欢我呢！我第一次有了这样的想法和感受。可为什么之前我都忽视了这些呢？为什么一想到他就全都是他犯错的情景呢？甚至片面地将我们的关系定义为"相看两生厌"呢？到底是什么让我忽视了他的优点呢？我陷入了深深的沉思，不断回忆着与小徐相处的点滴小事。我想，问题的答案可能还是要回到源头去找，脑海中他的笑脸让我回想起了我们第一次见面的情景。

四、并不愉快的初次见面

2018 年的秋天，新的学期又开始了。工作第四年的我，告别了从一年级带到三年级的班级，重新接手了一个班级。这是我工作后第一次中途接手新班，家长会信服我这样一个刚刚工作的年轻老师吗？学生会像我之前的班级一样有规矩吗？会不会有很棘手的"特殊分子"呢？……一系列的问题让我心中难免有些忐忑不安。

返校当天，我们师生第一次见面，一张张稚嫩的小脸看着我，安安静静地听我讲话。可能是因为第一次见班主任，大家略显拘谨，表现得都很乖巧。很快，到了发新书的时间，随着几声"报告"，几名六年级的同学把新书送了进来。我赶紧组织发书。拿到新书，同学们都迫不及待地翻看了起来。新书很多，陆续又来了几名同学。"报告！""报告！""报告！"……几声连续的报告，激起了班内一名同学的好奇，只要六年级同学的话音一落，班内便立刻响起一声"报告！"我循声看去，原来是坐在第一排的一个小男生，正笑嘻嘻地模仿着六年级同学。虽然是三年级开学的第一天，但经过一、二年级两年的学校学习，我想学生应该都养成了良好的行为习惯，能做到不在课堂上随意说话。我坐在前面，仔细观察起他来。他没有发现我在看他，还自顾自地沉浸在模仿他人说话的游戏中，开心得不得了。他个子并不矮，可是却坐在了第一排，由于我对孩子们不太了解，返校当天没有重新安排座位，他们就是按照二年级时的座位坐的。个子不矮，却出现在了第一排，教师的直觉告诉我，他一定是个"特殊分子"。这就是我对小徐先入为主的第一印象。

我向他招了招手，他立刻闭上了嘴巴，收敛起笑容，仿佛认识到自己犯了错误，慢吞吞地走了过来。我问他："你叫什么名字？""徐×
×。"我又问："你为什么学他们呢？"他低头不语。在我的再三追问下，他才承认，只是觉得有点好玩。我一听，顿时就火冒三丈。六年级的同学抱着那么沉的书，从礼堂一路走到教学楼，又爬了三层楼才送到我们教室，而且那么有礼貌地喊了报告才进，他居然觉得模仿别人的喊声好玩。这孩子太不懂事，太淘气了！这就是小徐给我留下的第二印象。

五、静心反思，寻找根源

（一）撕掉"标签"，小徐的"问题行为"到底是什么？

开学当天，小徐是全班同学当中给我留下印象最深刻的一个孩子。在接下来一年多的相处过程中，我对小徐的印象在此基础上不断累积，在他一次又一次犯错之后，"特殊分子""不懂事""淘气"这些标签一个个被我亲手贴在了他的身上。我从内心就认定他是一个调皮捣蛋、不断惹事的"特殊分子"，而他的那些行为被我自然而然地归在了"问题行为"之中。小徐就像是我的一个定时炸弹，只要他一犯错，我立刻就能"爆炸"。

如果有人问我班级中我最喜欢的学生是谁，我可能一时间答不上来，然而，要问我最不喜欢的学生是谁，我脑海中浮现的一定是小徐的身影。虽然我嘴上不说，但扪心自问，我内心多少是有这样的想法的。从学生时代学习教育开始，我就一直知道"有教无类""因材施教"这些教育观念，参加工作后也一直努力想要让这些千百年来流传下来的教育智慧在自己的教育工作中生根发芽，然而却不可避免地出现了知行分离的现象。教师的教育观念和教育行为之间是存在很强的相关性和一致性的，因为观念是行为的内在依据，行为是观念、认识的外部表现。① 正是由于内心的偏见，才使我的教育行为出现了偏差。对待小徐，我以偏概全，过往的"标签"让我忽视了他的优点。

而我对小徐的态度直接影响了同学们对他的态度。其实班内也不乏其他调皮的男孩子，可同学们似乎总喜欢告小徐的状，出现一点点问题都会跑来向我反映，没有丝毫的包容与理解。我想也许就是因为我对他"不喜欢"的态度被其他同学察觉到了，他们不仅开始慢慢疏远他，而且认为把小徐的一些不当行为向我报告，自己便做了一件好事，能获得老师的关注，成为与小徐不一样的"好孩子"。

我的固有印象和同学们的疏远，导致了小徐无法获得应有的正面关注。因此，他只能通过淘气、犯错，通过让同学告状、老师批评来让大家真正看到他。正如阿德勒心理学中所提到的，我正在通过训斥

---

① 庞丽娟，叶子. 论教师教育观念与教育行为的关系 [J]. 教育研究，2000 (7)：47-50，70.

这种行为给予小徐关注，而小徐只能持续不断地出现"问题行为"而得到关注。久而久之，小徐的问题行为就成为他想要引起老师关注、想要获得友谊的一件"外衣"。

想到这儿，我突然意识到了另一个问题：我眼中所谓的"问题行为"真的是问题吗？小徐的打打闹闹和其他孩子的淘气有什么不同？难道只因为次数多了一些就成为"问题行为"了？记得每当小徐出现"问题行为"时，我总是气呼呼地质问他："你到底为什么这么做呢？"他常常一脸无辜地对我说："我就是想和他玩玩。"

一开始，我认为这只是他推脱责任的一种借口，然而现在细细想来，也许在他的认知里，这样的行为就是"玩"。而在我的认知里，这样的行为就是"问题行为"。因为刚刚参加工作几年的我，追求的是"稳定"的班级氛围，希望一切皆在我的掌握之中，让我有一种"安全感"。而班内一旦出现跳脱框架之外的"不稳定"因素，便会打破我的"安全感"。进而让我认为，此时班内出现了问题，而这问题便是那使得班内氛围不再稳定的行为。

原来，"问题行为"产生的根源不在于小徐的行为，而在于我是怎样看待他的行为，又赋予了这些行为怎样的意义。我想，如果我能够早一点站在小徐的角度看待他的行为，这些行为其实就是一个渴望得到朋友的孩子做出的想要得到他人关注的行为，哪里是什么"问题行为"呢？

（二）家校沟通，为何越沟通效果越差？

当然，我想小徐的家长对小徐的问题行为缺乏正确的引导，也是导致他优秀的一面被埋没的重要原因。比如，小徐遇到问题很容易推卸责任，特别不愿意承认错误，总把自己放在"受害者"的位置，我就从中隐约看到了家长的影子。小徐的家庭就是一个比较"敏感"的家庭，当面对一些问题时，他们的首选是逃避，而不是解决。长期生活在这样一个家庭环境中，导致小徐在犯错之时，也会选择推卸责任。

由于缺乏教育经验，我只把目光投注于小徐身上。与家长的反复沟通不仅没能起到作用，反而让家长对我的教育行为产生了极其特殊的敏感性。这种敏感导致当我采取一些措施时，家长常常不能够理解，甚至产生抵触情绪，家校无法真正形成合力。这也就是与家长反复沟通之后，小徐却丝毫没有改变，甚至接二连三出现问题的根源。

望子成龙之心每个家庭都有，小徐的父母也不例外，他们也十分重视对孩子的教育，希望孩子能够优秀，获得老师和同学的认可，在一次次的沟通中我是能够感受到的。然而在每次的沟通中，家长却没能感受到老师对自己教育的认可，这让原本就比较敏感的小徐父母心中很不是滋味，自然不愿意配合我的工作。

接下来在与小徐父母的沟通中，我要改变自己以往一味"告状"的做法，从自身做起，不让小徐成为一名"被报告分子"。同时要适时地与小徐父母进行沟通，不要总在小徐犯错时才以一个教育者的身份出现，而是要在生活中，以一个朋友、合作伙伴的身份多与家长进行有效的联系，多汇报孩子的进步与成长，与家长沟通交流如何配合学校教育、如何正确引导孩子的方法，逐渐消除家长心中的抵触情绪，让家校真正携起手来形成合力。

（三）卫生间为什么成了小徐最爱的"战场"？

其实，学生特别喜欢待在卫生间这种现象在学校里十分普遍，不仅是调皮的男孩子，一些女孩子也喜欢在卫生间说点悄悄话。而且随着学生年龄的增长，这种现象越发普遍。学生为什么喜欢待在卫生间呢？我想我们要从学校所营造出来的文化谈起。

学校文化是一种亚文化，是学校中形成的特殊文化。它体现的是社会背景下以学校为地理环境圈，由全体师生在学校长期的教育实践过程中积淀和创造出来的，并为其成员所认同和遵循的价值观、精神、行为准则及规章制度、行为方式、物质设施等的一种整合和结晶，其本质意义在于影响学校内人的发展，其最高价值在于促进学校内人的发展。

从其本质我们可以看出，学校通过一系列的行为准则、规章制度来影响和制约学生的行为，使其朝更好的方向发展。然而有学生常常不愿接受这种束缚，时刻想要冲破这些准则和规章制度，可是学校老师众多，而且就目前学校的建设来看，一般学校均在校园内装有摄像头，去哪里才能摆脱监管呢？私密性较好的卫生间就成为学生们的首选。

而且卫生间较班级教室来说更为开放，整个楼层的人进进出出，同学们能够接触到更多的新朋友。对于小徐而言，待在教室里感受不到老师和同学的喜爱，感受不到集体的温暖，反而所有人的眼睛都时时刻刻监督着他，大家就等着发现他的问题行为，便去向老师报告。我想任谁都想逃离这里吧，哪怕只有短短的十分钟。卫生间私密的环境使小徐逃离了老师的监督和管理，开放的空间又可以让他说想说的话、做想做的事，因此，卫生间便成为小徐的一片自由天地，也成为他持续不断引起他人关注的"据点"。

六、从"心"／"新"出发

如前文中所说，教师观念是教师行为的先导，随着不断更新自己的认识，我逐渐对小徐有了很大的改观，心中不免也多了一些愧疚之情，之前的忽视、偏见让我差点失去了一个如此喜爱我的好孩子。特殊时期，我们虽然不能见面，但我想通过网络，同样可以给予小徐关心和关注。

如今，在网络上我经常和小徐沟通，有时他会问我一些课上不懂的问题，有时他作业写得好我会在评论处写上几句文字作为鼓励。记得那天，他第一次主动通过私信问我问题，虽然是一个很简单的字，但看得出来，他在很认真地思考。解释清楚问题之后，我对他说："你最近很有进步，要加油哦！"小徐高兴地说："谢谢丁老师的鼓励，我会继续加油的！"听着他稚嫩的声音，我能感受到他此时此刻的开心，我的心也感觉暖暖的，与小徐的距离仿佛又近了一些。

慢慢地，小徐作业的质量提高了，不仅是语文课，我也常常能在数学课、英语课的表扬名单中看到他的名字。答疑时他与老师的互动也增多了，小组交流中也更加积极了。原来，小徐也可以做得这样好，我想他的优秀正在慢慢被大家发现。

而当我写下这段故事时，仿佛经历了一趟心灵的"旅行"，不仅发现了一处"新的风景"，而且内心深处的某一块地方也有了一些新的变化，就像从讲台上走了下来一样，走到了小徐身边，走进了小徐的内心。

以往，我总希望他能听我的，现在我更愿意多听听他的想法，多看看他的优点，用心去发现、感受他那金子般闪闪发光的心。

 **点评**

丁珊老师通过她和小徐的故事向我们展示了一个"被报告分子"的真实故事。通过她的故事，读者可以了解到学生的"问题行为"的根源有时不在于他们本身，而在于教师是怎样看待学生的行为，又赋予了这些行为怎样的意义。教师习惯给学生贴标签，正是内心的偏见使教师的教育行为出现了偏差，忽视了学生的优秀，不能看见真实的他们。教师的教育观念和教育行为之间是存在很强的相关性和一致性的。因为观念是行为的内在依据，行为

是观念、认识的外部表现。当教师改变了自己的观念，虽然孩子还是那个孩子，教师却仿佛经历了一趟心灵的"旅行"，不仅发现了一处"新的风景"，而且内心深处的某一块地方也有了一些新的变化。教师就像从讲台上走了下来一样，走到了孩子的身边，走进了孩子的内心。

——欧群慧

镜子
——基于『要你管』与『就要管』故事的思考

北京市怀柔区教科研中心 马立新

题记：不经意间的一个回首，蓦然发现镜中的自己，于是我们开始审视、反思、改变。

一、困惑

我是一位年轻的德育教研员，5 年的教研工作弹指一挥间。记得做一线教师的时候，我觉得教研员是一个非常神圣的岗位，我接触的教研员个个"派头"十足，举手投足间写满了权威与睿智。我总是战战兢兢、小心翼翼地请教学习，但是我周围很多教师都告诉我，不要什么都听教研员的，他们是站着说话不腰疼，只会说不会做。

终于有一天，我也成为了一名教研员。我负责指导的教师大多比我年长，很多都有多年的班主任工作经历，而年纪不大的我又长了一张娃娃脸，说句心里话，面对他们时，我最初也感到有些忐忑。但是狮子座的我天生就有一股不服输的精神，既然已经选择了这份工作，就一定要做好。我暗暗下定决心，在实践中摸索方法。可寻找方法的过程谈何容易，其中最困扰我的问题是："怎么说教师们才能真正地听？"

二、偶得

就在我寻寻觅觅之时，"要你管"的学生与"就要管"的教师帮了我一个大忙，让我拨开云雾见日出。

（一）"要你管"其人其事

"要你管"同学是我在学校视导时受教师委托接待的中学生。据说他脾气暴躁、不热爱班集体、自私自利，口头禅就是"要你管"，特别是在我视导他们学校的前一天，他居然上演了一部——"一触即发"的闹剧。他的班主任是一位有 20 多年教龄的老教师，说起"要你管"的故事便滔滔不绝、义愤填膺。她带着怒火向我描述了那个事件："这是今天的作业本。"语文老师将一摞作业本放在"要你管"的桌子上。"要你管"只顾低头收拾书包，似乎没听见老师的话。此时班里的王某着急了，朝他喊道："你把作业本发一下，大家都着急回家呢！""要你管"同学依然不予理睬。王某更着急了："你快一点，发作业呀！你怎么一点都不为我们着想呢？我们着急回家呢！"此时"要你管"同学暴躁的情绪一触即发，只见他一脚踢开桌子，眼睛一瞪，大声嚷嚷道："我发不发作业要你管！我什么时候发作业要你管！"教室里的同学一下子都安静了。

（二）"要你管"与"就要管"的战争

班主任知道了这件事，把他叫到办公室狠狠批评了他。老师批评他不热爱班集体，乱发脾气。但是他就是不认错："我不用别人管！我讨厌别人对我指手画脚！"班主任一听这话更是气得火冒三丈，大声向他吼道："在我班里，我就要管！"谁知他居然径自离开了。

班主任一边向我描述事情经过，一边反复说："他叫'要你管'，我就叫'就要管'！在我班一天，我就要管他一天！就要管！"此时我脑海中忽地闪现一个画面：一个高大的男孩仰着头说，"要你管！"一个老教师对他怒目而视，大喊，"就要管！"师生抗衡，怎样论输赢呢？输赢的意义是什么呢？我陷入了深深的思索中，同时静静地等待班主任情绪的平复。耐心地倾听也是一种帮助吧！许久这位班主任才深深叹了口气，不无委屈地说："我23岁时做班主任，当时的老教师就告诉我，带班就像带自己的孩子，一个班就是一个家。班主任要像老母鸡一样，照顾学生、管理学生。20多年来我一直都是这样做的，怎么会偏偏碰见他，一张嘴就是要你管，我不该管他吗？我管得不对吗？"一看这就是一位妈妈型的班主任，对学生充满了爱和责任，当自己的爱得不到学生的理解时是多么的委屈与无奈。

（三）"就要管"老师的无微不至

我们期待的班主任应该是仁爱、智慧、魅力三者兼具的，在我接触的班主任中，他们拥有最多的就是仁爱，但是光有爱是不够的，对学生的爱同样需要智慧加持。于是我一面安抚她的情绪，一面耐心询问她的管理方法。她告诉我她的管理技巧就是一张表格，详细地写明学生每天的任务和要达到的要求。我详细地看了她的表格，制作非常细致：几点交作业，先交什么再交什么，作业本怎样摆放……诸如此类。我感叹这位班主任管理工作的细致，但是我也同时感受到了压抑、束缚，这也许是"要你管"情绪爆发的一个原因吧！等"就要管"老师情绪平复了，我对她说："您真是位负责任的好老师，孩子们长大后一定会感谢您，但是我也很想知道为什么这位同学脾气这么暴躁？为什么这么抗拒别人对他的约束呢？不如我和您一起见见他，让我也一睹庐山真面目吧！"在我的要求下，我约见了这位"要你管"同学。

（四）多方会谈

走进我办公室的"要你管"同学清清瘦瘦，衣着整齐，一副温文尔雅的样子，尤其是黑黑的眼眸在阳光下闪着光亮，让你无论如何也不能把他与蛮横联系在一起。为什么他会把"要你管"当作口头禅呢？我感到非常疑惑：问题的症结难道仅仅是班主任老师的束缚吗？

第二天，我和班主任一起将"要你管"的家长约到了办公室。一进办公室，孩子妈妈便急切地问道："老师，他犯什么错误了？"班主任老师生气地说："你家孩子有个绰号是'要你管'，成天把'要你管''要你管'放在嘴边。这不，昨天更厉害，居然说他以后不用我管了！"妈妈一脸茫然，我赶忙把事情的经过告诉了她。没想到他的爸爸居然不以为意，一脸不屑："嗨，就这事？那女生也是，干嘛管他呀？他肯定有事，作业本一会儿发了不就得了吗？您也别生气，他还能真不让您管呀！"妈妈生气地瞪了爸爸一眼："闭嘴，听老师说！"看着眼前的这两位家长，我和"就要管"老师相视一笑，我们似乎看到了"要你管"平日的生活——妈妈是个急脾气，爸爸大大咧咧，还有点小偏袒。我赶紧安抚这两位家长，他们冷静后，妈妈向我们描述了家庭教育的情况："因为工作的原因，在他小时候我们没能陪伴他，现在我们两个都尽自己最大的努力爱他，我们全身心的爱都集中在他身上。每天吃什么、穿什么……我们都给他安排好，甚至于根据营养要求，我们每周都会制定食谱。"爸爸插嘴道："他妈妈什么都管，就连用的签字笔都是他妈妈选好的。我这儿子就是听话，让干什么就干什么。"爸爸说完还不忘议论一番："昨天和同学吵架的事也不能都怪他。"此时，我也终于解开了心中的困惑：为什么阳光、可爱的"要你管"在学校里会性格傲慢、脾气暴躁，特别是总把"要你管"三个字放在嘴边。

我与"就要管"老师低声地交流着意见，我们两个也达成了共识。"要你管"同学的情况主要是由以下原因造成的：

家长对孩子关注过多，特别是妈妈将一切事无巨细地为孩子安排好，剥夺了孩子选择、尝试的权利。同时妈妈又用母爱绑架孩子，以至于孩子无法表达自己的不满，又无法拒绝妈妈的掌管。一方面孩子想逃脱妈妈的安排，另一方面孩子又无法摆脱妈妈的爱，这给孩子造成了很大的压力。

爸爸对孩子充满了宠爱，以至于没有原则性，在孩子犯错时往往帮孩子找借口、推脱责任。在爸爸的宠溺下，孩子也不知不觉染上了自私的毛病。

"要你管"同学正值青春期。此时脑发育具有不平衡的特点，负责产生情绪的杏仁核迅速发育，情绪体验强烈，而控制情绪的前额叶发育不足。

"就要管"老师长舒了口气，感慨地说："看来，今天请两位家长来是对的，要不然我还以为孩子就是天生的坏脾气呢！万事皆有因呀！"

基于以上分析，"就要管"老师向他的父母讲述了良好人际关系对孩子的重要性，以引起他们对这件事情的关注。然后我又给家长提出了一些建议：不要因为过去的事情而过分地溺爱孩子，特别是不要把愧疚的情感传递给孩子，要用平常心与孩子相处；不要过多关注孩子，要给孩子一定的空间，过多的关注会增加孩子的压力；不要偏袒孩子，要培养孩子的责任感和担当。

三、镜子中的"就要管"

送走了家长，我和"就要管"老师交流了感受，她的情绪已经平和了许多，心疼地说："这孩子也挺可怜的，小时候被放养，长大了被圈养，其实他还是很聪明的，学习也很优秀。我就是担心他不热爱集体，不团结同学，走入社会会吃亏。"此时班主任老师又充分地展示了仁爱的一面。"您觉得他的家庭教育问题出在哪里了？"我问道。班主任老师不假思索地说："他妈妈管得太细了，这么大的孩子在家里一点自由都没有，多憋屈！"说到这里班主任愣了一下，"我怎么觉得我有点像他妈妈呢！"透过对"要你管"妈妈的分析，"就要管"老师仿佛看到了镜子中的自己，我们不由得相视一笑。我感慨地说："我们班主任很多时候就是把学生当作了自己的孩子，因为爱所以才会管得多。""对对对，总是希望他们更好才会什么都要管，不放心呗！"班主任老师叹了口气说道。我顺势问道："您是否感觉到有些同学似乎不喜欢这种方式？""是，而且用这种方式的效果一届不如一届。""那是因为初中学生的独立意识很强，并且孩子们接收的信息越来越多，此时我们需要管的是大的方向，而不是事无巨细地管，我们要给他们留有思考甚至犯错的余地。"我向她解释道，"您的表格看似很具体、实用，但是没有给学生自我管理的空间，对于一些心智早熟的孩子而言，就会激起他们的反抗。""您说的有道理，我回去调整一下。"

"那我们后面该怎样管他呢？您是他的班主任，您最了解他，办法也一定最多。"我趁热打铁，继续追问道。"他很聪明也很敏感，完全可以进行自我教育。"班主任缓缓地说："他擅长写作，可以让他写一写昨天的事。在写的过程中，他也许会有感悟。""您真是位有经验的班主任，用激发学生内在力量的方式实现自我教育。"我由衷地赞叹到。

四、镜子中的"要你管"

于是我们又让"要你管"同学以第一人称的方式将与同学、老师发生争执的事情记录下来，并且请"要你管"同学朗读。这篇短文就像一面镜子，将整个事件原原本本地呈现出来。"要你管"同学开始觉得很有意思，读得云淡风轻，但是读着读着，声音就越来越小了。我知道此时他一定看到了自己发脾气时的不堪，我适时告诉他，他不能很好地控制情绪是有原因的。只要通过自己努力，运用科学的方法也可以很好地解决这个问题。但是"要你管"行为的背后更深层次的原因是什么呢？"你愿意听听班主任老师的想法吗？为什么她就要管你呢？"我问道。"要你管"点了点头，于是班主任老师告诉了他自己就要管他的原因。未来的社会生活需要大家相互地合作包容，如果总把"要你管"放在嘴边，就会给人一种自私、霸道、任性的感觉，这样很难融入集体，更不用谈与他人合作了。每个人都应该具有奉献精神、责任意识、担当意识，否则很难实现自己的梦想。老师所做的一切就是希望他变得更好，现在管他是为了将来他能少走弯路，早日成功。"要你管"同学表示同意老师的看法，并且表示一定努力改正错误。班主任老师也表示会给予他一定的空间，让他自主安排学习和活动，但是如果他有做得不好的地方，那还是该管就要管的。

五、镜子中的我

"要你管"同学的故事暂时告一段落，"就要管"老师也放下了原有的戒备和我成了朋友。在我的鼓励下，她开始学习积极心理学了。回首看看我们共同走过的这段路，似乎在我的眼前立了一面镜子，让我驻足、审视、思考。

作为基层教研员的我们是否也曾向"就要管"老师一样事无巨细、条条框框地约束我们的教师呢？而这些做法是利大于弊还是弊大于利呢？约束过多不但会抹杀教师的职业兴趣，阻碍他们发挥智慧，而且会引发他们的抵触情绪，时间长了他们也许就会向"要你管"一样不愿配合工作。

每个教师都有自己的性格特点、思维模式等，教研员在指导他们时，一定要了解充分。没有一种教育方法能适用于所有的教师，教育方法与教师、学生都是有匹配性的，因此充分了解教师是我们选择合适的指导方法的前提。

每个教师都有发展的空间、独立思考的能力。教研员在指导时，重在留白，也就是说要留给教师思考的空间、教育的空间、发展的空间。

挖掘教师的优势，帮助教师找到他们在教育中的优势，可以增强他们的信心，利于问题的解决。

镜子是最真实的，透过镜子我们既能看到自己的美也能看到自己的不足，时不时照照镜子吧！发现是改变的开始。

 点评

马立新老师是一名教研员，很重要的一项工作是在科研和业务工作上指导中小学教师。诚如马老师讲的，教研员与一线教师之间的关系十分微妙，一线教师有时会觉得教研员对自己的工作"指手画脚"，然而表面上却会表现得既尊重又信服。从教育教学一线岗位成长起来的马老师对这一点心知肚明，但是她却苦于没有很好的解决办法。进入工作坊之初，马老师苦恼于她所讲述的教育故事都是别人的故事，不生动甚至不真实，使她始终困在"旁观者"的角色里。直到有一次小组讨论，马老师提到作为教研员为指导该班主任去解决问题，决定亲自上阵给班主任"打个样儿"。演示如何和学生沟通，她蓦地意识到自己似乎"越界"包办了班主任的工作。这次讨论如同触发器一样，再次激发了马老师对于教研员与教师之间关系的反思。本文用镜子这一隐喻，以一对师生的关系来映照教研员与教师的关系。两个关系中的指导者都是以"为你好"为出发点，忽视了对选择合宜的方法的思考。在整个叙事探究过程中，马老师观他者的同时进行自我审视，在构建与再构建之中，逐步提升自身的反思能力。在镜子的另一端，如果能将教研员和教师之间的"要你管"和"就要管"清晰展现的话，本文会更加有张力。

——任敬华

在解决问题过程中的自我探寻
——一个青年教师对道德与法治学科的探索与反思[①]

北京市大兴区青云店镇第二中心小学　孙凯旋

一、背景

我并不是师范专业毕业的，所以如何进行教师的自我提升一直是我关注的焦点。我认为自己的性格适合从事教师这个职业，而且在学校工作已经有四年的时间，对教育教学工作也有了比较深刻的认识，能够依据教学目标进行课堂教学，也能够根据教学目标找到每一课的重点内容。每次备完课，我都觉得自己下了很大的功夫，自我感觉良好，甚至认为在校内组织的评课比赛中都应该有良好的表现，但实际上却往往事与愿违。当领导听我的课时，学生似乎很不给力，尤其是小学一年级的学生，课堂表现非常不好，不能聚精会神地听课，有时甚至课讲到一半，他们就自顾自地玩儿起来。领导每次听课后，对我

① 本论文得到了教育行动研究工作坊各位老师的帮助。感谢陈向明教授、欧群慧老师、卢杨老师等为本论文提供了思考的方向和耐心的指导。感谢组内朱晨晓老师、李紫红老师、尤兰萍老师、房蕾老师在我撰写论文过程中提了很多有效的建议，在我遇到困难时给了我很多鼓励，在此向他们致以衷心的感谢！

的课都有很多意见。比如，内容不深入、不贴近学生生活、让学生不好理解等。怎样才能激发学生的兴趣？怎样才能让我的课堂成为精彩的课堂？怎样才能让学生在课堂中有最大的实际收获？作为一名非师范专业的教师，我如同一个门外汉，对教学充满困惑。于是带着这样的困惑，我参加了教育行动研究工作坊，我自认为还算是比较上进的人，希望在工作坊的学习中对如何能上出精彩而成功的课进行一番探究。

二、我的教学故事

我在大学学的专业是印刷工程，近几年我在学校一直担任道德与法治的教学工作。与数学、语文不太一样的是，道德与法治课堂教学需要教师自己找相关的教学材料，教学设计具有很大的开放性。随之而来的困难是如果材料引用不当的话，课堂教学效果就会受影响，不能很好完成一节课的教学内容。

令我印象最深刻的就是我所讲授的一年级《家人的爱》一课。那一堂课令我至今记忆犹新，为了让学生更好地理解家人的爱，我下了很大功夫去制作课件，在课件的展现形式上花了很多心思，将课件设计得很有意思。此外我还搜集了多种教学材料，设计了丰富的教学活动。在课堂教学的第一个环节，我让学生将家人买的玩具拿来以展示家人对自己的爱；接着利用了学生扶弟弟学习走路的视频来帮助学生体会家人的不容易；为了让学生更好地理解父母，我还引用了数据来表现家人对孩子的付出；最后，我还引用了新闻中一个男孩儿和妈妈在车里争吵之后跳下桥的事例。不过在上课之前我心里有些犹豫：不知道引用跳桥事件的视频对于学生来说好不好理解？学生能不能领会视频的意思？他们的表现会是怎样的？带着些许犹豫，我最终还是没有改变我的教学内容，因为我觉得这是一个非常好的教学资源，我感觉这一事件足以吸引学生的眼球，于是就保留着这部分内容上了"战场"。

一切都按照我设计的步骤进行，到了该出示跳桥事件视频的时候了。当我在课件中播放这个视频时，面对眼前这些才五六岁的小朋友，我的脑海里立刻就出现了一个问题，那就是我该如何让这些一年级的学生静下心来看这个视频，并且能够理解这个视频背后的故事，最后还能回答出我想要的答案，这对我来说是个挑战。出示视频之后，我问："同学们，你们看到了什么？"学生回答："有一个人跳下了桥。""你们知道他为什么会跳下桥去吗？"随后，我便给学生讲是因为他的妈妈在车上批评了他几句，他就跳下桥去了。提出这个问题之后教室里一片安静，我又出示他的妈妈瘫坐在桥上哭泣的画面，并仔细讲解他的妈妈因为他跳下桥感到非常悲伤在桥上哭泣。我继续问道："他的妈妈是真的不爱他吗？"此时的我希望学生们能够积极回应我。这时，我却看到坐在最前排的几个同学一直在玩手里的文具，玩得不亦乐乎。我很生气，因为明明有领导听课，这么重要的场面他们却视而不见，还玩得这么明目张胆、没有眼力见儿。这时我用眼睛的余光注意到整个教室里出现了很多不安分的现象，学生的注意力已经转移了。此时我有些尴尬，感觉现在的课堂状态像是我在自导自演。我已经忘记了学生们对我这个问题是如何回答的了，总之这个环节并不让我满意，想必学生的学习效果也并不好。这一个环节导致自我感觉良好的一节课呈现在领导面前的效果大打折扣，更不要说能在"校级骨干教师评比"活动中获得一等奖了。被一年级"小豆包"弄砸的一节课对我而言如鲠在喉，耿耿于怀。

被一年级"小豆包"整蛊的经历还不止一次。两年前我休产假回来时，领导说要听一节我的公开课。我当时准备的是一年级的《我们有精神》这一课。我认为这节课的内容很贴近学生的生活实际，可以通过学生上课、上操、升旗等方面的精神面貌来展开主题。记得我利用三天的课余时间来准备这节课，自觉准备得很好。首先，我利用教材上的绘本故事——《比比谁精神?》来导入本节课；接下来的教学环节是"在校园中该如何表现有精神?"，这个环节我设置了四个问题：上语文课该如何体现有精神？上音乐课该如何体现有精神？上体育课该如何体现有精神？在升旗的时候应该怎样表现有精神？其实我觉得这几个环节设计得环环相扣，学生应该都能积极回答我提出的问题。但是，事与愿违的局面又出现了。当我开始提第一个问题的时候，我就感觉到学生已经没有耐心了，当提到第三个问题："上体育课时我们该怎么做"时，学生们再也无法摆出认真听讲的样子，他们已经完全沉浸在自己的世界中：有的在做小动作、有的跟同学聊得热火朝天……课堂完全失控，可以说是"全军覆没"。而我只能尴尬地并且故作镇定地站在讲台上，一边示范，一边和学生讲解如何在课堂展现有精神。我把自己的胳膊和手都举得直直的，希望可以引起学生的注意，实际上却没有任何的效果。此时的我其实已经没有心情再继续讲课了，真想找个地缝钻进去。我们的校长和教学主任都在后面坐着听课，我竟然把课讲成这样。在我讲完最后一句话的时候，下课铃声还迟迟不响，能怎么办呢？没有办法，我十分无奈地说了句"下课"，结束了这堂标志着我的"失败"的一节课。我的话音刚落，校长起身离开并看了一下表。这堂课是校长第一次听我的课，我本来想好好表现，展示一下我的课堂教学水平。这下好了，给我们的新校长留下了非常不好的第一印象。这一方面反映出我的课堂驾驭能力欠缺，另一方面反映了我备课的能力有待提升。

不过话说回来，对于学生的表现，我的心里真是画了一个大大的问号。为什么学生不能认真听讲？为什么他们对这节课的内容不感兴趣？难道教学内容有问题？我自认为设计得很好啊！

我焦虑重重，急切地找到听课的教学主任。教学主任说："你刚休产假回来，也没有及时听你的课……这节课的关键问题还是如何给一年级的学生上课的问题，设计怎样的教学内容才能够符合一年级学生的身心特点的问题。"我带着重重疑惑，又询问了之前听课的校领导的意见。校领导认为，教学中引用"跳桥事件"的新闻视频不要说一年级的小朋友难以理解，就是初中学生也难以理解，需要花很多时间进行探讨。

面对校领导、教学主任的听课反馈，我万分不服气，我该怎样做才能俘获一年级"小豆包"的"芳心"呢？

三、我的探索之路

面对课堂上反复出现事与愿违的局面，面对领导听课后的反馈，我的内心充满焦虑。正是伴着这重重的焦虑，在教育行动研究工作坊团队的老师、同伴们的引领与陪伴下，我作为非师范专业的道德与法治课教师开启了如何生成精彩课堂的探索之旅。

1. 访谈身边的权威——教研员

在工作坊活动开展初期，我们在课上学习了"分析性对话"这一研究方法，即通过采访受访者来逐步了解他们，或者逐步看清自己想要得到的真相。因此，对我来说，采访我们的教研员是我能够想到的最好且最有效的方法。

于是在本学期的尾声，我主动联系了我们区道德与法治学科的教研员。教研员这个角色在我眼中代表着权威。这次为了能够进一步了解道德与法治学科的知识和教学方法，我最终还是鼓足勇气对我们区道德与法治学科教研员进行了访谈。我们的教研员不厌其烦地从自我的教学逻辑以及课堂中实际展示的步骤、课程标准和学生的角度分别帮助我进行了梳理，使我对道德与法治学科的课程标准以及教材的编写有了更深刻的认识。对于课堂教学，我说："在评课的时候，教学主任有时会说我讲的课不够深入，不贴近学生的生活。"她回答："想要解决课堂教学问题要看你是否抓住了主要问题。""主要问题都包括哪些呢？"我继续追问。她回答道：这里面主要问题的解决分为两个阶段：第一阶段为自我的教学逻辑；第二阶段就是课堂上的实际展示的过程。在第一阶段，要把握教材逻辑，通过问题去体现逻辑。对于每个单元来说，我们首先要明确单元的主题、每一课的主题和话题逻辑，还有每一课编者的设计逻辑，即编写意图。这就要看教师解读教材的能力了。其次要了解学情，学情包括很多方面。课程内容要贴近学生生活，教师要了解此阶段学生的心理特点、智力特点、年龄特点等，要关注学生的生活，将学生的生活作为教学资源的一部分。接着，要找到教学逻辑，将教材与生活结合来设计教学活动，既不单一地从教材中找材料，也不单一地从生活中找材料。通过活动突出我们教学的重难点，解决学生现实生活中的问题或者未来的生活问题。在第二阶段，课堂的实际展示过程主要以问题串串联一节课的始终。她向我推荐了一个自我改进的方法：先自己给自己录一次课，然后回放，自己再评价，也可以让其他教师帮忙评价，最后找出问题的原因。看看是不是自己对教材理解有偏差，或者是对学生的学情不够了解。这就是要找准的靶子，解决了这些问题也就形成了我的故事。录的课程就是一个个教学片段，通过分析片段找到问题的原因，这就是自我解剖和反思。改进方法可以是自己学习，与教学主任探讨，请同学科的教师提出建议，以同伴间互助的方式分析课程。随后将这些方法应用在自己的教学中。下一年再讲这节课时，看看自己是否有变化，这样反复进行。我问："这个不就是磨课吗？""对，就是磨课的过程。"

那天与教研员的一次长谈对于我这个非师范专业毕业的教师来说，无疑是挖到了教学方法当中的"一桶金"，这令我感到十分欣喜、兴奋。

2. 多元视角聚焦问题

采访教研员之后，我感觉心里有了底气，因为我算是我们工作坊中得到资料比较早的一员，于是我带着内心的兴奋投入到了后续的学习当中。

其实，我本来没有想过找学生了解想法。在我们小组成员共同探讨我的故事时，有个小伙伴问我为什么没有去找学生聊一聊他们对于这节课的评价。我感到很疑惑："为什么要去问学生呢？"我一直认为一节课的好与坏都是由教师来评判的，与学生无关。

直到我提交了自己 4.0 版本的故事，并希望工作坊的老师帮我评价我的故事的时候，再一次印证了大家的建议——关注学生。欧老师看到我在"云班课"的留言之后联系了我，她说："通过阅读你上推门课这个故事，我看到了一条线——自己的想当然。这是年轻教师都爱犯的毛病。从你课堂的对话中可以看到学生是有自己的兴奋点的——二手烟、糖。可你与学生的兴奋点不一致。"谁说不是呢？每次我在搜集课程材料的时候都会选择我自认为好的材料放进课件中，欧老师认为这是因为我教学观念没有转变。后来我在"云班课"找不同版本的故事的时候，无意间在我 3.0 版本的故事里看到了王青老师的评论："看您的叙述，我觉得一个更深层的问题在于教学观，特别是应该将教育与学生的生活经历相联系。这种观念上的探究和挖掘可能比教学法上的精进更深刻。"

大家都把重心倾向了学生，而我却忽视了这一点，看来我的教学观念确实存在问题。

3. 回溯心底的那些记忆

《幸福的勇气》一书提到了尊重学生的问题：孩子不是天使，是人。正因为他们是人，才必须给予他们最大的尊重。不俯视、不仰视、不讨好、平等以待，了解他们感兴趣的事物。这又使我想起做课件的情景，每次我在准备教学资源时都是按照自己的喜好来制作教学内容，虽然有时有些迟疑，但是最终还是没有改变决定。这是为什么呢？

我自认为还是了解自己的。首先由于我的行动力太差，导致我虽然有想法却没有付诸行动去改变。有时明明意识到一件事如果按照既定的方式来做可能出现问题，但最终我还是没有调整做事方式。可能我当时的想法是："就这样吧，万一结果还不错呢?"然后我就不再想这件事了。这个习惯一直影响着我的生活与工作。为什么我做事情会是这样的风格?

这还要从我的生活经历说起。由于我的母亲是一个很要强的人，她"想赢"的想法与态度体现在生活的方方面面。于是从小到大，我的思想都受到母亲的左右。在我儿时的记忆里，我总是有一种感受：来自我母亲的压力太大了，大到让我窒息。那时的我能够感觉到我的世界仿佛被一张带拉链的牛皮纸盖住了，我一心想把拉链拉开，却不知道何时才能拉开。后来，等我结婚、工作之后，我不与父母一起生活，才算获得了心理上的自由。但是我想这些经历给我带来的影响不容小觑。生活中的大小琐事都要受到我母亲的干预，致使我缺少主见。比如去商场买衣服这样很小的事情，我母亲一定要让我买她喜欢的那一件；很多时候我与她观点不同，她必须要比我多说一句，来表示她在这次对话中"赢了"面子。如此一想，我为什么会对工作中存在的问题缺少解决的行动力便显而易见。

4. 阅读《被讨厌的勇气》得到的启示

后来，工作坊的很多老师都在读心理学书籍《被讨厌的勇气》。因为是心理学方面的书，它引起了我阅读的兴趣。从最开始的序言"人唯有在能够感觉自己有价值时，才有勇气"这部分，我发现这本书有我急需了解的内容。果然不出我所料，这本书中所涉及的很多心理问题都是我身上所存在的。而这些心理上的问题也正好影响了我的做事方法以及处世风格。比如我之所以想要变得很优秀是为了证明我有能力去做好我的工作。有时候我自己也能感受到总是将简单的事情复杂化，这样的话就可以显得比别人做得好。而且我做事情会很在意别人的看法，用一句话总结就是活在别人的眼光里。当我自己做了一件事总是会想别人会怎样看我，甚至陷在这个问题里，感到很苦恼。其实我是一个很胆小、很怕被批评与否定的人。为什么我会有这样的想法？我在书中也找到了答案：是我的自卑感。当我读到"越自负的人越自卑"这一章节时，我大吃一惊，我不就是这种状态吗？我了解自己的自卑，因为在我的记忆里我从来没有得到过家人的表扬。在外人面前她会说我什么都不会，以表现出她自己的谦虚。如今的我再听见类似的话语都会与我母亲争论一番，但是我没有想到越自卑的人会表现得越自负这一点。现在我明白了，每次我自己准备好的课程，我都会感觉已经非常完美了，没有缺点，而且应该比别的老师做得好，试图证明我自己有能力、有实力，这实际上是一种自负，仿佛就是给自己制造了一个假象。

5. 重新认识道德与法治课程标准

随着新冠肺炎疫情的发展，学校的课程不得不在网上进行，我们工作坊的课程也不得不在网上进行。我们大家的研究进程也因此受到了很大程度的影响。我在这期间能够做什么呢？我回想起了我们学校老师讲过的一堂精彩的一年级英语课。一进入教室，我就看到了黑板上与本节课主题有关的粉笔画，增加了这节课的趣味性。此外，教师在课件中加入了音效，还有很多我不会设计的课件效果。教学过程也十分有趣，能够让学生自始至终都跟着老师的思路学习。同样是讲一年级的课，为什么我们的差距这样大呢？我通过微信询问了我的同事。她的回答是这样的：设计的教学活动要符合学生的年龄特点，一年级的学生爱动、爱玩儿。可以将本节课的知识和小游戏结合起来，让学生在玩儿的过程中巩固知识。我们要依据学科课程标准的分级目标和教学建议来进行教学各个环节的活动设计。

同事所提到的依据课程标准对于我们来说是老生常谈的一件事。从我参加工作的初期就知道课程标准是十分重要的授课依据，但是具体需要如何去用我并不了解。询问我的同事与我们区的教研员之后，我想我应该将她们所讲的方法结合在一起来重新阅读并利用好道德与法治课程标准。近期我参考了低年级相关的品德与生活课程标准，找到了相关的理论依据：一年级学生的特点是活泼好动，因而一年级的课堂应该是以游戏活动为主体，让学生从中感知生活的意义和快乐。因此，在讲《家人的爱》一课时，我不应该用"学生跳桥"如此沉重的话题来引领学生，这样做学生理解不了，也不能产生兴趣，更不能从中明白我想要讲的道理。我的失误就在于没有顺应学生实际的年龄特点，活在自己的假设里。

四、半颗定心丸儿

随着夏天的来临，学校终于恢复了常态。我们工作坊的老师们也都可以重返校园进一步开展自己的研究工作，而我的研究却因为休产假停滞了。产假过后我再次回到学校已经是 2020 年的 12 月底，我想虽然我没有读过师范专业，但是否可以通过阅读相关书籍来弥补一些自身的不足呢？于是我和读过师范类汉语言文学专业的大学同学简单聊了一下，她是西城区一名在职教师。交流过后，我意外得知她也没有学习过该如何上好一堂课，更多的是学习汉语言文学类的专业知识，她那些优秀的课例都是因为找到了自己的讲课风格。听了同学的话，我顿时感觉自己不应该再像原来那样紧张，仿佛给自己吃下了半颗定心丸儿。想要得到剩下的那半颗，我知道还需要在今后的工作中不断摸索。

在后来离开工作坊的日子里，我并没有停止对道德与法治课程教学方法的探索。我抱着"三年入行，五年懂行，十年成王"的态度在教学的路上继续前行，在思想上也并没有很大的压力，就这样在工作中又完成了一个四季的轮回。在新的一年中，我负责四、五年级道德与法治的教学工作。在这期间我也积极参加区里组织的所有道德与法治学科的教材辅导活动。渐渐地，我好像明白了该如何去备课，明白了每一课的教学目标应该如何去实现，怎样围绕教学目标去设计教学环节。在近一年的两次校级听课活动中，我讲课的效果似乎好了很多。因为每次讲完课我都会习惯性地去询问一下听课领导的评价。在我讲完四年级上册的第六课《我的家庭贡献与责任》后，领导的评价是："你讲得挺好的，我听明白了你讲课的思路。其他学生没有积极举手可能是因为他们的年龄特点，其实他们心里都能明白。"听到领导这样的评价，我感到很是意外，因为我听到的不再是质疑或者是建议，反而是对我的课堂的一种肯定。领导的评价让我又增加了一些自信，这至少证明我对于每节课教学目标的解读是正确的，对于课堂环节内容的设计也是合理的。

此外，我还积极参加了区里道德与法治学科的工作坊。在工作坊中我们同样观摩了很多教师的课例，当然我也做了一节课拿到工作坊中同大家一起进行研讨。在后面的讨论环节中，我们的教研员对我这堂课的表现还是很肯定的：一方面完成了这节课的教学目标，另一方面体现了我自己的讲课特点。我想，我这近一年的收获应该就是我所缺少的另外半颗定心丸儿吧！虽然我知道我的课堂还有很大的提升空间，从讲好一节能基本完成教学目标的课到讲一节很有亮点、吸引人眼球的好课，还需要在细节上加以完善。但是我想我不会急于求成，因为"心急吃不了热豆腐"。我所想要的精彩离不开多年经验的积累，目前我的首要任务就是讲好一节完整的课，将我想要讲给学生的道理讲明白，而且学生也能在教学活动中理解我想表达的意思，达成每一课的教学目标。这对于现在的我来说就足够了。

而对于低年级的课程，我们在道德与法治学科的教研活动中也观摩了相关的优秀课例。根据低年级学生的年龄特点，一定要从以教师讲授为主的教学方式转变成鼓励学生多参与、体验的教学方式，让学生在动手操作中形成实际的感悟。俗话说："兵来将挡，水来土掩。"

我想，如果我长期从事低年级道德与法治学科的教学工作，也应该可以围绕教学目标设计出适合低年级学生的教学活动。

故事写到这里，已经是 2021 年年底了。原本我感觉我的故事已经到了尾声，或者说是"瓶颈期"。然而让我没有想到的是，在最近的这一年中故事会有新的转机，我会有新的收获与感悟。

我的收获与改变不仅仅在于教学态度与方法上的转变，还有对我母亲的看法的改变。长大后的我一直将我的胆小、自卑、怯懦等缺点的形成都归咎于我的母亲。但现在的我发现，我并不能够将我身上的所有缺点形成的原因都归到我母亲身上。也可能我从小就是粘液质的气质类型，再加上我母亲强势的性格，致使我在对自己生活方面的掌控上显得力不从心。我想，既然我在工作当中已经找到了一个新的突破口，那么我就不该一直陷在过去的泥潭中，而应平时多锻炼身体，保持好的精神状态。拥有了好身体之后才能有更多的精力去参加各种道德与法治学科的教研活动，为自己"充电"。

对于我这个非师范专业毕业的教师来说，想要快速彻底明白师范生四年所学是不容易的，也是不实际的。我只能继续保持学习的姿态，多做研究、多去总结、多去模仿。平静地去接受我无法改变的，有勇气去改变我能改变的。现在的我不会去想怎样讲课会出彩，怎样能够比别人好。自己的课程内容能够符合学生年龄特点，从学生的生活出发并且能够回归生活就可以了。急于求成是不可取的，好高骛远也是不可取的，只活在自己的幻想中更是不可取的，我还是一步一个脚印，扎扎实实去研究更多教学的奥秘吧！

 **点评**

孙老师的故事始于愿望与现实之间的张力。作为一位学历背景为非师范类专业的年轻教师，练成一节精彩而成功的好课是她最大的愿望。但是为什么自认为准备得很精彩的课，在现实课堂

教学中却屡屡出现事与愿违的状况？相信孙老师这些困惑也是许多年轻新手教师在教学中时常面临的问题。在教育行动研究工作坊的帮助下，借助访谈，借助与工作坊的指导教师和小组同伴的跨界交流与对话，一个教学中自我认知的盲区"浮出水面"。"我一直认为一节课的好与坏都是由教师来评判，与学生无关。"为什么在她的观念中，一节好课只与教师有关而与学生无关呢？借助生命历程回溯，孙老师了解自身的心智模式：儿时母亲的教养方式使自己产生自卑的心理。通过阅读心理学书籍，了解到自卑与自负的一体双面的关系，越自卑就越自负。自卑让自我的价值判断过度依赖他人的评价，因此非常在意领导的评课态度。自负又让自己只关注自身，仿佛自己制造了一个假象，看不清自我的真相。伴随着学生这一主体在孙老师的教学观念中"浮出水面"，孙老师得以在新的视角下重新审视自己课堂教学中事与愿违的矛盾与困境，采取新的行动。相信孙老师终将体验到"练成一节精彩而成功的好课"的幸福感受！

——卢杨

爱护每一片急需阳光的绿叶

北京市海淀区东北旺中心小学　燕　君

作为一名青年班主任，我的心总是提在嗓子眼，总害怕学生不守规则出现安全问题，带班时，我的情绪就像过山车一样，而操控我情绪的人就是班里那几个淘气包。面对这些淘气包，我总是盯着他们的错误，执着于改变他们的言行。我总是期待班里的学生个个遵规守纪、热爱学习。我原本以为我的情绪会一直被操控着，我会一直执着于和学生的错误较劲，但改变发生在参加教育行动研究工作坊后。这里的专家和老师们转变了我的思维模式，引领我做反思型教师，让我重新审视自己的工作，让我明白老师对待学生，就像卡罗尔·德韦克在《终身成长》中所说：我们的工作就是要帮助他们茁壮成长，而不是去寻找他们不能成长的原因。

一、那时的甜甜

送走一届毕业生后，我来到一年级。比起接上一届学生时，我的底气足了不少。我虽没教过一年级，可是我想"大熊王"我都斗过了，还怕这群小娃娃不成。我在正式开学前两周拿到了学生名单，知道我们班一共 39 人，16 个女孩，23 个男孩。看到 16 这个数字，我更加自信笃定了，这个班比我上一个班多一个女孩，我想着多一个女孩就少一丝担惊受怕。

开学第一周，孩子们都是天使宝宝，我在心底感恩能如此幸运。后来当孩子们慢慢熟悉了环境，班级里的气氛就渐渐"热闹"起来了。尤其有六个娃最调皮，每天各科教师都向我反映他们几个如何闹腾，这其中有五个调皮的小男孩，还有一个叫作甜甜的小女孩。男孩子的闹腾我早有准备，但我没料到会有小女孩也出来"凑热闹"。这个叫作甜甜的小女孩，说起话来声音和她的名字一样甜甜的，可是贪玩起来一点也不逊于男生。她在座位上坐不住，总是往厕所或别处乱跑。我的工作除了有一年级包班教学还有班主任工作，事情很多，但是甜甜每天都得上演几出大戏，这给我已经昏天暗日的生活又遮上了几朵乌云。

找甜甜时，我是心惊胆战的，生怕她在我看不见的地方出点什么状况。找到孩子了，看见她平安无事，我悬着的心才终于落了地。刚开学这样乱跑可以理解，孩子好奇心强、对规则不熟悉，可是次数多了，她这样无视集体规则、明知故犯，影响老师同学的行为真的很让我头疼。无奈之下，我在班里找了两个小助手来帮助甜甜。虽然甜甜不随便往外跑了，但是课堂上随时离开座位，满地爬，就算坐着的时候手里绝不闲着，捏超轻黏土，撕纸片，把橡皮切成碎末，摆弄几支铅笔，抠手。上课时她手里的道具收之不尽，还总是左顾右盼，做各种小动作，下课了则一不留神就脱离集体到处乱跑……这样的状况几乎天天困扰着本就工作繁重的我。

我也及时向家长反映了几次，本想寻求家长的帮助，但家长每次仅仅只是回复"收到，会教育孩子"。孩子爷爷每天接她放学，我也找爷爷当面告知孩子在学校的这些表现，爷爷听了回应一声"知道了!"拉起孩子就走。这一刻,我感到如同一记重拳打在棉花上,我的满腔热情瞬间被浇得七零八落。甜甜还是一如既往地随心所欲,有时候甚至变本加厉。我也天天战战兢兢,生怕她又不见了或者出什么状况,也怕她在别的课上影响同学们上课。

有一天课上,她手里摆弄的小玩意都被收了后,又用手指不停地摩擦桌面制造各种噪声。当天该写的算式错了一大堆,该完成的练习也空着不写,再加上那天两个科任课老师都反映这女孩上课特别闹,影响班级。那天还有一个男同学受伤了,这些事一起向我压来,我的脑瓜"嗡"的一下感觉就快裂开了。这孩子真是太不省心了,就算把我分成两个人,我也看不住她啊!她已经严重影响我的正常工作和身心健康了,我决定必须得当面和家长倒倒苦水并沟通如何解决问题了。平时都是爷爷接她放学,刚巧那天来的是爸爸,我看见她爸爸脸色阴沉地从人群中走过来,挺不好意思地问我:"老师,找我有什么事?"由于甜甜把我折磨得几近崩溃了,我本来要把她做的事、给老师同学带来的困扰一件件罗列出来,但是看到孩子爸爸一脸不好意思的那一刻,我又很同情家长和孩子。甜甜再怎么折腾也是我的学生,天底下的父母都是望子成龙的,他也是期盼孩子在学校能表现好的,一瞬间我心里的郁闷就消了一半。

我直接回复:"没什么大事,还是之前咱们沟通过的问题。孩子在学校太随意,不遵守规则,上课也不专注。我观察到咱们孩子非常聪明,但是做事太随着性子,规则意识弱。看见她现在这种状态我很担心,希望帮孩子改掉不好的习惯,尽快步入学习的正轨。我相信您比我还着急,因为之前和您沟通后孩子有变化(其实是更严重了)。我感觉您应该非常关注孩子的学习状态,而且孩子把您的嘱咐听进心里去了。"这么一边说着,家长的面容也渐渐舒展开,他感觉老师不是告状批评,而是和自己站在一条战线上,一开始紧张的关系得到了缓和。

就这样我还没说当天发生了什么事,家长就主动开口说了:"老师，她今天在学校肯定又贪玩不听话了，真让您费心了。"接着我把当天的表现如实陈述，家长立马回应说："老师，从今天开始我一定好好重视这个问题，您有什么好的建议，我回家照着做，你这边多费心了。"那一瞬间我内心的小风帆被这个小小的呼应鼓足张满，充满了乘风破浪的动力。之后虽然甜甜上课依旧小动作不断，下课或者集体活动时也爱脱离集体自己玩，但是比之前好了很多。起码她听得进老师的提醒，可以暂时消停一会。而且她也意识到上课这样做是不对的，不遵守规则对自己是不好的。

一天午休时间，同学们在班里看书写作业。甜甜跑过来对我说："老师，我憋不住了，要拉臭。"看她神情是真的，我便让她去了。过了七八分钟她还没回来，我就让另一个小女孩去厕所找她。小女孩回来说"厕所挨个看了两遍，没有见到甜甜"。我当时心里一慌，全校都在班里午休，她一个人乱跑去哪儿了呢？如果出了危险，那是我和学校万万承担不起的。

我正着急着甜甜又去哪儿了，另一个和她经常一起玩的小女孩说："老师，我知道她去哪儿了，肯定在院子里。"我们往窗外一看，人家果然在柿子树底下专注地捡叶子，我瞬间松了一口气。甜甜回班后，也知道自己这个时间擅自跑出教室去捡叶子做错了，但进教室时还揣着两兜黄叶子舍不得扔。班里的孩子们说："还乱跑，我们都担心死你了。"这时小菲说："老师不要生气，我俩在幼儿园一个班，她以前老这样不听话气老师。"下课后我把甜甜喊到办公室聊了 10 分钟，她也知道了自己以后不能这么做。她说当时她心里只想着这些漂亮的叶子，怕放学前没有时间去收藏了，并保证以后不会这样了。我把这件事简略写到了她的记事本上，并写明"不安全，我很担心她！"甜甜的爸爸在记事本上回复了，表示他全力支持老师的教育，也会在家再和孩子好好聊聊。

就这样，一开始很让老师们头疼的小甜甜在一点点进步。虽然她上课还是时不时玩弄一个个小东西，但是她不再去校园里到处乱跑了，现在她只爱往老师办公室跑，每次慌里慌张地跑进去都是"老师，不好了……"她现在爱向老师反映别的同学的情况，自觉做起了班级监察员。

二、意料之外

到期末了，学校有自荐评优活动，甜甜站起来说："我以前乱跑还不听讲，惹老师生气，现在我知道要做一个遵守纪律的好学生，我觉得我是'进步大的好学生'。"自荐评优一共 5 个名额，甜甜和其中一个同学平票，二次投票后甜甜落选了，我很担心地看了看甜甜，她很失落，我和同学们鼓励她继续努力。期末评价手册下来后，我们班有 6 个"各科成绩全优生"，而甜甜就在其中。我对甜甜说："你这学期三心二意还取得各科全优的成绩，那你要一心一意了该有多不得了。"结业仪式上她蹦蹦跳跳上了领奖台，甜甜的爸爸说："一学期了终于有个好结果，小女孩子长大了。"

停课不停学期间，甜甜妈妈和我说孩子想老师和同学们了，总问什么时候可以回到学校。她在家很贪玩，感觉再不开学家长真要管不住了，但是妈妈还是要求孩子每天做一页口算、练一课字、读一篇课文，每天也在坚持阅读，这些小任务完成后妈妈都会拍照片、录小视频发给我一起分享。看到甜甜进步这么大，我皱了一学期的眉头终于舒展开了。

三、曲折往复

几天后，孩子们需要到学校领教材。甜甜的爷爷到校领完书后，问我几号能开学。我说："还没有消息，有了通知第一时间和您说。"

爷爷说:"孩子在家太贪玩了,管不住。"我说:"咱们学校制定的学习计划完成了,可以放松休息。再看看父母和孩子一起定下的计划有没有完成,完成了就让孩子好好玩吧!"爷爷说:"哎,只知道疯玩。"晚上,我联系了甜甜爸爸,他说他和孩子妈妈都要上班,白天只能爷爷管。爷爷管教孩子又有些心力不足。爸爸连哄带威胁的话孩子能听得进去,但是爸爸工作实在忙,早出晚归。我了解情况后,和甜甜爸爸一起商量好,给她制作了一份"我最棒"在家上课评价表。白天由爷爷帮忙监督,如果做到了打钩,积累小星星,攒够 10 颗星,爸爸妈妈和老师满足她一个小愿望。有了这个激励,甜甜还是有进步的。每天她积极完成作业,爷爷不会通过小程序提交,但她会催促爷爷先用微信告诉我作业已经完成了,等爸妈下班回家再上传作业。

这样的好景持续了几天,后来有一天交上来的作业又写得乱七八糟,我赶快联系家长,爷爷说:"不好管,管不了,我不给她评分。"我让爷爷把甜甜喊过来,甜甜听到是我喊她,倒是很听话,按要求打开书本一道题一道题地按要求改错……

甜甜的作业连着一周没有提交,我一开始想着家里大人忙,缓一缓吧,只点了催交提醒,没有私信联系。周五上午我给甜甜爸爸发了微信:"甜甜爸爸您好,本周孩子的作业都完成了吧?小程序没有提交作业,是不是有什么困难?如果有您一定和我说,一起克服。"甜甜爸爸回复:"老师,困难倒是没有,主要是孩子在家时间长了,写作业不积极,刚开始还比较认真,最近一点也不上心。"

我给甜甜爸爸打了语音电话,他说:"时间长了,家里比不上学校的学习氛围,孩子现在一点积极性也没有,家里有老人在,我也不能对孩子打骂训斥……"

我刚刚舒缓的心就又拧巴到一块了。转眼新学期又到了,我们班实行班级服务岗制度。经过这么长时间的观察,我觉得甜甜虽然不守规则,但她爱劳动,总抢来值日生手里的笤帚主动扫地。她身上还是有闪光点的，于是我给甜甜安排了卫生小组长一职，甜甜很重视她的职务，课间不再乱跑，而是检查组员桌下是否有纸片、他们的桌椅是不是排成一条直线、他们有没有做好课前准备，每天忙得不亦乐乎。课上甜甜虽然还有各种小动作，可是提醒一下就能改变，用她的话来说就是："我希望组员听我的提醒改正，那我就要听老师的提醒管好自己。"没想到卫生小组长对甜甜的激励作用这么大！

四、抚躬自问

（1）理解甜甜的过去。刚升入一年级，对于甜甜来说一切都是一个崭新的开始。刚入学的她必然还保留学龄前儿童的心理特点，做事情总是跟着感觉走，不按规则去做。而且这个年龄的孩子平均注意力保持时间也就 15 分钟左右，所以刚开学时甜甜随便走动、离开座位、小动作多的行为是很正常的。是我对孩子适应小学学习生活的速度和程度太过于苛求，没有给足她调整自己的时间。发现她的这些表现后，作为老师，我应该以一种平常的、接纳的心来对待孩子不适应的行为。

（2）可怕的刻板印象。我仅凭对上一批学生的经验就简单认定班级中多一个女孩就少一份担忧。我总是夸奖那些懂事乖巧的女孩，批评甜甜这样不停制造麻烦的女孩。难道女孩就必须安静乖巧才值得欣赏吗？调皮活泼的小女孩身上就没有值得我们关注的闪光点吗？

（3）无趣的小学老师。幼儿园是以游戏活动为主，而小学则不同。是不是我的规则要求太严格、我的课堂无趣乏味，使孩子对学习的兴趣不够浓厚？我向甜甜说明各种规章制度时，孩子会不会觉得我是无趣的小学老师？面对甜甜的反常行为，我是不是应该先调查了解一下她心目中的小学生活和小学老师是什么样的？而我只是一味想消除孩子的行为与规则之间的矛盾，一心只想让孩子能守规则，少给我惹点麻烦。

五、从心出发

从一个活泼快乐的小女孩成长为一名光荣的小学生，甜甜满怀这样的期待踏入小学，迎接她的却是一条又一条校规班规的约束。为了让她能快速适应，我无情地催促着、拉扯着、批评着，眼里只看到了孩子的错误，心里只想着要改掉这个孩子的坏习惯。我以为这样是对孩子好，却完全忽略了她在适应与改变中忍下的委屈和流下的泪水。甜甜的变化让我明白以往我改变她的方式太粗暴了，我根本没有走进孩子的内心世界，没有了解她异常行为背后的需求。我没有问过甜甜心中的想法，不知道她比任何人都渴望自己在班级中绽放。

教育家苏霍姆林斯基认为：通往儿童心灵的道路，不是一条只需要教育者及时铲除杂草（儿童的缺点）的、平坦而洁净的小道，而是一片肥沃的土地，儿童的各种优秀品德像幼苗一样，将在这块土地上逐渐成长。因此，教育工作者应该成为一个精心的播种者和耕耘者，应该去扶正那些成长中幼苗的脆弱的细根，去爱护每一片急需阳光的绿叶。如果我们能让儿童的各种优点像幼苗似的迅速分枝生长，那么他们身上的缺点就会自然而然地消失。曾经我认为甜甜需要改变，如今我明白最需要改变的是作为老师的我。作为一个孩子最信任最尊敬的老师，如果我们看不到学生在我们眼前绽放，那我们就称不上是专业的教师。幸好，迷途未远，来者可追！我愿同孩子们一起不断成长。

 点评

班上女生多一个，教师就会省心一分吗？"乖巧懂事"就该是女孩子身上的典型标签吗？这些是燕君老师在不断的反思中打破刻板印象的追问。在教育过程中，低龄学生易出现的"坐不住""课上要上厕所""上厕所'失踪'"等情况，对于一个小学新手班主任来说，几乎都称得上是突发事件。然而，在终日的"严防死守"下，甜甜依然状况频出。从燕老师的叙述中，似乎能感受到她紧绷的那根弦。回想工作坊初期的几次学习，燕老师始终是一副愁眉紧锁、满怀心事的样子。交谈中提到"每次离开学校，班里的某某一定会出事"，担心自己离校学习的这一天，班级又会出现什么突发状况。但后来，甜甜带给燕老师的"苦涩"感觉可能在她不断的反思和觉察中逐渐淡去，不得不说燕君老师在这一年中自我反思的能力提高极快。然而，教育是以儿童为中心的一个生态系统，教师或者学校都是其中的一个元素，面对教育中的一些问题，我们还应系统思考，不能单单只向内求。对于沟通和交流中家长多次提到的"管不了""快开学吧"之类的表达，燕老师及众多班主任老师可以再度进行探究。

——任敬华

充满波折的师生情谊
——记我与小于的共同成长

北京市第八中学亦庄分校　刘兴隆

2018 年 6 月 23 日下午，那是小于在学校的最后一天，第二天他将迈入中考的考场。我在办公室为小于背上书包，送他下楼，然后又走到窗前默默地目送他走出学校、穿过马路，直到看不到他，却依然凭着记忆想象着他向哪里走，也在设想他的一生将走向哪里。此时，我开始更深刻地明白师生和亲子之间的缘分就是不断地在目送他们的背影渐行渐远，而你不必追。

事实证明，老师并不是与每一个学生都拥有如此深厚的情感，我和小于的这种情感不是短期发展而来的。因此，用我和小于的故事，探讨这种师生关系的建构条件、发展过程及所产生的作用十分必要。

一、师生关系：由单一到复杂

人的一生会与不同类型的人产生联系，老师是绝大多数人都绕不开的关系对象。不同的学者依据不同的划分方法，将师生关系划分为不同的类型。有以教学关系为主的单一关系说，或二重、三重、四重、五重关系说，还有多质多层说。① 总的说来，在这些研究者的眼中，师生关系具有复杂性。但在我的眼中，我和小于最初的关系就是简单的教学关系。

我的教育日记在 2015 年 7 月 10 日入学教育那天记录了这样的内容："2018 届初一来了！"这是我与小于最初见面的日子，但他并不存在于我的记忆中。也就是说，因为我不是他的班主任，我和小于之间此时还只是学校让我们被动建立的师生关系。记忆中我们真正建立教学关系是在 9 月 1 日开学的课堂上。当时，小于在我眼中是一个很普通的学生，上课基本不主动发言，学习成绩不突出，上课偶尔会调皮捣蛋，又不会闹出大动静。我想每个当过老师的人都会遇到很多这样的普通学生，最终这些学生会被淹没在记忆中。但在小于升入初二前，我和他的关系开始突破简单的教学关系，有了改变，促使我们关系改变的是一件很偶然的事情。

在初一第二学期期中考试前后（2016 年 4 月底），水老师为小于的班代英语课，激励并督促他学习英语，小于某天完成英语作业时被他的父亲看到了。他父亲惊喜于已经有几年时间没有见到自己的儿子写英语作业了，于是激动地给水老师写了封感谢信。拿到感谢信后，水老师大加赞扬了这位家长。我也阅读了这封在办公室传阅的感谢信。

一封信不足以彻底改变我们的关系，却让我开始关注小于。他之所以能够得到我的关注，一方面是因为在读信时我感觉小于的家长很通情达理，懂得支持和认可老师的工作。我认为家长对于孩子的教育有着至关重要的作用，我在研究哪些孩子在初中阶段更具有可塑性时，家长的教育想法和对学校教育的配合度一直是我关注的重点。小于父

---

① 樊万奎，段兆兵. 近十年我国师生关系研究的回顾、反思与展望 [J]. 教育科学研究，2009（12）：67-71.

亲的做法与我的教育思考不谋而合。另一方面，我当时的教育实践也促使我更多地关注小于。

作为班主任，我在接手每一届学生后，都会花费课余时间或中午休息时间带几个孩子。我发现自己所带的这些孩子会有一些共同特点：有点调皮，比较机灵，思维比较活跃，动手能力强，懂礼貌，家长认可老师，在学习方面会存在学习能力有待提高、学习兴趣有待增强、学习习惯有待养成等情况。

我在带这些孩子时，不只是关注自己所教的历史学科，还重点关注数学学科，有时会讲讲语文，分析各科试卷。除了历史学科，主要关注数学、语文学科与我自身情况有关，我比较喜欢数学和语文，不擅长英语学科。数学、语文学科方面，我不会去干涉任课教师的教学，主要给孩子打打基础，督促他们做做计算题、背背古诗文等。数学老师很乐意把学科试卷分享给我看看，或给孩子们出几道基础题让我帮着监督完成，语文老师也会把学科资料借阅给我，这样有助于我带这些孩子。（2018 年 5 月 3 日教育札记）

一封感谢信虽然没有让我采取实际行动以增进我和小于的教学关系，然而的确使我更多地关注小于，为增进关系埋下了伏笔。真正让我们关系密切起来的实际上还是一件偶然的事情。

那天是 2016 年 7 月 5 日周二，我正带着自己班的小木、小京、小成和小田 4 个学生在年级第二自习室听写单词，准备期末考试。小于从外边踢球回来，回自己班时路过第二自习室。我在教室内高声叫了他，他都走过去了，听到声音又回来了。我让他一同听写单词，他同意了。听单词的过程中，他虽然一个都不会写，但会把我所拼读的正确单词整齐地写在黑板上。（2016 年 7 月 5 日教育日记）

说是偶然，因为那天我并没有想要叫他，也从没有计划过哪天要带他。而在他毕业前，我们无意中聊起这件事，小于说自己还记得当时本来要从另一个楼梯下楼，听到第二自习室有声音就好奇，想过来看看，没想到被我叫了进去。正是这样的偶然事件，打破了我与小于单一的教学关系。随着之后我们的共同学习、沟通交流以及冲突和解等经历，我和小于的师生关系开始丰满起来，最终达到了开篇所呈现的拥有深厚情感的师生关系。我把它视为良好的师生关系，也就是师生间具有情谊，互相关心爱护。这样的师生关系不再是单一的关系，而更具有复杂性。

姜智在《师生关系的模式与师生关系的构建》一文中认为，师生关系是以教育与接受教育和自我教育、促进与发展关系为核心，以师生人际心理沟通为基础，以民主管理为手段，以超越代际的朋友似的尊师爱生的伦理关系为外在标志的有机关系体系。[①] 这样的表述较为充分地展现了师生关系的复杂性，也基本阐明了我和小于关系的内涵。我和小于的故事说明师生关系由单一到复杂的变化与我们相处的经历有关。师生之间交往的增多以及在其中收获的情感、信任等，会让师生关系比单一的教学关系更显复杂且厚重。

"小于"是个体，"小于"也是群体。美国教育学家布劳恩认为，教师根据学生的身体特征、性别、学习成绩、社会经济地位等因素，会对其产生一种主观印象，从而在认识、情感和行为上产生相应的反应。[②] 我所带学生的共同特点虽与布劳恩所列举的因素不完全契合，却说明了我的选择受到了我的心理、经验以及对学生的了解程度等主客观因素的影响。我认为，有点调皮、比较机灵的学生思维比较活跃，这样的学生虽然学习能力有待提高，学习兴趣有待增强，学习习惯有待养成，但却有着极大的潜力，而这正需要教师的发现、引导和陪伴。

---

① 姜智. 师生关系的模式与师生关系的构建 [J]. 教育评论, 1998 (2): 27-29.

② 靳玉乐, 王桂林. 教学过程中的教师期望效应探析 [J]. 教育理论与实践, 2002 (8): 44-47.

我还简单地认为，有礼貌的学生家庭教养较好，家长可能会好沟通，能够认可老师的努力。小于正是在这样的条件下被"选择"出来，与其说是偶然，不如说是必然。于是我和小于的关系开始在偶然事件的推动下，突破单一教学关系而变得更具复杂性。

二、教师期望下的学生学业进步与师生关系增进

师生关系由单一到复杂的变化表明了师生关系的增进，其中教师期望对师生关系的变化有着至关重要的作用。根据美国心理学家罗森塔尔提出的教师期望效应（又称"皮格马利翁效应"），教师的期望能激发学生的潜能，从而使学生取得教师期望的进步。借助该理论对本案例进行分析，可以看出小于父亲的感谢信这一偶然事件为突破单一的教学关系埋下了伏笔，小于听单词这一偶然事件真正突破单一的教学关系，偶然事件的发展变化中都包含着教师期望的因素。我之所以对感谢信念念不忘，与我心中对每一个学生都能够进步成长的期望密不可分。而类似听单词这样的教育实践正是在践行我的教师期望理念，我希望通过我的鼓励、培养和影响，能够使学生在学业上取得进步，做一个对社会有用的人。

在这样的期望下，我有针对性地对小于开展了一系列工作。他取得了一些进步，这也使得我们的师生关系变得进一步密切起来。以下是我对小于采取的一些行动策略。

学习：引导小于养成良好的学习习惯和方法，如使用记事本、分类整理试卷、整理学科书本、建立错题本等。以数学学科作为突破口，引导小于关注数学，建立其对数学学习的自信心。每日请数学老师为小于出基础题，放学后由我陪同引导，使其逐步完成每天所有作业。

情感沟通：一方面，尝试与小于面对面交流，了解他的所思所想；

另一方面，引导他写日记，不仅能锻炼他的写作能力，还能够与他进行文字交流。晚上也不定期地尝试用微信、QQ与小于沟通学习及其他情况。自己尝试接触他喜欢的东西，如魔方。

与家长沟通：沟通方式以微信为主，电话为辅。开始主要是通过微信给家长推送一些教育文章，之后开始深入探讨孩子存在的种种问题。与小于父亲沟通时，更注重引导其发现小于的优点，让父亲对小于能够更加宽容。尝试促进小于父子之间的沟通，缓和父子关系。同时，与小于父母分别面谈。

其他情况：引导小于合理使用手机，与家长和小于约定，规定手机使用时间。(2017年3月11日日志)

一系列具体工作的开展，使小于建立了对数学学习的兴趣和自信心。特别是几何学习不需要小学基础，他对几何学习较有自信。态度上他自觉主动地完成数学作业，但遇到稍难的题目，仍有畏难情绪，不愿进行任何思考。语文学习也有了一些改善，作文从一字不写到可以达到最低字数要求，成绩由二三十分上升到及格。他对物理学习有了一些兴趣，能够思考，并能把知识与生活实践结合。在生物学习上，他有较强的动手和观察能力。在历史学习上，他喜欢阅读历史书籍。但对英语学习毫无兴趣，学习英语时表现得比较沉闷。

随着小于学业上的进步，我和小于的师生关系也开始增进。在日常交流中，他能够向我倾诉与父母沟通的不愉快或其他事情，我也能及时给予他安慰与建议。在他今年生日时，我通过微信为他送去祝福，他回复："我猜到了您会送来祝福。"我看到他这么说时，有种"被看透的感觉"。这很能说明我们的关系越来越紧密，双方了解更深入。在日常管理方面，小于的班主任沐老师经常和小于开玩笑："我去找刘老师告状，让他管你。"确实在我对他提出要求时，他都能够接受并按要求去做，或许这可以说明小于已经认同了我的管理方法。

有一天结束了课后补习，我和小于一同下楼出校，各自回家。这时他对我说："您每天陪我这么晚。"这对于平时不善表达自己情感的小于而言，是一句非常有分量的话。对我而言是肯定、是鼓励、更是情感的交流，这让我更清楚地认识到他是一个"可带"的孩子。临近中考前，发生了一件我认为十分有意思的小事情。那天下雨，放学后小于妈妈担心他没有带伞就联系沐老师，请其告知小于等她来接。沐老师跟小于的妈妈讲："刘老师应该会给他一把伞。"而我确实在沐老师跟我沟通前，就已经给了小于一把伞。沐老师所做出的预判，说明了他对我的了解，更说明了他对我和小于关系的熟知。正是这些微不足道的语言、简单的情感交流和细微的行为，让我在与小于相处的过程中感觉到与其关系的增进，认为他是可以信赖的，我们的沟通不存在隔阂。

三、调和冲突以密切师生关系

在小于学业上有提高后，我就越发对他的时间投入有了要求。我认为只要学习的时间足够，他就会取得更大的进步。于是，我要求他退出耗费大量课余时间的足球社团，并帮他与金鹏社团（在课内时间活动）的老师建立联系，到这个社团参加活动。由于我逼迫他做了一件他不愿意做的事情，他转社团的时候非常沮丧。不过他没有因此抵制金鹏社团，还参加了养蚕、烘焙等活动，感到很有意思。他向社团的田老师说："这可比踢足球有意思多了。"在养蚕活动中，他展现了良好的耐心及动手能力，每天细致地照顾蚕宝宝的"生活起居"，最终成为社团中唯一一个成功帮助蚕宝宝做到破茧成蛾的人，受到了年级老师的赞扬与肯定。我心中多少有些洋洋得意，自认为帮他做了一个明智的决定。

就在我感觉一切在向好的方向发展时，我看到了一张让我无比心痛的照片。

　　周日我在家休息，直到下午才看到学校工作群里分享的上午足球比赛的照片，照片中有一个我完全没想到会出现的人——小于。那时我感受到了心痛的滋味。因为作为班主任，我知道比赛报名过程中的所有事，包括年级有哪些孩子报名参加，唯一不知道的就是小于。他瞒着我报名参加了足球比赛。(2017 年 4 月 16 日教育日记)

　　不难看出，小于的隐瞒被我视为了欺骗，这深深地伤了我的心。我那天的教育日记只写了两个字："终结!"。接下来，我给予绝地反击，不让小于再来我办公室学习，除了课堂上我也基本不再与他讲话。这一切在如今被我视为幼稚的行为，在当时我却认为是恰如其分。这就是我与小于的第一次"激烈"冲突，所谓"激烈"是指我们有两个多月都基本没有说话。

　　根据师生冲突的表现形式，可以将其分为隐性的、间接的冲突和外显的、直接的冲突。外显的师生冲突表现为公开的对抗行为；而隐性的师生冲突则主要表现为一种紧张的状态，师生之间没有面对面的交锋，教师用漠不关心、不尽职尽责的态度和行为来表达自己的不满，而学生用不抵抗的消极态度来抵制教师。虽然没有直接的言语与行为对立，但双方态度和情绪上的对立在互动过程中呈现出一种明显的不和谐氛围。[1] 我和小于的冲突就是一种隐性冲突。面对我强制要求他转社团的决定，他并没有表现出直接的激烈反对，而是采用隐瞒的方式报名参加了比赛。与此同时，我用表现出的"漠不关心"与小于形成情绪上的对抗，确实造成了明显的不和谐氛围，甚至这种氛围波及了我的同事和其他学生。有意思的是，在我们"不和谐"的这段时

---

① 石艳. 隐性冲突：一种重要的师生互动形式 [J]. 湖南师范大学教育科学学报，2004 (2)：67-70.

间，我很少从同事和其他学生的口中听到小于的名字，而在此之前和在此之后，我们都会经常提到他。于是我意识到是大家有意不谈，或许是在给我们慢慢消弭"不和谐"的时间。

现在来看，我和小于之间冲突的产生，源于师生各自的需求不同。① 我当时的需求是小于学业上能够持续进步，通过小于实现自己帮助学生取得进步的教育愿望。小于当时的需求是能够自己掌控时间，可以自己决定是否在球场上驰骋。显而易见，我和小于的需求不同，导致我们之间必然会出现冲突。

当师生产生冲突时，教师应该是解决问题的主动方，要有化解问题的心态与能力。我经过两个多月的"挣扎"后，在 2017 年 6 月 21日，与小于进行了沟通，开始化解我们之间隐性冲突所造成的消极情绪及对他学习的影响。之所以选择这天，是因为前一天一个家长针对孩子的事情跟我聊了很久，很信任地和我沟通了各种困难。我突然理解到身为父母一定希望自己的孩子快乐健康地成长、学有所成。而陪伴时间较短、管教方式不当等种种现实情况，会成为他们实现目标的阻碍。原来"家家有本难念的经"不是凭空产生。实际上，在此之前我的同事们给我讲了很多道理，"学生长大了就知道学习了""等学生长大一定会感谢你的"，以此让我宽心。我也时常思考和宽慰自己，但我对一切都只停留在"知道"，却没有从心底"理解"。这与我的人生经历有限和教育经验不足不无关系，我在教育上还追求不切实际的完美，过分苛责学生。而我与小于的这次冲突让我有了成长，更懂得了宽容和理解，意识到沟通是解决冲突的良方，而内在观念的改变是避免冲突再次发生的根本。

有学者认为，学校工作中，师生冲突的发生是不可避免的，也没

---

① 叶为．韦耀阳．重新审视师生冲突：一种文化学分析 [J]．湖北师范学院学报(哲学社会科学版)，2005（4）：100-102，127.

有必要避免。关键在于将冲突控制在适当水平，使之发挥建设性的作用，避免产生破坏性的影响。① 我和小于的冲突对于我而言就是建设性的，它不仅让我在教育观念上有成长，而且让我在教育实践中有提升。这在我与小于处理关于手机的冲突时就显而易见。

管控小于的手机是我一直执着的事情。之所以要管控小于的手机有两点原因。一方面是小于使用手机浪费学习时间。他会花费大量的时间看手机、听音乐，而不写作业，很多题目都是通过"作业帮"查出来的，没有经过自己的思考。另一方面是网络复杂的信息容易造成负面影响。小于痴迷于刷微信朋友圈、QQ空间。我曾多次看他刷的内容包括一些恶俗的信息、视频，而他却以此为乐。由于以上两点原因，考虑到小于父母难以管控小于的情况，我采用了自己直接管控小于的策略，由我代为保管小于的手机。

小于自己并不太依赖手机，只是拿到手机会不自控，他自己也承认这点。所以管控之初，小于没有觉得有什么不便利，每天如果需要可以临时借用妈妈的手机。但后来小于的妈妈经常不借手机给小于，他为不能登录微信刷朋友圈感到非常苦恼。于是，小于开始每天向我要手机。有一次他说："我每天用我妈手机却被要走的时候，我就想明天一定把自己的手机要回来。"

其实，我是想把手机还给他的，毕竟这是一个现代人需要掌握的工具。前提是他可以合理控制使用时间和过滤不良信息。但小于一直没法做到这两点。我尝试多次跟他沟通商讨解决办法，他却一直坚持要手机。就在2017年12月6日他再一次摆出一副阴沉的脸，用冷冰冰的眼神看向我要手机时，我忍不住了，我说出了自己内心的苦楚与难受。要不是你管控不了自己，我又何苦把手机收走，我难道不心疼你嘛？我把手机

---

① 田国秀. 师生冲突的含义、类型及特征分析 [J]. 教育科学研究, 2004 (7): 12-15.

给他，"你拿着手机成才去吧！"（2017 年 12 月 10 日教育札记）

研究指出，衡量青少年与生活中重要他人之间关系变化的方法之一，是观察他们怎样度过自己可以自由支配的时间。[①] 我和小于之间发生的关于足球、手机的两次典型冲突都与时间相关。我当时固执地认为用于足球和手机的娱乐时间占用了他的学习时间，而小于则坚定地要求"学习别占用我太多时间"。实际上，我要求小于增加学习时间表面上是妨碍他踢足球、玩手机，而事实上是侵占了他的自主时间及支配时间的权利。此时小于的要求并不是对我的反抗与排斥，而是青少年对发展需要做出的反应。[②]。

如果我当时就意识到这个问题，或许就可以避免和小于的冲突。不过，好在因为足球冲突后我的成长，我化解这次冲突的速度更快了。八天后，我在他的历史作业上批注"加油"二字，开始有意识地与他沟通。而他也会每天上交历史作业，做出主动示好的姿态。看来我们双方都在冲突中学会了谅解，并主动与对方沟通协商，即使这种协商采取的是间接的方式。实际上直到中考前的半年时间里，我和小于还发生过很多次"冲突"。但准确地说这些已经算不上冲突，因为我们都可以及时沟通并加以化解，完全不妨碍我们继续进行交流和学习。

李镇西说：我一直在思考并尝试，如何在"尊重"与"引领"之间把握好分寸？如何不因尊重而放弃责任，不因引领而走向专制？我对小于所提出的关于足球和手机的要求，实际上阻碍了小于的发展需要，或许对于小于来讲确有专制之嫌，这就形成了难以避免的师生冲突。当我意识到这个问题并加以调整、在时间安排上注重与小于沟通协调时，不仅表现出了对他应有的尊重，还满足了他的发展需求。于是，我们的师

---

① 帕帕拉，奥尔兹，费尔德曼. 发展心理学：从生命早期到青春期（第 10 版）[M]. 北京：人民邮电出版社，2013：500.

② 同①.

生冲突就可被视为建设性冲突，反而有利于我和小于关系的增进。

四、教师陪伴是增进师生情谊的持续性方式

师生相互关爱，其中很重要的一点是教师需要主动付出。教师利用自己的工作或业余时间，给予学生学业或人生方面的指导。带有感情或情绪的交流，甚至肢体语言上的表达，都能增进师生情谊。我把这样的主动付出看作教师陪伴。教师陪伴不仅有助于增进师生情谊，更重要的是可以促进师生共同成长。下面的事例可以直观说明这一点。

2017 年 11 月 17 日，我们年级要召开家长会，年级老师一致推荐小于当男主持人。而他接到通知后，说的第一句话是"我害怕"。由此，我开始有针对性地在主持这件事上给予小于陪伴和鼓励，具体行动见下表。

实施行动策略规划表

时间	事情经过	行动策略	改善效果
2017 年 11 月 13 日 周一	1. 年级确定小于为周五家长会主持人，由我通知他并培训他。 2. 小于接到通知后说："我害怕"。 3. 我对他加以鼓励后，他当即问："那有稿吗？" 4. 放学后我教他读稿，过程中他还是不断否定自己，说自己害怕，会腿抖、会紧张等。 当晚我引导他继续练习。	我帮助小于把握机会，对他进行培训，满足他在公开场合发言的渴望。 帮助他设想在台上的各种情况，加以练习。 当天在他训练结束后，我把录音笔借给他，告诉他要反复读、反复听，要熟悉自己的声音，并不断调整。	小于开始认真倾听突发情况下的应对建议。 认真、专注——这说明他从心底里已经想做这件事了。

时间	事情经过	行动策略	改善效果
2017 年 11 月 14 日 周二	课间操过后，请他到办公室给老师们读稿。他的声音拿捏得很好，站姿标准。	我创造机会让他在他人（老师们）面前读稿，以此锻炼他的胆量，并借助老师们的表扬帮他树立自信。	看得出来他自己昨天读了很多遍，而且接受了我的建议。说明他对这件事态度认真。 通过读稿他的胆量开始变大，在老师们的表扬中获得自信。 小于消极的态度开始变化，基本没有对这件事的消极语言了。
2017 年 11 月 15 日 周三	1. 放学后，请两位主持人一同到会场练习。 2. 过程中，引导他们尝试脱稿。 3. 让他们自行思考站位和上下台时间等。	会场演练，有针对性的脱稿训练，帮助他树立主人翁意识。 会场练习帮他熟悉环境，减少因为不熟悉带来的紧张感。	可以看出他做了很充足的准备，很认真。他在练习中表现得很从容。自己说："我一点也不紧张。"这说明他对这件事开始有了信心。
2017 年 11 月 16 日 周四	因为家长会参会人员变动和会议流程的增加，年级负责老师改了主持词。	小于反复练习，我不断鼓励他，双方共同完善。	他拿到新稿后，表现得依然很自信，读得很熟练、自然，已经消除了紧张感。我给的很多建议他都吸收了。

续表

时间	事情经过	行动策略	改善效果
2017 年 11 月 17 日 周五	1. 小于与爸爸发生冲突，导致早上迟到，上午情绪十分低落。 2. 下午家长会他已经较好地调整了自己的情绪。 3. 他主持表现得很自然、自信。 4. 家长会结束后，他跟我说："虽然腿有点抖，但没有想象中那么紧张。"	结合我对小于以往的了解，他与爸爸发生冲突时，我一般不多表达，不尝试解决事情，只是多宽慰、多关心。引导他平稳准备下午的主持工作。 学生代表发言时，两位主持人在台下备场，我分别望向他们俩，给了微笑以示鼓励。 家长会结束后，我及时地跟他说："这就是你充分准备的优势。这就是你宝贵的经验。未来到了高中就可以向老师毛遂自荐了，抓住机会锻炼自己。"	主持备场中，小于与我对上眼神后，还给我一个温暖的微笑。这说明他当时较轻松的状态和充足的自信。 家长会结束后，小于得到了年级老师的大力赞扬。

"我害怕"这句话成了我观察的动因。当时我思考的是能否通过自己的陪伴与引导，帮助小于扭转消极的态度，逐步克服紧张的情绪。有研究表明，过程导向的表扬，即针对个体努力创新和寻求有效的问题解决策略等行为的表扬，会加强个人的学习目标取向。[①] 通过观察不难发现，小于对主持这件事的消极态度从周二就开始发生了变化，周三就基本消失了，到周五小于开始有了自信。可以看出，老师在一件重要事情中的陪伴与引导，可以让学生发生转变。当然，能促使每个学生发生转变的事件各不相同，教师所给出的表扬也会各不相同。这也许就是教育的难点之一，当然也是教育的乐趣与幸福所在。

---

① 谢弗，基普. 发展心理学：儿童与青少年（第 9 版）［M］. 北京：中国轻工业出版社，2018：441.

五、良好的师生关系有助于学生学业进步、形成自我概念

如前所述，教师期望有助于学生的学业进步和师生关系的增进。而师生关系增进后，又会促进学生学业的进步。当我对英语水老师进行访谈，问他"如何看待我和小于的关系"时，他除了提到我们的良好关系外，还说："现在小于背英语单词有进步跟你还是有关系的。"

他开始主动思考了，他愿意做二次函数相关题了。这种思考不只是针对二次函数，我可以清晰地感受到他有主动思考的意识了。他会对一些细节、过程提出疑问，进而形成自己的判断。这体现出了主动性，是很大的进步。(2018 年 3 月 21 日教育札记)

当然，这还与他年龄增长所伴随的心理、生理成熟的影响有关。自我概念是一个人对自我各方面的知觉，[1] 是对"我是什么样的人""我能做什么""我在群体中处于什么位置"等问题的回答。[2] 自我概念的发展深受社会教化的影响，有研究者发现生活中重要的他人，如父母、教师、同伴对自我概念形成的影响很大。[3] 当我和小于的冲突被化解进而发挥建设性作用时，由此所逐步形成的良好师生关系就对小于的自我概念形成产生很大影响。我们在日常交流时，小于会说："我日后就不踢球了吧！""我觉得自己不适合读高中。""我未来一定不打自己的孩子，要让他有自由。"这些内容都是我平时跟他聊过的，

---

[1] 孙灯勇，郭永玉. 自我概念研究综述 [J]. 赣南师范学院学报，2003 (2)：36-39.

[2] 郭金山，车文博. 自我同一性与相关概念的辨析 [J]. 心理科学，2004 (5)：1266-1267，1250.

[3] 贺岭峰. 自我概念研究的概述 [J]. 心理学动态，1996 (3)：41-44.

而这些表达都显示出小于已经在思考"我是什么样的人""我能做什么"等与自我概念相关的重要问题。

研究表明，家庭的抚养方式、教育方式、学校的课业负担、学业成绩、学校及家庭的人际关系以及个体所经历的种种生活事件，都可能会通过个体的认知整合而形成个体的自我概念，并通过自我概念而弥散性地影响个体心理与行为的一般状况。① 而学生的学业成就与其自我概念存在着显著的正相关。② 本文说明，良好的师生关系和学生的学业进步有助于学生自我概念的形成。因此，我可以假设良好的师生关系、学业成就和自我概念三者有着相互作用的关系。

从 2015 年 7 月 10 日到 2018 年 6 月 26 日，共计 1000 余天，这是我和小于在校相识的总时长。从 2016 年 7 月 5 日到 2018 年 6 月 26 日，共计 700 余天，这是我和小于在校相知的总时长。长久的时间不一定能够带来师生关系的增进，我和小于深厚的师生情谊是在持续的期盼、冲突的化解和长久的陪伴中发展而来的。我相信我们的相识与相知并不会止步于此，而是会长久延续下去。在未来的日子里，我还会与越来越多的"小于"建立这样从相识到相知进而持久延续的师生情谊。我在和小于共同成长，我也将和"小于们"共同成长。

 点评

    刘老师的这篇论文可能最具学术范儿！之所以这么说，一是文中引用了诸多参考文献，且都紧扣主题，说明刘老师作为一线教师，已经进入了学术研究的圈层，刘老师将自己的研究与已往研究进行了适切的对话；二是在表述上"发而中节"，刘老师与小于的师生情谊持久而浓郁，期间冲突也不可谓不激烈，但刘老

---

① 刘惠军，石俊杰. 中学生自我概念与心理健康的关系研究 [J]. 中国临床心理学杂志，2000（1）：48-50.

② 贺岭峰. 自我概念研究的概述 [J]. 心理学动态，1996（3）：41-44.

师却沉淀下了情绪，娓娓道来，采用了理性的学术表达。作为指导老师，我们亲眼看见了刘老师是怎么一次次筛选剪裁材料的——他积累了非常丰富的素材，除了有关小于两年多的教育札记，还包括与小于家长近500条微信互动记录，最终他只择取些许，形成了这篇叙事探究的典范之作。由此我们才能在刘老师与小于的故事中去深刻体会师生情谊、学业成就和自我概念三者之间关系这一永恒的教育主题，也使我们看到了教师在耗费如此巨大精力的师生关系中自身是如何成长的。这促使我们去思考学生的实质性改变有多么不容易，成绩之外的评价标准有多么重要，师生关系的边界把握多么具有挑战性。

——王富伟

第二篇 二

原因澄清

好学生小雨为什么不听讲？

——一位青年教师自我价值的探寻

北京交通大学附属小学　胡媛媛

A："胡老师，最近××、××……那几个孩子怎么了？课上老是心不在焉的啊！"

B："确实，我的课上也是。你说，调皮捣乱的孩子不听讲还能说得通，这公认的'好孩子''好学生'也总是不听讲，这就太说不过去了吧！"

C："一定要好好教育。下个月咱们班可是有督导课。最近学校活动多，学生学习状态本就起伏不定，在这节骨眼上班级管理可不能放松呀！"

课间，科任老师接二连三地向我反映几个孩子听讲情况不太好。作为班主任的我，马上趁着午饭时间入班了解情况，结果和我预料的竟大相径庭，不是那几个无视班级常规的孩子，而是明×、小雨、志×、小×四名同学。他们不仅成绩优异，还各有所长，是大家眼中的聪明孩子，是 B 老师口里的"好孩子"，但是这种课上听讲的状态可与他们取得的成绩并不相符！

我百思不得其解，于是开始关注他们，尤其是小雨，到底是什么原因导致他们不认真听讲呢?

一、萦绕心头——小雨这样的孩子

2019年10月14日下午的第一节是英语课,我在走廊上无意间透过教室后门玻璃看到小雨,他倚着靠背,低着头,像是在桌肚里画些什么。我驻足了好一会儿,好几位坐在后排的同学都察觉到我了,仿佛我是一盏警示灯,提醒他们要更加专注地将目光投向正在上课的英语老师。而小雨却陶醉于他的"创作",毫无察觉。我生气极了,心想:"他还把这当成课堂吗?尊重老师的教育教学了吗?难怪老师们都纷纷跟我'告状',说不听讲都是客气的……"那时,由于无法及时处理,我心中的愤怒愈演愈烈。我像抓住证据一样迅速拍下小雨的"作案现场",随即直接用微信把照片发给了小雨妈妈。瞬间,我的怒气被获得批评时机的窃喜所取代。

小雨是班里思维比较敏捷的孩子,性格也很阳光,是老师心目中本该活跃课堂氛围、踊跃发言的孩子。可他现在却像位"隐士"一样,在课堂上做一个局外人。无论课程设计得多么精心,他都无动于衷。即使站上三尺讲台已六年的我,都难免会被这位"隐士"影响。一节课看似上得自然流畅,实则我的内心隐藏着焦灼与不安。他为什么不听讲?调皮的孩子不听讲,可能是听不懂或是专注力不够。小雨明明能听懂,却不听我的课,是我讲得不够好吗?还是我的课没有吸引力?一种潜意识里的挫败感根植于我的心底。只是班主任的身份加上成人面对孩子的傲慢感,令我不愿也不想去面对这个问题,因此我还没有腾出时间去好好和他交流这件事。但是这节英语课上发生的事,让我在潜意识里积攒许久的"负能量"得以释放——向家长告状!我要以此来"报复"小雨让我拥有了这种痛苦、这种倍感失败的感觉!

10月16日,那天是个星期三。放学后,我迎来了和小雨妈妈的第一次正式交谈，从一张标题为《三（2）班复仇者联盟》的海报开始，以下是当时的部分交谈内容。

小雨妈妈："这张画是我帮他检查书包时发现的，就是您发照片给我那天他画的。特别感谢您关注到他的课堂动态，多亏您提醒。我也感觉他最近不太对劲，总有什么事瞒着我们。前一阵带他去看过电影《复仇者联盟》，发现这画之后，不瞒您说，下次我都不敢带他去看电影了。画里的王××，听小雨讲，是个会说脏话和各种网络暴力语言的孩子。我担心小雨被他带坏，还跟小雨说过不要和他一起玩儿，看这样子，他在学校一定没听我的。"

正说着，小雨妈妈似乎想起了什么，她点开手机，将手机屏幕展示给我看。

"我在他书桌前安装了摄像头，可以从这里看到他在干什么，有没有学习。"

我惊愕了：安装摄像头？这不是监视么？之后，我保持平静地问她："他知道您安装摄像头吗？"

小雨妈妈很放心地说："知道，他也没排斥。"

我又问："您回家后除了检查作业，还会有亲子阅读之类的家庭活动吗？"

小雨妈妈答："之前有过，现在上了三年级，学业多，就几乎没有了。而且，他看的书都不是推荐书目里的。有时我说他，他就拿着书，说要去上厕所，一待就是半小时才出来，也没见他是真的上厕所。"

尽管这次交谈没有聊到小雨为什么会在英语课上画画、不听讲，但我对小雨有了更立体的认识：小雨的父亲是工程师，母亲是财务管理人员。我原以为他是在亲子间互相尊重、民主平等的氛围中成长起来的，可实际上，他生活在母亲安排的监控摄像头之下，连选择与谁交朋友、看什么书都无法做主，其他的限制也可想而知。小雨的生活极不自由。而"和王××一起玩耍""卫生间的半小时"似乎更像是他无声的"抗议"。我开始有点同情这个让我困扰已久的小雨了。

二、对镜自照——是我误解了小雨

和小雨妈妈的第一次交谈，让我如同对镜自照。我开始反思：与班里调皮捣乱、学习有困难的学生相比，我为何对小雨不听讲有这么强烈的情绪反应？我内心的挫败感到底从何而来？

我沿着自己的成长轨迹，寻找问题的答案。硕士研究生毕业的我，入职6年以来一直希望通过一次次磨炼有所成长，上学生喜爱的课，成为深受大家喜爱的老师和父母引以为傲的女儿。这样的理想抱负，在童年时期就根植于我心底。

作为教师子女，从小我就是学校里少有的不争气、不认真、不好学的学生，没少给优秀的教师爸爸带来不堪。多少次放学后，爸爸带着我走在校园里，不好意思地听着同事们骄傲地谈论自己孩子的好成绩，被问及我考得如何，爸爸也只是笑笑，说还不知道呢。时间久了，他便很少与大家交谈，想必是自尊心强的他不愿意丢面子。即使这样，记忆中，爸爸也从未责怪过我一次。后来妈妈告诉我，爸爸远离他们，是因为担心大人们的言语会让我的自尊心受到伤害。也就是从那时候起，我好像一下子长大懂事了，开始奋发好学，不断给自己设定目标，期待为爸爸挣回失掉的面子！

童年的这段记忆一直深深地影响着我，不管是学习还是工作，我都希望得到周围人的认可与积极的评价，只为弥补学生时代的缺失。磨砺内心远比粉饰表象更加艰难。

我发现很多时候，周围人积极的评价会成为我带好班级的主要动力。我尽全力配合科任老师与家长，管理好班级日常秩序，期待大家能称赞我是个负责、会带班的老师。这样的话语总会让我在工作时更加充满能量。每逢学校的月度常规总结，我的内心都是紧张和期待的，期待广播里念到我们班级的名字，获得流动红旗表彰。似乎它才是印证我工作能力的标识，得到它就是教师角色价值的体现。

面对小雨的不听讲，我表面愤怒、内心煎熬。英语课上的"遭遇"，迫使我向家长索取支撑，期望借助他们的力量管束学生行为。除了这些，我审视了自己内心真实的想法："作为班主任，应向家长反映孩子听讲情况，进行家校沟通，努力展现自己的责任心与洞察力！"可与小雨妈妈交谈后，我意识到，这样的做法本质上对小雨没有任何帮助，反而还转嫁了负面情绪，让小雨的处境雪上加霜，回家承受不必要的质问和批评。

第二天是星期四，心存愧疚的我特意观察小雨，我担心他会记恨我，会更加不配合我。让我没想到的是，他在课上开始抬头听讲了，虽然没有举手发言，可从他与我的眼神交流、专注的神情和主动记笔记的行为，我知道，这节课小雨有了改变。下课后，他有些腼腆地主动和我打了招呼："胡老师好！"这一声招呼让我对自己曾经的负面揣测而感到无地自容——孩子远比我们想象得更宽容、更不计前嫌。以下是我们当时对话的片段。

我笑着问他："今天课堂学习感觉如何？"

他腼腆地说："挺好的。"

感觉我们关系更近了一步，我便继续问道："那之前在课堂上为什么会不听讲？"

他一下子有点懵住了，腼腆地说："我也不知道。"

我追问："没听讲时在想些什么呢？"

他回答："就是想着课间跟同学玩什么游戏，想着想着就走神了。"

我继续问："那你觉得影响老师讲课了吗？"

他似乎觉得有些莫名其妙："没有吧，我就发了会儿呆，没有扰乱课堂纪律。"

他讲话时的样子有些不好意思，却很真诚。我内心再三确认，是我一直误解了小雨。在他看来，不听讲是他个人的行为，自己并没有影响课堂纪律，更谈不上影响老师讲课的情绪。而我却埋怨他不领老师的情，好像认为我认真备课了，就要得到他听讲的回馈。我把教学当成一种付出，期待学生认真学，以此作为肯定我的回报。如果没达到预期，我的心态就失衡了。

三、重拾热情——我要帮助小雨

明白了小雨不听讲并不是针对我或语文课堂，而是无意识地不参与之后，我又主动与其他科任老师沟通。我了解到，他在所有课上几乎都是一样的状态。我意识到，教师认真备课、授课，而学生由于一些原因不听讲，教师很容易产生负面情绪或不好的感受，长此以往，师生之间就会逐渐产生隔阂。其实教师内心之所以产生焦虑，都是源于对自身认同不够完整①，也说明了教师并没有正确地看待教与学的关系。通过与小雨的进一步接触，我认识到不是教师教了，学生就要学，教与学二者应该处于一个和谐共生的生态系统里，需要实现一种联结。只有当教学与学生的兴趣、生活实际产生交集，再匹配上得当的教学方法，才会产生积极的作用和良好的教学效果。清楚了这些，我仿佛为自己长期积压的挫败感找了个容身之所，内心没有那么焦虑不安了。

---

① 帕尔默.教学勇气：漫步教师心灵（十周年纪念版）[M].吴国珍，等译.上海：华东师范大学出版社，2014：60-68.

在学到《葡萄沟》这篇课文时，小雨课间主动跟我说，他奶奶家就在新疆吐鲁番。当时的他神采奕奕，眼神里仿佛闪烁着点点星光，与课上的"隐士"判若两人。我以不同于以往的态度，满怀期待地说："在我讲解课文之前，你可不可以给同学们讲讲你的家乡，为课文学习补充背景资料？"小雨满心欢喜，激动地说："好，我还能再做个PPT。"果然，那节语文课效果很好，同学们畅所欲言，几名学生课下与我交流他们的所见所闻。同学们对课文里描写的吐鲁番各种应季的水果、晾晒葡萄房间的构造特点，表现出了极大的兴趣，课堂气氛十分活跃。我理想的课堂状态就这样形成了：学生对文字充满热情，渴望与他人分享自己的见闻。语文学习的要素就齐了，从任何角度来评价这都是收获满满的课堂。

四、热情受挫——小雨又变回"隐士"

我多么期望在我的帮助下，小雨的听讲情况会逐渐有所改善！然而，事情发展并不尽如人意，小雨只维持了约三周认真听讲的状态，接下来的一个半月，小雨又回到了心不在焉、课上不听讲、作业完成敷衍、书写潦草的状态。对此，我疑惑万分。一节语文课上，在学生小组讨论环节，我特意走到小雨所在的学习组，本想听取他的想法并与之互动，却惊奇地发现写了满满笔记的语文书，那隽秀、清晰的字迹不是小雨的，而是小雨妈妈的！她把作者介绍、近义词、好词好句、课文重难点都一一整理且罗列出来。但在小组交流中，我却发现小雨对这些知识并不熟悉。这份家长笔记让我陷入了沉思：它和小雨长期以来的听讲状况有关系吗？

那天晚上，我和小雨妈妈就此事交谈了好久，片段如下。

我说："看到您在小雨书上整理的笔记了，是和孩子一起梳理的吗？"

小雨妈妈答："是我自己补充的，最近不知怎么了，他用黏土把摄像头粘住了，不让我看。问他为什么，他还抵触。我担心他学得不扎实，就在他睡着后写到他书上，希望他能多记记。"

我问："是在家里发生了什么吗？（您认为他）学得不扎实，是担心他听讲不认真、记不全笔记，还是（担心其他的）什么呢？"

小雨妈妈答："就是我说他写作业慢、磨蹭。他就生气了，堵住摄像头不让我看。记得我们小时候都要整理近义词、反义词，语文书都是写得满满的。我发现他们现在的语文学习好像和我们那会儿不一样了。语文学习是各科的基础，高考分值也多，我担心他基础打得不好。"

我说："现在语文学习提倡工具性与人文性的统一，注重学生思维能力的培养与提升，与过去主抓语言要素的教学目标确实不大一样了。"

小雨妈妈说："哦，还真是不一样。那我们在家也做调整，跟着大趋势走。"

说是这样，小雨妈妈在语文书上写的笔记还是一丝不苟。笔记对小雨来说，字迹熟悉，内容却陌生。我和小雨私下交流，得知在三年级上学期，他不仅在语文学科有妈妈的加码，而且在校外的数学补习机构已学到四年级上学期的内容了，还有周末的大语文，学习阅读、文言文和写作，英语课也是一周三节。课外辅导几乎挤占了小雨所有的课余时间。

2020 年的春节，新冠肺炎疫情突如其来，居家学习一个学期，小雨基本都按时提交作业，我们的交流也只是三次微信沟通。2020 年 9 月 7 日复课时，已升入小学四年级的小雨，听讲状态偶尔有好转，尤其是遇到他感兴趣的课，他会破天荒地主动发言，也会记下随堂笔记。

但绝大多数课堂上，他还是保持"隐士"的状态。

五、寻根溯源——小雨为什么不听讲？

仔细剖析小雨的种种"事件"，以及我和小雨、小雨妈妈之间的对话，我对好学生小雨的课堂听讲的影响因素有了较为清晰的认识。

（一）过度干预导致消极待物

干预在孩子的成长过程中是必要的，但若干预过度，一定适得其反。

从前文的一些描述中可以看出，小雨的生活处处充斥着被过度干预的迹象。而这种过度干预的影响往往集中在小雨的外部行为上，如课堂表现、居家表现等，极少涉及内心、情感的体现。对于桌前摄像头设置，小雨妈妈并不认为自己这么做有何不妥，反而话语中略带"一切都在掌握之中"的小得意。面对这样的成长环境，小雨或许是习惯了，久而久之，虽表面顺从，但衍生出一种凡事都持消极、漠然的态度。推及课堂，小雨听讲消极的态度，背后的"罪魁祸首"是什么便可想而知了。

（二）影子教育抵消了对传统课堂学习的兴趣

课外补习在国外被统称为"影子教育"[1]，研究众多，可见此现象比较普遍，对其利弊存在争议。目前国内严峻的升学形势迫使绝大部分家长为孩子增加课外辅导，影子教育俨然已成为一种风气。小雨作为四年级的学生，一周的课余时间几乎被课外辅导全然占尽，数学甚

---

[1]　谢璧纯. 家庭资本、影子教育与子女学习成绩的影响研究［D］. 湘潭：湘潭大学，2019.

至超前一年学习。高强度的超前学习已花费了小雨大把的时间、精力，消磨了他的学习兴趣，相比之下，慢节奏的传统课堂自然就成了小雨放松、歇息的好时机。正如小雨说的："不听讲时，我没想别的，就是想下课跟同学玩什么游戏。"爱玩是孩子的天性，假使你剥夺了他的这项权利，他一定会想方设法从别的地方补回来。

（三）教师的"有心无力"

在这种情况下，小雨已有的学习习惯和学习状态俨然成为一种稳定的学情。长久以来，我一直自责于是因为课讲得不够好，小雨这样的好孩子才没有得到成长。为此，我丰富教学形式，在教学设计上更注重分层，比如让学生分享课文背景资料，古诗学习课上安排学生讲堂，增设小组讨论与辩论环节，但这些都没能从根本上彻底改善小雨的听讲状态。我开始反思，面对班级内小雨和其他同学多元化的学情，我该如何开展我的教学？

11 月第三周的校全体会上，学校发布了本月要准备申请优质学校和迎接外校参观的通知，需要教师教学和管理两手抓，整理出学生各科优秀作业，开展更多的课外活动，如足球赛、运动会、手工实践课等。全校上下无一不在为这个任务忙碌着，我也因此而感到疲惫，对基于小雨和其他学生的个性差异来备课深感有心无力。我并不想因繁忙的工作而影响对学生的关注与培养，可是为什么还会这样呢？对教师而言，教学是最重要的工作内容，而许多事务性工作挤压了教师准备教学的精力、时间，某种程度上，这是否间接影响了小雨的听讲？

综上所述，小雨不听讲的问题不仅关乎老师的教，还涉及家庭、社会、环境等因素，其中的关系非常复杂。

我承认小雨不听讲确实与我有一定的关系，我也曾经因为小雨的不听课而有挫败感，也因向家长"举报"他的不听讲而感到窃喜和愧疚，但与小雨妈妈交流后我开始同情小雨，并反思自己为何有如此强烈的情绪。然而在我帮助小雨时，却困难重重，结果不尽如人意。我意识到，我从这位"好学生"身上想得到他认真学习的教学反馈，希望我的"自身价值"被认可。那我作为教师的"自身价值"是什么呢？

六、抽丝剥茧——探寻作为教师的自我价值

在我们身边有许多像小雨这样的学生——考试成绩优异，课堂表现虽不积极，但也严格遵守课堂纪律，课下彬彬有礼。他们表面上看起来发展良好，是老师眼中懂事的、优秀的孩子；内心实则波涛汹涌，亟须被了解。记得我被小雨的事情困扰，向办公室同事寻求帮助时，大家纷纷打趣我是自寻烦恼。他们认为小雨这样的好孩子并不用老师操心，他知识掌握牢固，考试成绩稳定，课堂不听讲没什么，我们只要顺应、配合家长共育就好。反而是班里拖后腿的、调皮捣乱的学生，才需要教师管一管。

小起，是全校出了名的孩子，不听讲，不写作业，还不吃饭，时常搞恶作剧。老师们都说，他才是我每天要绞尽脑汁"对付"的对象，要尽快让他改变，变得和其他同学一样。

就在督导要进校参观的前两天，我也有所动摇——小起影响了班级形象与成绩，我决心教育惹麻烦的小起。可一次意外的谈心使我了解到父母离异的他只是在用各种怪招来让自己"被看见"。出于同情与理解，我不再用衡量其他同学的标准去要求他，尽可能地鼓励他改正坏习惯，帮助他克服学习上的困难。我告诉他课堂上要怎么做才是正确的，怎样才是真正地"被看见"。虽然课间操他的表现依旧不尽如人意，但午饭时他能主动为班级分饭，每天按时完成作业。我知道，小起得到了有效帮助，他在改变！我的内心无比高兴。

办公室同事们对自己班级里的"小雨们"大多是这样的态度：

"好孩子让他自由生长就行，把有限的精力放到需要引导的孩子身上，这个班才会越来越好。"这样的工作方法确实能产生短期的良好效益：紧抓后进生，提高班级成绩，营造良好班风，较好地完成学校各项考评。但明显教师们在工作中没有实现自己的教育抱负，大部分教师都会有一种无力感。我开始思考：真正的教师是什么样的？作为一名教师，我的自我价值到底是什么？尽管小起和其他同学相比仍有很大的差距，尤其他的考试成绩与小雨相差不少，但我仍会因小起的一点点进步而高兴，这种高兴是班级常规评优无法比拟的。在他身上，我看到了教育的力量，看到了我作为教师的自我价值。如果说小雨让我思考教师的价值，那么透过比较反思我和同事对待小雨、小起不同的态度与做法，我探寻到：尊重学生的个性与差异，让每一位学生获得有效帮助，丰盈内心，感受自我存在的价值才是教师真正的价值体现。

 **点评**

> 胡媛媛老师探讨的问题很有典型性，人们通常认为"后进生"需要教师重点关注，而"好学生"如果行为不当可以适当放任。而胡老师的故事告诉我们，她之所以对"好学生"小雨上课不听讲如此耿耿于怀，主要与她自身的价值实现密切相关。而造成"好学生"不听讲的原因包括很多复杂的社会-文化结构性因素，学生在课堂上的行为表现，不仅仅取决于教师上课的水平。在写故事第一版时，胡老师并没有清楚地意识到这一点，只是对小雨这类"好学生"上课不听讲感到很不悦，认为他们学习态度有问题，采取的是单一的外归因方式。在反复多次修改故事的过程中，胡老师的认识发生了很大的改变。这主要得益于她在工作坊中有机会与教员和小组成员一起平等对话，激发了对这个现象进行深入探究的灵感，进而获得了更加复杂、多元的意义解释。

> ——陈向明

看见『透明』的颜色①

北京交通大学附属小学 房 蕾

2020 年的春天注定不平凡，突如其来的疫情把所有人都困在了家里。我们需要在家里办公，在线辅导学生学习。为了方便各科教师和学生进行交流，我作为六年级的科学教师被各班班主任拉进了班级群里。群里真是热闹极了，各科作业的布置、答疑，每天例行的报平安接龙，学校通知的发布等都需要在班级群里完成。我每天面对八个班级群，群信息铺天盖地，为了不错过孩子们上交的作业和问题，每一条新消息我都不放过，认真查看。

在查看消息的时候，我发现一个有意思的现象，疫情期间例行接龙时，有一个学生每天都是第一个。我看了接龙的时间，基本都是在深夜 12 点左右。我仔细查看了一下，大部分接龙都是孩子自己完成的，孩子的父亲只是偶尔参与，但时间基本上都是深夜 12 点左右。按理说这个时间点大家都已经休息了，尤其是小学生，正是长身体的时

---

① 本论文得到了教育行动研究工作坊各位老师的帮助。感谢陈向明教授、欧群慧老师、卢杨老师等工作坊老师为本论文提供了思考的方向和耐心的指导。也感谢组内的朱晨晓老师、李紫红老师、尤兰萍老师、孙凯旋老师在我撰写论文过程中提了很多建议，在我遇到困难时给予了很多鼓励。在此表示感谢！

一、从看不见到"看见"

这件事发生在一名很特别的学生身上，从看不见他的存在到不经意一瞥而引起的"看见"，再到我以为我看见了，但他却越来越模糊，最后到理解后的彼此成就，这一系列内心的变化和行为的转变正悄无声息地酝酿着。虽说最初看不见，但最后却真切地看见了。

这个孩子就是小宁，我从三年级就一直教他科学。他在五年级以前是一个沉默寡言、不喜交流、永远躲在教室角落里的男孩子，学习成绩垫底。作为科任老师，每个班我都有几个比较"熟悉"的学生。要么是学习非常上进，经常追着老师问问题，老师眼中的"好学生"；要么是上课不学习，课上喜欢捣乱说话，让老师头疼的"个别生"。小宁属于既不上进也不捣乱的学生，而且很内向，存在感很低，无论是课上还是课下，他就像"透明人"一样。这让我感觉他似乎永远不想让老师看到他的存在，并且我也确实没有注意到他。

至于我从何时开始注意到小宁，要从五年级下学期的某一节课上说起。课上我提出了一个问题，班里没有人举手回答。于是我就用余光扫视，在小宁抬头的一瞬间，我俩正好对视。虽然我看到了他眼神的闪躲，但是还是喊了他的名字让他回答。小宁很不自在地站了起来，这时全班的目光也转向了他，他非常小声地回答了问题，我认为他回答得不错，再加上刚才同学们回答问题的积极性不高，所以我就特意夸赞他回答得非常到位，想法很不错。我边说边看着小宁，他缓缓抬起头，眼睛一动不动地盯着我，眼里仿佛出现了一道光，身子也扭动了几下。他慢慢挺直了弓着的后背，这个变化让我有些欣喜。

下课后我立即回到办公室，把课上发生的事情向小宁的班主任叙述了一遍。快放学时，小宁到办公室找班主任批改作业，我看到他后，特意又在班主任面前夸赞小宁有进步，希望今后继续保持。班主任也顺着我的话说"小宁最近进步特别大"。我能明显看到小宁的表情有了微妙的变化，这也是我第一次如此认真地观察小宁。

随后再上我的课时，小宁能够主动举手回答问题，也能够按时完成作业，到了期末，他的成绩达到了优秀。我特意把这个好消息告诉了小宁的班主任，小宁的班主任是一名老教师，听到我对小宁的认可，一直强调是我的关注和鼓励让小宁有了变化。我当时听了心里美滋滋的，心里想着一个"小透明儿"在我的关注下渐渐有了自己的颜色和形状，并做出了改变，真是一件令人高兴的事儿。也是通过这件事儿，我开始逐渐意识到，原来科任老师也具有这么大的影响力，居然可以改变一个孩子，让他慢慢变好。

二、由"看见"到看不清

就当我为自己的教育成果感到些许欣慰和骄傲时，六年级开学第一次进班去上课，小宁就给我泼了一盆冷水。课上他总是和后面的同学说话，我用眼神提示他好几次，到了第二节课他却依旧如此，我忍无可忍地把他叫到了一边，让他冷静冷静。课下我对他也进行了批评教育，感觉效果不理想。课间时，我在楼道中见到他和同学们打闹，看到我之后特别开心地向我问好，语气略带些调皮。我不禁疑惑了，这还是我认识的那个小宁吗？一个假期的时间，就能让他从沉默寡言变得如此"活泼开朗"，甚至有些"开朗"过头了，难道是我对他的过度夸赞使他的行为表现从天平的一端直接跑到了另一端？

带着这样的疑惑，我找到了小宁的班主任，询问孩子最近的情况。从班主任那里我了解到：班主任觉得小宁成绩总是提不上去，于是联系了小宁的父亲，让他与我校心理老师进行沟通。交流过后，心理老师的结论是：孩子的智商是没有问题的，但是有书写障碍，因此像是语文课听写词语、各科考试等需要书写的时候就会出现很多错误，这会直接影响小宁的成绩。心理教师建议不能太强迫他，要耐心地去帮助他。小宁的父亲听了心理老师的建议之后，并没有给予孩子更多的耐心，反而认为孩子学也学不会了，还不如让孩子快乐一些。因此小宁在家里没有了束缚，到学校就更加活跃了。而且小宁正处在从少年时期到青春期的过渡阶段，他现在把关注点都转移到自己的穿着打扮以及人际交往上，更没有心思学习了。

上次的"冷水"确实让我对小宁的态度发生了微妙的变化，我不再"过度"夸赞他、鼓励他，想着"晾一晾"他会更好。我也经常问自己，是不是我高估了自己的能力和作用？科任老师的教育效果是不是只是"昙花一现"，起不到什么实质性的作用？我应该花精力教育学生还是只把精力放在教学上？看到希望又失望，确实让我心里产生了很多疑问和纠结。

后来再上课的时候，我发现小宁的班主任已经将他安排到了教室的最前面，单独一个座位。这样他的确"老实"了一些，但偶尔还是会出现不安分的时刻，需要我随时提醒他。就这样不温不火地过了一学期，直到期末，我在统计成绩的时候，发现小宁分数较低。当他来我办公室的时候，我随口叫住了他，询问他是否知道自己的成绩，他说知道。我问他有几项作业为什么没有上交，他居然说不清楚有什么作业。于是我就把作业要求和他说了说，建议他把作业补上，他点了点头，离开了办公室。我当时看他的表情，感觉他不太愿意完成作业，鉴于他这学期的表现，其实我也没有抱太大希望。

第二天一早，我来到办公桌前，就看到两个做工粗糙的小制作。我拿起来看了看，发现没写名字，还跟其他老师抱怨着："也不写名字，我知道你是谁啊！"把它们放在桌子上，我就出去忙其他事情了。

中午值饭班时，小宁走进教室。我有些诧异，他手里空着，没拿作业，我心想他一定是没完成作业，找理由向我解释来了，或者让我再宽限他一些时间。没想到他进来后第一句话是："房老师，我交的作业您看到了吗？"我先是一愣，作业？什么作业？我没有看到啊？我迅速回忆着。小宁看到我没有说话，就接着说："我把制作的作品放在您桌子上了。"我恍然大悟，连忙装作知道的样子回答道："噢，我知道，我看到你放在我桌子上了，做得不错。"他低头笑了笑离开了教室。小宁走后，我突然有点为刚才的想法感到抱歉。他能按时完成作业，并且还特意找我一趟，说明我的"提醒"还是起到了一定的作用的。

回到办公室后，看着桌子上的两个小制作，我没有了一开始看到小宁的"进步"时感到的惊喜，因为我不确定他是不是真的进步了。我感到更多的是疑惑，这种疑惑让我不禁问自己：小宁的做法为什么总和我预想的不一样？我以为他有进步了，但是后来的表现却差强人意；我以为他完不成的作业，他却又做到了。这样的反反复复真是让我时而欢喜时而忧。他是真的进步了吗？还是出于别的原因才表现出进步的？那么我又为什么这么在意小宁的表现呢？为什么我这么想让小宁进步？我真的是因为关心小宁才会有这样起起落落的情绪吗？我以为我看见了，却越来越看不清了，带着这样的疑问，很快到了寒假。

三、从"看不清"到看见了

本想着一个月后就开学了，届时我再对小宁进行访谈或进一步了解，应该就能解开心中的疑问了。然而，计划永远赶不上变化，突如其来的疫情把所有人都困在了家里，之前的计划也就都泡汤了，因此对小宁的研究也就整整停滞了近一个半月。但"接龙"事件使我对小宁在家的学习生活又起了好奇心。在这种好奇心的驱使下，我开始尝试联系小宁，希望能跟他有进一步的沟通。

学校要求各科老师找一个机会和学生进行视频交流，我第一个想到了小宁，于是我和小宁的班主任联系，希望小宁参加这次交流活动。班主任非常乐意帮忙，当天小宁的爸爸就给我打了电话，表示非常支持。想到通过这次交流活动不仅可以了解到小宁在家的学习生活情况，还可以解开我心中存留已久的疑惑，我充满了期待。随后小宁也加了我的微信，为了能够获得小宁的信任，在做足充分准备之前，我并没有与他进行过多交流。

终于迎来了约定的时间。所有同学都准备就绪了，唯独小宁迟迟不上线，我心中有了不好的预感，果然他失约了。

小宁为什么没有按照约定和大家交流呢？是他记错了时间？还是他不想和大家交流？我既有些失落又有些不甘心，于是又联系了小宁爸爸，询问他小宁为什么没有参加。过了很久，小宁的爸爸才给我打来电话，说自己在公司工作，才看到消息，并和我聊了一些他自己的工作。能够感受到小宁爸爸对自己的事业很有成就感，他从事与科技相关的工作，很支持孩子学习科学，我想这对小宁的学习应该会有很大帮助。

等待小宁爸爸回消息的期间，小宁先主动联系到了我，说自己刚睡醒，才看到手机的消息，表示是自己记错了时间，以为交流活动的时间是下午。我看了看时间，已经到了午饭时间，于是我和他商量能否当天下午两点单独视频交流，他特别爽快地答应了。

通过和小宁爸爸的沟通，我发现小宁的家庭情况有些让人担忧。小宁父母离异，小宁父亲表示自己工作很忙，顾不上孩子，也不太懂得教育的方式。妈妈只是偶尔过来看望他，基本不太关心小宁的学习和生活，家里只有保姆照看小宁的生活起居。

这是我第一次深入了解小宁的家庭情况，正是这次谈话让我隐约感觉到小宁从家庭中获得的关心不是很多。随后我联想到在家庭中小宁得不到太多的关注，在学校起初也是一个存在感很低的学生，对孩子来说，现阶段最重要的两个社交场所都无法满足他需要的关注度，难怪小宁后续表现一般，我似乎有些理解小宁了。容不得我深思，和小宁约定的时间马上就要到了。

这是我和小宁第一次深入沟通，不仅拉近了我们之间的距离，也让我对小宁有了更加深入的了解。在交流的过程中，我得知，小宁在家的生活不太规律，基本上处于无人监管状态。小宁爸爸白天在公司工作，晚上只是回家陪孩子吃饭，学习上也只是口头上催促一下，并不会真管。所以小宁在家期间并没有完成过任何主科的作业，他白天基本上就是玩一玩游戏，和同学线上聊聊天，晚上几乎每天都安排了网课，包括数学、语文、英语和科学课程。小宁爸爸还为孩子报了科学课，这让我很吃惊，因为一般家长不会为孩子报科学的课外辅导，并且小宁表示自己上科学网课是最积极的。

小宁在家的学习和生活情况基本上都是我侧面问出来的，至于自己的爸爸妈妈，他主动提的不多，在聊天中提及最多的是他的妹妹（妹妹比他小两岁），他会主动把发生在他和妹妹之间的趣事分享给我。能够看出，在这个家庭中，陪伴他最多的可能就是他的妹妹。所以正如我和小宁爸爸聊天过程中感受到的一样，小宁在家庭中的确缺少大人的陪伴和关注。

了解了小宁在家日常的学习和生活后，我又提到了"打卡"事件，想一探究竟。（以下是部分聊天内容）

我：但是有的时候我发现你接龙的时间每次都是深夜 12 点，是班里第一个。

宁：呀！

我：被我发现了。

宁：我定了个闹铃，凌晨的时候我就醒来打卡，有的时候也是我爸帮我接龙。

我：打卡完了之后你再睡觉？

宁：对呀。

我：你为什么要这样？你第二天起来再打卡不就行了。

宁：额，这个，哈哈哈，因为我想得第一。

从来都默默无闻的小宁居然想"得第一"。这三个字从他口中说出来，深深触动了我。我开始思考他为什么要得第一？因为在学校中，成绩第一会受到所有老师的夸奖，才艺第一会赢得所有人的掌声，就连捣蛋第一也会"赢得"各科老师的"青睐"。在学校中，不论是哪种"第一"确实都可以吸引更多老师和同学的关注。在当今的教育形势下，像小宁这样不优秀、不捣乱的学生在学校中存在不少，但是大部分学生都能够在家庭中获得足够的重视和关心，从而弥补了在学校中缺失的存在感。反观小宁，在学校中缺失的关注在家庭中也没有得到足够的弥补，他真真正正地成了一个"小透明"。通过对小宁家庭以及小宁更加深入的了解，这次我才真正地看见他了，他进步、退步反反复复，仅仅是想让大家能够看到他。

既然小宁对打卡这件事如此热衷，我想能不能把学习和打卡联系起来，提高小宁对学习的兴趣的同时，也满足了小宁渴望被关注的需求。于是我就和小宁约定，每周要在线上打卡两次，每次打卡可以算作平时成绩。其中一次打卡是要向老师提交完成的作业，另外一次打卡可以和老师交流自己的学习和生活情况。这样一来，我既可以帮助他完成作业，也可以和他保持交流，持续关注他的状态。

在访谈后的两周内，小宁主动联系过我很多次，每次联系过后都会问我，这次算打卡吗？看来小宁对打卡这件事真的很执着。随后在交流的过程中，我教会小宁如何在小程序里提交各科作业，但是我没有强迫他必须完成，而是告诉他完成自己感兴趣的学科作业后，就可以提交到小程序里。我想任何事都有一个循序渐进的过程，强制他完成所有作业也是不现实的。

随后我在整理学生作业的时候，欣喜地看到了小宁提交的作业，我立刻截图发给了小宁。他自己特别不好意思地说："我做得特别简单。"我表示相信他下次可以做得更好，并询问他其他科目是否提交作业了，他过了好久给我截了一张图，显示他提交了美术作业。又过了几天，小宁主动找我说想完成书法作业，但是家里没有纸。我觉得他想要完成作业已经是很大的进步了，于是我帮他想各种办法，找到了纸和笔。我让他写完了拍照给我看一下，他特别不好意思地说自己写得特别差，但最后还是发给了我一张作业的照片。

在线教学的过程中，我们每周都会布置作业，虽然小宁并不是每周都按时上交作业，但现在我不会因为看不到小宁的作业而忧心了，只是在他有问题的时候帮助解答一下，在没有收到作业时询问一下他是否遇到了困难。无论对小宁还是对我自己来说，这都是一种无压力的沟通方式。在他的成长道路上我可能无法做一个引领者，但是在他需要的时候，我成为一个陪伴者。我想自己之所以不像以前那么纠结于小宁的变化，是因为我更愿意去了解他、理解他了。

通过小宁这件事，我发现理解和改变同样重要。当你花时间去了解自认为不可思议的事情或现象后，会想办法去解决。如若无法解决，也不会那么纠结了，因为你理解了。理解可以使教育者内心得到平静，也可以使被教育者获得帮助。

四、为什么看不见、看不清？

我对小宁的印象是从上面提到的那堂课之后建立的，回头想想，在那之前我竟想不起来任何与小宁交往的瞬间。他的"颜色"、他的"形状"我为什么看不见？好不容易"看见"了，但又为什么看不清？

回顾大学期间，我几乎把所有的精力和时间都用在了专业课的学习上，四年的学习也让我取得了优异的成绩，所以本科毕业后直接以专业课第一的成绩保送读研，随后两年的研究生学习生活依旧是全身心投入到专业课学习的状态，因此我对自己的专业很引以为傲。找工作的时候，我只想找一个能够尽情发挥自己专长的学校。因此来到现在工作的学校实习时，他们告知我这个学校是科技示范校，并且校长是教科学出身，我就毫不犹豫地留在了现在这所学校。

来到这所学校工作后，确实如领导所说的那样，学校很重视科学这门学科。因此每次有展示课堂的任务，科学学科必会出一节展示课。作为新任教师，我非常希望自己的专业被其他老师和领导们认可，因此我几乎把所有的精力都放在如何才能把课上好及如何解决教学中的重点、难点上。很快我脱颖而出，经常承接这类任务。虽然很辛苦，但是做自己擅长的事儿，我依然乐此不疲。

这种高强度的工作氛围，使我从来没有机会和精力去思考除了教学以外的事儿。因此，除了学习，我认为学生的其他方面和我没有太大关系。每个班一周只有两节连堂科学课，我的学生一周见一次，这一次"见面"我只要负责把提前准备的课上好，学生在课堂中不出现什么岔子就算圆满完成任务了。况且本年级那么多学生，我是顾不过来的，教育学生是班主任才应当操心的事情。因此，我认为，除了学习，我无法参与太多学生的成长。

现在回头想想，我把自己的专业看得太重要了，导致我对教育的理解出现了偏差。"教育"两个字我只完成了一半，完全忽略了作为教师"教书"之外"育人"的作用。所以不是小宁不让我看到，而是我不愿看到小宁的存在，"透明"色不是小宁自己想要展现出来的，可能大部分是我的潜意识赋予他的。每个学生都有自己的形状和颜色，每个学生也都需要老师为他们赋予五彩斑斓的颜色，而我却忽略了这点。

就当我自以为看见的时候，为什么却越来越看不清了呢？对于一个"育人"新手来说，我想要通过改变一个学生的行为来证明自己是一个有能力、有想法也愿意帮助学生的老师。因为这样的教师形象是我一直梦寐以求的，我努力向这个方向前进。而小宁的出现也恰恰让我有了努力的动力和方向，但是我没有料想到教育学生不是这么简单的事情，它涉及小宁的家庭、学校的环境、班级中同学间的相处、各科老师之间的相互配合等，学生不是我一时半会儿的努力能够彻底改变的。急于证明"育人"成果的我碰到了急于为自己"涂色"的小宁，而小宁的表现使我感到困惑，让我越来越看不清小宁。

因此，不是我看不清小宁，而是我没有看清发生在小宁身上的问题的本质。同时也没有看清解决问题的方法。我以为唯有改变才是成功的教育，殊不知理解也是解决问题的途径之一。

改变和理解的前提是了解，只有深入了解之后，才能看到真正的问题所在。访谈过后我才恍然大悟，原来小宁的所作所为不是我以为的"进步"，也不是我以为的"退步"，是长期缺乏家庭和学校的关注导致的问题。随着年龄的增长，他需要找到存在感，他不再想让自己是"透明"的，想要自己或别人为他"涂上颜色"，这时我的鼓励和称赞为他重重地画上了一笔，他似乎看到了一点儿希望，因此努力迎合着老师的期望，得到了些许关注和存在感，这样的"表现"让我以为他进步了、改变了，其实不然。我又想起小宁爸爸在和我沟通的时候说道："小宁由于成绩不好，很少受到老师的表扬。"可能对于孩子来说，即便自己的成绩在班级里再差，他都渴望能在某些方面优于其他人。这样的话，他可以获得更多的关注，而每天定闹钟打卡，可能是对小宁来说最容易得第一并获取关注的一件事情。

小宁在成长的道路上摸索着，难免无法分清哪些颜色是漂亮的，哪些形状是得体的，所以才有了后来他在课上"活跃"过度、过度关注穿衣打扮等表现。在了解事情的缘由之后，我更加理解了小宁的所作所为，意识到理解和改变同样重要。

五、从"透明"到"斑斓"

通过小宁事件，我明白了教育不只在"变"，更在"成"。作为教育者，要看清学生的需求。有时学生需要的是帮助，但有时学生需要的仅仅是理解。教育既讲究方法又讲究关怀，方法是冰冷的，但关怀是有温度的。如今我才真正体会到了教育的温度，这是在以前的教学中从未感受到的。小宁由"透明"到"斑斓"的过程让我初次体验到育人带来的教育乐趣，我的教育行为、教育观念也逐渐从"透明"变得"斑斓"，两者相辅相成。

教育是教师和学生共同成长的过程，每个学生都拥有自己的色彩和形状。也许有些学生是透明色，但无论是哪种颜色、哪种形状，他们都期待被老师看到，帮助他们塑造得体适宜的形状，赋予他们绚丽的色彩。而教师在反思教育的过程中，可以将收获转化为经验，从而丰富自身的育人经验。当教师育人的颜色与学生期待的颜色相匹配时，教育之花就会静静开放。

 点评

马克斯·范梅南在《教育的情调》一书中指出，教师必须以教育学的眼光看孩子。但教师需要怎样的历练才能以教育学的眼光看孩子呢？房蕾老师的故事生动地呈现出一位科学教师如何以教育学的眼光看孩子的探究过程。探究起源于困惑，房蕾老师始终围绕对班里一位特别的孩子的观察而引起的困惑进行思考、探究、行动、反思。探究借助于行动，通过对孩子的深度访谈，转变了自身以往主观推测孩子行为的思维模式，意识到孩子在学校的表现跟其在家庭中缺少关注和陪伴有关。探究借助于反思，房蕾老师对自己为什么看不见孩子、看见了又为何看不清自己的思

维方式进行了深入的反思。看不见孩子是由于自己太过于注重教学而忽略了育人，看不清孩子是由于太执着于改变孩子而忽视了理解孩子。深入的反思使教师真正体会到了教育的温度与情怀，实现了由教书到育人的飞跃。通过叙事行动研究，教师经历了如何以教育学的眼光看孩子的探究过程，历练了教育学的眼光，提升了职业幸福感与成就感。

——卢杨

小强摔倒之后

——关于教师在校园意外事件发生时恐慌心理的反思

北京市大兴区长子营中学　崔树清

一、最初的坚持：不被赏识的"好老师"

我自认为是个好老师，17 年前就入职自己的母校长子营中学——一所农村初中校。彼时的我对教师职业充满期待，渴望将满腔的热情倾洒在这片我熟悉的故土上。我的内心激动不已，立志要做一位好老师！因为我曾是这里优秀的学子，长中是我成长的摇篮！在班主任工作中，我把学生当作独立个体，善于理解并尊重学生。对于语文教学，我从参加工作之初便拒绝墨守成规。第一节语文课，我便将"语文"二字讲得酣畅淋漓！作文课上组织抢椅子游戏。在农村校从不组织游学的情况下，周末壮着胆子自己租面包车"偷偷"地带学生去鲁迅故居。暑假带学生坐长途车去学生的老家河北隆化探亲……现在想来我17 年前的教育教学观念就能紧扣现在素质教育的核心主题。

然而那时候，我并不被学校赏识，原因是我不够厉害，管班欠缺力度！就连曾是我当年班主任的德育领导都找到我，说我在教学或管班方面做得不是很出色，让我做课外小组的相关工作……我想他们的评判依据应该是我的柔弱外表吧！但我偏就不服气，我从没逼迫过学生学习，也未让学生刻意复习，只是利用课上时间教学，在这种情况下，我教的班级语文成绩依然可以媲美第一名！

然而未曾预料到的是，班里学生在升入高年级后逐渐出现了不可控的情况：有转班生因为矛盾用小刀扎伤了另一位转班生，有打架的，有离家出走的……尽管我能家访到晚上十一二点，能在半夜帮忙寻找出走的学生，能陪着他们一块挨罚挨饿挨冻，但有些局面，我控制不了！我不禁怀疑自己的教育方式是不是真的出现了问题。

二、难以平衡的学校利益：被调离的班主任

带初三的寒假前，我的职业生涯彻底发生了改变。那年的 12 月份，我在婚后两个月查出怀孕。我自然是想留下这个孩子，但那与当时的学校风气不相符。那时候，学校老师都会以"大局"为重，年轻老师有了孩子，如果是在重要岗位，为了不影响学校安排会主动打掉。有的老师在孩子刚满月时就把家搬到学校宿舍，继续担任重要岗位。还有的老师为了不耽误工作，婚假一天没休。这都被校长当作典型事迹在大会小会上表扬。而我在初三紧要关头怀孕，还没有打掉的意思，自然会引起学校不满。然而不幸的是，没过多久，胎停育了。当时正是寒假补课期间，于是我请了病假去做人流手术。

一天，我接到学校电话，说我被调离工作岗位了，不能继续担任班主任及初三的教学工作了。我当时觉得这两个决定就像两个晴天霹雳打在我的头上，一边是丧子之痛，一边是对个人价值的颠覆！我是一个不称职的老师吗？我没能为了工作舍掉自己的利益，反而什么也没保住。那时的痛，不知道怎么形容！

三、顺应制度：获得多方肯定的"好老师"

在我工作的第七年，学校的教学主任找我谈话，想让我担任新初一的班主任，教初一语文。我的内心五味杂陈：再次面对那曾经让我深爱又让我感到酸涩的岗位，我还会重蹈覆辙吗？我还能带着纯粹的本心去带班吗？还能像曾经那样随心而为吗？

事实是，我改变了随性的风格，学会了利用学校的规章制度。按照学校发给各班的检查量化表，我也制作了班级量化表，把任务分到学生身上。而后在大兴区大兴科研之风的氛围中，我申报了大兴区的科研课题"培养初中生自我管理能力的实践研究"，获得大兴进校教科室立项。我参加了很多科研培训，逐渐地形成了一些研究意识，掌握了一些研究方法。

我逐渐萌发了很多想法，大胆采用活动、评价等多种形式，取得了很多阶段性的成果，两年后因为我课题做得比较扎实，在大兴区科研骨干评选中没有依靠农村专项而取得了骨干名额。我觉得自己是实至名归，久违的自我肯定再次出现，我又找到了自我的价值。后来，我获得了学校的肯定，被推荐为当年"北京市紫禁杯优秀班主任"的候选人，次年顺利晋升中学一级教师。

四、突发事件引发的反思

（一）一次突发的摔倒事件

2018 年 5 月 3 日下午放学前，我在班级做活动总结。突然间，我发现班里坐在倒数第二桌的小强同学脸色发灰，左右摇晃。我立即快速走上前，想伸手扶住他，还未来得及扶住他，他便向左倾斜，"咣"

的一声倒在地上。他的脸朝下，身体微颤……我吓坏了，瞬间想到的都是抽搐、口吐白沫等危险情景。我赶紧提示旁边同学，帮着把小强扶起来。待他坐到椅子上后，我问他怎么样，他还很不好意思地说没事。

小强是我们班一名小胖子，身高一米六有余，入学体检时体重近200斤。由于他平时常有呼吸系统疾病，不能正常参与体育锻炼。学生们跑操时他跟着队伍从楼门口跑到操场便咳嗽不止，因此只能围绕操场走步。初一寒假最后一周，父亲带他去滑雪时不慎摔伤，导致其腰椎受损，在家休养三周后才返校。在此之后不能参加一点体育运动，体重更是猛增至近240斤。即使不参加体育活动，我都时常担心他走路不稳，会摔个跟头。

（二）家人提醒引发的"痛"与"怕"

本来小强摔倒一事并未引起我的充分关注。回到家，我只是把这件事跟老公念叨了一遍，没想到他神色紧张地说："这事你得赶快告诉家长，要不然哪天'咣当'一下倒在班里起不来，你可麻烦大了。前几天你们组织去山西研学，小强有没有去？他这种状态万一在路上累了，呼吸再不畅通，在宾馆一睡不起，这责任你可真担不起！"虽然小强当时由于身体原因没有参加研学，但听完老公的话，我也是不免一阵后怕。还真是，这责任我还真担不起呀！

老公的一席话让我想到了多年前在我班里发生的一起意外事件。那是我参加工作之初，有个转班生在升初二分班时被我抓阄抓到。当时我还是刻意留心，对其多加关注，总是以日记的形式与其交流，表面看起来一切都很平静，但后来因为矛盾，这名同学用小刀扎伤了班里另外一名同学，造成了恶劣的影响，该生退学。我认为当年没能带班上初三是与此事有关的。虽然没人明确告诉我原因，但那个意外事件确实是个重要影响因素。而未能跟班走，也是我职业生涯之初一个莫大的耻辱！

如果小强真的在学校出现意外状况，这算不算我的失职？家长和学校领导怎么看我？会认为是我没有预见性而导致问题的发生？还是会认为我没有及时联系家长并上报学校而不够尽职尽责，我工作能力有欠缺……这样的话，17年前的一幕会重演，我将再次面对之前的窘境。我近期还面临职称评审，所谓的"安全事故"一票否决会降临到我头上，内心对自己的认可也将会全部倾塌。

（三）对"怕"的反思

现在想来，别人对我的认可与否在我心里还是很重要的。当问题发生时，我可能不会理性地去判断事件本身，而首先考虑别人的看法。比如，我最亲近的、完全可以信任的丈夫，比如主宰我职业生涯方向的校长、领导。而这些人的建议和看法在很大程度上会影响我。进一步深思，我的这种易受影响的状态可能是与幼时原生家庭的成长环境有关吧！

我小时候，妈妈在家里比较强势，我是乖乖女，甚至没有经历叛逆的青春期。回想起来，我一直很顺从，总是大人说什么就做什么，遇到事情也总有妈妈顶着，我不必负什么责任。就连吃方便面还是面包这类小事，妈妈也要说出个子丑寅卯。上班后，妈妈也会对我管理抽烟学生一事加以阻拦。

所以，妈妈的强权让我习惯了听取别人的意见，甚至觉得那是一种保护，是爱的表现。有些时候我确实没有主见，遇事总想有人出来替我说句话，或者替我扛一下。潜意识里我很需要一个给我指引、为我扛事情的人。也许我幼时的家庭生活不够有安全感，爸妈总是吵架，所以我害怕激烈的动静。每次遇到这种情况我的第一反应是不知所措，感到很糟糕、很麻烦、很无力！小强那"咣当"一声也确实吓到了我。

（四）在"怕"的驱动下去行动

于是在我老公的建议下，当晚 8：53 分，我打电话给小强的爸爸说明情况，提醒他带孩子去正规医院做身体健康检查，及早预防，他答应带孩子去看。5 月 4 日，下午 7：17，小强父亲打电话给我，说孩子检查无碍，抽血、心电图、CT 检查结果正常，只是被吓到了，想找人看看。我当时觉得家长怎么这么无知，孩子差点窒息了，他却用迷信手段解决。我叮嘱其加以重视，彻查孩子是否有呼吸阻碍导致窒息的可能，家长同意再查。

我当晚和一个朋友说起这事，她给我讲了她教的一个小学生"死过去"的事，说是一个小学生淋了雨趴在桌上，其他同学都去玩时，他却一动不动，经查是癫痫发作，很是让人害怕。

我的神经不禁又紧绷了起来。第二天一早，我便到班里提醒同学们多关注小强的情况，向同学们说明他是因为呼吸道不适才打呼噜的，提醒大家要多理解他。如果他要打瞌睡，旁边同学要及时提醒一下他。班里的每名成员都要互相关心，不能置之不理。5 月 5 日上午 10：57，家长发来微信，称"医院检查不了""等周一才能检查"，并请了周一的假。我同意了，心想反正孩子听讲也听不进去多少，彻查病情是关键！况且，耽误课是小事，万一在班里出意外是大事！5 月 7 日，我们学校组织学生凌晨前往天安门广场看升旗。前一天的晚上，我们几个初一班主任及主管德育的副校长提前来校开会，我在会上反映了小强的情况。副校长比较敏感，不断叮嘱我一定要把孩子的情况以及与家长联系的情况及时记录，记下细节，以免以后出现意外。孩子好的时候都好说；孩子一旦出现问题，什么状况都有可能发生！

我立刻联想到同事跟我说过的一个案例，市里一所学校组织旅游，一个孩子因为喝水太多在暑天竟然突然倒地，一摔不起最后死亡。家长爱子心切，停尸于校门口讨说法，致使这个学校连续几年都没有组织学生旅游。我潜意识里会把这一事件与小强的事联系到一起，把事情的后果想到最严重。联想到小强寒假时滑雪受伤，其父亲找滑雪场讨说法一事，如果他在校出现什么问题，家长来找学校麻烦也不是没有可能。

当天下午2：05，小强爸爸来校说明孩子去同仁医院的检查情况，说孩子患有鼻窦炎、呼吸道堵塞，医生开了鼻喷和口服药，建议减肥，说不会危及生命安全，不影响在校生活学习。既然这样，我当即让家长签了一份"保证孩子身体健康，在校能正常学习生活"的保证书。拿到这份"保证书"，我似乎安心了不少。家长还谈及孩子是早产儿，比正常婴儿提前两个月出生，所以呼吸道发育不太好，小时候特别瘦，从二三年级开始长胖……家长还说自己现在待业在家，心里也很忧郁，但能有时间多陪孩子练练球，监督孩子学习。

听到这儿，我又有些同情这个家庭，理解这个父亲，心疼可怜的小强！

（五）又一次摔倒，猝不及防

5月17日，上午第二节铃响没多久，班里同学来办公室报告，小强又摔倒了！我和几名班主任马上跑到班里，见他在地上坐着，旁边就是暖气片。我立刻紧张起来，这要是头磕在暖气片上，不得弄得头破血流啊！他坐地上说是因为有同学挪动他的椅子，他才摔倒的！我想，同学们这恶作剧可太没分寸了，我要调查此事！

于是我把小强叫到了办公室了解情况。同事很热心，让小强模拟了当时的情况。我们才弄清楚，他是上课后弯腰捡东西，椅子向后移动，导致其摔倒，他却误以为有人动他的椅子。我想，这要是普通同学捡个笔也不至于摔个跟头啊，这要真摔到暖气片上，麻烦就大了。

事后我电话告知家长，并说他在校经常睡觉，敦促其尽快治疗肥胖问题，家长反映："孩子在家白天从来没有睡过觉，在补习班上课老师也没有反映孩子睡觉，老师您给他安排点事干，有事他就不困了。"我心想："这不是挑老师毛病吗？要不回家您教得了！上课思考、回答问题、记笔记都是事，他啥都没干啊？"我没有说出口，而是再次强调了去治疗肥胖的问题。家长应道："过段时间挂上儿童医院的号再去看。"

（六）他的抽搐，让我神经崩溃

我在北京教育学院完成为期一周的学习，班级由副班主任带。5月25日，据班长和同学描述，上午第三节的后半节课，小强趴在桌上睡觉，过了一会就他双手紧抓着桌子前沿，桌子强烈晃动，书本都从桌斗里滑落出来，弄出很大动静。这时班长还有几名男生赶快扶他坐起来，同学还帮忙拍了几下。这时候，他嘴唇发紫，脸色灰白，慢慢喘了起来。几个男生赶快去找老师，另几个男生把他扶到办公室休息。

办公室孙老师称他在办公室坐着时又睡着了，于是赶快打电话通知了家长，让家长将其接回并带往医院诊治。下午5：21，我知晓这件事后，赶紧询问家长孩子的状态。家长称在采育卫生院接受治疗，验血说是有炎症，大夫开了药。家长说，因为自己工作还在试用期，担心请假多了会被开除，不方便带孩子去看病。微信询问到这，我实在不知道再跟他爸爸说什么。于是跟同行的两个同事说起这事，她们都感慨半天："到底是不是亲生的？怎么不带孩子好好查查呢？孩子没了要工作还有什么意义？有他后悔的！一定要跟学校反映这件事，这不是你一个人能承担的责任！"

我晚上到家，还是给小强的妈妈打了个电话，敦促她带孩子去好好查查病因。妈妈说在幼儿园工作脱不开身。爸爸在电话里说："没什么事干嘛非让我们去看啊，该查也查了！没事！"我真的不知怎么沟通了，是我担心过度了，还是我的关心变了味道？我也有点急了："孩子是您的，查与不查，您自己决定吧！"

我潜意识里的思维模式偏向悲观，凡事喜欢往最坏的方向想。如果小强真的在某次抽搐中没缓过来的话，班里的孩子、任课老师和我都会蒙上一层心理阴影。如同身边的至亲离开，我们内心会痛苦难受。我不愿意面对这个场景，也不愿意让处于青少年时期的学生遇到这样的场景。

（七）与家长的"角力"

5月28日，我把小强的事汇报给了年级主任和学校主管德育的副校长，他们意见是约见家长，跟家长阐明利害关系。我跟家长联系，家长说自己刚找到工作，担心被辞，不敢请假，再说，也去医院检查了。我更是烦躁得很，生气地说："您家的孩子您一点都不关心，如果您不来，孩子也先别来了，我们担不起这责任！"家长说："那您就别让他念了……"

这时已经晚上九点多了，电话打得我很是窝火，这么大的事家长开始甩担子了，就是说孩子的安全问题全部落在我的肩上了！我真想这孩子别上学了，我头都大了！平时带水杯、垃圾袋都要我打电话提醒家长，每天咳嗽、吐痰、打喷嚏，抹得衣服上都是，每天洗澡勤剪指甲也要我提醒，他到底有没有妈妈？他们家长都干什么了！每天脚下一堆用过的手纸，脚下的笔也不能捡起来，桌斗一片狼藉，考试成绩还没有我们班随班就读的孩子好……

但是，我没有说出来！我要解决问题，我不能崩溃！最后我们选择了中午12：40在小办公室一起商议该如何处理孩子问题。

我先找了班里目睹小强抽搐事件的两个孩子，请他们具体介绍了周五那天的情况。家长了解清楚后，领导们又强调了孩子病情对他个人、家庭、班级的影响，并阐明我们没有能力处理紧急情况，需要家长授予我们通知家长和拨打紧急救助120的权利。且鉴于我们是非专业医疗救助人员，我们的权限也仅此而已。

此事暂时告一段落，面对小强这种由身体问题导致的意外频发的情况，作为普通老师的我，又能做些什么？拿着一份"授权书"就能安心了吗？我的忧虑如同隐形炸弹，随时会被引爆。

（八）"再次走近"小强

自始至终，我都没有问过小强，他在这些过程中是什么感受？小强的很多习惯不好：每天擦鼻子的纸乱丢在桌旁；校服背心上时不时洒上菜汤；饭后不跟班级队伍一起回班，偷偷再去打饭（最多时吃四份）；桌斗里的材料永远乱糟糟，什么也找不到；上课打呼噜的声音震天动地，甚至考试时也不例外；体育老师跟我反映，他咳嗽从来不知道捂着嘴，反而以此为荣地发出很大声响；为了放学多吃个煎饼和班车司机吵架。

在这些问题上，我确实不喜欢这个孩子，觉得他太懒又没节制。所以我总是"客观"地在处理事情，根本没有过问他的感受。其实，小强因为声音大、口号响，一直想当体育委员，是个有梦想的孩子。每次放学，我开车从车站路过时，他还会高声喊出"老师再见"。在一次抽搐时，同学们扶他起来并及时告知老师那天，他在qq里写"和老师、同学们在一起简直就是天堂""为了和老师、同学们在一起，也为了自己的小命，一定会减肥！"每天拖着240斤的身体学习、生活遇到的困难，可能不是一般人能感受到的。他也有他的不容易，我却在"免责逃亡"中丢掉了这个可怜的当事人！

6月份，班里的空调可以使用了，我指定专人（两位机灵的男生和一名负责的女生）做好我不在班级时对小强突发状况的防范工作。比如：及时控制班里温度，避免空调漏开或温度过低；小强刚一瞌睡时就提醒，呼噜响起时报告老师；等等。小强会在课上刚要趴着时被同学叫起来，偶尔瞌睡时，有同学会把他带到我办公室。教室温度总是保持在26度左右。6月份小强没有出现过抽搐的情况。

为了让同学们加强对小强疾病的了解，掌握基本的救助措施，增强安全意识，我专门召开了呼吸安全为主题的班会。在班会中，我推荐小强担任他们小组的组长。他可高兴了，积极组织同学绘制安全画报，并上台展示。

小强的文字表达能力不错，在语文写作课上，我会大力表扬他的长句子写作能力，让其对编辑、作家这些职业产生兴趣。后来我发现小强举手回答问题的次数多了，目前复习阶段的语文学习状态也很积极。

五、我的释然和成长

这篇反思临近结尾，奇怪的是我突然感到的是释然。之前我总在纠结"什么制度能够缓解班主任在学生发生意外时的恐慌"，反思到最后，发现没有一种制度能够做到！当学生发生意外时，那个难受的孩子才是应该被关注的对象。只要尽全力帮他解决问题，让孩子能够平安健康地成长，老师心里的恐慌自然就消失了。

 **点评**

这篇文章最精彩之处莫过于作者的"怕"在与环境中各种要素的交织中紧锣密鼓地推进与展开。作者用准确的语言和清晰的叙事逻辑将"怕"的升级置于具体事件中，并在其中自然地呈现出作者本人所体验到的不断升级的"怕"和作者反思的生成"怕"的影响因素。在这样的情绪推进与叙事的过程中，作者很好地把握了文章节奏的张弛，使读者很容易产生一种对"怕"的共鸣和对作者理性反思的接受。除了叙事上的引人入胜，文章的叙事结构也别具一格。文章并非采用一种平铺直叙的手法，而是采用了先铺陈再叙事的方式。先将作者对自我处境的反思传达给

读者，使读者能在作者陈述突发事件时立即对作者的"怕"达成一种高度的理解，进而快速地进入叙事情境中，这都是很巧妙的叙事技巧，是很值得学习的。

——赵树贤

这又将是一个循环的过程

郑 迪
北京教育科学研究院旧宫实验小学

又进入期末紧张的复习周了，小郭同学每天上课仍旧两眼无神地望着我，真是把我愁坏了，脑子里一直想着怎么跟他妈妈沟通。今天还没等到放学，他妈妈就主动发微信说："现在开始复习了吧，我上次去接他，看他桌斗里有的卷子都没写完。他也不自觉，想着回头您要是不讲重要的课，我就给他请假，在家我看着他写。要不在学校里他写不了多少，时间都浪费了。马上要期末考试了，等考完试我再找教育专家和培养专注力的老师给他调整一下，看看会不会好点，不能老这样呀！"

看完这条微信，我立马冲回班级，查看小郭同学今天所有科目复习的卷子，发现他竟然一张都没写完，还若无其事地在座位上折纸飞机，我心里的小火苗噌噌地往外冒。我忍不住发完火后，发现整个场面就是自己像小丑一样唱独角戏，其他同学如同看戏一样看着我。而小郭似乎沉浸在自己的世界里不为所动，外界事物与他无关。我的挫败感从心底油然而生，脑海里不由自主地浮现出这种场景：每次期末小郭写不完卷子，他妈妈都是连哭带喊地打电话给我，说不知道怎么办……

一、失败的家校沟通

此时，我回想起第一次跟他妈妈谈话了解孩子的情况的情景。当时刚结束了第一次大型的期末考试，所有老师汇总试卷后，监考我班的老师拿着小郭的试卷告诉我，整个年级只有他一人没有在规定的时间答完试卷。于是，我给孩子的妈妈打电话说明了情况。他妈妈询问了班级整体的情况，觉得很不好意思，一直赔礼道歉，说这个假期一定帮助孩子养成好习惯。我就孩子的问题询问了一些老教师的意见，并制定了一份详细的改进计划给她。

我觉得在这么详细的计划的督促下，小郭同学在开学一定会有突飞猛进的进步。然而，理想是美好的，现实却总是残酷的。第二学期开学时，我发现小郭同学在上课以及完成任务时，拖延问题比以前更严重了。因此我再次跟他妈妈做了沟通。他妈妈告诉我，孩子只是拖拉，让我帮助他改变这个习惯。当时，我还是以为这只是一个简单的学习习惯问题，只要帮助孩子制定一个学习规划，课下由我们班的小班长辅助监督，回到家由父母陪伴执行就可以大功告成了。

然而，经过一段时间，我发现小郭的学习习惯并没有改变。于是我和小郭进行了简单的交流，他说爸爸妈妈并没有陪伴他，回到家便把他放到一个小屋，去忙自己的事情了。当时小郭还处于一年级习惯培养期，我赶紧再次联系了小郭妈妈。这次除了想沟通相关情况以外，还想了解一下更深层次的原因，为什么她在征求教师意见之后没有按照计划进行。

在我苦口婆心的劝解中，他妈妈由刚开始的闭口不谈，到逐渐卸下了心理防线，告诉我："小郭两年的幼儿园生活，并没有让他融入其中。"幼儿园的老师反映，孩子在家和在幼儿园是两种不同的状态。放学时见到爸爸妈妈，他就会变成另外一个人，会很开心，会有很多的话跟父母聊。于是他妈妈又把孩子领回家自己带，把孩子放到家里的小屋中，让他独自在一个环境里，这可能导致他没有养成好习惯，做事比较慢。我感觉她答非所问，直接切入主题："您按照养成计划陪伴孩子了吗？"她说孩子性格内向，得慢慢来。

静下心后，我一直在想：人们都说 21 天可以养成一个习惯，一年中那么多个 21 天都过去了，为什么小郭身上没有任何明显的变化呢？究竟是哪里出了问题？是不是我还不够了解孩子，没有走到孩子的内心深处？或者是我还没有让孩子养成良好的习惯，并帮他将其上升到一种"自觉意识"？又或者是什么其他原因所致？

二、复杂的两难困境

一天，英语老师跟我反映，小郭上课竟然睡着了，叫了两遍都没有醒，索性让他继续睡了。晚上我同孩子的妈妈沟通，建议可以根据孩子的能力让他适时适量地完成任务。如果睡眠保证不了，会对第二天的听课质量有所影响。可他妈妈却说："我晚上会看着他，让他把课上的和课后的任务都完成！"

跟他妈妈聊完，我又仔细观察了几天，发现他听课的效果不太好，老师提问的时候他都不知道讲到哪儿。通过对他在班级学习情况的观察以及其他任课教师的反映，我打电话告诉孩子的妈妈："孩子的学习可以暂放在一边，他的心理可能是有一定的问题，他好像在潜意识里抗拒完成一些事情。可以先让他快乐地做喜欢的事情，学习可以尽力而为。父母的陪伴远胜于其他人，这样有助于良好习惯的培养。"

从一年级接手这个班级，起初我并没有发现这个孩子与其他孩子有太大不同，只是做事情有些慢。但升入二年级以后，小郭有时会莫名其妙地抱着椅子大哭，课上会出现情绪失控的情况。我联系了他的父母，父母并没有当回事。后来情况越来越严重，小郭甚至出现课上情绪失控、伤及他人的情况。我终于劝说成功，小郭父母带孩子去医院做了检查，确定了孩子有重度的感统障碍。

这位妈妈以前在跟我沟通的时候说孩子学习不够好，只要快乐就行。但是面对班级布置的学习任务，她又想要孩子全部同步完成，不想让孩子跟其他的小朋友差太多。当这一想法不能实现时，他妈妈就一直强调："我也看着孩子写作业了，为啥他还是这个样子？"他妈妈不仅同我交流过，同英语老师也沟通过。结果，我们俩给出的意见是一致的，都是希望孩子尽力而为，大人不要给孩子太大的压力。

由于孩子写字比较慢，我当时跟他妈妈建议，希望孩子把基础知识掌握好足矣。如果过多地让他做题，超出孩子的能力范围，会给孩子太大压力，适得其反。看到一个七八岁的有特殊教育需求的孩子，常常因为做超出能力的事情熬到半夜，我由第一年步入工作岗位时的不理解，到现在已经可以慢慢地理解并同情其父母了。每个家长都期待孩子能被"正常"对待，不被特殊对待。

所以，这对我们老师而言是一个两难困境：在教育的大环境里，老师可以选择分层处理，但家长似乎不愿意；而对个别孩子却必须考虑他们的特殊需求并特殊对待。而这一两难困境产生的根本原因，是当前标准化要求与特殊孩子个性成长之间的矛盾。这不仅是对小郭这类孩子的一种超负荷限制，连同家长也受到了思想上的束缚。

三、交流的思考启示

在三年来的多次交流之后，对小郭家长也能感同身受。虽说老师给的建议应该择优听取，但是如果站在家长的角度，他们可能也在"特殊"和"正常"之间挣扎？所有的父母都不想承认自己的孩子"特殊"，与他人不一样。即使有问题，当与其他孩子同处一个环境中，他们也想让自己的孩子和其他人一起大步前行。他们就像鲁迅先生笔下所描绘的处于封建制度下的祥林嫂和孔乙己一样，思想上受到了限制，家长本身可能也是标准化要求的"牺牲品"。

提到"牺牲品"，我又联想到了去年期末的体育区级公开课。因为总达不到老师要求的标准，体育老师要求小郭回家练习。而他并没有练习，自己最终选择了放弃上课。事后体育老师告诉我，是孩子不愿意上的。我以为这事就过去了，就没有跟孩子的父母提及这件事。

后续的结果是今年运动会小郭没有获得投掷实心球的参赛名额，回到班级又哭又叫，闹着要跳楼。当我来到班级时，看到他拿着纸飞机满地跑，更是恼火。我当时狠狠地批评了他，第一时间联系了他的父母，让其立即来到学校沟通解决。

静下来想一想，我情绪失控的原因主要是：（1）这次所报项目明显已经超出孩子的能力，他还哭闹试图去做"无用功"。（2）在平时的活动中，班里的小朋友总是让着他，但运动会是根据孩子们的特长报名参赛的，择优选择，实心球投掷对于瘦弱的他并不适合。体育项目名额竞选是公开的，如果满足他的需求，对其他小朋友来说并不是很公平。

事后，我也进行了深刻的反思，毕竟他是班里的特殊学生。毕竟孩子有了医院的权威诊断，自己是否有些小题大做了？作为一个有特殊教育需求的学生，小郭有异于常人的行为也是正常的。可能他不懂得用语言沟通，第一反应就是通过哭闹来满足自己的需求？作为一名班主任，我是不是应该同孩子及其家长再仔细沟通一下，为什么孩子会有这种行为？我是不是也应该同体育老师再协调，让孩子重新选择一个他力所能及的项目？

四、亮光出现的"循环"过程

小郭的妈妈前不久告诉我，孩子有一个晚上"罢工"，一个字儿也不写。她跟孩子说话，孩子也装作听不到，想让我同小郭聊聊。第二天，我抽出 10 分钟找小郭谈话，他说是因为不会写，就一直想，也没有继续往下写，爸爸妈妈也没有管他。我跟他说："你可以把不会的题暂时搁置一边，先做会的题，等将所有会的题做完，再回过头认真思考。你不需要爸爸妈妈陪伴，也一样可以做得很好。"当天晚上他妈妈就给我打电话说，今天晚上小郭很快地做完了作业，想让我每天都能帮忙督促一下孩子。

这个事件表明小郭同学可以通过自身努力在自己的能力范围之内完成任务，他也渴望得到表扬、得到认同。但是为什么会在有一定的进步之后，又退回到原点，甚至有些退步呢？

本学期，他妈妈生了二胎之后，便把更多的精力投入到妹妹身上。放学的时候由姥爷来接孩子放学，但是两人没有任何交流。我从开学就跟他妈妈建议，让她尽可能每周抽出两到三天时间来接孩子放学，同孩子交流一下，他妈妈同意了。妈妈的关注和陪伴，可能让小郭有了一丝动力，开始有了微小的变化。我同小郭也有了每天 3 分钟的交流，聊聊趣事儿。我们之间的隔阂渐渐变小，虽说过程缓慢，但总归是在前行中的。

我是一个生长在"温室"里的"90 后"，在我成长的过程中，父母总是陪伴着我，能把工作以外的所有时间都给我。无论是做作业还是看书，他们会在旁边做自己的事儿，并且以身作则地帮助我养成好习惯。尤其是上学的时候，妈妈会根据老师所提出的建议，对我的各方面进行调整。在大学的时候，她经常告诉我，你需要接受别人给的建议，这样你才会有进步。我的侄子跟我们班同学同在一个年级，在一年级寒假的时候，他们老师认为他读书太少，并且没有养成读书的习惯。由于哥哥嫂子没有时间陪伴孩子，于是我跟他每天坚持读书半个小时，同他进行简单的交流。21 天养成一个习惯，假期的坚持果然换来了一个小收获。他在上学以后，每天都会发一个读书的视频给我。

小郭并非做不好，只是缺少坚持。我们往往等不到花开，就自行离开。但是基于目前的情况，我很清楚地知道，自己很难帮助小郭在短时间内养成良好的学习习惯。但微弱的亮光在小郭身上出现，也值得我期待与等候。

　　教育本身就是一个静待花开的过程，需要不断地循环交流，而我也在循环交流中不断寻求我、家长与孩子的平衡点，坚持还是重要的。目前我考虑的是：能否在以后的生活中进一步与小郭交流，倾听他的诉求，激发他融入大集体的潜能？我怎么做才能在多样性和统一性之间为小郭寻找一种平衡？

 点评

　　这篇文章的难得之处在于它细致地展现了一名新教师因遭遇困境所引发的反思的脉络。这名新教师将教师行动的"困境"形象地描述为"循环"，即不管在主观上如何努力解决问题，在客观情境上却不能稍微缓解教师个人遭遇的压迫感。这篇文章也详细地呈现了这样的一个"循环"，这样的"循环"困境触发了教师对整个事件过程的反思。为了追寻造成"困境"的原因，这位教师梳理了家长、教师和学生三方互动的过程，认真回顾了自己给家长的建议和家长的反馈，以及在与学生互动过程中自我经验知识对自己所造成的影响。作为一名新教师，作者将反思的重点更多地放在儿童本身"难以改变"的天赋特征和家长教养策略上，将解决问题的重心放在如何促进与家长的合作，促进家长对儿童的理解，进而改善儿童处境上。文章较少涉及从一位教师的身份出发对自我与儿童互动的更深层次反思，因而少些对儿童真实需要和发展状态的关照。但在文章结尾之处，作者提出"能否在以后的生活中进一步与小郭交流，倾听他的诉求"似乎又让读者看到了一名新教师成长的无限希望。

——赵树贤

"假听懂"与"听懂了，做不到"

——一线教师与指导者沟通差异的案例研究

北京市大兴区教师进修学校 李 颖

一、问题的提出：真"听懂"了吗？

教师培训者很重要的一部分工作内容是为一线教师提供指导。在指导工作中，有一个现象始终困扰着我：在围绕某一个操作需求进行交流时，一线教师会表示已经理解了指导要求与操作方法，但在落实的过程中却往往与指导内容存在很大的偏差。即指导者和一线教师沟通后，虽然形成了共同意见，但一线教师在执行共同意见时会出现很大的操作偏差。例如，针对文章撰写，就确定的选题、撰写的思路、环节的设计等都交流得很好了，但是有一部分教师的修改结果仍然不理想或者与修改要求有偏差。

在学科教学指导工作上也有类似的情况。一次，我到一所市级示范高中听课，观察到老师在课堂上未能充分关注学生的实际获得，讲授多，启发少，提问时期待学生回应自己想要的结果。在评课环节，学校提到他们正在做基于学情的教学改进项目，邀请了权威专家为教师进行了"基于学情进行教学设计和课堂教学"的专题培训和有针对性的指导。但是指导后仍有一部分教师出现了"当时听得懂，自己一落实就迷糊"的现象。

从一线教师的角度出发，在接受培训指导后，他们经常有"沟通的时候很开心、很兴奋，回来落实就茫然沮丧"的感受。例如，教师认为自己已经理解了班会主题与班会题目是不一样的，但实操时还是将班会主题当作了班会题目；或者认为自己已经理解了带班育人方略是基于促进班级建设与实现育人目的，但是自己撰写带班育人方略时，仍然越过班级建设直接进行育人方法的总结。

为什么会出现这种情况呢？在进行指导时，双方都认为"听懂了，理解了"，其实都并没有真正理解对方；又或者是在指导时，一线教师确实听懂了，但在实践中却不能将指导内容加以应用并有效转化。这种关于"听懂"与"转化"的不一致现象的实质是什么？又是什么阻碍了教师对所接受的指导内容的有效转化？总之，为什么指导者和一线教师互动时都在努力理解对方，却难以达成有效沟通？双方针对这一问题又应当如何应对？如何能促进真正的认识一致和结果达成？这些问题正是本研究将要尝试分析的。

二、研究方法：双重身份参与的案例事件比较

本研究主要采用案例研究法。案例研究有助于在有限的系统内深入理解问题的实质，探究复杂现象背后的因果关系。具体而言，本研究选择具体的指导事件，深入探究在指导互动中发生的理解差异，并通过对不同指导事件的比较分析，来探究不同指导方法对教师理解程度的影响。

第一个指导事件是赵老师辅导计老师进行主题班会设计的修改，指导主题是"如何确定主题班会的选题"。指导者是区德育研究室的

赵老师，负责班主任队伍的业务指导。计老师是一位有 20 余年班主任工作经历的初中女老师。本次指导是在区德育研究室的班主任工作室进行，该工作室是班主任研讨、培训的专用教室。指导时长为 40 分钟。第二个指导事件是我本人作为指导者对黄老师进行的"以特色活动建设班级文化的经验梳理"培训指导。黄老师也是一位有 20 年以上班主任工作经历的小学女教师。指导时长为 15 分钟。第三个指导事件是我本人在研究工作坊的一次学习经历。在学习编码技术时，工作坊的教员王老师给予了我指导，具体内容是一级编码的三个步骤的实践。2020 年 4 月 22 日下午，我们通过微信语音进行沟通，用时 88 分 33 秒。第二天上午，我将备忘录发给王老师，汇报了我理解的内容，王老师用批注的形式提示了我理解的偏颇之处。

在资料收集方法上，我主要采取了访谈法和观察法。我作为一名影子观察者参加了一次指导者为一线教师提供的"如何确定主题班会的选题"的面对面指导；以指导者身份为一线教师提供了一次"以特色活动建设班级文化的经验梳理"的面对面指导；作为学习者，接受了一次指导教师对我的指导。并以一位指导者为访谈对象，进行了关于指导效果和指导方法的访谈。

在资料分析方法上，我主要采用了扎根理论研究中的编码技术。我先是对访谈资料进行了逐行编码，通过贴标签形成类属，并进行了属性和维度分析，根据资料中蕴含的内在逻辑，建立了类属关系。

此外，在进行资料收集和分析时，我借鉴了行动研究中的左右手栏法。左右手栏法是将我们公开所说的话写在纸的右边，将我们想说而没有说的话写在左边，通过左右对比以洞察我们的内心，发现沟通障碍的症结。这个分析法促进反思的效果强大，能够体现出我们对问题最原始的想法，使研究不断纵深发展。在具体操作上，我在记录、整理了指导者和一线教师的现场对话之后，将记录返还给他们，请求他们再在自己话语的左边写出当时的想法。

三、沟通差异的实质意义

随着研究的深入，通过对左右手栏的资料分析，我发现一线教师和指导者出现的"沟通差异"现象有如下表现：一是指导者与一线教师因为对相关概念的理解不一致造成了"以为听懂了，其实并没懂"的结果；二是教师确实听懂了概念上的指导内容，实践中却无法将其转化应用。

（一）对同一概念的理解不一样

我发现在指导过程中存在对话信息偏差现象，如指导者表达的"具体"和一线教师认为的"具体"概念存在差异。

指导者赵老师指导一线教师确定主题班会选题时，重点强调主题班会的选题要基于学情、要具体明确。一线教师发现班级里有很多问题都需要老师通过教育引导来解决，如班级内学生胆子比较小、缺乏自信心、做事效率低。她还关注到学生跑操集合不迅速、很多同学写作业拖延。她关注到了很多班级里需要教育引导的学生行为，这些都是基于班情的。但是如何在这些现象中提炼出具体明确的班会选题呢？指导者与一线教师关于"具体"这一概念的理解就存在差异。指导者的"具体"概念是指基于班级教育现象提炼出教育主题，突出特定、明确的教育观点。而一线教师的"具体"概念是聚焦现象本身，而非从某一个有群体教育价值的具体现象或一类教育现象提炼出的明确、特定的教育观点。由于指导者与一线教师认为的"具体"概念的指向对象不同，理解的维度也存在差异。

简而言之，在指导过程中，由于指导者和一线教师双方对同一概念有各自的理解，导致双方接收的信息不一致，出现了表面上"听懂了，理解了"，实质上"没听懂"的现象，进而致使指导效果不理想。

（二）听懂了，却做不到

还有一种情况，即指导者与教师互动交流时，对指导内容确实达成了一致，教师听懂了、明白了，但是在自己转化相关指导内容时，却与要求存在很大差异，以至于不能将指导内容有效转化。

在分析指导黄老师"以特色活动建设班级文化的经验梳理"的左右手栏资料时，一开始发现我与黄老师对"班级活动"概念的理解存在偏差，如表1所示。我习惯了学术研究的严谨与规范，采用的"班级活动"概念是狭义的：班级活动是指在班主任的组织和领导下，为实现班级教育目标而举行的各种主题教育活动，主要包括主题班会活动和综合实践活动。而黄老师认为凡是在班级中对学生实施的教育工作都叫作活动。

表1　我与黄老师对话的左右手栏资料

语言表达背后的想法	指导者和一线教师的指导现场对话整理
指导者：其实我想问黄老师，您认为什么是活动？什么是班级活动？什么是班级主题教育活动？ 因为我发现在黄老师的行文中，出现了很多班级工作，如评价工作、班级岗位负责制和一些班级教育活动。我猜测，黄老师对于班级活动概念的理解与我对班级活动概念的理解存在差异。	指导者：您认为第一部分"学会正确评估自己"呈现的在校、在家一天表现的评价是围绕班级文化建设开展的班级活动吗？在介绍岗位招募时，您介绍的实施岗位负责制（有具体值日班长和班级任务岗位细化表）是班级活动吗？
教师：我认为在班级中对学生实施的教育都叫作活动。对班级凝聚力有帮助的、班级全体都参加的，就叫作班级活动。我认为主题班会、主题队会、有目标的整体教育活动就叫作班级主题教育活动。	教师：好像不是。

语言表达背后的想法	指导者和一线教师的指导现场对话整理
指导者：我是想用举例子的方式，将班级活动和工作内容区分出来，我认为例子有可能让黄老师明白我说的班级活动是什么。这样才能呈现具有班级文化特质的班级活动的梳理。	指导者：比如，关于岗位招募那个环节，我认为是不是可以把您实际操作的情况用这样的主题活动来呈现： 班级岗位招募系列活动： 活动 1——"班级岗位"大讨论 活动 2——"岗位名称我来起，岗位内容我来定"小组研讨 活动 3——"班级岗位我来担"岗位竞聘 而不是介绍班级岗位数量、类别、内容。
教师：我晚上回去也一直在思考什么是班级活动。 班级活动应该是在班级中开展的教育活动。班级实施的岗位负责制是一项班级制度，岗位量化表是执行岗位负责制的一个工具，并不是班级活动。	教师：我明白一些了。

后来，我通过举例子的方式，将黄老师开展的岗位招募工作用"班级岗位"大讨论、"岗位名称我来起，岗位内容我来定"小组研讨、"班级岗位我来担"岗位竞聘三个班级活动梳理出来，与黄老师交流我对班级活动的理解。经过这样的交流，黄老师表示明白了我对班级活动的理解。

虽然我们对班级活动概念达成了共识，黄老师在梳理和介绍众多班级文化建设活动时，还是会将工作内容与班级活动混淆，或者说使用班级活动概念提炼所做工作时还有困难。如黄老师依然习惯介绍自己及学生做了哪些事，如为学生设计了成长档案记录表，学生们每天填写记录表，每周进行班级评价小结，而不能使用班级活动的概念概括，即"评价活动培养学生良好习惯"。因此属于"听懂了，做不到"。

（三）指导者和一线教师思维方式存在差异

为什么会出现指导者和一线教师对同一概念理解不一致的现象？如果对概念、指导内容理解了，达成一致了，一线教师又为什么做不到？带着这个疑问，在分析了计老师和黄老师接受指导时的左右手栏资料后，我对指导者韩老师进行了访谈，他非常熟悉我的研究问题并对培训方法、培训效果有深入思考。

在这些资料中，我发现：一线教师对概念的理解模糊、笼统。如黄老师认为全班学生参与的工作都是班级活动，实施班级岗位负责制也是班级活动，从而混淆了"班级活动""班级制度""班级工作"等概念。而指导者会优先关注概念的清晰性。如他们会关注老师使用的是班级活动的概念还是其他概念，是不是区分了教育主题和班会选题，在指导时重视让一线教师澄清概念，如澄清什么是班会、什么是主题班会。

一线教师乐于借助形象的比喻、与工作情境相关的范例理解相关理论。如韩老师在访谈中谈到的，他使用比喻、举例子的方法给教师解读指导内容时，教师就容易听懂。指导者在指导时，会借用一些模板、量表等工具教授概念和相关理论，如主题班会设计的模板、带班方略撰写方法的思维导图。

一线教师习惯优先关注解决问题的有效方法，不擅长对现象进行分析。如计老师发现学生缺乏自信，她就想到让学生们展示才艺，让学生意识到"我也有才艺"，她试图用这样的方法培养学生的自信。指导者更注重对事件的分析。在指导时，总是强调通过调研剖析问题的实质，分析背后的道理，再做出判断，得出结论，寻找对策。

从概念边界、认知倾向、价值追求这几个属性上看，指导者和一线教师呈现出了相对立的思维状态、思维习惯、思维特点，这些表现可以用"对立的思维方式"这一类属加以概括（见表2）。

表2　对指导者和一线教师思维方式的类属分析

类属	属性	维度
对立的思维方式	概念边界	模糊
		清晰
	认知倾向	形象性
		逻辑性
	价值追求	实效
		道理

思维方式是人们理性认识世界的方式，人们在实践活动中一切行为都受到思维方式的支配。不同思维方式会有不同的行为表现。分析至此，"假听懂"和"听懂了，做不到"现象，看似是指导者和一线教师之间概念理解差异导致的问题，而更深层次的原因是二者思维方式的不同。所以指导者和教师各自需要进行思维方式的转变，如果教师不进行思维转变，即使听懂了指导内容，仍然会存在做不到的现象；如果指导教师不进行思维转变，就不能选择适切的指导方法以减少教师"假听懂"现象的出现。

四、促进有效沟通的行动

（一）促进"听懂"的努力

为了探究减少"假听懂"现象的方法，我对韩老师以"您有哪些保证指导信息被准确接收的好方法？"为题进行了访谈，并对韩老师的访谈资料进行三级编码分析，探究适切的指导方法对"假听懂"现象的影响。

在访谈中，韩老师基于自己的指导经验，向我介绍了三种指导方法：模式化、比喻、情境设例。

模式化：提供模板，即为一线教师提供便于理解的模板、结构图、操作步骤。如指导主题班会设计时给教师提供主题班会设计的模板，指导带班育人方略撰写时给教师提供如何撰写带班育人方略的结构图。

比喻：用形象具体的比喻修辞手法来阐述某些抽象理论，帮助教师理解。比如在指导教师理解教育主题与班会题目的关系时，用跑步通关游戏来打比方。教育主题是跑步的正确路线，必须沿着正确的路线跑，才能通关。题目像是跑步时需要带上的关键装备。如果跑步时没有带上这个关键装备，即使跑完全程也算挑战失败；如果带上了关键装备，但是跑错了路线，也不能通关。

情境设例：基于一线教师实际的工作情况和工作内容提供一些例子供教师参照。比如在指导"基于班级实际生活确定班会选题"时，启发一线教师说明自己班级当下的实际情况、学生的行为现象，给教师一些基于班级实际确定班会选题的范例，如"饮料，我该拿你怎么办？""课间闹着玩好不好？""当家长不在家的时候……""作业怎么抄？""厕所门事件""老师特烦恼"。结合班级生活的情境给出范例，有利于教师理解什么是"基于班级实际生活确定班会选题"的指导内容。

在编码过程中，我对这三个指导方法进行了分析。剖析每个指导方法的实质内容、内涵和异同，从相同之处中概括出属性，依据差异分析出维度。

三种方法都是为了让一线教师听懂指导者传递的信息或者更容易明白如何操作，但是不同的方式有不同的侧重。

模式化更倾向于给教师提供操作流程，更程序化、操作化。而用比喻、情境设例则更强调形象化，以形象化的方法输出信息，使一线教师更容易明白。这形成了指导方法的一个属性："易懂化"。操作化、形象化是这个属性的两个维度。

这些指导方法在互动方式上也存在差异。模式化和比喻的指导方法体现的是直接、单方面输出信息。情境设例不同于前两者，体现了对一线教师的观察、理解，突出与一线教师的互动。由于概括属性的基础之一是差异，因此，通过分析这一差异，可以提炼出"交互性"的属性，维度分别为"交互性强"与"交互性弱"。

在属性分析的基础上，聚焦相同之处，提炼类属。模式化、情境设例和比喻这三类方法所共有的特征，都是为方便一线教师接收信息，使一线教师更容易明白、听懂，即可以提炼出"基于师情的指导方法"（指导有方）这一类属。进一步对类属进行属性与维度分析，差异处有两个层次，一是属性差异，即"指导有方"这个类属下有两个不同的属性：易懂化和交互性；二是维度差异，即易懂化和交互性这两个属性之下各有维度。至此，我们可以用表3呈现对指导方法的类属分析结果。

表3　对指导有方的类属分析

类属	属性	维度
指导有方：基于师情	易懂化	操作化
		形象化
	交互性	弱
		强

这三种指导方法都是指导者基于让一线教师听懂的目的，对自己指导方法做出改善后形成的。通过指导者的追问、一线教师的主动反馈，这些方法确实能有效减少"假听懂"现象。

（二）思维转化的尝试

以上指导过程中，指导者改善的是便于教师听懂的方法，以便让教师明白指导者的逻辑，但没有提供将指导内容有效转化的工具。在这个知识建构、思维对接、理论转化为应用的过程中，指导者缺乏连接和融合两种不同思维模式的工具，教师缺少有效转化理论的工具，被迫重复出现"听懂了但做不到"的现象。为此，结合我自己的学习经历，在此提供一种理论转化的尝试。

在指导我进行三级编码的过程中，王老师不断基于访谈资料向我提出问题。王老师先引导我理解什么是界定事件，在指导我理解编码的第二步——类属化时，引导我剖析每个指导方法的实质、内涵，剖析它们之间的异同。依据相同之处概括出属性，依据差异分析出维度。最后，王老师引导我关注在属性分析的基础上，聚焦这三种方法的相同之处，尝试提炼类属。王老师用访谈资料里的语言提示我注意模式化、情境设例和比喻这三类方法所共有的特征，即方便一线教师接收信息、使一线教师更容易明白、听懂。随后王老师又启发我用访谈资料里的"基于师情"一词提炼出类属，引导我画出了四象限图示。四象限图是一种理论构建工具，这促使我重新思考这些指导方法的异同和使用参考：交互性强且形象化的方法是情境设例；交互性弱且形象化的方法是比喻；交互性弱且操作化的方法是模式化；交互性强且操作化的方法，目前在现有的访谈资料里未曾出现。

但是反思王老师指导我的过程，其实正对应了这一缺失的象限。在王老师与我的互动研讨中，王老师确实先提供了初步的三级编码框架，但在实际编码过程中，类属的实质含义是从资料中提炼出来的，最终的编码步骤是我们共同构建的，由此我创造性地画出了基于师情指导方法的编码模型（见图1）。这是我在王老师指导下，经过启发式的互动讨论建立的模型，所以可以将这种交互性强、侧重操作化的指导方法概括为"共建模"。

"共建模"体现了指导者积极理解教师的思维方式，并循此与教师一起进行抽象化思考的努力，也体现了教师积极尝试将资料概念化、主动训练、自主建构理论知识的努力。这个过程中双方一起尝试理论

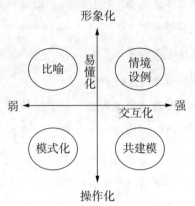

图 1　基于师情指导方法的编码模型

与实践之间的有效转化。那么"共建模"能不能促进教师实践思维与研究思维的融合、促进教师思维转化，是否可以作为有效转化理论的工具？

五、结论与反思

综上所述，困扰指导者的指导效果不理想，有"假听懂"和"听懂了，做不到"两种现象，通过对自己作为指导者的指导案例和自己作为被指导者的学习案例的分析发现：是指导者和教师间的概念理解差异造成了"听不懂"现象，当指导者基于师情在指导方法上做出改进后，容易使指导过程中的双方对概念达成一致的理解，解决"听不懂"的问题。但被指导者还是出现"听懂了，做不到"的现象，实质上是由于指导者和一线教师的思维方式存在差异，指导者缺乏连接和融合两种不同思维模式的工具，且教师无法将自身经验与理论知识进行衔接或转化为理论思维。"共建模"实际上是指导者和被指导者共同努力构建、旨在帮助被指导者从资料中提炼理论的一种指导方法，是一次双方思维方式融合和转化的尝试。

任何知识的学习都是学习者自主地、积极地学习、思考、建构的过程，而不只是外部输入和直接给予。教师的理念不能靠别人从外部灌输、植入，也需要一个积极、主动的训练和自主建构的过程。教师作为学习者，应积极与指导者互动探究，勇敢表达，努力借助模型或建构模型的方式进行思维训练，促进自身思维方式的转化进阶。指导者也应努力理解教师，全面了解教师情况，运用基于师情的指导方法，使指导内容易于理解，并努力与教师互动研讨，与教师一起完成理论抽象的步骤，探索连接和融合两种不同思维方式的工具。

以往关于教师培训改进的建议，要么采用一种自上而下的视角，一味强调一线教师应跳起来够桃子；要么采用自下而上的视角，笼统要求指导者应该接地气。本研究则采用一种上下结合的视角，指出可能的出路在于双方都做出相应的调整。同时，我也意识到自己对此问题的研究还有待深入，访谈对象的代表性有待提升，收集的案例资料不够丰富。基于自己的学习经历提出的"共建模"的行动方案，也需要在指导实践工作和自身学习中进行验证与深入研究。

 点评

　　李老师研究了一个普遍而又艰深的问题，如何促使理论指导者与教育实践者实现有效沟通，这关乎教师培训的关键。李老师用案例研究的方法，对三个指导事件进行了比较分析，由表及里地指出概念理解差异、思维方式差异是沟通失效的主要原因，并提炼出"指导有方：基于师情"的类属，使我们看到了改进沟通效果的希望。有意思的是，李老师在这项研究中呈现出身份的双重嵌套，第一重嵌套是她同时作为研究者和被研究者，第二重嵌套是她既作为指导者又作为被指导者。也许正是这种多重身份才最终使她理解沟通双方的差异所在，创造性地将"共建模"纳入指导方法的编码模型中，并指出它可能是一线教师从经验中提炼

理论的一条可行之路。我作为"指导者"，在与李老师的互动中优化了扎根理论编码的基本框架，以使其更适合一线教师。这个过程更使我认识到，除了叙事思维，模型思维也值得挖掘。后续的研究，可以深入分析思维方式差异对沟通的影响机制，以及实现思维转化的具体条件。

——王富伟

时间约束背景下党建活动创新的效用与边界案例研究

北京外国语大学附属中学 李晓光

一、研究问题：党建与教育教学工作"两张皮"

《中国共产党章程》第三十二条规定，党的基层组织是党在社会基层组织中的战斗堡垒，是党的全部工作和战斗力的基础。《关于加强中小学校党的建设工作的意见》要求，创新党组织活动内容方式，把党组织工作融入学校教育教学各项工作中，防止"两张皮"。

但在学校实践中常常可以发现，基层党组织活动"两张皮"现象还很普遍，一是党组织活动与教育教学活动内容上的"两张皮"，二是党组织的活动与效果上的"两张皮"。党建工作常常受到教育教学活动的冲击，活动时间难以保障；党建活动时间短、内容少，形式单一；党员参加态度不积极，活动效果不能令人满意；党员先锋作用难以发挥，群众对党员满意率偏低；党建工作与教育教学工作不能形成合力，额外增加党员教师负担。

这引起了我们的思考：为什么会出现"两张皮"现象？为什么党

员会对参与自己所属组织举办的活动积极性不高？影响党员参与党组织活动的积极性有哪些原因？采取什么措施可以改进此项工作？

二、实践改进尝试：案例学校的活动创新

案例学校是海淀区一所外语特色完全中学，在校生 550 余人，教职工 80 人，生师比 6.88，略低于北京市的平均水平。学校实行小班化教学方式，每班学生有 25—30 人。初中年级共 4—6 个班，高中年级共 1—2 个班，各年级均设有复语实验班。教师跨头上课现象普遍，有的甚至跨三个头，备课、上课任务繁重。

学校在职党员 50 人，党员教师占比 62.5%，居海淀区前列，构成学校教师主体。学校设立党总支，下辖在职 2 个党支部，支部书记由中层干部兼任，支部委员由干部、教师、职员兼任，各支部设 2 个党小组，每个党小组 10 至 13 人，党小组长由干部、教师、职员兼任。案例学校党组织建设规范，严格按要求开展各项党建活动，在区历次党建督查中受到好评，得分居区普通校前列。

案例学校规模较小，大部分教职员工作时有接触，相互熟悉，同事关系和谐，干群关系融洽；干部教师工作积极认真，注重人文管理，形成了爱校如家的工作氛围。

针对"两张皮"问题，案例学校曾进行过有益探索。新课程改革要求每学科每学期都要组织学科实践活动。为了便于组织活动，案例学校各科的学科实践活动每学期集中于一周举行，营造出了浓郁的学科氛围，学生可以依据个人喜好参加活动，活动的参与率得到了保障。于是案例学校借鉴"学科周"经验开展"支部周"活动以改进党建日常工作，即将每学期的党员活动设计出多种方案并集中于一周时间内进行，党员教师可以根据自己的时间、兴趣自行参与。

"支部周"活动的基本路径是调查党员教师需求，设计多种方案，

提供适合不同党员的活动形式、内容，党员根据自己的兴趣与时间自行决定参加哪一个活动。

具体实施过程中，总支委员深入支部，下沉指导；各支部成立"支部周"实施小组，由支部书记任组长，支部委员、党小组长为组员，小组成员负责规划"支部周"活动主题，做成"微项目"，指定项目负责人，对组织活动进行项目化管理。学校先后组织了以下活动（表1）。

表1　2018年上半年"支部周"开展情况

类型	微项目	党支部	活动时间
微视频	建党97周年10个伟大瞬间	理科支部	2018年6月第3周
微党课	青年论坛	理科支部	2018年6月第3周
	读书沙龙	文科支部	2018年5月第1周
微竞赛	学习强国	理科支部	2018年6月第3周
	"红歌会"	文科支部	2018年5月第1周
示范岗	萌青-奋青-常青研究课	文科支部	2018年5月第1周
	双培养	理科支部	2018年6月第3周
志愿行	学雷锋志愿服务	文科支部	2018年5月第1周
	周末义工	理科支部	2018年6月第3周
	"党员责任区"	文科支部	2018年5月第1周

微视频：各位党小组依托不同学科背景，在建党、国庆等时间节点，录制微视频，在支部活动期间为学生播放，让他们感受英雄模范人物及祖国各方面发生的翻天覆地的变化，教育引导青年学生。

微党课：青年党员教师结合自身所长，在课间操、中午等时间为学生上微党课，向学生宣讲党的知识，对学生进行党史教育，激发学生爱党、爱国的情怀，有效发挥了党建带团建的作用。

微竞赛：结合学习强国APP的使用、《我和我的祖国》红歌唱起来等活动，组织师生参与学习强国知识竞赛、"红歌会"等活动，有效激发了师生参与活动的积极性。

示范岗：为适应教育教学改革的要求，发挥党员教师引领作用，落实"双培养"工作，党员骨干教师上公开课，引领学校教学、教科研工作。

志愿行：利用午休组织党员清理学校车棚和过道，擦洗大门、铜牌等，为校园环境的整洁和维护做出贡献；每天早晨党员志愿者轮流佩戴着"志愿者"袖章，在学校门口疏导交通，为学生的安全保驾护航；通过"党员志愿服务""党员先锋岗""党员责任区"等活动培养党员主动服务群众、服务社会的意识，增强党员的责任感和使命感。

"支部周"活动取得了初步效果，党员的积极性、参与率、活动满意率以及群众对党员的满意率都得到了比较大的提升，推动了支部工作的有效开展。

2017年，海淀区《关于加强海淀区中小学校党的建设工作的实施意见（试行）》下发，文件对中小学党建工作提出了更高要求。我们将每位党员的一年党建活动列出了一览表（见表2），基层党组织每个月要组织一次学习、一次活动。案例学校相应地将"支部周"也由往年的一学期一次改为每月一次。活动频率的剧增一下子冲击了"支部周"之前所具有的时间灵活、活动自选的优势，党员参与程度大大下降，态度上缺乏主动性，行动上呈现懈怠的状态，"两张皮"问题加剧。

表 2　党建活动一览表

月份 内容	协作组	总支部						支部			党小组			个人	
	学区党建	政治学习	双培养	三亮一公开	廉政责任书	专题调研	党课学习	主题党日活动	民主生活会	组织生活会	党小组会	党日活动	志愿服务	岗位建功	社区双报到
频率	1次／学期	1次／月	2次／学期	1次／学年	1次／学年	1次／学年	1次／月	1次／月	1次／学期	1次／学期	1次／月	1次／月	1次／月	1次／学期	1次／学期
3月															
4月															
5月															
6月															
7月															
8月															
9月															
10月															
11月															
12月															
1月															
2月															

三、研究方法：利用案例研究深入分析积极性疑难情境

我有幸参加教育行动研究工作坊，正是在此背景下，本项研究得以开启，让我有机会进一步探究"两张皮"问题的实质以及产生原因。

本研究采用案例研究法。案例研究是一种基于个别的有限系统，将事件置于所发生的情境中进行深入研究的方法。它把行为观察和态度了解结合在一起，擅长对具有边界的研究对象的全面考察和深入分析。本课题主要考察的是学校党员参与党组织活动的积极性及改进策略，这是一个涉及主观感受、要素繁多、情景复杂、政策性强的敏感问题，需要研究者与被研究者单独沟通，深入了解被研究者的真实感受，因此案例研究法是最合适的研究方法。

具体资料收集上采用访谈法、文档法。研究者对党员进行了单独访谈，从不同学科党小组、不同年龄段、班主任与非班主任群体中共抽取 8 人。他们的具体情况见表 3。

表 3　被访者基本情况

党员	性别	年龄	职务	所属党小组
A	女	52	中层干部	理科
B	女	33	教师	理科
C	男	49	班主任	文科
D	女	36	教师	文科
E	女	28	班主任	文科
F	女	41	职员	理科
G	女	30	班主任	理科
H	女	26	班主任	文科

访谈内容主要包括对党组织的活动整体满意率、自愿参与活动的比例、不太愿意参加的原因等党员教师对党组织活动反馈的一手资料。研究者还在党组织活动中进行了现场观察，观察的重点是参与党组织活动党员的行为、态度。在资料分析上采用扎根理论的编码分析技术，提炼概念并探究概念之间的关系。

四、研究发现：时间约束下的分身乏术

我首先对某支部委员的个人访谈进行贴标签分析，如表4所示。

表4　贴标签

标签	内容
是否参加	参加
参与态度	如有选择不（全）参加
	参加但不够积极
	普通党员有不愿参加的
参与依据	身份要求（支委）
参与的活动认知状态	没有不参加的意识
	无意识
	习惯
参与态度的依据	对活动内容反感，内容多
	不是党员的事
积极参加原因	喜欢
	感兴趣
	专业相关
不积极参与归因	活动内容与党员无关
	时间冲突

标签	内容
不积极参与归因	无用功/形式主义
	与专业无关
不参加的制度原因	无奖惩制度
不参加的个人原因	工作量大
	孩子小、负担重
解决此问题的预期	不易彻底解决
	不求积极但求参与
此问题的不良后果	党员累
	非党员不愿入党
解决路径	合理分工
	平衡

通过贴标签，又结合对其他党员的访谈、观察记录的整理分析，形成以下类属，如表5所示。

表5　类属分析

类属	属性	维度
参与实情	行为	参加/不参加
	态度	积极/不积极
参与归因	内容	与专业相关/不相关
	时间	冲突/不冲突
	结果导向	实效/形式主义
客观考量	个人角度	有利/不利
	制度奖惩	有/无
解决办法	计划细致	是/否
	合理分工	合理/不合理

参与实情是指党员教师参与党建活动的实际情况，可以从行为和

态度两个属性来看。尽管有明确要求，但并非所有活动都全员参与。当然，未参与的党员不会公开抵制活动，而是用各种"软"借口来避开。例如，经常会有初高三年级考试，一两位党员请假监考不参加活动；又如活动即将开始的时候请假说身体突然不适……而那些能够全员参加的活动，主要是因为有非常明确的纪律要求，但是如果全凭自愿，参与率就会非常低。

就影响党建活动参与的原因来看，有的党员认为有些活动与党员自己的专业无关，甚至与党员身份无关："现在有点什么事都给党员，要求党员身先士卒，比如这次垃圾分类，用不着非得党员带头，别人也应该做，其实人人都应该做。"有的人反映党员活动缺乏实用性，尤其是对教育教学工作没什么帮助。"有些活动对工作没什么太大的作用，或者是过于考虑宣传的层面，实际上有些东西只是为了宣传而做，有点形式主义。"

另外，党组织活动常常与繁重的教育教学日常工作时间冲突，一定程度上影响了教育教学工作。"现在老师的工作压力多大呀！咱们大部分老师跨头，课时量大，班主任工作要求高，还经常被要求写教科研论文等，时间不够用。"

从党建活动之外的客观因素来看，有无明确的奖惩制度会影响党员参与活动的可能性。鉴于党组织奖惩的严肃性，也基于学校的文化，实际操作中对于日常的党建活动不太可能实施硬性的奖惩，可以个别谈话提醒，但是起不了实质作用。

党员个体的主观因素也会影响其参与活动的可能性。组织内有职务的党员，如党支部委员、党小组长等更加积极、参与度更高；没有职务的党员对自己的要求就不太严格。家庭负担和工作量也是影响党员参加活动积极性的客观因素。

以上编码分析表明，时间约束下的分身乏术是"两张皮"现象产生的根本原因。当前教育环境下教师的工作量、心理压力都很大，工作要求也高，党员教师又多为骨干、中坚力量，承担了更多责任，客观上造成了时间约束的困境。

进一步通过结构性因素分析可以发现：专职工作由非专职人员去做。基层书记多为兼职，案例学校总支书记兼校长，副书记兼管安全、后勤，定期深入德育处、年级组、教研组、课堂等工作；两个基层支部书记一人为办公室主任，主管办公室、人事、离退休、工会以及部分教学等工作；另一位支部书记为教务副主任，主管课程、开放性科学实践活动、综合实践活动、中考高考考务、社会考试及教学等工作。党建工作的"专职工作要求非专职人员落实"，造成了不合理的行政关系，基层支部书记处于被动、配合的状态，造成相关工作难落实的问题。

刚性要求的软性执行。日常党建活动如"三会一课""主题党日""组织生活会"等有两个特征：一是有实质内容、明确的要求；二是弹性空间小。党员教师因为党组织活动与教育教学业务不直接相关、自身工作多、时间冲突等原因影响了参与度。虽然参加组织活动是考核党员的硬性指标，但客观上真正执行起来困难、手段无力，唯有组织者不断改进，才能改善工作效果。上级颁布刚性要求，下边则软性执行，造成"刚性要求的软性执行"的局面。

五、行动方案预想

针对时间约束下的分身乏术困境及其原因的分析，针对以往党组织活动，包括以往"支部周"活动中没能解决的问题，对方案进行进一步优化改进。

1. 规划与实施

年初进行全年"支部周"活动的整体规划，适当对不同层面党组织活动、教育教学活动进行整合；具体实施分支部进行，项目化实施，责任到人，分工合作。

2. 尊重与自选

尊重每位党员的主观能动性，采用项目化实施的方式，项目实施责任到人。每次"支部周"活动都有不同的活动形式、多个时间点，党员可根据自身情况参加，也体现了对参与党员主观能动性的尊重。

3. 考核与评价

每次活动都要进行考核评估，包括签到、反思等内容，学期末进行阶段小结，年底进行小结。

4. 榜样与激励

注重发挥党员的先锋作用，项目负责人、参与党员都要进行评比，为大家树立榜样，激励大家积极组织、参加"支部周"各项活动。

六、结论与反思

"两张皮"问题是基层党组织普遍面临的问题，也是基层党组织一直想克服的问题。案例学校曾创新"支部周"形式应对这一问题，因为它采用自选的方式，使党员具有了自主选择的权利。但是随着环境的变化，"支部周"的实施频率由之前的每学期一次变为每月一次，剧增的活动频率使得之前时间调配的可能性大大压缩，"两张皮"问题又开始重演。

采取案例研究的方法，我们分析出时间约束下的分身乏术是"两张皮"问题的直接原因，党员教师受制于多重工作职责，在时间资源相对固定的情况下，难以分身同时兼顾各项工作。更深层次的原因是专职工作却要由非专职人员落实和刚性要求的软性执行，使得党建活动开展从根本上缺乏有效的组织资源。

基于以上原因分析，案例学校试图再次通过完善"支部周"活动来缓解问题。经过改进的"支部周"工作，更加注重活动的整体规划、项目化实施、责任到人。党员是学员也是教员，争取实现党员的自我教育。实施的过程中注重党员的自主性，由其自己决定参加的时间、内容，体现了对党员的尊重。同时利用考核与激励的手段激发党员参与的积极性以确保活动效果。虽然受疫情的影响，改进后的"支部周"活动还没有付诸实施，但是效果可期。

然而究其实质，本案例的"支部周"活动仍属于日常党建活动的技术性改进，主要是致力于精细化地利用时间，虽可以有效缓解问题，但难以从根本上解决问题。

编码分析的结论引发我们进一步思考，是否可以从组织结构角度进行调整呢？例如，能否解决基层支部书记、委员的专职专任及其待遇问题？但这恐怕不是个别学校能够解决的。但从行动改进的角度，学校层面也许存在调整空间，如可以适当考虑支部书记、委员的工作量认定，给予适当补贴。

随着环境的变化，新的问题将不断出现，我们不禁更加深入地思考：党员为什么不能放下工作去参加党员活动呢？党员教师的双重身份——职业身份认同和党员身份认同，哪一个优先？两者存在主业和副业之分吗？党建工作与教育教学工作势必是割裂的吗？

《关于加强中小学校党的建设工作的意见》明确要求杜绝"两张皮"现象，说明两者实质上并不割裂，日常教育教学是落实社会主义核心价值观、立德树人的主阵地，是党员教师发挥模范带头作用的有效载体。教师的教育教学工作与党员的党建活动有着天然的联系，理应加强党员思想教育，提高认识。也许在我们实际执行过程中，有时人为强化了党建的独立性，增加了党员负担，也加剧了"两张皮"现象。

 点 评

李老师的研究立足本职工作，关注十分重要但又面临实施困难的党建问题，视角新颖。研究发现对现实工作具有很强的指导

意义，生动体现了本工作坊关照现实、促进实践的行动取向。创新的"支部周"活动在时间约束的背景下，逐渐丧失了原本的积极效用，背后其实是深层次的结构化问题。其破解途径除了创新活动设计和安排，李老师更是抛出了学校层面的人员职务安排、党员教师的双重身份认同等值得进一步探究的问题，从系统的视角来看待党建活动与教育教学之间的深层关系。李老师的案例研究也是带领学校积极探索党建活动实效性、进行自我改变的有益过程。我们非常欣喜地看到越来越多极具洞察力和解释力来自一线的研究，为教育研究领域增添了新的视角与诠释。

——张森

同伴缺失『惹的祸』

—— 对秋实上课随意说话现象的探究

北京市海淀实验中学 余纯钢

一、初见秋实

八月，刚送走 2019 届高三毕业班，不舍之情还未完全消失，我又迎来了新一届高一的孩子。由于连续几年在高三工作，这次看到高一新生，除了陌生竟然还有种特别的亲切感。这陌生又亲切的感觉如同一剂强心针，使我十二分笃信：终于可以凭这几年练就的课堂功夫应对新生了，孩子们通过上我的课一定会有特别的收获。

于是，我跃跃欲试，准备去展示自认为丰富的经验。

开学第一节课是高中数学课程简介。在我回头板书时，身后说话声不断。我停下了笔，对大家说："同学们，今天我们换一种方式吧！我想请同学们说说你们读高中的打算。"我的本意是让同学找到方向、树立理想并以此为目标，而要实现目标就要在开学时立规矩。

两个同学回答完毕，基本还可以，算中规中矩，没跑偏。然后，我注意到了第二排靠窗的一名男同学，一名其实我上课第一眼就重点盯上的男同学。

"同学，能做一下自我介绍吗？"

"我叫李秋实。"

"上高中想实现什么理想？"

"考大学呗！"

"看好哪所大学了？"

"还没有。"

"无论你想考哪所大学，学什么样的专业，老师都希望你从现在做好准备。"

秋实在和我对话时一直侧身靠在窗台上，每回答完一句就转过身去巡视一下后面的同学，看看自己带来的"笑果"，见有起哄的也跟着低头笑，似乎挺满足，可能还有点不好意思——我猜想，毕竟新同学，大家都不太熟嘛！

这第一课的节奏和小插曲是我始料未及的。我调整了一下五味杂陈的情绪，请他坐下并接着讲课，按计划对数学课堂学习、课后作业、预习、复习及如何处理错题、记笔记等提了一些具体要求。第一节课结束，我有种草草收兵的感觉，不太满意。

此前带高三时，我每天与学生沟通最多的就是如何提高高考成绩。每个课间，学生围着我特别虚心地请教答题思路、解题办法，我几乎没有花心思处理课堂纪律问题，班级内哗众取宠、无视课堂纪律的现象也几乎没有出现过。

秋实的表现给我留下深刻印象，让我的心绪颇不宁静。接下来的一周里，因上课屡次说话、起哄，秋实终于"荣幸"地成了我办公室的"座上宾"。

为啥秋实上课总是想和周围同学聊天呢？而且多数情况下都是他主动的。

二、斗智斗勇

九月，秋实又"有幸"成为班里第一个写课堂保证的学生。我俩后来又过了几招、交流过几个回合，然后，课上秋实依旧要么找机会聊天，要么趴桌睡觉，偶尔也记几笔笔记。我提问过他几次，个别问题他能回答得很好，我也给予过及时肯定、表扬，但他的后劲不足。考卷上他会写的内容很少，看得出他的基础知识结构里只有一些知识碎片，有些解题思路依然停留在初中水平。

再后来，课上秋实的恶习依旧存在，他倒是不和老师顶嘴，但课后基本不写作业。他自己也坦诚交代，以前课堂纪律一直不好。惯犯啊！十几岁的孩子，本应朝气蓬勃、精力充沛，为何一进课堂就这般萎靡？除了聊天、睡觉，对课程、知识提不起丝毫兴趣。难道他是对数学不感兴趣？对我的教学方式不感兴趣？

慎重起见，我与班级任课教师进行了交流。结果了解到，秋实的问题不只发生在我的课堂，几乎涉及各学科。看来这不是我一个人的困惑了。

经与班主任沟通，又了解到秋实父母都比较忙，母亲管教得多，秋实跟家里要钱买高配置手机打游戏，父亲急了揍过孩子等情况。

平时在学校楼道里看见我，秋实也会很礼貌地主动跟我打招呼。但是课上，好像说话、睡觉是秋实来上学的全部内容和意义，我总要提醒秋实。

有一件令我记忆犹新的事发生在2019年11月20日上午数学课上，当时我看到秋实不时低头，双手好像在鼓捣着什么。

"秋实，拿到前面来！"

一个二阶魔方摆在了我面前。然后秋实回到自己座位上继续上课。

下课后，秋实第一个跑上讲台："老师，您把魔方还给我吧，您看我都写笔记了。"他还拿出一页写着两道题的纸，但没有前期的笔记记录。

"我不能马上给你，课上记笔记是我们学习的重要环节，有进步可以肯定，但不能抵消违反课堂纪律的行为，这是两码事。你周五中午十二点半到办公室来找我，我们谈谈。"其实我心里明白，秋实是在讨价还价，这方面他已经是久经沙场的老将了。

这孩子是怎么成为"问题学生"的？究竟之前在他身上发生过什么？貌似简单的问题，我怎么却始终无力解决？

三、调查取证

（一）期待的访谈

经过充分的准备，2019 年 11 月 22 日的中午，我主动拨通了秋实妈妈的电话。通过这次谈话，我对秋实有了新的认识，看到了孩子成长求学的大致轨迹。

其实，秋实挺不容易。秋实妈妈是一名幼儿园教师，爸爸是一名警察。

秋实小学一到二年级在石景山某小学就读，学习成绩很好，但学习习惯不太好，很淘气。有一次他把班级垃圾桶弄坏了，老师让他坐在垃圾桶上。学校请来家长后，班主任当着校长的面说："这个孩子我以后可不搭理他了！"而且之后真的不表扬也不批评秋实，就那样将他弃之不顾了。这位班主任还号召班级里的其他学生不理秋实。秋实妈妈说当时孩子都快疯了。

家长没有办法，三年级时只好把秋实转到了石景山另一所小学，新学校在秋实妈妈单位隔壁，与秋实妈妈的工作单位同属于一个教育集团。接下来的小学生活，秋实依旧大毛病没有小错误不断，成绩中上等。班主任和妈妈的"交流"也越来越频繁。因同属一个集团，秋实妈妈又比较好面子，"交流"后回家免不了要教训孩子。秋实不服气还顶撞妈妈，常年在外办案很少回家的秋实爸爸回来后不管青红皂白，会先用拳头教育再实施谈话教育，基本上就是简单粗暴，甚至孩子在某个时期不叫"爸爸"。

秋实小学毕业后，因其学籍不在海淀，为了跨区在海淀上中学，家长给秋实选择了海淀一所全寄宿民办校。初一、初二，秋实自律性弱，学习惰性大，每周回来都不带作业，而且迷恋上了电脑游戏，每次都玩到很晚。

在初二时发生过这样一件事：班委选拔会上，秋实毛遂自荐担任班长一职。秋实如愿当上了纪律副班长，但好景不长，他后来"辞职"了。据秋实说，老师对他说："如果没有我的同意，你能当上班长吗？"（但是为什么老师要这样说呢？是不是有前情？）为什么秋实因为这个就"辞职"？他感受到了什么？

初二结束后，秋实坚决不想在这所寄宿校上学了。父母就把他送到加拿大读书，寄宿在别人家里，父母没有陪同。一年很快过去了，秋实回来后没有赶上中考。（出国学习一年后就回来，又是什么原因？）

回国后，秋实又在另一所民办校复读了一年初三，不住宿，每天回家后依旧玩电脑游戏到十点，再鼓捣半小时手机，十点半后睡觉。秋实在昏昏沉沉中又晃过了一年。

2019年8月秋实考入我校，开始了我开篇提到的故事。

通过与家长交流，我才得知秋实求学之路竟如此辗转又坎坷，也养成了不少不良习惯。暴躁又功利地送孩子求学的父母、对孩子缺少关爱的家庭、疏于教导的老师，都是导致孩子不良状况的因素。秋实也一如既往地保持着任性、涣散的课上纪律。

通过这次谈话，我有了更多感触：小学时期的孩子天真烂漫，精力旺盛，活泼好动，对周围世界充满好奇，喜欢探索。他们的顽皮有时是一种天性的释放。部分小孩子还没有形成规则意识，较成年人而言自控力弱，意志力差，很少能顾及客观世界与主观自我的关系，会以自我为中心，按自己最本能、最直接的目的去行动。因此，教师需要了解孩子的特点，及时因势利导，不能放弃孩子而在他们成长的心路历程中留下阴影。

家长要克服功利心理，跨区、出国并不一定是最好的选择，要结合孩子自身的情况，适合孩子的教育才是最好的。2019 年北京高考爆冷，市文、理科状元分别来自北京市育英学校和北京第十二中学。可见没有名校的光环，孩子一样可以出类拔萃。秋实家长的初衷是想让孩子通过转学、出国受到更好的教育，但却事与愿违。

（二）无意中的邂逅交流

2019 年 12 月 5 日中午，秋实大概是去班主任那儿有什么事情，临走时被我撞见，我留下他并和他进行了一次简单的交流。秋实坐到我侧面的圆凳上，简短的访谈开始了。

"秋实，可否对自己高中以来的情况简单做一个自我评价？"

"学习态度不端正，课堂上不专心，课上学习没有落在笔头上。"

"今天数学课，你和前桌陶××说话，陶××在前两排时听课很好，收获很大，可到了后两排，也控制不住自己。你和她说话不仅没有帮助她，反而害了她，也耽误了你自己。"

秋实低下了头。

我继续："我发现你还没有明确的目标，或者心中的目标和行动上的目标不一致，只有一致了，目标才能越来越清晰。刚才评价自己时为什么不说说自己的优点和进步呢？"

秋实抬起了头，眼神有些不同，表情腼腆，有些不好意思地说："课上不睡觉了，课上说话减少了。"

"是什么原因让你发生变化的呢？"

"我实在听不懂了，就要学一下。父母也发现了我学得不好，要求我期末主科要及格，副科成绩不能太低，达不到目标我寒假就要去补课了。"

这次交流让我坚信秋实的内心是渴望得到认可的，也能够讲道理、听道理，并不是"十恶不赦"，而是一个很坦诚的孩子，认错也认罚。"那到底为什么秋实在课堂上始终控制不了自己呢？有没有更深层的原因？"我告诉秋实随时可以加我微信，方便交流，但秋实一直没主动加。

四、收获惊喜

2020 年，一场突如其来的新冠肺炎疫情，完全打乱了我们的生活，包括我和秋实。

停课不停学期间，我和孩子们通过线上开展教学。我发现，秋实是在开课两天后才开始上网听课，我不免对他有些担心。于是我与他进行了一次谈话。

"现在每天都忙什么呢？"

"白天听课，然后就是写作业，晚上玩一会儿就睡觉。"

"你父母现在放假在家里吗？"

"我爸没有放假。我爸要负责回京人员的检查，检查他们有没有发热，看看是否出现潜在的病毒携带者，他已经有两个月没怎么回家，我妈放假在家。"

"看来你爸爸在抗疫一线，责任重大，现在是最辛苦的。咱学校同学有的一家三口，父母都是医生，在一线抗疫，孩子一人在家学习。你们都是抗疫人员的子女。现在是一个特殊的假期，希望你能充分利用好，努力吧！"

"好的，我每天除去上课之外，下课之后晚上会玩会儿手机，看会儿电视，然后就睡觉了。"

经与家长核实，秋实每天作息都非常有规律，主动上网听课，而且手机不放在身边。我也能看到秋实每天早早来到在线课堂的教室，每天作业写得非常好。

2020 年 4 月 14 日，秋实成为班级第二个线上提交作业的学生，字写得很工整，作业条理清晰、逻辑严密。

2020 年 4 月 15 日，秋实主动加了我微信，并提醒我上传到网络的作业题不完整（还应该有第二问），同时提到他自己的教材找不到了，问如何买。

那个曾经让我"绞尽脑汁"的"问题学生"瞬间变为一名优秀的学生代表，这是怎么回事呢？我的讲课方式没有变，教学内容也没有变，到底是什么让秋实发生了这么大的变化呢？

于是我着手进行了第三次学生访谈。2020 年 4 月 20 日晚 8 点，我通过电话与秋实访谈。

"有时间我们聊聊天，我关注到最近你作业写得挺好啊，你每天写作业一般都用多长时间呢？"

"嗯，半小时，差不多吧。"

"你觉得最近自己有哪些变化？"

"就是感觉挺好，感觉自己学得明白了。"

"学得明白了，是什么原因让你有这种感觉的？"

"上课听得认真，是因为没法儿和别人聊天儿。"

"你在什么时候、是什么原因产生要认真听课的想法的？"

"就是上学期期末考完试发现考得不太好，就觉得这学期应该好好学一下。"

"现在这种上课形式对你来说合适吗？"

"合适，若现在回到学校，我觉得应该也可以保持一下。"

"就是现在你觉得自己能控制住自己，是这样吗？"

"是的。"

至此我坚信，我和秋实都已找到了答案。网课时秋实旁边没同学，可以认真安静听课；在教室上课时周围有同学，他想和同学聊天，喜欢和同伴交流，所以不能安心认真听课。

五、旧病复发，寻根溯源

2020 年 6 月 1 日，师生终于回到了离开数月的校园，再一次回到课堂。第一节课，我足足提前 6 分钟快步走向教室。我带着满满的期望，相信秋实一定会在课堂上给我惊喜。但呈现在我面前的是没带教材、不写笔记、用"好久不见"模式招呼着前后左右同学们的"问题学生"——秋实。即便在别人很认真听课的情况下，他也要伺机聊天。在恍惚、失落、无奈中，我匆忙上完那节课，我的期待被秋实碾压得稀碎。甚至，我都顾不上当堂及时留作业。

2020 年 6 月 12 日，我再次拨通秋实妈妈的电话。

"孩子小学时，你们家长经常带他和同龄人一起玩吗？"

"小学的时候太少了，周末时周围年龄相仿的孩子都去课外班了，我们亲戚家的孩子要么比他大很多，要么比他小很多，秋实几乎没有什么玩伴。现在我和他爸爸最头疼的是孩子沉溺游戏，在游戏中有说有笑。"

这次电话交流让我开始了深度思考，我基本确定，秋实问题的原因之一一定是童年时期缺少与同伴的互动。

出现这种情况的社会背景之一是家庭结构的变化。以前一个家庭由两个或两个以上的成年人和两个及以上的儿童组成，非独生子女的社会性在父母、祖父母及兄弟姐妹的三维立体关系中得到了相对充分的发展。而反观现在，多数家庭中儿童的数量已经减少为一个，两个的情况并不多。特别是都市孩子，绝大多数为独生子女且居于家庭核心位置。群体解体，儿童失去了或被迫大量减少了与同伴间的天然行为往来。如此，孩子们一旦走出家庭，其内心虽有强烈的交友需求，却不懂得如何用恰当的方式来表达愿望、沟通情感，以及相互尊重。

另外，我们现在的家庭教育普遍存在一种误区：家长们往往重物质投入，轻精神关爱，重智育轻均衡发展，这往往导致功利型家教观念，这种观念又让这些孩子们缺乏可交往的同伴。

反观我们的学校教育、传统的班级授课制，实际上部分教师是不提倡学生在课堂上有过多互动的。学生虽同处一室，但他们的活动如同不相交的平行线，距离很近却各自孤立。每个学生只在为自己学习，也只想对自己的学习负责，课上每节课只有回答问题时才有说话的机会，而且是一次只能一个人说话，学生发言要先举手得到许可。这种传统课堂教学的模式，从形式到精神上无一不限制了学生间的交流、互动。有时教师们也会组织讨论，但因为教学进度、教学观念等原因，课堂更多还是教师们的一言堂。

再回顾我们的教育，虽说是素质教育，但更多的是在应试教育下的素质教育。每年七八月，各高中比的是考上名校的多少、高分的多少。连名校都在抢生源，家长择校时首先考虑的是升学率，特别是优秀生的家长。作为教育者，我深感无奈。当教育的选拔功能被当作教育的终极目标时，学生与同伴间的交往往往会被视为毫无意义、浪费时光的玩耍。从小学开始，学生们奔赴各种补习班，同时学校中部分教师对培养学生的交往能力不够重视，少数人甚至认为学生的任务就是认真读书，只要成绩好就是优秀，至于如何与同伴交往则是他们进入社会工作以后要学习的事。学生整日被禁锢在书山题海中，拥有多年老班经历的我，觉得学生每天的8节课其实就是不同学科的各种排列组合，学生除了学习还是学习。我也明白了为什么学生最反感体育课被占用，因为只有体育课他们才能走出教室，才能放飞自我。

秋实就是这些孩子中的一个缩影。那么如何帮助秋实，就是如何去帮助学生树立正确的同伴交往观。

秋实上课与前后桌同学随意说话，其实对这种行为最抵触的是我，因其挑战了我的教师权威和忍耐底线。秋实进入学校后是如此渴望见到同伴并与他们交流，他通过这种同伴交往可以很好地缓解自己成长过程中遇到的冲突和矛盾。课堂随意说话是秋实短时间内没有获得同伴或老师太多关注时想证明自身的存在价值而产生的问题。性格热诚、有着强烈的交往动机的秋实需要刷存在感，需要被大家关注，甚至喜欢。但每个人的表达方式不同，秋实在别人都自控不说话时说话，缺少边界意识。

我们需要转变传统教育观念，通过不断学习，结合经验发现问题，分析原因，慎重思考，才能有效解决问题。着眼点不应该只停留在表象，要关注孩子内心。真正有效的教育应该从关注一个孩子的内心意识开始，那才是最深刻、最长远的教育。每个孩子的个性与内心如同树叶的脉络一样，叶片各不相同，所以教育问题是费心劳神的事。但孩子们是国家的未来，值得我们每一位教育者负责地去进行科学、灵活、全面、深度探究。

希望自己和其他教师一起努力，首先在课堂之外为秋实创设与同伴交往的机会，让秋实能体验到与同伴交往带来的快乐和收获。再具体到我自身的教学，想方设法让自己的课更生动、更精彩，唤醒秋实这类孩子对学业的兴趣。同时教师也要帮助他在人际交往中形成正确的人生观、价值观等观念。从小处着手，从起点着手，课内出现的问题先在课外尝试解决，再回归课堂教育。也不要习惯性地针对某方面问题给孩子们过早下定论、贴标签，不被过早定义的孩子才有机会发挥出内在的潜力，未来才会有无限可能。

眼下这群葱郁蓬勃的"00后""10后"啊，我对他们真是爱之深、责之切。家长与社会将他们花季般的中学时代托付给学校、教师，他们的期望有多高，我们中学教师的责任就有多重。细思惶恐，既要与"祖国的未来们"步步为营、斗智斗勇，又想在他们面前展示出理想中的意气风发、挥斥方遒的形象，过程微苦，但其乐无穷。

 点评

　　余老师对秋实同学的"痴迷"，对于我和余老师所在小组的老师们来说始终都是一个"谜"。他不仅每天在课堂上观察秋实的行为表现，课后与其他教师以及孩子的家长沟通，而且打算从高一开始每天为秋实写日记，等到三年后秋实毕业的时候再给他看！——我们很纳闷，一个班有几十个孩子，为什么余老师如此关注这一个孩子呢？有一段时间，我甚至在小组讨论时向他暗示："你这么做是否对其他同学不公平？"由于观察细致、调查系统，余老师的叙事篇幅一直很长，但是到底是在探究什么问题，却始终不甚明朗。通过多次的小组讨论和个别沟通，余老师终于意识到，是他作为一位长期带高三的男班主任，这次在一名顽皮的高一孩子的挑衅下感到自己的尊严受到了威胁。如果余老师能够进一步分析，为什么一个孩子的违纪行为会给自己造成如此大的幻灭感，这篇叙事将能够更加深入地揭示余老师在与学生相处中所体现出来的自我身份定位、职业尊严感受以及对学生期待的缘由。

——陈向明

北京市海淀区中小学干部研修中心　夏红梅

「抓狂」星期三

——教育的紧与慢

女儿今年 12 岁，在一所小学读六年级。这是一所令很多人向往的学校，主要原因是学校的课业负担不太重，而且学校注重学生的多元发展和兴趣的培养。目前学生学业负担普遍较重，从教育主管部门到社会都在呼吁减负，并采取了很多的措施，如规定一、二年级不准留作业，三、四年级每周只留一次笔头作业等。这所学校的理念和做法与教育改革的方向很一致。

女儿所在的学校因为多年办学很有建树，从 2012 年起，为深化教育综合改革、逐步扩大优质教育、促进教育均衡发展，学校接管了几所学校，成为拥有一校五址的教育集团。各校区之间的教师"打通"任用，学校在招生政策和学生在各个校区就读的安排上也有全面的考虑。女儿所在的校区是主校区，六年级时班里来了几个新同学，均来自一个刚刚被接管的校区。

女儿从一年级到现在换了五个班主任。其中一、二年级的班主任来自最先被接管的校区，六年级的班主任来自最后被接管的校区，其他三个班主任都是本校区的。

女儿很喜欢这所学校，低年级时让她给出三个理由，她会毫不犹豫地说：学校漂亮、（课程）选择多、老师好。看到孩子高兴，我们也很欣慰。随着时间的推移，孩子对学校的"不满"多了起来，有关于老师的、同学的，也有关于学校的管理和伙食的。每当听到这些，作为教师的我，多数时候会疏导、劝解，让她学会换位思考；有时也鼓励她勇敢地表达自己的想法，把不合理的事情反映给老师与学校。

而持续时间最长、孩子反应比较强烈的要数对周三课程的不满。她说，最不喜欢周三，每到周三心里都很害怕，希望周三快点过去。

一、令人纠结的"抓狂"

（一）撕烂墙报的小军

那是下午的第一节课，老师在带领大家开展"如何与同学相处"的主题班会。有个学生说："老师，小军总喜欢打同学。"

小军回应："我没有。"

同学又说："他打了，还打过好多同学，昨天他还打过瑶瑶呢！"别的同学也附和着。

这时候老师也说："小军同学确实有这方面的毛病。"

小军说："那是因为她找事，该打！"

这时候全班都情绪激动起来，纷纷指责小军。

小军受不住了，哭了起来，边哭边把作业本撕碎了，还用手捶打自己的头和前胸。

老师见状说："你先到前面站一会儿，冷静一下吧。"

小军走到教室前，站在墙边，情绪还是很激动，并且顺手撕烂了一张贴在墙上的同学制作的小报。

有同学喊："那可是小刚的小报呀！"老师上来制止了小军，并让他回到座位上。

老师缓和了语气，安慰他说："其实小军身上的优点挺多的……"

下一节课是体育课。等上完课，小军的情绪也稳定了，事情就这样过去了。

（二）不该鼓掌的小凡

这件事也发生在班会课上。这天，一个叫雯雯的学生因为在课上说话被老师责令写检讨。写完检讨后，雯雯扬着检讨书说："老师，我写完了。"

同学们都笑了，还拍着手。因为雯雯的检讨书字数很少，只有百十来个字。这不是糊弄老师吗？老师很生气，冲着同学们说："谁在鼓掌？站起来！"鼓掌的同学都站了起来。

老师看了看，就说："小凡，你怎么不站起来？"

小凡说："老师，我没有鼓掌，为什么站起来？"

老师说："我明明看到你鼓掌了，还想狡辩？"

小凡解释道，正在同学们鼓掌的时候，一只蚊子飞到她跟前，她下意识地拍了一下，想把蚊子拍死，没想到被老师误认为是鼓掌了。

"大冬天的，哪儿来的蚊子？"老师不相信。

同学们笑得更凶了。

小凡觉得受了委屈，趴在桌子上哭了起来。

下课了，小凡因为要参加课外班，跟妈妈约好在校门口见，便收拾好书包准备离开教室。

老师不让走，小凡却收拾好书包，径直走了。

老师追了出去，追到学校门口，也没有追上小凡，就折返回来。

老师拿起电话与小凡妈妈联系，说："孩子到了您那儿我就放心了。"之后，老师也没再提起这件事。

二、言说"抓狂"的背后

（一）女儿认为：都是憋闷惹的祸

我问起女儿，如何看待这两件事。女儿只是说，周三太烦人了。再追问女儿为什么觉得烦，女儿反映5节课都是同一个老师上，而且中午不让出去，都快憋死了，大家都很烦，所以才出现那样的事。她认为出现上述的事，完全是因为学生在这一天感到憋闷导致的，憋闷导致烦躁，烦躁导致了情绪波动、失控，结果爆发冲突。

我问过女儿，为什么一天内5节课都安排一位老师上？为什么不调课呢？女儿说："科任老师教的班多，不好调。如果与数学老师调课，那数学课就会明显多，而且数学老师也是另一个班的班主任。"看来，学生是因为理解这种安排很难改，可能就不向学校反映。据我所知，小学的很多课程都是由主课老师兼任的。比如，语文老师教道德与法治。有时候，其他课的时间也被老师挪用上自己的主课。在小学，数学和语文课最多，一般这两科的老师还担任班主任，这就意味着他们与学生打交道的时间最多。如果遇上学生喜欢的老师，还算好，如果遇上学生不喜欢的老师，学生可就要吃苦头了。不喜欢听也得听，难免内心会有很多的不悦。上课也会变成苦差事了，爆发冲突的概率会明显增加。

（二）老师的感受：我一天特别累

一天早上，我送孩子去上学。因为恰好是周四，我的车限号，便坐公交去送孩子。我们下了车，正好碰见女儿的班主任，便聊了两句。说到昨天通知的一件事，老师说："我没有细致地统计呢，因为我周三特别累。"老师也谈到，昨天是周三，有五节课，而且还得看学生午餐情况。

老师的话，立刻引起了我的同情，老师一天要上五节课，多累呀！而且我知道，孩子的班级中男孩子数量是女孩子的两倍，现在的孩子都是"小皇帝"，在家都倍受宠爱，管理起来其难度可想而知。而且班主任在学校管理中是"千条线都穿这一根针"，要执行学校各项通知、活动，还要面对意想不到的家长、孩子个性化的情况。因此班主任这一工作难度大、"拴人"。学校的教育理念就是满足学生的发展需求，促进学生的个性发展，因此会开展各种活动，如男孩节、女孩节、小庙会等，活动多，而且年年有创新，班主任教师的工作量是可想而知的。

（三）我的分析：教师有三"累"

自从听孩子说了以上的事件之后，我对老师所说的"累"似乎又有了几层理解。一是工作量大，二是工作可能不太"好干"。据我所知，除了上课、讲授知识，教师还承担多项职责，如管理和教育的职责。女儿多次抱怨，中午吃完饭后本来可以出去玩，老师会说，先做卷子（写作业），写完后再出去玩。可是等到写完了，只剩下 5 分钟，刚跑到楼下就得回来了。看着别的班的同学出去玩了，自己生气又着急。我想身为成年人的老师不会不理解孩子的心情。孩子们每天在楼上待的时间那么长，多么需要出去活动一下。他们又正是天真烂漫的时候，成天憋在屋子里该是件多么痛苦的事情。但是，教师的"天职"会让她狠下心来，学习第一的念头会占上风。玩可以，但必须先完成学习任务。"为了孩子好，对孩子负责"也许是教师这样做的初衷吧。

三是教师最揪心的"累"，就是对学生的思想教育。前面的两个案例都是发生在道德与法治课上，都涉及对孩子的品行的评价和干预。道德与法治课意在培养孩子应有的道德品行。其中，难以避免的是要明确提倡什么，不提倡甚至批评什么，以达到育人的目标。教师是洞察者、研判者和执行者。教师要根据培养目标，及时发现学生的行为是否符合要求，对行为的对错或恰当与否进行评判，然后决定是否需要采取必要的措施进行干预。

前文中的小凡和小军都是出现或暴露了一些行为问题，老师对这些行为进行了评判。但是遭到了学生的否认或顶撞，引起了学生激烈的行为（哭泣、不听劝告、离校或者撕东西）。过后，学生并没有受到惩罚，而是就此作罢了，也没有再论学生的行为是否存在过错。做好学生的思想工作，不仅是教师的职责所在，也是对教师的观念和思想水平的考验。

以上"三累"也许是每个教师都面临的问题。女儿所在班的这个班主任还有一个特殊情况：她来自被接管学校，是个中年女老师。从其他校区来到本校区工作，进入新的群体后，她可能还会面临新的压力。她或许有被认可和接受的渴望，更想在工作上做出成绩，平时会更努力，有时会采取占课时（占用其他课的时间）、抢时间（让学生抓紧闲暇时间）、在各项比赛中"严督促"的方式，希望班级表现更为出色。这只是一种猜测，从一所普通学校进入另一所声名显赫的学校总会面临挑战，这是非常现实的，也是人之常情。

三、"抓狂"暴露出教育中的紧张

女儿充满同情地说："其实老师也不愿意一天上那么多课，想调也没法调，老师也觉得累。"

"班主任特别害怕学校领导，总说某某主任来了"，而且"有主任检查的时候，我们都做得特别好……"

回顾整个事情，老师一天上五节课还要看学生午餐情况，占用午休时间不让学生出去玩，与学生发生冲突，害怕领导；学生则不得不一天上同一个老师的五节课，中午要赶作业不能自由出去玩，还受到老师的批评教育。这一切的事件都凸显了现代教育制度的紧张。

一是教育生活的紧张。学生的时间都被安排好了，教师的工作和任务也被安排好了。每一节课都要按部就班地、有计划有目的地上好。教师和学生都要朝着这个目标努力，不能有任何的偏离和拖沓。与之相伴的是学业的阶段性检测和反馈，以及层层级级的评价、检查，师生似乎都在一架不停运转的大机器上。

二是教师及其教育智慧在应对学生问题中的紧张。教师作为传道授业解惑者，有责任对学生进行教育和管理。但是，教师的理念和教育智慧往往受到挑战，需根据各种各样的教育情境做出适切的反映。如今的学生享有家庭的关爱，自我意识强，敢于做出对抗行为（不承认自己有错、撕墙报、不经教师允许离开等）来保护自己的权益。教师的教育智慧受到了挑战。

三是学生诉求的表达和意见被搁置的紧张。正如女儿所说，他们很憋闷。这种憋闷源自何处？是理解后的不能说？是不得不忍受？还是默认和麻木？我也是教师，在学校里工作，每每看到孩子们过于"辛苦"地读书，教师们过于"辛苦"地育人，学校过于"辛苦"地管理，我内心一直在呼唤一种能够自由呼吸的教育。学生作为一个独立的个体，在整体的课程安排和管理中，如何获得属于自己的自由？这种自由既有时间层面的，也有精神层面的，是能让学生觉得学校生活是尊重自己的意愿的。要让学生感到轻松，让教育能够"慢"下来，需要在管理中还学生以自由。

我内心一直有个图景，是我小时候的经历。我出生在北京与河北交界的小村子，村里只有几十户人家。我们的小学校只有三间房，房子的土墙低矮且高低不平。有一个民办教师教我们三个年级共8个孩子（她也是我的同学的妈妈）。我们的成绩总是在学区里遥遥领先，而且在我的记忆中，学校是个自由的天地。

有一次老师上完课，让我们课间休息。于是男孩子爬上了墙头，女孩子跳起了皮筋。直到男孩子爬墙都累了，我们女孩子跳到了两次"大举"，还不见老师来上课。我们就跟着同学去她家里找她妈妈。只见老师正在用一个大铝盆洗衣服，旁边放着猪食桶，见我们来，就说："你们先回去，我随后就到。"还有一次，炎热的夏天下午，上课时，老师坐在讲台前，把我们挨个叫过去，用指甲划我们的胳膊，随后把几个男生留下，问他们是不是又去河里洗澡了。后来我才知道，去河里游过泳后，用指甲划皮肤就会有白印。

为什么我现在回想起来，这些记忆仍旧如此清晰？大概是在我的内心，有一种想回到当年的愿望吧！当年教育中的某些"宽松"是我所留恋的。而现在，这种"宽松"似乎成了一种"奢望"。每个人都处在一个身不由己的漩涡中："不能让孩子输在起跑线"的家长忙于给孩子报各种课外班，要办优质教育的学校不断提出更高远的目标，老师则在"没有教不会的学生，只有不会教的老师"的压力下忙于应对各种教学与管理任务。不仅是教育，整个社会都在焦急地追求效率，一切都要更高、更快、更强。生活似乎变得太过匆忙，目标过于明确，人人事务缠身。我们能不能慢一点、目标模糊一些，不要太过急躁，让一切就像酒一样慢慢地发酵，等它自然而然地散发出应有的香气呢？

四、呼唤"慢教育"，还教育以本真

我最近读了一篇文章，题目是《做"慢教育"，先让教师慢下来》，觉得确实切中了现代教育的某些要害。在文中张文质先生明确提出"教育是慢的艺术"，他用诗意的语言为我们描绘了一幅教育的理想图景：教师慢慢地教，学生慢慢地学，生命按照其自有的规律慢慢成长。① 这场景表达出了很多教师和家长的心声。而国内外专家学者呼吁的"慢教育""慢教学""慢学校"也正在为很多人所认同。但是，为什么我们慢不下来呢？

有专家认为，当今教育之所以"慢"不下来，实际上是因为我们面临着工业化社会以来效率至上观念的裹挟。飞速发展是当今时代最显著的特征，它形成一股巨流，裹挟着人们匆匆忙忙地追赶时代的步伐……教育也不能幸免，教育急着搞改革，学校急着创特色，教师急着出成绩，家长急着上名校，学生急着得高分。与教育有关的各个群体都表现出急于求成的样子，女儿所在的学校及教师之所以把课程安排得那么紧，也难免受到了社会上追求效率的风气的影响。

而"慢教育"正是针对工业社会背景下学校教育滋生的种种弊端而提出的，它旨在涤清学校教育操之过急的效率主义思维。"慢教育"是以符合儿童的身心特征为旨归，采取润物细无声的途径，以创造生活式的学习情境为诉求的教育理念。② 依此，学校应该安静下来，要遵从儿童的成长规律，给孩子时间，让孩子慢慢地成长。在这个快速变化、令人兴奋、甚为浮躁的时代，我们特别期待一种从容、舒缓、优雅的教育③。那么，教育能不能慢下来，如我们所愿呢？这也是我一直在琢磨的事情。很多人都告诉我他们特别期待"慢教育"，但是却不能实现，因为教育这个"大机器"不仅自己在转，也在随着社会"公转"。几乎所有的人都知道，像这样急匆匆地赶路，无法收获美好，得到的唯有苦果。

教育难道真的不能慢下来吗？

---

① 校长会.做"慢教育"，先让教师慢下来 [EB/OL].（2018-05-30）[2023-01-21]. https://www.sohu.com/a/233405059_227364

② 陈亚凌，王坤庆."慢教育"视域下地学校教育变革 [J].教育学术月刊，2016（8）：9-14.

③ 杨小微.期待一种从容、舒缓、优雅的教育 [J].江苏教育（教育管理版），2010（12）：1.

女儿在回忆前一任班主任时，多次提起一件事，说的时候还模仿老师的语气，笑得特别开心。那是五年级的一个初冬，天上下起了纷纷扬扬的大雪，因为北京的雪越来越少了，所以孩子的兴奋劲儿可想而知。午饭后，老师走进教室，看见有几个孩子还在低头看书或写作业，就问："小海，外面下雪了，知道吗？"

"知道呀。"

"知道了还不出去玩，真傻！"

女儿每次说到"真傻"两个字的时候，都大着嗓门，俨然他们那位梳着齐耳短发、朴实而又豪爽的女教师。我想，这个声音加上当时的情景，都会定格为孩子一生美好的回忆。而教师说出的"真傻"这样看似批评的话语，却体现出那种发自内心的爱，这可以代替许多冠冕堂皇的标语和口号。相信教师当时的心一定是欢快的、愉悦的，有一条爱的河流奔涌在师生心田。

我的内心深处时常有一个声音：愿教育中再多一些这样的场景吧！因为这是孩子们喜爱的、符合孩子身心特征和成长需要的，是真教育！希望我们每个教育人多做一点这样的小事吧！

 点评

　　夏老师这篇文章真的是"以小见大"！从师生冲突的两件小事，关联到了教育快慢的大问题，使我们有可能从教育表象中看到深层的结构因素。忙和累可能不仅仅见于师生身上，也不仅见于教育领域，而是一种广泛存在的时代特征。更有价值的是夏老师这篇文章所引起的思考。使小故事见之于教育现象，用来捕捉和还原生活体验，这也是新兴的叙事探究的表达方式，用来进行叙述者的自我定位和认同分析。同时，这也见于我们一线教师日常的征文之中，用来表述某种教育感悟。但夏老师的写作目的似乎不属于以上任何一种，她的小故事没有体现那些用途，尽管描述了故事中人的体验以及自身体验，但更多是一种结构分析。那么，对于我们一线教师而言，什么样的写作方式是合适的呢？从可得性和便利性角度出发，"小故事"也许是一种方向，但是这用于自我反思还是系统洞察？如何给读者带来启发？这些问题值得进一步探究。

——王富伟

牵『一发』而动『全身』
——基于班级建设转化个别生的尝试

一、"闹事"的小徐

我正在上课，突然听到班级内座椅咯吱吱地响起来。原来是小徐因上课感到无聊，用桌子使劲挤前面的同学，前面的同学极力反抗。而小徐则为自己制造出了这么一场激烈的游戏而沉浸在激动和兴奋中。

我："小徐，不许这样挤前面的同学！"

小徐："老师，我的笔掉到他的座位下面了，我要捡起来。"

当我走到他们面前时，确实很多笔在小徐附近，这都是他边玩边掉的结果。这时，前面的同学说："老师，他总用铅笔和尺子扎我。"另一个学生说："谁挨着他，他就招谁。"这好像勾起了同学们的怨气，同学们都开始抱怨了："我坐他旁边，他就抢我的笔。""我坐他旁边，他拿书打我。""他往我座位下面扔垃圾。""他乱跑乱撞，经常把我的东西弄掉地上。""他自己的东西铺了整整一地。""他上课随便趴在地上打滚。"……同学们一连串地告状，我感觉接这个班真是遇到大麻烦了。

在跟小徐了解情况时，我发现他不爱表达。很多时候我问他，他都只回答"不知道""我喜欢""我想这样"，有时也会默默点头承认自己的问题，但更多的时候是不以为意或者不情愿地表示"投降"。虽然我多次认真教育过小徐，但他的问题并没有减少，只是在我的监督下有所收敛。在其他教师的课上，他有时很过分，导致教师无法上课。

二、内心的震撼

一次我正在其他班上课，一位老师忽然进来告诉我，小徐的耳朵被划破了。我一问，原来是下课铃刚响起，小徐就箭一样地往教室外面冲，被班里过道同学的桌子绊倒，桌子侧面的挂钩划破了他的耳朵。小徐的耳朵被划出了一个大大的伤口，必须要去医院。在校医进行了简单的消毒包扎后，我立刻给他的爸爸打电话，让他带孩子马上去医院做进一步检查。他爸爸说马上赶到学校。就在等小徐爸爸来的时候，我在会议室继续向小徐了解情况。小徐告诉我："我着急跑出去玩，被同学桌腿绊倒了，铁钩子划了耳朵。"我追问："有没有同学绊你？"小徐非常诚实地回答："没有。"小徐没有因为自己的问题牵连旁边同学，我心里没那么气愤了。我再仔细看看小徐耳朵上的伤口，伤口长长的并且很深，我有些心疼。我想要是爸爸看到孩子的伤口会更心疼、更生气。此时我的内心充满了内疚、心疼与忐忑，同样身为家长的我，真的看不得孩子受伤。孩子爸爸来了我必须好好解释，体谅家长着急的心情。

等了一会儿，孩子的爸爸还没来。我叫其他老师帮孩子打了午饭送过来。孩子吃过午饭后爸爸赶来了，看到孩子的耳朵，爸爸并没有表现出多么心疼。爸爸向我了解了事情的经过，知道是孩子自己碰伤后，脸上出现了烦躁厌恶的表情。"这个孩子就是这样！到哪里都惹祸，活该！等我回家揍你！"爸爸不准备让我跟着一起去医院，跟我礼貌性地简短对话后，就打算带着孩子走。当时是 1 月份，正值最冷的日子，寒风刺骨，正常人不戴帽子耳朵都会被冻得通红，而小徐的爸爸要领着没戴帽子的小徐出门。我提醒说拿纱布或手绢捂着点、护着点出去会好一些，否则伤口会化脓或者冻坏的。孩子爸爸说没事，看起来爸爸对这件事很是生气。寒风中小徐跟在爸爸的后面独自走着，孤独得只有自己的影子陪伴在左右。爸爸对孩子受伤的冷漠，让我更加心疼小徐。

小徐的父母在他刚刚出生的时候就离婚了，他是由爸爸和爷爷奶奶共同抚养长大的。爸爸对孩子抚养不是很上心，虽然都生活在北京，可是却没有和孩子一起住，把孩子放在爷爷奶奶家，每周或者半个月来看一次。爷爷奶奶看着孩子可怜，便对孩子十分放纵，格外宠爱。到了上学的年龄，孩子没有规则意识、淘气、不听话这些问题集中体现出来的时候，爷爷奶奶管不了，唯一的解决方式就是爸爸的一顿打。所以小徐除了怕爸爸的棍棒，什么都不怕。最可怜的是，小徐的后妈也很嫌弃他淘气。

孩子去医院缝了针，转天就被送到了学校。令我没想到的是，我立刻接到了小徐后妈的电话，她用不带任何情感的语气提出想要约我见一面。于是就有了这样一次见面和对话："王老师，我和小徐的爸爸跟孩子是分开居住的，每周回家只能管他一次。偶尔他来到我家，我也很关心他。可是他太淘气了，跟别的孩子不一样，去我家第一次就把我养了 10 年的金龙鱼捏死了！我没办法和孩子一起住。孩子的爷爷奶奶不让我们和他们住。我们的房子离学校远，没办法接送他，所以他的坏习惯我们没办法纠正。爷爷奶奶宠孩子没有尺度，不教规矩。全家人在外面吃饭时，孩子趴在桌子上随便用手抓饭，想吃什么就把盘子端到自己跟前，爷爷奶奶也不管。"爸爸在旁边连续点头，后妈接着说："王老师，孩子太淘气了，我们真的无能为力。您以后也不要找我们，总跟我们说孩子的情况，我们真的管不了。有什么事直接和爷爷奶奶说，毕竟孩子住他们家里，我们离得远无法教育。"哎！不爱孩子的后妈跟老师说话果然硬气，我更加心疼小徐了。

从那天起，面对小徐我不再认为他多事、无法沟通，反而时时想起寒风中他跟在爸爸后面那小小的背影。他在我这里成了一个特例，谁也不许笑话他、不许指责他。渐渐地小徐似乎不是那么无法沟通了，但是依然淘气，各科老师都不太喜欢他。

三、解密小徐

就在这样的情况下，学校领导给我安排了"完美教室"的任务！我的内心五味杂陈，这样的班级如何完美？目前距离成为一个合格的集体的目标还需要努力，哪来的完美？用一个词语形容自己的状态就是"焦头烂额"！说实话我的心里是不愿意的。首先，我没有信心把班级这么快地塑造好；其次，对于"完美教室"这一概念我很不明白，不知道从何下手；最后，自己确实很累，负担很重。

那时，面对小徐的各种行为，我首先想到的就是维持课堂秩序，保证其他同学的安全。除了小徐外，班里其他男孩也跟着养成了好打斗的风气。所以当时我认为只管一两个孩子是不行的，必须从班级整体入手，扭转班风班貌。如何才能扭转班风班貌呢，也许"完美教室"是一个机会。于是反复思考以后，我接受了领导安排的"完美教室"的任务，但我并不知道如何入手，于是在焦虑与忙碌中毫无目的地迈出了第一步。起初，我只是在教室布置上营造出一种读书的氛围。在这个过程中我也得到了家长的大力支持，很多家长和孩子把自己喜欢的书都带到教室共享，我们班变成了一个书香教室。书香教室为我和小徐的交流提供了一个平台。

　　全班同学在书香教室的氛围中掀起了读书的热潮。那是刚开学不久后的一个早晨，我正在教室里组织孩子们早读，一位值周的老师风风火火地走来，对我说："王老师，您班有个学生在学校门口又哭又闹，不肯进来！"听了他的话，我急忙跑到校门口，一看原来是小徐。我来到他跟前蹲下来，双手拉起他的两只小手，问道："徐同学，怎么了？"他并不理会我，只是说："我想回家，上学不好玩。"我瞪大眼睛看着他说："家里有什么好玩的吗？"小徐说："家里有手枪。"我说："正好咱们班里有一本全是各种手枪的书，今天你来给大家分享一下你喜欢的手枪好吗？"说到这里，小徐好像来了兴趣，眼睛里闪烁起了期待和激动。说完我就拉起他的手往教学楼走去，他也顺从地跟着。

　　到了班里，我把他喜欢的书送给了他，让他准备一下，等会可以和同学们分享。过了一会儿，我把班级阅读的主题定为"兵器"，希望同学们畅谈兵器的种类、作用和威力。小徐听同学们讲得津津有味、聚精会神，没有招惹周围任何人。我还特意让小徐介绍了自己喜欢的兵器，只见小徐羞答答地站起来，挠挠头，不好意思地笑笑，说自己喜欢各种宝剑。虽然他表达的不多，可是很有融入集体的意思，感觉他回答问题的那一瞬间拥抱了集体，集体也拥抱了他。这样的一次交流令我心里暗暗高兴，终于找到能和小徐建立起联系的纽带了。

　　就这样，第一颗能和他沟通的种子在我的心里埋下了。我发现阅读的内容涉及大千世界的方方面面，阅读是与学生沟通的良好载体。我和小徐通过一本小小的刀剑手枪读物，开启了彼此心灵交往的通道。我们以书为约定，我答应他有进步就让他第一个挑班里最喜欢的书；当他被其他同学嘲笑时，我会告诉同学们他的优点。我把小徐比作"武器"，让大家走进他的世界理解他。当他有进步时我就送他一本最喜欢的书，并且每天跟他聊一会儿书上的内容，就这样小徐悄悄地认可了我。记得有一次教师节，小徐高兴地拿给我一张特别朴素的书签，上面写着"老师像妈妈！"瞬间，我的眼泪流了下来，我只是尽了老师的本分，只是对小徐多了一份同情，就是这一点点的用心却换来了孩子这般赞许。这让我对小徐多了一种愧疚，以及像妈妈一样的责任。小徐也渐渐地爱上了阅读，他不仅爱看刀剑手枪读物，还爱画兵器。虽然他还是调皮，但告状的同学少了起来，他逐渐开始有安静的时候了。

四、小徐的新密码

一段时间后，小徐同学的爱好从打架逐渐转变成了读书和画画。但小徐画的画只有一个内容——独眼海盗手拿一把刀。不管我用怎样的方法鼓励他，他就是执着地画刀子、手枪。同学们有时会好奇，问他为什么总画这些东西？他就动手打人。开始我为了稳定课堂教学秩序，只要他不捣乱、不影响其他同学学习，就让他画自己喜欢的画、读自己喜欢的武器书。可是时间久了，他就开始任性。他的学习用具找不到了，同学不借给他他就抢。

有一次上课正好讲到快乐一家人，我按照书上的方法教给孩子一种简单易学的方法来画一家人。一个人像加一笔变女孩，减一笔变男孩，缩一笔变小孩，孩子们学得不亦乐乎。当我走到小除身边的时候，看到他画的画，我无奈了。他画的是两个独眼大海盗，还有一个小海盗，手里拿着黑乎乎的东西。我问他画的什么，他说，"独眼海盗是爸爸妈妈，小海盗是我自己，我手里拿的是炸弹，要把爸爸妈妈炸死。"我听完心里咯噔一下，孩子的父母带给他多大的伤害啊！

课后我找孩子聊天，先肯定他的海盗形象画得好，然后我问他为什么要炸死爸爸妈妈。孩子狠狠地说："我恨爸爸妈妈，因为他们总是打我，经常罚我，让我不开心，我就把他们画成海盗。因为海盗是坏人。"孩子的话让我顿时不知从哪里入手解开他的心结，这已经不是一个画画的问题了，是家庭教育又出了新问题。后来我以书画为媒介引导他说出真实想法，借助思维导图，我引导他把事情的结局多设计几种。首先我让他想想，爸爸妈妈对你的希望是什么？他说："爸爸希望我听话。""如果你是爸爸，你会用什么方法让自己的孩子听话呢？"我们梳理了以下几种：聊天，批评，打屁股，不管他。然后让他选择能管住自己的方法，并且说说理由。他看到了不同方法对自己的效果，他觉得对自己来说，还是打骂的时候自己最听话，聊天说服不起作用，说完他自己也害羞地笑了。同时他也看到了新的希望。我告诉他可以把今天的情况和爸爸讲一讲，自己不喜欢被他这样对待，但是也表示理解。要和爸爸约定用自己能接受的教育方式，让自己改变，也让爸爸改变。我还让他把这些讲给同学们听，同学们各抒己见，并且结合自己的经历说出了对父母的不满。小李同学说："我的爸爸也经常打我，我也想过长大以后我也打他。可是我的心里还是爱他，我也不知道为什么，我长大可能也不会打他。所以，你的想法是每个人都会有的，但是你应该知道，那是家长对自己的爱。"孩子们都表达了对父母的理解和尊重。小徐也接纳了一些建议，仿佛认为自己和大家没什么不一样，自己的爸爸看起来也好一些了。

教学中，有多少个这样的教育契机被繁杂的教育工作所掩盖？究其原因可能是这样耗时耗力的探究没法体现在作业上，无法体现在成绩上，无法体现在我们发表的论文上，可它却实实在在地存在，实实在在地扎根在每个被触动的孩子的心底，也许它会生根发芽，也许还需要很多次这样的碰触……可是我们又有多少的时间分配在这方面呢？

虽然在其他老师的课上，小徐还会出现问题，有时会无法沟通，惹得老师们纷纷向我告状。我也狠狠地批评他，可这样的批评是建立在理解和尊重的基础上。我想先有尊重才能有平等，才会让对方感受到这是从对方的角度出发，真正地为对方好。即使很小的孩子也要给予他充分的尊重，这样他才会从心底接纳、改变，最终这种变化就体现在了班风班貌的变化上……

五、我的反思

现在回想起来，小徐之所以这样有很多方面的原因。其中一方面源于他的原生家庭。小徐父母离异，没有得到过母爱，爸爸常年出差不管孩子。爷爷奶奶从小把他带大，很宠爱孩子，导致孩子不懂规矩、任性、没礼貌。只要小徐惹祸，爸爸见面就打，小徐的后妈则不愿意管他，以老人宠爱为借口，不愿和孩子一起生活。小徐无法克服自卑，他一边打人一边说别人欺负他。有一段时间我特别不了解这个孩子为什么会这样。后来明白是因为他不想面对生活中很多的缺失，所以他选择在想象的世界中生活、与人交往。小徐虚构的世界与现实世界是混淆的，他自己不是很清楚其中的区别。

当时我刚生完小孩，就接手了小徐所在的这个全校闻名的乱班。这个班的男孩非常淘气，成群结队地挑战各科老师，经常把老师们气得面红耳赤，再也不想进这个班。学校领导、任课教师、年级同事、班级家长、班内同学都在默默地观察着我这位新接任该班级的教师。当时班级建设的欠缺、语文学科基础的缺失、学生对教师的挑战、各科教师的告状，这些问题统统摆在我的面前。而我刚刚从照顾襁褓婴儿的世界走出来，充满了压力！所以在面对小徐各种情况的时候，我首先是以平息事态为要务，想的各种招式也是让小徐害怕我、让他懂得规则，而并不是从内心真正地理解他、进入他的世界慢慢陪着他转变，导致一开始与他交流不畅。同时，我也意识到自身经验的局限。我毕业后一直在高年级教课带班，缺少对低年级学生的教育教学经验。我一边学习一边管理班级，就在这样的焦虑中我摸索着带着 3 班走过了一年级下学期的第一个月。课堂上我重新帮助学生树立课堂规则意识；课间从不回办公室，稳稳地坐在班里监督班级；其他时间不是备课就是在处理学生矛盾或与家长沟通。

不得不承认起初我对小徐是有偏见的，带班之初我就对小徐的情况有所耳闻。刚接手这个班时，同学们的告状，老师们的介绍，家长们的告状，让我觉得他本来就是一个特殊的孩子，跟别的孩子不同。当时我作为一个普通的、忙碌的教师，现有的压力已让自己很累，能分给小徐的精力很少。除了空闲时间的关心，我们能有多少时间给予这些孩子更充足的教育？并没有。我们在忙于维"稳"，而小徐这样的孩子却在老师忙碌的借口下继续当着特殊学生。通过和小徐几次交流，我发现只需要一个撬动他内心的支点，剩下的都可以交给时间，交给心与心的交流。回想起来，自己最初的冷漠是很可怕的。反思我所做的，就是给特殊学生一个支点，让他们的成长以班级文化建设为依托，将其作为个性化引导的平台。例如小徐在"完美教室"班级建设的整个过程中不断受到外在环境影响，加上我以班级文化建设为契机，在建设班级的同时帮助小徐进步。这样能一举两得，让"特殊"学生更好地和集体融为一体，这也为自己带班打开了另一扇窗，让我得以继续探索、研究。"完美教室"这一育人读书活动带动了每一个学生的改变，尤其是在改善小徐的教育问题上给了我很大的启示，我也将带着这样的启示继续探索、研究。

 点评

王晓燕老师通过她和小徐的故事向我们展示了一个在离异家庭中成长的特殊儿童案例，处于这样成长环境的儿童在进入学校以后，给班级带来了无尽的麻烦。通过王老师的故事，读者可以了解到教师是如何实现牵一发而动全身的。王老师通过在教育生活中开展"完美教室"这一育人读书活动，通过孩子感兴趣的事情来促进小徐的改变。王老师通过她的教育机智，敏锐地抓住了教育儿童的契机。在教育教学中，很多教育契机被繁杂的教育工作所掩盖，究其原因可能是这样耗时耗力的探究无法体现在作业上、无法体现在成绩上、无法体现在我们发表的论文上，可它却实实在在地存在。只有当我们抓住了能触动孩子心底的教育契机，教育才会发生。

——欧群慧

被压迫者权威

——一位大学教师在小学评课中的身份探寻①

郑州师范学院　王念利

由于工作的关系，我经常有机会去小学听课。每次听后的评课环节，我这位大学教师，即所谓的"专家"，总要"被邀"发言，提些看法。由于听什么课通常都是到校后才知道的，因而我对课后能否提些让小学教师认可的、有价值的看法，是很难预知和把控的。虽然这种评课情境的不确定性挑战着我的知识储备、场景判断和认知能力，但它并不影响我关注小学课堂教学的热情，反而让我对评课充满了期待。是的，我喜欢充满未知和挑战的时刻。

一、"过山车式"的评课体验

作为一名在高校教授了25年小学数学教法课的老师，和小学课堂打交道是必须的。工作至今，无论是直接踏入小学课堂，还是阅读报

① 在本文写作过程中得到了很多老师的帮助。感谢陈向明老师、安超老师、欧群慧老师、王青老师、刘慧霞老师的帮助，也感谢李紫红老师、尤兰萍老师给予的情感共鸣和支持！

刊上小学课堂相关内容，都让我对小学课堂教学实践有了更多理解。这些理解增强了我的专业自信，使得我在小学评课环节能够从容应对。

（一）评课前出乎意料的安排

又要去 S 小学了，我与往常一样开心。当我来到 S 小学时，被告知要和孙老师一块儿听本校朱老师的数学课"分物游戏"，即"平均分的知识"，我高兴极了。授课的朱老师是 S 小学的教导主任，专抓数学业务。孙老师已退休，曾是区里知名的小学数学教研员，目前被 S 学校聘为数学专家，两周一次指导小学数学教研工作。我和孙老师认识，都知道彼此是专攻小学数学的，但从未共听、共评过课。他经验丰富，我要抓住机会学习他怎样评课。但我突然又有了不安，他会怎么评？我又该怎么评呢？我感觉自己的听讲状态不像以前那样从容，似乎越来越紧张。转念又想，我自己应该放松，我还是相信自己的。

课后评课环节，先是由朱老师和同行听课者议课，随后 S 校领导让孙老师发言，可是孙老师却提议："让王念利老师先说。"这出乎我的意料，让我有点措手不及，我原本想向孙老师学习并打算从孙老师的发言中借鉴一些观点。这下我有些慌乱。尽管自己边听边思考，也形成了一些想法，但这些想法在小学数学教研员孙老师面前是否"有价值"，我拿不准，有些不安。

（二）评课中的"自鸣得意"

稍微梳理了下思绪以后，我先是肯定了朱老师的优点，然后以对话的形式做了评课：

我：你为这节课设计的学习目标是什么？

朱：我设计了 4 个学习目标：第一，结合学生经历把小数目实物分一分，让学生积累关于平均分的经验，发展其数感。第二，让学生理解平均分的意义，提高其发现问题、分析问题、解决问题的能力，发展分析观念。第三，让学生学会用图示（如连一连、圈一圈、画一画）或语言来表述平均分的过程和结果，发展其几何直观、符号意识。第四，让学生体会平均分和生活的联系，培养其应用意识，增强合作意识。

我：本节课的学习重点是什么？

朱：学生通过动手分，理解平均分的过程，体验平均分的含义。

我：你在引导学生动手分物品的过程中，我发现你总爱问"分几次，每次每只分几个？"你为什么总强调这个问题？

朱：我想让学生发现：分的次数越少，每次拿的越多；分的次数越多，每次拿的就越少。

我：根据你的课堂观察，学生是否体会到了你预想的内容？

朱：（停顿）我觉得二年级的孩子只要能体会到多拿点就要少分几次这一点就行。只要能够超越原有知识水平，不一个一个分，去多拿就行。（实际上学生在后续的操作中，确实有两个两个分的，或者四个四个分的情况，但相对人数较少，多数学生仍然是一个一个分的。）

我：你觉得本节课学生的练习效果怎样？

朱：（停顿）嗯，学生的参与度不够，有些学生还是一个一个分，还有的学生会分错。

我：新知讲授得很清楚，你也引导学生尝试了几次分物，可是课堂练习中仍然有学生一个一个地分，甚至分错。那原因可能是什么？问题出在哪里呢？

……

在上述评课中，我并没有直接说出关于授课内容的看法，而是以提问的形式来引导朱老师思考自身的教学行为，这种评课方式是我引以为傲的方式，目的是想让她自己意识到教学问题所在。其实我就是想让朱老师明确两个问题：第一，教学设计凸显老师弱化学生。教师引导太多，学生的操作有被暗示执行的痕迹。也正是因为学生操作总被老师提示，所以等到学生自己去练习时就有些茫然了，因此会出现差错或者与老师预想不一致的地方。第二，学习重点的确定方式太狭隘。针对本节课朱老师反复强调的"分几次，每次每只分几个？"的提问，我指出，一节课的学习重点不能仅从节上考虑，还要从单元内容上整体把握，并顺便分析了一下单元内容间的逻辑关系和侧重点。

谈到教材分析，我有些亢奋，甚至还"拓展"到了对教材中另一节练习一的分析。教材分析可是我的强项，我也自认为最擅长的就是对教材的解读。那个时刻，我的不安和慌乱似乎都不存在了，声音也清亮起来，滔滔不绝地解读着教材，尤其是对练习一的分析，让我颇觉得意。凭我多年的教学法经验以及对学习理论的掌握，我预计小学教师对于练习一的处理常常是让学生说出答案即可，他们根本不会在此琢磨和停留。看着他们听我有板有眼的论述，我也确信如此。是的，这道题的编写意图可不是谁都能悟出来的，我暗想，更颇觉自傲。

（三）评课后失落出局的沮丧

我的发言结束了，整个会场霎时陷入寂静，老师们的表情都很严肃，没有往日的满脸笑意。今天的气氛竟然有点严肃，这是怎么啦？是我"对确定学习重点的方式"谈论不当，还是"拓展"的教材分析部分跑题了？我的教材拓展分析虽是举个例子，但也是变相说明了如何确定学习重点啊！我突然有些发蒙，觉得自己过于兴奋，以至说的是不是有些过头了。

我真的很想听到其他老师的回应，但是没有老师针对我的发言进一步回应和探讨。更让我不安的是，轮到孙老师评课了，可是他对朱老师的课没有发表评论，而是对于我的评课提了句"王老师有理论有实践……"就转移话题了。我是很想通过孙老师的评课来比较我与他的差距并向他学习的，可是我没有听到他对朱老师的课堂评价。我不知道是因为自己说错了，他们顾及我的面子，不好反驳，还是有别的原因。

这次评课后，我去 S 小学还会遇到孙老师，但再也没有和孙老师共听共评一节课，而且一般被安排听别的学科，除非我有要求。因为孙老师是 S 校特聘来辅导小学数学教师的，所以数学课基本上都是孙老师在听。我很失落，也很困惑，小学数学课怎么就与我无缘了呢？我竟然开始怀疑自己的评课水平和专业能力。甚至有时候，去 S 小学会让我有一种说不出的不情愿感，甚至听课后会萌生出逃离感。我这是怎么啦？

二、"我是谁"——身份的叩问

自大学毕业起，我就在师范学校担任小学数学教材教法课程教学工作，现在这门课已改名为小学数学课程与教学了。多年来，我的研究关注点始终是小学教师的课堂教学。我自认为自己熟悉并懂得小学数学课堂教学。

（一）我是专家？

作为一名大学教师，只要我进入小学，总会被校方热情地询问："你教什么课？"每当我说出"教小学数学教法"时，他们就会说："哦，那您是这方面的专家。"《现代汉语词典》对"专家"有两种解释：对某一门学问有专门研究的人；擅长某项技术的人。虽然我日常关注小学数学教学，也确实对小学数学的教学理论、小学数学课本、数学课程标准等有过钻研，甚至也在小学有过一年的数学教学实践经验，但是，无论如何我不敢自称是这方面的专家，也从不敢以专家自居。

不过我以大学教师的身份进入小学课堂，似乎携带了一种权威专家的光环。这个光环不只是我"被赋予"的感觉，小学领导初次向小学老师介绍我时，也常说："这是××大学的教授，是咱小学数学方面的专家。"即便没有小学领导的刻意介绍，小学教师也会把我当作专家，他们会认为我无所不知、无所不晓，常常很认真地问我一些令他们困惑的数学知识或教学问题。有些我能回答，而有些则无法解答。还有些时刻，尽管自己清楚地给小学老师解释了，但是他们仍然凭自己的感知或经验怀疑我，就像"学习重点的确定要联系单元教材吗？"这样的问题经常出现。实际经验告诉我，专家不是那么好当的。

（二）我是帮助者？

在和小学教师打交道的过程中，我常常能感受到专家身份带来的压力、责任感和内疚。一方面我想帮助教师，但忧虑自身能力不够；另一方面我又为不能真正地帮助到教师而感到不安。我总想，大学教师要和小学教师共同成长，我可以从小学教师的课堂上吸收鲜活经验，小学教师也可以从我这里得到专业帮助。小学教师不能只成为大学教师素材的提供者，他/她也要在大学教师的帮助下成为专业自主成长者。我想这个过程应该是双赢的，而非只有一方获益。

所以这些年我总在想，我究竟能帮助一线教师做些什么呢？我和他们的交集仅限于课堂上以及课后的短短评课时间，我该如何发挥自己的作用呢？我不能只从教师那里"索取"听课内容，也不能止步于课后的短暂评课。我怎么和小学合作，怎么服务于小学，服务于愿意成长的教师呢？而在和一线教师的接触过程中，我又该怎样定位自己的角色呢？这是我脑海中反复出现的困惑。如同我在对朱老师评课时，原本是想借助评课帮助朱老师反思自己的课堂教学并改进教学设计和教学行为的，但是我的评课对朱老师以及在座的其他教师真的有帮助吗？从评课后的集体沉默和教研员孙老师的话题转移似乎没有看到我的评课有所帮助。除了那次现场评课，我并没有在课后再单独和朱老师沟通，或者跟进朱老师后来的教学设计和实施。这样看来，我真的是合格的帮助者吗？

（三）我是启发者？

正是带着帮助者的心态，我每次听完课，都竭尽所能"指点"授课教师。我采取的"指点方式"是不断以"问"的形式呈现，促使他们回顾思考自己教学中出现的波折并找到根源，提高他们的反思意识和能力。不过，这只是我所认为的"启发式"评课方法，实际效果是否好呢？除了现场评课时一线教师和我的互动，后续过程中我很少主动关注他们在实际教学中对相关内容的运用。实际上我的评课效果也常是由一线教师在事后的某个时机反馈给我，但多数时候是得不到来自一线教师的具体反馈的。因此，我的"启发式"评课效果究竟如何，我并不清楚。然而，随着我在工作坊学习的深入，我突然对自己类似的评课经历有了好奇，开始思考我的评课效果，于是就以朱老师的案例为素材，在一年后回访了她。

朱老师说我的评课方式不直接。她说："你不停地问我问题。当时我就不知道你问我问题的目的是什么，我就只管回答。但是回来之后，我自己再思考的时候，才明白你就是通过一个一个的问题，让我自己去发现问题，去反思，去想其中的道理。"然后她又补充："我们老师评课时，都是直接告诉你，这点不好，应该改成什么样。（笑）而你让我们自己去悟。"

"启发式"的评课方法不妥吗？我的评课初衷可是想让小学教师真正找到问题的根源，使教学有效，提高他们的反思意识和能力呀！问题出在哪里呢？就像我问朱老师问题的目的，她也是事后又琢磨了才体会到的。再想到她所说的"有的老师如果课后不再想，可能会觉得没有效果。还有些年轻教师，她提取不出你问题的信息，就会认为无用"。我开始怀疑自己"启发式"评课方法的效果。另外，当我问到"你觉得我的评课方式和教研员相比有何不同"时，朱老师含蓄地说："你们大学老师很关注学生的表现，按学生的表现来评价老师。余文森教授来我们这儿也是一直盯着学生的思考、表达过程，在评课时他也会问你这节课为什么这样设计，或者问一些问题，再说一些自己的观点。教研员来评课就会直接指出你的问题在哪儿，然后让你自己去反思，或者有时给你指出问题后，告诉你怎样做可能会更好。"看来，我的"启发式"评课方法并非如我所想的那样有效。

另外，我结合提问梳理单元教材，指出学习重点的确定不能仅依据一节课，而要联系整个单元教材，并拓展到教材练习一的分析。这些并没有引起朱老师的注意，因为当我询问时，她并没有任何印象。

我本来认为以自己多年的工作经验和积淀，进入小学课堂能给教师们指点一二，而且我还自认为"启发式"评课方法能有效引发小学教师的思考，培养其反思意识。但当看到朱老师的回应时，我发现自己的设想有些落空了，在学习重点确定方面尤其是教材分析中对练习的拓展，好像没有起到我想象的作用。这或许是我的失落感的关键所在吧！

三、"镇得住"的权威——身份的浮现

可是我为什么那么关注自己的评课效果？为什么那么在意教研员孙老师没有评课呢？进一步说，我为什么非觉得给小学教师指点一二才心安呢？

（一）捍卫权威身份的荣辱情结

回想从教二十多年的职业生涯，我作为教法课大学老师，一直要

求自己既要有扎实的教学理论，又要熟悉教学实践，做到校内能指导师范生将教学理论用于教学实践，校外能为一线教师解决实践困惑。否则，我在课堂上站不稳，在课外无立足之地。我在理论与实践的夹缝中生存，这种生存危机对那些单纯研究、生产理论知识的大学教师来说，一直是若隐若现的存在。

自我跨入小学课堂的那刻起，大学教师的专家光环就一直如影随形，不管我愿不愿把自己当作专家，我都得是"权威"。就如朱老师说的那样："您在我心里就是一个权威，我觉得您说的是对的。"这样的话语不止朱老师一人说过，很多小学教师都这样对我说过。他们将我当成"权威"，而我也不得不作出权威的样子，竭力让自己的评课建议有价值、有意义。否则，我会心里不安，觉得对不起"大学教师"这个称号。这种不能给大学教师丢脸的念想潜藏在我的意识里，使我不自觉地有了捍卫大学教师专家身份的责任和意识，所以我会下意识地重视自己在评课中发挥的作用。

（二）关注"我有用"的及时目标取向

正是由于要捍卫大学教师这个专家身份的权威性，所以我对自己的定位是个帮助者，试图通过我的评课建议引领小学教师的专业成长。就像前面描述的那样，"想让小学教师真正找到问题的根源，使教学有效，提高他们的反思意识和能力"。这个描述里的"我想""让小学教师""提高他们"词语说明了什么？难道我不相信小学教师自己有能力提高自己吗？难道我真觉得自己是个"专家"，水平比小学教师高？我的建议是最适合他们的吗？难道只有我的"正确的建议"才能促使其改变教学行为吗？

成长是个慢活儿，教育是个等待的艺术。即便我的建议是正确的、有道理的、符合小学教师实际的，但是他们也有个吸收、消化的过程。我怎么能那么急切地要求看到发生在小学教师身上的变化呢？纵然"开心的笑脸"是教师直接的反馈，但思想上的击打、波动却是更深刻的隐性反馈。即便有着十几年教学经验的朱老师还要课后揣摩我的"提问"，更何况那些初入教职的新手教师？这回应了朱老师说的那句话："有些年轻教师，你只听她一次课，她体会不到你的用意。像你给我的评课，就是我自己提取的信息——应该多关注学生，让学生自主地去发现。"

是的，尽管"要帮助小学教师"是我潜在的心病，尽管我只有提些有益的建议、有效的说法，才觉得心理平衡，觉得对住了小学教师精心准备的课堂。但是我不能太心急，固执地认为自己的建议一定有效，而且能马上起效。我想我这样的急切思想可能与我曾经的培训者经历有关。

我任职的师范院校经常有机会培训职后基础教育教师，尤其2001年新课改启动以来，各个层次、各种类型的一线教师培训层出不穷。作为高校小学数学教法课教师，很有必要与时俱进，了解并熟悉基础教育课程改革。于是，我会积极查询校内培训小学数学教师的讲座地点、学习安排，并尽可能利用课余时间"混入"一线教师队伍，聆听各位专家、名师的讲座。因此，我常常听到一线教师的真实声音，能感受到受训教师普遍喜欢一线名师充满实践体验的讲座。因为高校专家偏重理论，联系实际不紧密，或者即便联系实践案例，也常常是国外的例子，与国内的日常实践不相融，所以一线教师听讲的热情会降低很多。作为一位既需要熟悉未来准教师又需要熟悉职后教师的高校教法课教师，我理解小学教师的需求，切实感受到理论联系实际的必要，但也为高校专家认真备课却不受欢迎而委屈，更为一线教师不认真对待培训而叹息。不过我有时也理解一线教师确实想通过培训得到一些看得见的实在的收获，才会出现以上情况。

2009年一个偶然的机会，我被告知要给一期国培计划班的小学数学教师做培训。曾经的听讲座经历还历历在目。做什么才能让小学数学老师有收获、有启发呢？我查阅资料，访谈小学数学教师，结合课改后教学中经常出现的现象，拟定了"小学数学课堂教学生成研究"这一主题。同时为了做好这个讲座，我自费 2000 元（我的培训课时费也才 300 元）去南京参加了一个国内有名的数学课堂教学观摩会，想从国内顶级的诸多名师中寻找一些当前小学数学最前沿的教学行为和思想。我的想法是要给一线教师最实用的、够得着的，且贴近他们教学实践的信息和观念。第一期培训结束，还没收到明确反响，不过能看到部分一线教师认真聆听后露出疑惑以及欣喜的表情。第二期培训课间休息时，我不但听到了教师们齐刷刷的掌声，还有两位教师走上讲台对我说："老师，您这讲座包装一下不亚于那些高校大家。"听了他们的话，我颇感吃惊，但也很欣喜。这一直是我想要的效果。我不想浪费一线教师的培训时间，也希望能对得起自己。所以这样的"对得起、有用"的信念慢慢就在我的脑子里扎根，以至于只要和一线教师打交道，我总要考虑"不能浪费人家的时间，一定要让对方有收获"。这种信念也深深扎根于我对小学教师的课堂教学评价，成了我的评课准则。

（三）不喜"报喜不报忧"的文化氛围

我之所以如此关注自己的评课效果，还与不习惯静默文化有关。你可以挑战我，但你不能以无言的方式质疑我。我希望双方能有交流，对澄清、明晰观点的过程喜闻乐见。想起当时评价朱老师课堂教学之后的短暂冷场，我曾为自己是否"镇得住"在场的老师而忧虑。尽管我没想完全把控场面，但是我得意扬扬的拓展分享实际上就是在向众人宣示——我比你强，我能看到你看不出的东西。我是有想法、有观点的，我是"镇得住"你们的。然而一线小学惯常的评课文化却动摇了我的"权威"地位，让我有了"镇不住"的恐慌。其实我愿意看到小学教师驳斥我的观点，我也想在争论研讨中澄清观点，或者进一步向他们说明我的观点的正确性，以便他们能够理解并接纳我的意思。但是小学教师习惯了顺从权威，即便有疑惑也会因为你是权威，要顾及你的面子，选择不争辩、不质疑。正如朱老师所说："评课中老师们不会主动发言，除非我点名。而且他们通常只说优点，不说不足，毕竟大家都是同事，还要在一块儿共事，关系要好的同事最多私下和你说说你的不足。"这是我接受不了的文化现象。

S校这样的"报喜不报忧"的文化看似维护了教师的尊严，但也错失了以课堂为抓手、研究专业问题、促进教师专业成长的时机。人们有趋利避害的本能，关注优点是常态。但是不足或不当中往往蕴含着更多有价值的信息。正如杜威所说：失败是一种教育，知道什么是"思考"的人，不管他是成功或失败，都能学到很多东西。

尽管谈论"失败"有如此的益处，但是"报喜不报忧"的文化氛围在S校特别明显。这是为什么呢？朱老师的另一番话或许会给出答案："平时哪些老师做得不好，主抓教学的主任或校长也不会直接说，也是光说好的。尤其当着那么多人的面说某某教学不足，那个过程还是蛮痛苦的。"是的，人都要面子，也都爱得到表扬。但是，人不能总处在被表扬的状态中。如果主抓教学的领导都不忍心指出教师的不足，那一线教师在同伴教研中更是只提优点，不提不足，或者干脆沉默。更何况他们面对我这个带着"权威"光环的"专家"呢？他们怎么好意思当着那么多人的面指出我的不足，怎么好同我争执、讨论呢？回访朱老师后，我现在能够理解我发言之后大家的沉默了。

但是，这种沉默让我不舒服，我不但看不到自己评课内容、评课方式的效果，更不知道朱老师、孙老师以及其他一线教师是怎么想的。无论是否认同，双方是需要对话的。没有对话，就没有沟通和交流，也就不会有共识和行动，当然也就谈不上改变。

四、被压迫者权威——身份的凸显

我是真的迷恋自己的"专家"权威身份吗？我为什么会有非得能帮得上小学教师才心安的执着？我不能容忍自己的"帮不上""无用"甚至"无能"吗？我对自己的权威身份产生了深深的疑问。

（一）制度枷锁固化了我对"专家"的权威认同

带着大学教师这个光环走进小学课堂，就像戴了一顶权威的帽子。而小学领导的一番"教授、专家"的用语，又加深了"权威"在我心中的烙印。你已不是你，你是外在制度塑造的"应然的你"。虽然我知道自己并非万能，但是我不能显露自己的不足，我得有气场，我得对得起"大学教师""权威""专家"这几个标签。

为了对得起"权威"这几个字眼，我不计较个人得失，付出了很多时间和精力。大学教师下校是没有任何补助的。很多大学教师都精于理论研究，理论研究者在高校的学术地位也是远远高于教法课老师的学术地位的。我却不然，我觉得自己教教法课，就得熟悉教学实践，所以我不怕花费时间、精力，我愿意下校，坐在小学的课堂上，丰富我的教育教学素材。但是只要我去听课，小学教师总是要准备。为了对得起他们的准备，我就不能光从他们那里"索取"听课内容，还要提供帮助，否则我就有内疚感，觉得自己"无用"。

"光收获不付出"不是我想要的。大学教师这个"权威专家"的光环压迫着我，使我总在思考能为小学教师做些什么。因此，如何帮助小学教师成了我的心病。尤其是当我确实提不出自己觉得"好"的建议时，我就会有挫败感，觉得自己水平不足，信心备受打击。我会感觉自己简直是在浪费教师们的时间——他们那么忙，这让我的愧疚感更加强烈。

（二）权威崇拜让我在"权威"面前寻求认可

权威是使人信服的力量和威望，权威常体现在最有地位的人身上。我们是凡人，都有崇拜权威的心向。当我的评课现场只有小学教师或者该校领导时，我就是权威，可是教研员孙老师的入场打破了我"权威独大"的心理预设。

教研员大都是一线教师出身，身经百战，是各级别的教学大赛能手，他们在小学教师心中可谓一言九鼎！当遇上他们，我这个自带光环的"大学权威"瞬间在"实践出身的专业权威"面前慌了神。尽管我有日常的钻研和多年的评课经验积淀，但在孙老师面前还是觉得底气不足。我既想向他学习，又担心自己的评课内容粗浅或偏题，会降低自己的"权威"地位，所以我会慌乱、紧张和不安，会担心自己丢丑。我期盼从孙老师对朱老师的评课中寻求一些能让自己安心的蛛丝马迹。但是孙老师的"王老师有理论有实践"简短一句话就翻过了评课环节。我既没有学到孙老师是怎么评课的，也没有从其评课中提取我需要的信息，所以我变得不安。

现在回想起来，我也有迷恋他人权威的倾向。我认为教研员对教学了如指掌，于是就带着崇拜、学习的心态进行评课。实际上，我也是想得到孙老师这个权威的认可，期待我的评课建议在他那里得到肯定。我曾以为自己是"权威"，可是一旦遇到更专业的"权威"，就丢掉了自我和自信，也开始怀疑自己的能力。我就像小学教师那样，不自觉地屈从于威望高于自己的教研员，开始怀疑自我。

（三）愿景的消解让我成了被压迫者权威

按我入校的原初理念，我非常珍惜接触小学课堂的机会，因为小学的真实课堂是我的灵感之源，是我胜任大学教法课的前提。没有目睹小学课堂上那鲜活的一切，单凭想象是无法向师范生描绘活灵活现的课堂。也正因为我害怕脱离小学课堂，所以加倍珍惜小学课堂。故而和授课教师的课后交流是我最幸福的时刻，在和他们交流时，我常常怀着尊重、理解、感激的心情。我从最初不知道对他们说点什么到能看出他们的问题并给予具体例证，从最初的谦虚、诚挚，到不由自主地"我认为，我觉得"等的不容置疑，我似乎开始强迫小学教师接受我的观点。我会不自主地重复我的意见，表面是关心一线教师是否听懂我的意思，实际上是通过"反复强调"来明示我的建议。这与强迫他人接受我的观点有何区别呢？

我看不见了当初谦虚谨慎的我。自认为评课经验丰富，我已经把自己当成了一位"救世主"，觉得自己懂行，就是来拯救他们课堂教学的权威、专家。这难道不是在逼迫他们接受我的建议吗？我这样的权威对于一线教师来说，与他们学校的领导又有什么区别呢？我不是也让他们服从、接受吗？这种我比你懂的"惯习压迫"无形中让自己十分关注小学教师是否接受自己的观点，也不自觉地将自己变成了被压迫者的权威。

现在我弄清我评课失落的原因与我的权威身份有关了。就像前面描述的那样，"想让小学教师真正找到问题的根源，使教学有效，提高他们的反思意识和能力"。我的本意没错，但是我怎么就那么确定自己的评课内容或方式就一定是正确的，一定能触动小学教师呢？我们常说教学要民主，要相信学生能行。可是在评价教师的课堂时，我是怎么向小学教师表达我的"评价建议"的呢？我们是什么关系呢？权威与服从？传递与接受？所以当我没有得到 S 小学的教师和教研员回应时，就觉得自己的"专业权威"遇到了威胁。

尽管那次评课后无法得知自己为何没有机会和孙老师共听共评数学课了，但是真实缘由已不重要了。回顾这次的评课经历，以及对当事者朱老师的访谈，在层层剖析中，我越发清晰地看到自己的评课观念以及专家权威身份带给自己的影响。专家的作用不是显示自己多么

有学问，更不是用一些高深的理论或小技巧镇住教师，而是真正放下自己，与教师一起探索，一起往前走。我要做好倾听者，成为为教师提供批评的朋友，在和教师筑起的实践共同体中帮助其独立成长。

我批判性地理解我的压力、矛盾、恐惧和疑虑，这给了我内生的力量，让我踏上了超越权威身份的艰难旅程。尽管这个旅程困难重重，但它可以让我反思并理解我的评课过程。这个过程让我明白，处在与教师评课关系的紧张边缘意味着什么，我该怎么改变自己在评课中的生存方式。

点评

在一个崇拜权威、等级较为分明的制度环境里，个体可能是制度链条中集被压迫者与压迫者于一身的角色。教师在承担传道、授业、解惑的"神圣"角色的同时，最有可能陷入权威角色而不自知。这从作者在评课时的"自鸣得意"和被更为权威的教研员忽视时的"沮丧失落"里可以看出来。作者的躬身自省是在进入一个更为开放、广阔的学习和反思环境中实现的，在勇敢袒露了自己身份认同背后的洋洋得意与惴惴不安，在揭下了自视权威与崇拜权威的"专家"面具之后，作者获得了真正的学习与成长——当不再迷恋权威的时候，在真正意义上成为自己心灵的主宰者。

——安超

教师实践性知识生成中的"小丑"意象

——一名高校公共英语课教师的教育叙事探究之路[①]

广东第二师范学院　李紫红

在现实生活中，不少教师将教室视为封闭的独立王国。关起门来，教师是全然的权威，对课堂教学和学生都拥有无可置疑的"生杀"大权。这样的课堂自然是危险的。师生关系一直是学界关注的焦点，媒体对于课堂上的"师生冲突"也时有报道。从教25年以来，我时时刻意遏制可能出现的控制欲，要求自己听到学生的声音，切勿践踏学生的尊严。但讽刺的是，我似乎不曾见识过自己不怒自威的模样。我在课堂上的形象如何？我在教室里是权威般的存在吗？在我进入陈向明教授主持的教育行动研究工作坊之前，这些问题一直潜伏在我平静的生活与工作背后。

①　本文在写作过程中得到了北京教育科学研究院培训中心举办的第三期教育行动研究工作坊全体教师和教育叙事行动研究工作坊各位同学的很多启发。特别感谢陈向明教授对这篇论文的悉心指导和严格把关；感谢欧群慧老师、王青老师、安超老师的宝贵意见；感谢卢杨老师及其指导的"爬山虎"小组的所有成员在多次讨论中迸发的智慧火花；感谢尤兰萍老师、王念利老师、方明军老师三位访学同门的情感支持和专业意见。

一、情境：困扰已久的疑题

我对于前述问题的深入思考，缘于一个困扰我已久的疑题：同样的我，以同样的方式去教两个班的公共英语课，为什么课堂教学效果会如此不同呢？

我在教育领域有 25 年的工作经历，本硕博跨三个专业，现在新建地方本科院校担任公共英语课教师，喜欢探索新的教学方式和方法。我认为公共英语课除了培养学生的语言能力，还应提升学生的人文素养，因此要求学生每年至少阅读两本英文经典名著，并且在相关平台上完成配套作业。在课内，我也会组织戏剧表演、朗诵、讨论等活动。两个班学生的英语基础水平非常接近，在满分 150 分的高考英语中，他们的得分都不占优势。学习一年后第一次四级考试的通过率也很相近，比全国平均 40% 的通过率高出不少。A 班同学基本是从别的专业被调剂过来的，对自己专业的认同度非常低，毕业后多数不从事本专业工作。B 班同学对本专业的认同度非常高，毕业后多数成为小学教师。因此，他们的学习动机强度也非常不同。A 班的院系管理相对松散，我和班主任没有交集。B 班所在院系学风非常好，班主任经常主动向我询问学生的学习情况。

本文所探讨的"课堂教学效果"主要表现为课堂氛围和师生互动。A 班的教室总给人一种冷冷的感觉，学生会突然沉默，表情有时候也比较尴尬，而 B 班的教室让我感到安全、舒适，孩子们总是笑意吟吟、眼里有光。A 班课间不休息，因为要提前 10 分钟下课，方便他们提前去很远的钢琴教室抢座位。每次下课，学生们匆匆离开，我会留下来回顾一下刚上完的课程，总有一种被遗弃的凄凉感。B 班学生下课后会抢着帮我拎包，一路陪我走到候车亭，短短十几分钟内，我们会聊文学、聊考研计划等，这让我真切地感受到作为教师的幸福。

二、冲突:"小丑"意象的浮现

2018 年秋某个闷热得近乎窒息的午后,我在给 A 班的学生讲课。面对一如既往的沉默,我努力调动自己的所有激情,硬是自问自答、兴高采烈地把一篇课文的脉络梳理清楚。根据教学计划,我打算用剩余的 10 分钟讲解课后练习题,以考查学生是否掌握了本单元的知识点。我走下讲台,站在离学生更近一点的地方,微笑着说:"好,今天的课文就讲到这……"话声未落,"哗啦"一声,教室后面突然有很大的动静。我吃惊地抬头,发现有两三个学生已经冲出了后门。坐在最后两排的学生抬头看我,发现我没有立刻制止提前离场的学生,于是也陆续站了起来,与我对视的目光充满犹豫。中间几排的学生有点莫名其妙,石化般地僵在座位上,不知道何去何从。我惊魂未定,目光回落到坐在最前面几排的学生。这些学生一直非常投入地听课,他们的惊诧与困惑毫不逊色于我。同时,他们眼中还有几分颇微妙的东西——同情?期待?我不知道。一阵轻微的骚乱后,教室里安静得像坟墓一样,我的耳边却响起了激昂的二重奏:立即下课?继续上课?立即下课?继续上课?立即下课?继续上课?这个班的学生在下课后要跑到很远的教学楼去上电子钢琴课,跟同专业的其他学生合班,是100 多人的大班课。这个时间段没有课的其他学生往往提前到达,把好座位占了,后面到达的学生完全看不清老师的示范,而且会因为赶路失去上厕所的机会。为此,学期初我就跟学生达成协议,我的课连堂上,节省课间的 10 分钟,这样就可以提前下课,方便他们抢座。此刻距离学校设定的下课时间还有 20 分钟,如果被督导发现,算不算重大教学事故?更重要的是,倘若我立马向学生让步,是否意味着放弃了教师的尊严?我的右手紧紧地拽着课桌的尖角,努力支撑起自己有几分发麻的身体,僵持了几秒。这种状态下,继续讲课还有效果吗?

而且，在余下的 10 分钟里，我该以何种态度去评价最先冲出去的几位学生？那几个孩子会不会非常尴尬？想到这里，我努力聚拢自己四散的魂魄，尽量平静地说："同学们，今天本来打算讲解一下课后练习题。但是因为老师释放了一个错误的信号，着急的同学就先去抢座位了。也行，你们自己课后根据今天的讲课内容自查练习题，我把标准答案发到班群里。有疑问的同学可以留下，我提供 10 分钟答疑时间；没有疑问的同学可以离开，尽量不打扰隔壁上课的班级……嗯，同学们也可以帮老师传个话，今天跑得最快的同学方便时到 QQ 上找老师聊聊，不是问责，就纯粹聊聊天，消除误解。"学生陆续离开，我独自瘫坐于讲台之上，几近力竭，被各种复杂的情感淹没。尴尬？难过？委屈？还是……我的脑海里忽然跳出一个咧着嘴大笑的大花脸。"小丑"这个意象第一次浮现。我在工作坊的故事，大概就是在这个点初见端倪的。在这之前，我的故事枝蔓特别多，一直无法聚焦。老师们和"爬山虎"小组的小伙伴们帮我出过不少主意，一起访学的念利和尤尤也经常跟我切磋，但进展很慢。这一次，老师们对"小丑"意象的出现给予了及时的肯定和赞扬，我万分惊喜。但是，当陈老师询问我"小丑"背后的意义时，我却还是没有概念。

三、行动：对"小丑"意象的追索与深描

老师们说，意象的最初浮现要靠想象，但是要知道它背后的意义，就必须进一步追索和深描。看到我很迷茫，陈老师就建议我读一下帕尔默先生的著作《教学勇气——漫步教师心灵》。打开书，我就被这句话深深地打动了：教师在教室里体验到的纠缠不清只不过是折射了教师内心生活中的交错盘绕。[①]

---

① 帕尔默. 教学勇气：漫步教师心灵 [M]. 方彤，译. 上海：华东师范大学出版社，2005：3.

那么在我的内心深处交错盘绕着的到底是什么？

我凭借回忆又写了几个与课堂相关的片段，但故事的进展很不顺利。这时候，陈向明老师提醒我："回忆可能是不准确的，你要去干预它，对这个故事才会有新的理解。你要去刺激这种现象，才可能会有回应，会让你产生新的体验和对这个故事的新解读。"这个睿智的建议开启了我对以往生命历程的梳理，并试图探讨教育者是如何养成的。

（一）回溯起点：恐惧与抗争

1. 时代的迷茫与我的"恐惧"

我的父母是上山下乡知青中的"老三届"，在十年动乱中失去了接受高等教育的机会。下乡十年，体重只有70多斤的母亲曾经当过伐木工人、木材厂流水线工人、幼儿园教师。1979年末，外公放弃了自己在国营茶楼的厨师职位，母亲得以回城"顶职"，在该国有企业下属的小照相馆工作。同样下乡的父亲被抽调到深圳特区开拓沙头角。母亲多数时候是沮丧和愤怒的。她疲于独自支撑家中事务，并对于父亲何时归来感到忧心忡忡。她对自己失落的青春充满怨愤，对孩子的教育期望高于教导能力。很多时候，母亲将我的"愚笨"归结于她怀孕时无法得到应有的医疗和营养保障。只要发现感统失调的我摔跤，必然施以重罚。同时，父母和周围的成年人都赋予高等教育极其重要的意义。我们最常听到的警戒是："如果考不上大学，你们就只能去扫大街！"我在高考前不曾做过任何家务，因为这些琐碎的事情是不被纳入一个优等生的日常清单的。"万般皆下品，唯有读书高"，这是当时整个社会的信念。

在20世纪70—80年代粤西小镇狭窄的小巷里，包围着我的是小生意人的酸甜苦辣。左邻右舍中，有制蜡烛者、卖豆芽者、编猪笼者，鸡犬相闻，吃饭时可以拿着碗筷相互串门，其乐融融。但是，因为共用厕所、楼宇相连等原因，邻居之间时有摩擦。有时候，小孩子的拌嘴可能引发大人之间的大冲突。我们住在外婆家，属于"倒插门"，就更要额外小心。我 5 岁时，隔壁两家小朋友为琐事吵架，我自告奋勇为他们判断是非，结果引起两家大人的矛盾。母亲恼恨我的多嘴，用力一拧我的脸蛋，肿了足足一个星期，从此再不敢造次。因为隔音效果差，家家户户的鸡毛蒜皮之事通常以极高的音量在小巷里回荡，热爱读书的我不胜其扰，习惯把自己藏在大衣柜里。我的外婆个子虽小但中气十足，任何事情都要以吼的方式表达。母亲性情急躁，面对外婆，二人如火星撞地球，她们之间的对话时常把年幼的我震得晕晕乎乎的。每次害怕或者烦恼的时候，我就会在心中默念"会飞的魔毯"。在后来的求学、就业之路上，我遇见嗓门特别大的人便会尽量躲避，避免争吵，一定以安静的方式解决问题。在行政岗位上的那几年，每次站在办公楼狭长、昏暗的走廊上，看着各院系的领导、教师、教务员和我的同事们剑拔弩张的场面，我似乎就又回到了 30 多年前那个潮湿、昏暗的南方小巷，鸡在叫，娃在闹，碗碎了……

2. 学校教育的局限与"小镇做题家"的养成

在我接受基础教育期间，读书是老师眼中改变命运的唯一出路。老师经常告诫我们："考上大学，你们就有干饭吃；如果考不上，你们就只能喝稀粥！" 30 多年前，在那个县城重点小学，市语文作文比赛、省数学通讯赛等各种比赛层出不穷。我作为种子选手常年备赛，必须放弃音乐课、美术课、体育课等"非主课"，尽可能利用一切时间去老师的办公室"开小灶"。那个既单薄又倔强的小女孩日夜刷题，终于将自己练成了"小镇做题家"。我身心疲惫，同时又为父母和老师的付出心存惶恐。但凡哪次名次不够理想，我都无比愧疚，老师和母亲失望的眼神如鞭子般抽打在我的身上，我便在心里默念："魔毯，魔毯，快过来！魔毯，魔毯，飞起来！"借助我喜欢的《一千零一夜》故事，我躲在一个相对安全的混沌时空里，以获得宁静的力量，为下一次取得更好成绩而奋斗。中学阶段，要参加的比赛少了，我获得了相对独立的空间。但作为学生干部，我一直肩负着老师和同学们的信任和期望，在学习和班级工作上不敢有丝毫懈怠。这段经历造就了我面对不可知的情况时的惧怕与好奇同在。为了不让老师和同学失望，我在学业、社团和班级工作中付出了超乎寻常的努力，因而一直维持着"学霸"的形象。成长过程中，但凡面临不熟悉的未知状况，我仍然会有极度紧张与不适的感觉。但是，摆脱不舒适环境的欲望还是推动我继续向前，当欲望强烈到一定程度，或者原有环境的不舒适感超越了我能承受的程度时，我就会非常勇敢地挑战自己，不断开拓新的疆域。于是我自本科毕业后一路狂奔17年，转战多个城市，先后取得硕士和博士学位，从基础教育进入高等教育，从民办教育进入公办教育，一步步"升级打怪"往上走。别人眼中的"勇气"或"野心"，于我而言，只不过是乘着"会飞的魔毯"奔向我喜欢的清净之地。如果暂时飞不起来，我会躲进自己的文字里，正如我小时候悄悄爬进家里的衣柜，在全世界面前暂时消失那样。

3. 家庭教育的赋予与剥夺

在20世纪甚至当下，家中年纪最大的孩子要肩负起更多的责任，这是约定俗成的惯例。自己过得好，绝对不能让弟弟妹妹受苦。如果事情做得不够理想，就会被家人责备"没一点用处"。我是家中长女，我的使命是光宗耀祖，成功实现了整个家族大学生"零的突破"。因为担心我在学习上懈怠和分心，母亲一直强调"勤奋"是我唯一的优点，我自己也一直信奉这个说法。无论是求学还是工作，我都时时会怀疑自己不够努力，并害怕因此被集体抛弃。假若事情不顺利，我就很容易陷入自我否定。这直接导致了我对自己价值缺失的恐惧，因而带来较低的自我认同。但相对地，为了躲避母亲的惩罚和控制、拓展自己的空间，我也一直在探索各种可能，在一定程度上得到了锻炼。

4. 求职历程中的奔波与突围

我求学和求职的经历进一步加剧了这种恐惧中的抗争。每进入一

255

个新的领域，我都需要面对自己不太熟悉的知识和业务，整合自己原有的资源，迅速适应新的环境。我本硕博跨了三个专业，因此读博对我而言是巨大的挑战，在恶补专业知识时，难免底气不足。我顺利获得博士学位，但成果并不突出，且因为年龄的限制，被迫与年轻人同抢一份工作，不胜惶恐。后来，我从行政转到系部，感觉自己没有海归背景且远离讲台多年，特别担心自己对系部没有帮助，因此任劳任怨，凡事多奉献、多担待，明明厌恶行政事务，却没有勇气拒绝院系对我的要求。这些源于我童年成长经历中的际遇，我特别害怕激烈的正面冲突，讨厌充斥其中的喧哗与不愉快。成年后，无论是生活上还是工作中，如果遇到性格平和、愿意合作和欣赏我的人，我通常会积极地表达自己的观点，表现得活泼而有主见。在我的教学生涯中，凡是勤奋、谦虚、性格传统的乖学生都特别喜欢和接纳我。因为有他们的肯定和欣赏，我往往也能将自己的状态调整到最好，焕发出别样的光彩。相反，如果所遇之人非常有个性、态度强硬且屡屡质疑我，我就会不由自主地退缩，表现出自我怀疑和自我否定。我确实很少在工作和生活中坚持自己的意见。只要不是原则性的问题，我通常会放弃自己的意见来换得省事、清净和别人的快乐。当我在教学中遇到很有个性的孩子时，往往选择理解、容忍、引导，但自己会比较困惑，同时产生明显的受挫感。

时代背景、学校教育、家庭教育和工作经历这些元素就这样错综复杂地纠缠在一起，扭成一股合力，造就了今天的我。然而，光是梳理自己的生命历程，与内在自我对话，是远远不够的。陈向明老师说，我应该回到故事现场，重新去面对我的学生，开诚布公地探讨他们是如何看待我当年的教学的。我校公共英语课只开设一年，后来我到北大访学了，没有新的学生。因此我又回到 A 和 B 这两个班，通过 QQ和微信对这两个班的学生进行访谈和问卷调查。受访者为班中很有威信的干部，非常善于倾听同学们的意见。他们平时与我的互动比较频繁，尽量客观地转达了同学们的意见。

（二）访谈与问卷调查

A 班的小 M 说，有的同学觉得我的课有点无聊，因为我一直在后面催促他们读经典小说，还经常追问他们的阅读进度和效果，他们觉得我有点像中学老师和父母。对于这个反馈，我特别震惊。传统的公共英语课很多时候都在让学生"刷题"，学生每年只读教材中的几篇文章，花费大量时间应付四六级考试。正因为不希望把大学英语变为高中英语的延续，我才进行了阅读教学的改革，希望借助经典阅读提升学生的英文阅读素养。现在他们说我像高中老师和父母，真的是意料之外、事与愿违啊！这促使我进一步反思自己的教学，于是我做了问卷调查。

问卷调查结果显示，在教学风格、阅读内容、教学载体和活动形式这四个方面，我的追求与 A 班学生的期待匹配度较低（见表 1）。

表 1　师生眼中的公共英语课程（A 班问卷调查结果）

	我的追求	A 班学生的期待	匹配度
教师风格	儒雅、友爱、稳重	活泼、幽默	低
阅读内容	18—19 世纪英美文学经典	恐怖故事、科幻故事、畅销书	低
教学载体	严肃读本、经典电影	搞笑视频、电影	中
活动形式	小组讨论、戏剧表演	戏剧表演、朗诵	中

小 M 喜欢英语，英语基础很不错。她坦言自己在一年的语言学习中有很大收获，并且主动邀请我对她的学术研究进行指导。她在班中有一定的威信，协助我组织班里同学的英语学习。得到小 M 的反馈之后，我的心情颇为复杂。假如我当时能坦诚自己的狼狈、困惑与恐惧呢？学生们是否会报以同样的坦然，乐于分享他们的恐惧和困惑？问

卷调查结果和访谈记录显示，在英文经典阅读活动中，A 班不少学生读不懂我指定的书目。就阅读内容而言，他们对 18—19 世纪的英美文学不感兴趣，而更喜欢恐怖故事、科幻故事。就入学前心目中的英语教师形象而言，他们期待的不是学富五车的老教授，就是年轻活泼的外教。就教学载体而言，他们欢迎更多的搞笑视频。我不愿意自己的课程被边缘化，不想看到自己的努力得不到足够的回应，因此在班中强力推行英文经典小说阅读活动。但我并没有给出充分的理由，只是简单分享了阅读对人的发展的正向作用。为了保证能有水平相当的共同话题，在阅读书目方面我没有给学生太多的选择，只是根据自己的判断规定了相关书目。在阅读方式方面，我选择了与学校合作的阅读平台，让学生自由组成讨论小组，并且一直坚持到学期末，中途没有再做调整。在阅读评价方面，我设计了相关评价量表，但没有征求学生的意见。事后再来评估，我发现我和学生之间是比较明显的纵向关系序列，学生的阅读积极性未能被真正激活。学生一向非常尊重我，虽然对阅读活动有不理解，但是都尽力配合我，以至于我一度忽略了他们的真正想法。所以，教学效果只能维持在一个常规的水平上。

学校是自小作为"学霸"的我极为熟悉的地方，天然地为我带来舒适感。学历及阅历、资历等岁月的馈赠带来更多底气，我渐渐在教学中拥有了自己能够把握的节奏。在生活和行政工作中主体性较弱的我，在讲台上逐渐获得主体地位。作为一种补偿，我可能通过教学内容和评价方式的选择等手段有意无意地强化了自己的主体地位，引起了某些主体意识清晰的学生的反感。这种张力在 A 班表现得特别明显。被调剂到这个专业的学生多数极具个性，且对被安排的命运充满不甘与愤怒。也许是因为长期感受到主体地位被压抑，他们渴求公共课上更多的自主空间，期望作为教师的"我"与父母和中学老师的角色具有更大的异质性，而我似乎未能很好地满足他们的预期。翻看我的教学日志，在这个班，我的教学目标总能按计划滴水不漏地完成，因为我从来不讲多余的话，连表情、动作都是严格设计好的。回想课堂上的点点滴滴，我能感受到师生之间那种隐约的、含蓄的较量。我在这种似乎无法逃避的较量中越绷越紧，卡在自己与生俱来的骄傲和不期而至的挫败感之间，恰如我当年在泰晤士河畔偶遇的小丑。他兼具几分悲苦与几分傲气，戴上了假笑的面具，严严实实地把自己保护起来。因为我们一时疏忽，没有领悟到"小丑"是凭借游客的打赏营生的，他失去了应有的物质回报，同时又无法通过交流赢得真正的精神回报，只能独自伤感。

相比之下，B班同学的反馈非常不同。他们非常喜欢跟我聊文学、戏剧等，认为我已经足够好了，我的风格就是适合我的。问卷调查结果显示，在教学风格、阅读内容、教学载体和活动形式这四个方面，我的追求与B班学生的期待匹配度很高（见表2）。

表2　师生眼中的公共英语课程（B班问卷调查结果）

	我的追求	B班学生的期待	匹配度
教师风格	儒雅、友爱、稳重	各种风格	高
阅读内容	18—19世纪英美文学经典	经典名著、爱情小说	高
教学载体	严肃读本、电影	纸质书、电影	高
活动形式	小组讨论、戏剧表演、美文朗读	戏剧表演、美文朗诵	高

B班的小S说："老师，我们太需要您跟我们聊天了！其他老师觉得我们什么都懂，都不跟我们聊，我们心里可不踏实了……每个老师都有自己的风格，我们喜欢的老师，不一定都是手舞足蹈、风趣幽默的啊！像您这种稳重、负责、耐心的老师，我们也很喜欢！老师，我们觉得您已经够好的了！我自己也很喜欢英语。只不过，我们以后的工作要靠专业，就想多花点时间给自己的专业。所以，对您的课可能

不够重视。但是，老师，我真的没想到您这么在意我们对一门公共课的评价！"

小S的英语非常棒，乖巧懂事，自小喜欢阅读。她在班中深得同学们的喜爱，尽量客观地转达了其他同学的感受。

为什么同样的教师、同样的一门课，在两个平行班会收获如此不同的评价呢？我陷入了极大的困惑与艰难的思考之中。转眼到了暑假，陈老师应邀给一所高校的新教师做一个讲座。她问我是否愿意参与其中，分享自己的故事，并且由卢杨老师点评。为了这次讲座，陈老师还邀请欧群慧老师、安超老师、方明军老师、王青老师一起，集体备课了三次。我和卢杨两人之间也商讨了几次，卢老师的点评给了我很大的启发。通过这一次讲座的准备，我的故事进入反思阶段。因为陈老师的讲座主要围绕"教师的实践性知识"这个主题进行，我想，自己的故事是不是也能往这个方向深挖？这样一挖，确实就挖到了宝藏。

四、反思：一个并置的"小丑"意象

故事行进至此，在老师们的帮助下，通过对自己一直以来的课堂教学的反思，我领悟到：课堂就像多棱镜一样，能照见不同的师生关系。故事里的"小丑"其实是一个并置的意象。

（一）课堂就像多棱镜：照见相对防御的师生

在A班的课堂，多棱镜中的我们是相对防御的师生，作为教师的我特别像"面具下的小丑"。恐惧导致我在不认同自己的学生面前选择了退缩，选择了绕开一些非常痛苦的、冲突的时刻，让自己的课堂尽量保持一种顺滑的平和。这种主动却有几分无奈的让步，恰如小时候的我安静地躲进衣柜里，将自己隔离在各种刺耳的喧哗之外。由于是多年后重返讲台，我暗下决心，一定要加倍努力。我的教案越写越细，每一个教学环节的设计更加周详。为了提升学生的跨文化素养，我要求学生每个学期在完成基本课业的同时，还要完整地阅读一本经典英文小说，并完成相关的朗读、小组讨论和读书报告。为了活动的成效，我设计了各种配套的评价量表，小组活动日益丰富、多元，我每次备课的 PPt 也越来越繁杂……但我似乎越来越力不从心，课堂上的笑声竟渐渐地稀少了。A 班学生突如其来的沉默总会让我莫名惆怅与心虚。我努力地克制这种隐隐的不安，每周和英语课代表小 M 在 QQ 上简短地交流一下，问询同学们学习英语的情况，而她每次都说"挺好啊"。

但我知道并不好。我内心的焦虑不安与表面的游刃有余并不匹配，那个看起来热情洋溢、成竹在胸的我漂浮在讲台上，学生的真实内在似乎完全不在我的把握之中。然后，发生了故事开头这一幕——几位学生提前冲出了教室。那天晚上，A 班的一个女孩主动在 QQ 上找我，代表三位抢先冲出课堂的学生道歉，他们确实是误会了我的指令。我半句责备也没有，只是怯怯地问了一句："我的课这么闷吗？你们应该是没有听进去、随时逃跑的状态啊！"她发了一个讪笑的表情，有几分尴尬，然后说："老师，可能是我们基础不好，确实觉得有点无聊。""是内容不吸引人？还是讲课方法的问题？""嗯，老师，我们也说不清楚。真的抱歉，下次不会这样了！"我赶紧查阅这三位学生的成绩，确实是勉强及格的水平。看来，他们听不进去并不是因为教学内容过于简单、肤浅。也许，令他们随时准备逃跑的是学习上存在的困难，而不是我授课方式的不当？如果是这样，我的进一步追问是否令他们更加窘迫？我素来不愿意为难别人，于是终止了谈话。在第二天上课之前，我曾经犹豫：这是否算一个非常好的"教育点"，刚好可以用来强调师者的威严，并严格维持今后的纪律？或者开诚布公地对问题展开讨论，倾听学生们对课堂教学的真实想法？但最终，在纠结之后，我并没有采取任何相关举措，而是尽量平静地告诉 A 班的学生们：

"有三位同学找过我了，之前是一场误会，希望以后大家听课的状态能更好一点。老师的课也会继续改进，尽量做到对你们更有帮助。有具体的意见和建议，希望同学们可以踊跃提出。"学生们似乎没有太多的反应。不久，一年的课程平静地结束了。现在回想，我没有勇气及时和学生讨论"提前冲出教室"这一关键事件，事后也只是勉为其难地稍微提及，主要源于我的恐惧：如果大部分同学都有逃离教室的欲望，我该如何自处？然而，我更不愿意扪心自问的是：在某些沉默而压抑的瞬间，我会不会也特别想逃离这个教室？在面对 A 班学生时，我用技巧压制了自己的不安，在学生们面前努力展现自信的微笑。学生们大概是感应到了我的不自在。为了避免我更多的不适，他们努力与我的课堂保持着距离，教室里总有一种冷冷的氛围。

（二）课堂就像多棱镜：照见相互信赖的师生

在 B 班，课堂就像多棱镜，照见相互信赖的师生，镜中的教师更像一个"素颜的小丑"。B 班的多数学生主动选择了现有专业，并且期望毕业之后能成为小学教师。学生们喜欢提前 20 分钟赶到教室读英文小说，等待校车将我带到他们的面前。他们会围绕课文的讲解、课后作业的完成等主动提出自己的疑问，推动我不断思考该做什么，不该做什么，以及以何种方式进行，其中有更多的讨论和磋商。我明显感觉到我和学生之间是一种相对稳定的横向关系。我允许学生在学期之中按照不同模式重组讨论小组；我打破原有的教学顺序，按主题组织整个学期的教学，并且将四分之一的教学时间交给学生；我组建了学生督导和备课小组，甚至探讨了学生的课程权问题。我似乎并没有严肃地考虑过将这些举措扩展到作为平行班的 A 班。可能的原因是，A 班学生未能表达出与我的教学投入相匹配的热情，没有提出相应的问题，因此我在各种犹豫中退回了相对安全的空间。

当同样的"我"面对 B 班学生时，他们相对较弱的主体性给我提供了非常安全、舒适的空间，我自动削弱了自己的防御机制，反而能以契合自己本性的方式进入教学，从而取得较好的效果。我在穿衣打扮上会相对放松，以舒适为主。在教学风格上，我很少刻意观察自己否过于古板、沉闷。在这个班，教学的实际过程有时候会与教学计划有所偏离。朗日之时我讲即兴的笑话，适逢阴雨也会分享自己略带伤感的成长故事，时时惊奇于原来自己也有幽默的一面。面对这个班的我，在讲台上确实达到了某种"专注"——一种全然的开放和灵动，既能出色地完成教学目标，又能关注到台下的每一个学生，包括他们的眼神、表情和肢体语言。师生关系没有给我带来太多心理负担，讲台上的我气息流动异常顺畅。每次上课，我都感觉身心舒坦，实在是一种享受。B班公共英语课堂的多棱镜折射出的是我和学生相对纯粹的快乐——一种沉浸于英语学习的单纯的美好状态。下课后，与B班学生并肩走在校园里，享受着被需要的幸福感和价值感，内心的自由与敞亮令我再一次想起工作坊中老师万般赞美的"小丑"：小丑身处舞台的聚光灯下，所有的努力并非为了赢得观众的掌声和笑声，而只是为了身心合一地呈现最真实、最自在的自己。在这个过程中，台下的观众似乎看到了他们自己的真实，因而也变得澄明而透彻。

（三）教师实践性知识的表征：一个并置的"小丑"意象

至此可以看到，故事里的"小丑"是一个并置的意象，是教师实践性知识的一种表征（见表3）。

表3 作为教师实践性知识表征形式的"意象"

	面具下的小丑	素颜的小丑
意象的浮现	泰晤士河畔的偶遇：细腻且压抑的小丑	工作坊的学习：自由且快乐的小丑

	面具下的小丑	素颜的小丑
信奉的原则	1. 教师应该是知识的权威 2. 学生应该是有回应的 3. 师生关系是纵向有序的	1. 教师主要是学习的引领者 2. 学生是自主学习的 3. 师生关系是横向平等的
做事的规则	1. 教学形式、内容等应该由教师决定 2. 学生应该全神贯注，抢着回答问题 3. 学生应该听从教师的安排进行学习	1. 课程教学的设计保持弹性 2. 学生的参与度和参与形式是多元的 3. 学生可以参与教与学的规划与实施
小丑意象：接纳多元并置的师生关系		

　　面具下的小丑最初浮现于那个早退的课堂里，当时我虽然惘然，但细细回忆，其渊源在于我在泰晤士河畔偶遇的卖艺小丑。他以收费拍照和取悦顾客为生，收不到钱的时候就会特别无奈和不开心。后来在追索和深描这个意象时想到素颜的小丑，源于我硕士期间研究戏剧理论的经历及后面参加工作坊的体验。我的戏剧课老师特别推崇一个自由快乐、专注于愉悦的小丑。其取悦的不仅是客户，还有自己。面具下的小丑表征这样一种教师——他们认为，教师应该是知识的权威，学生应该是有回应的，师生关系是纵向有序的。他们做事的规则表现在：教学形式、内容等应该由教师决定；学生应该全神贯注，抢着回答问题；学生应该听从教师的安排进行学习。素颜的小丑表征着另外一类教师。他们认为，教师主要是学习的引领者，学生是自主学习的，师生关系是横向平等的。他们的做事规则具体表现为：课程教学的设计保持弹性，学生的参与度与参与形式是多元的，学生可以参与教与学的规划与实施。通过在教育叙事中生成小丑这个意象，我获得了新的教师实践性知识：作为教育者，我们应该接纳多元并置的师生关系。

　　面具下的小丑和素颜的小丑意象的浮现、表征的信奉原则和做事规则都非常不同。作为并置的小丑意象，其表征的是教师的内在自我，最终指向对多元并置的师生关系的接纳。如果教师的内在自我是相对分离、充满焦虑和恐惧的，那么，他就更像一个面具下的小丑；反之，如果教师的内在自我相对完整，他就更像一个素颜的小丑。我终于能够理解，叙事探究为何不要求我们的故事从一开始就是主题清晰的，而是强调故事是在一步步的行动与反思中逐渐生成的。至此，我重新框定了自己的问题，努力回到两个子问题：教师的自我如何影响师生关系？师生关系又如何影响课堂教学效果？我逐渐体悟到：教育过程确实充满了不可知的因素，教师就是一个会分身的小丑。如果教师能以真实、完整的内在自我面对学生，根据学生的差异而随时调整自己的期望和教学策略，对不可知抱持全然接纳的态度，并且能够真正理解与包容教育情境的流动性、丰富性与复杂性，那么教育效果也必然是真实、有力的。如此，师生就有可能共同拥抱比斯塔所言的"教育的美丽风险"。而我参加工作坊的活动，在陈老师团队的引领下，在小伙伴们的陪伴下，一步一步走到今天，不正是一个拥抱"教育的美丽风险"、享受"教育风险的美丽"的神奇旅程吗？在未来的岁月里，如何继续我的公共英语教学，主要不是一个技术层面的问题，而是更多地关涉作为教师的"我"对自我、对教育本质以及对师生关系的理解。我期待未来的自己能成为戏剧课老师眼中的小丑，以真实的、完整的内在自我面对学生，师生相伴而行，走向更为广阔的教育探索之路。

 点评

　　教不同班，一个班师生关系很顺，另一个班则不顺。为什么有如此差异？如何处理这种师生关系？李老师以面具下的小丑隐喻防御型师生关系，以素颜的小丑隐喻信赖型师生关系。两个小丑、两种对峙的师生关系，分裂撕扯，让教师陷入无力解决的迷局。在教育行动研究工作坊的帮助下，李老师借助理论，意识到改变师生关系要先改变自我，将视角由向外转换到向内；借助生命历程回溯，辨识了自我交往中逃避冲突的心智模式；通过访谈、调查学生等行动干预，主动将逃避冲突型的心智模式转变为直面冲突型的心智模式。借助上述行动中的反思，李老师重新认识了师生关系，即良好的师生关系不依赖于是否遇上什么样的学生，而是接纳多元化的学生；教师充分接纳教育的不确定性、复杂性、流动性，让学生在课堂上的表现顺其自然，如其所是。通过叙事探究，李老师生成了接纳多元并置的师生关系的认知模式，解决了自己困惑已久的师生关系的谜题，实现了教师实践性知识的更新。

——卢杨

"反问"扰动谁的心弦？

——一位教师指导者的自我怀疑①

首都师范大学教育学院教师教育博士生

何晓红

我曾在一所初中工作，有四年的一线教学经历，之后去读了硕士。在此期间，我参与了一个教师行动研究项目，由项目专家的助手逐渐成长为项目的负责人之一。在长达七年的项目周期中，我观察到教师会到校外参与学习，再回到学校开展自己的教育研究。虽然有项目组持续的阶段性回访和指导，从个体角度来看，教师自身也有很多成长，但是教师作为学校的一员，能否持续参与学习并不取决于自身的意愿，更多是服从学校的安排。

毋庸置疑，教师身上蕴藏着教育变革的力量，教师在促进社会发展上扮演着重要的角色。因此，为了让更多有学习意愿的教师有持续成长的机会，我和两位志同道合的朋友基于这十多年指导教师累积的经验，成立了一个专注于教师能力培养的民间教育机构。从去年开始，我们通过与学校直接合作来支持学校系统地规划教师培养。这篇文章

---

① 这篇故事是在为期一年的叙事探究学习过程中完成的，要特别感谢陈向明老师在每次小组讨论中给出的修改建议，以及同组老师分享的阅读反馈。这些建议和反馈"迫使"我直面自己的困惑，给了我用行动解决困惑的勇气，以及把这个故事写出来的信心。

讲述的是我作为这个民间教育机构的工作人员，被学校聘请为教师培养方面的顾问进入学校后发生的故事。

一、引子

突如其来的新冠肺炎疫情让春季学期一开学便困难重重，本以为这学期的入校指导是不可能实现的了，可是"停课不停学"的不仅是学生，教师也要在线教研，学习如何准备线上课。3 月 12 日，我和郝老师一起听线上试讲课，她是一位 25 岁左右，在入职前有三年多教学经历的年轻教师。这节试讲课的内容是七年级语文《老王》的第二课时。这是一篇杨绛先生的散文，课时是 40 分钟。教学过程是：朗读课文，教师引导学生对描写老王与杨绛几次打交道的段落进行分析，引出老王和杨绛各有各的幸与不幸。从老王给杨绛送鸡蛋和香油，而杨绛只是给他钱中看到老王高尚的品格，以及杨绛对自身行为的"愧怍"。

随后，我们一起参与了这节试讲课的线上教研。当郝老师被叫到发言时，她用犹豫的语调说：

今天看了这节课，听了大家的发言，我现在都不知道这课怎么上了，好像大家的想法都有道理。那我去上这课，要从哪里入手，将学生的思维引导到哪里去呢？我觉着这节课有很丰富的层次，那在教学时怎么把这种丰富性体现出来就非常重要，也非常难。我想我会从最后这句话入手，抓住"愧怍"这个关键词进行分析吧！其他的还没有特别清晰的想法。

郝老师说这篇文章有着丰富的层次，我是很认同的。但她对这种丰富层次的想法好像又是模糊的，所以第二天，我给郝老师发信息，询问她这篇文章的教案的进展。她说完成了，随即发过来给我看。我看完后，问她昨天提到的丰富性是怎么设计体现的。她说："太难了！我害怕，写完现有教案后感到大脑快没电了。"当时，我鼓励她说："现在反正是磨课阶段，试试呗！"她回应道："行。"

二、"反问"来袭

两天后的下午 5 点，郝老师在微信上给我发来她的教案，并留言道："何老师，这是那主要的一根线，我是这样把愧怍感引出来的。"我得空时，已是晚上 9 点。我浏览了教案，并没有看出有什么修改之处，心中顿生疑惑：如果不知道从何修改就说不知道，为什么把没有修改的教案当成修改过的呢？我忍着心中的疑惑和些许不满，犹豫要不要回复，想着是不是明天电话沟通会清楚些。但我还是再次仔细地阅读了郝老师发来的教案，反馈说："这样引出'愧怍'，只看见了老王，没有看见杨绛。"我不确定郝老师是否明白这句话的意思，在忐忑时，我们线上的讨论就拉开了序幕。

郝老师：这里她仍停留在这个情感层面，甚至不解为什么老王临死还要送鸡蛋、香油的做法，这才能有愧怍！！！

我：要是这样来看的话，没什么问题。可是就会困在这个里面，出不去，看不到杨绛这个愧怍之情里面的自省。

郝老师：我觉着愧怍里就有自省。她没有老王的品质纯粹、高贵，所以自省，才有愧怍。

我：从哪儿看出来的啊？

郝老师：老王在临死前还牵挂着杨绛，帮助她，付出行动去关注不幸者，可以说是救了她，这不高贵？那何老师如何理解老王临死前送鸡蛋、香油的做法？？

我：这是问"为什么老王要送鸡蛋给杨绛"吗？

当我们讨论到这里时，我的内心已是"翻滚"的状态，遂将讨论的内容放下，话锋一转。

我：今晚的讨论中你在一些句子中用了双重的"？"，三个"！"。是不是需要休息了啊？

郝老师：哈哈哈，没有，就是一种反问。

随后，我们互道晚安。可是我却没有睡意，我在思考："反问是啥意思？她想强调什么？反问虽是问句形式，表达的却是一种确定的意思。"我迅速把语法书找出来，翻到反问句的内容，看到反问句是一种不证自明的句式，来表达内容的确定性。各种滋味在心中翻滚，我听到的是："不是这样还能怎样？我这样理解和设计有什么不可以？"这种反问带给我的情感冲击是强烈的。我开始质疑："我参与教研的角色是什么？"

三、心神波动

"我参与教研的角色是什么？"这一疑问多是在我跟学校回顾某一阶段工作内容和磋商未来方向时提及的，这样在课例讨论中提及还是第一次。在参与学校日常教学工作的过程中，识别教师成长需求及为教师提供教学和学习方面的支持，于我而言挑战无处不在。其中最主要的挑战是我不清楚自身以顾问的身份进入学校后，在学校的角色是什么。学校是有系统的组织，有校长、执行校长、主管教学的副校长、学科组长以及年级备课组长等各种角色。作为顾问的我参与学科教研，我的发言是仅需一听而过的"建议"，还是具有效力而需要落实的？郝老师的"反问"拨动的正是我这根敏感的心弦。我反复问自己：我跟郝老师到底在交流什么呢？是要告诉她要怎么来理解这篇课文吗？是要告诉她针对这篇文章要怎么进行教学设计吗？还是要告诉她怎么将教师对文本的理解转化成教学设计呢？或是要告诉她我在学校教研工作中的角色，争一下看谁能"拿得住"谁呢？

最初从主管教学的副校长口中听到"一开始我们得让老师信服，得拿得住"时，我还在心中暗想：这都什么年代了，还想着靠"拿住"来谋求认同吗？去年九月份的某天上午，我跟副校长沟通本月学校工作进度中教师培养方面的内容，一位20多岁的年轻女教师敲门进来，她拿着自己的教案，要请副校长签字。副校长浏览了她的教案后，提出了三个问题，针对其中的一个问题，这位教师没有正面回答，只是在极力"主张"自己这样做的理由，副校长直接说出："你这样就是不行。"她才说："那我回头再修改一下。"

等她走后，副校长跟我说："你看吧，说多少都听不进去的。"这个谈话场景让我明白了副校长说要"拿得住"的缘由。可是，我完全没有想过要怎么"拿住"教师，而是在想我们（我或者副校长）跟教师之间要培育一种怎样的教研关系，在学校中要营造一种什么样的教研氛围。我九月份的主要工作是观摩课堂教学并给出指导建议，可是我的建议并没有被采纳。我询问教师的想法，他们说："您的建议好是好，我们也知道那是一个很好的方向，可是我们不知道怎么做，我们没有这个能力。"为此，我主动调整了"观课指导者"的角色，转而把自己"沉下去"，想着与教师肩并肩、手拉手地一起走。我主动对副校长说："给我个机会去上一节课吧！看看这些理念能否转化成具体的课堂教学过程。"

四、"示范课"碰撞

我去哪个班上课，跟哪个备课小组合作教研都是需要讨论的。我和副校长讨论后，确定郝老师为我入班上课的搭班教师。副校长想让我在了解学科内容和实践教学方法的同时，能跟郝老师有更多对话，帮助郝老师在年轻教师的成长上"打样"。去年 10 月份，在我和郝老师开始"搭班"前，我邀请她到学校给我安排的办公室聊天，简单谈及了我们在语文学科教学方面的合作。关于"打样"，郝老师说："我也没想着打样，就想着努力做好，抓住机会好好学习。"我也认可她的想法。当时，我听副校长说"打样"时，虽然认为"打样"的想法会无形中给我和郝老师很多压力，但还是应下来。我不禁暗自思量："这或许也是让我打样，看看我怎么让一位年轻教师成长起来吧！"

一星期后，我和郝老师所在的小组①一起备课，我先来上示范课，之后三位教师再上。在共同备课前，小组已经一起备过课了，我提前分享了三篇解读课文内容的文章，每人提前阅读一份，再一起围绕对课文内容的理解展开讨论。这次讨论后，大家都觉得比之前的理解深入很多，可是最大的担心是不知道怎么把这么丰富和深入的内容转化成教学过程。实际上我也不知道，只能是每位教师带着这样的理解去准备教学设计，转化是在具体过程中发生的。

虽然我对初中阶段学生的特点并不陌生，但在第一课时，我对班级学生的具体情况不熟悉，教具也出现了小意外，因此教学内容没有完成。回到语文组办公室后，我主动向郝老师寻求建议，她把语文书打开，看着我的教案。

郝老师：何老师，你之前代过课吗？

我：我已经十多年没给中学生上过课了。

郝老师：你这节课的教学重点不是这个部分（用教具展示的部分）吗？为什么放到最后呢？

我：这不是这节课的重点，只是一种可视化的外显，通过画面的美感激发学生的阅读兴趣，辅助背诵。

---

① 学校希望建立教师学习共同体，每个学科组每三名教师组成一个共学与共研的备课小组。

我这么一说，她没再说什么。但这句"何老师，你之前代过课吗？"是对我教学经验的询问，我的内心咯噔一下，产生了"我何德何能可以指导老师"的自我追问。当时，第一课时没有完成教学内容对我是非常大的冲击：第一次在学校"亮相"，竟连教学内容都没完成。可是三课时的教学计划已安排好，我必须迅速收拾心情、调整教案。3课时的教学完成，我的教学感受跟完整观摩了三课时的一位教师给我的反馈是一样的："我就感觉第一课时进度很慢，可是从第二课时开始，我就看到学生的表现渐入佳境。"

随后在11月，我又继续跟初三的语文小组一起备课，上示范课。这次，副校长全程听课。在第一课时后，副校长虽然是以问题的形式提出观点，但讨论过程中说的主要是他对文章内容的理解，以及怎么处理这些教学过程的想法，质问的语气跟平时听评课是一样的。在之后两个课时完成后，他笑着说："没想到，何老师这课这么成熟，带着学生把文本的思维读出来了，这下可以在学校站稳扎下根啦！哪天不做顾问，去学校做一线语文老师，也绰绰有余了。"但我自己对这次示范课的满意程度远远不如十月跟郝老师所在的小组合作的那次课。这虽然跟我其中一课时的小失误有些关系。但我的失望源自学生对文章人物的刻板化印象，以及面对问题时僵滞的思维与单一的视角。

之后，副校长安排了这两次示范课的教研，我分享了自己的想法，即课堂出现失误的那些不完美的环节对于教师和学校的教研文化意味着什么。在我到学校的第一学期，示范课肯定是特别重要的，可是我并没有在其他班尝试上课，然后再示范出来。通过这两节课，我想告诉教师们：作为教师，我们要接受和勇于承认自身、教案和课堂的不完美，或许在别人眼里这种不完美表现出来的是"失误"和"不足"，可是我们要培养正视它们的勇气和力量，不捍卫自己的不完美也不遮盖它。这种不完美有两种意味：一是教学过程是一个教师自我暴露的过程，要有勇气接受和承认自己在课堂教学中的不完美；二是这种不完美的过程使我们看到自己，看到学生，这是教师进步的机会和动力。

当向副校长提议让我去上课时，我想如果要在学科教学方面指导教师，跟教师们一起教研，就意味着我要有能力和勇气站在教室里上课，跟教师并肩前行，不能总让教师自我暴露。当时副校长说："那你敢去上，你就去上，反正我是不敢上的。"听到这话，我心中暗想："这有什么不敢的啊，你'批'教师们的教案和课的次数还少吗？你不去试，怎么知道'批'得是否合情合理呢？"我是用珍视教师给出课时让我有去尝试的机会的心情去抵住自我暴露的紧张与压力的，这也是对"何德何能"的自我追问的主动回应。

五、境地催生自我怀疑

通过这两次示范课，我找到了课堂教学的信心，也找到了在产生对顾问身份的自我怀疑时可以"躲避"的角落。在偶尔产生"费这个劲儿有啥用，自己做老师多简单有效"的念头时，对自我的怀疑就会扰动我的心弦。我在郝老师身上也看到了自我怀疑的倾向。

进入 11 月后，经过了期中考试成绩的"冲击"，郝老师以及初一教师的教学压力都很大。作为语文教师与班主任，郝老师当然希望科目教学成绩和班级排名都能名列前茅，而且她的教学经验在初一教师中还是比较丰富的，可是事与愿违。她说："我也不想为了让学生重视学习，就惩罚他们，或者用各种其他严苛的方式对待他们。这跟我的教学理念和学校的理念也不相符。可是每次给学生讲完道理，都没什么效果。"从我的角度看，郝老师身边的一些教师用各种"花式"让学生保持对学习的重视，虽然在教学设计和课堂效果上并没有郝老师的课那么精彩，可是学生的成绩的确稳稳地排在前面，这令郝老师感受到一种巨大的压力。

5 月 10 日，当我们再次聊起期末考试前郝老师被学生不当行为气

"哭"的事时，她说："就是觉得努力一学期了，怎么到头来学生还犯这样的错误，我这一学期的努力都去了哪里？"近来的线上学习看不到学生的学习状态，这让郝老师更加渴望学生能积极参与课堂讨论。可是每当提出问题时，学生都不主动回应，叫到学生时，要么不说话，要么说不知道。诸如此类的现象频繁发生时，郝老师的自我怀疑感就开始泛滥。在一次课堂参与观察中，我听到郝老师说："你们不说话，是跟我有仇吗？"稍后，有一位女同学说："老师，我们跟你没仇。"当我们聊到这里时，郝老师说：

　　我也知道学生跟老师没仇，可是当时就觉得尴尬，不知道要说什么。虽然上学期比较曲折，可是期末的成绩也还是很靠前，是很不错的，可不知道这一线上上课，怎么就又这样了呢？我就想，我的课是不是有问题啊？是不是学生对我的课没兴趣啊？是不是我提的问题有问题啊？是不是学生不喜欢我啊？是不是学生对我有什么想法啊？……就开始自我怀疑了，这种怀疑让人很暴躁。当然，不是所有时候都这样，我也会自我调节，但这种负面情绪一直积累，就没办法了！

　　郝老师的这些话也把我内心的样子描述出来了。当被"反问"冲击、被示范课碰撞时，我在学校的身份和角色不断地被挑战，我的自我怀疑感也在不断地增强。我和郝老师探讨我们是如何被这种无力感和懊恼缠身的。

　　我：是不是做了那么多却没有结果，感到很失望呢？

　　郝老师：我没觉得自己做得很多，我是觉得教师是一份良心活，我努力做好，没有效果我再调整，可是当压力不断而来时，就有些承受不住了。

　　当听到"压力不断而来时"，我就想，我也是这样吗？我身上的压力是什么呢？有一次，我跟语文组讨论一件事情，一位教师说："何老师，你跟我们不一样。"我确实跟教师在学校的身份不一样，我与从校长到学生的各个学校主体都有面对面交谈的机会，而且可以来去自如。但跟教师要从学生身上找到自身的角色一样，我也得从教师身上找到我的角色和作用，我也承受着压力。这种压力源自我也处在学校结构中，也要接受"它"的管理。学校作为组织机构，有上传下达的行政流程。看起来我是外来的，不受约束，但实际不然，我也须服从上级指示。另外，学校作为社会空间中的"小型"社区，有它自己的文化。副校长的身上牵动出两种文化的杂糅，一种是组织的强制力，一种是教师专业成长的创生力。不管是作为外聘顾问的我，还是身在其中的郝老师，我们都被这看似矛盾的力量缠绕着。而副校长在行使组织赋予他的行政强制力时，也得接受组织强制力的约束。

副校长主导的培养教师专业成长的学习共同体虽然在理念上得到了学校的一致认可，可在实际运行中遭遇了两重挑战。一重在教师端，教师们都认同在共同体学习中收获很多，但遇到的实际困境是教师在担任班主任工作的前提下，参与共同体教研的时间没办法保证，长此以往，小组备课和共同体学习形同虚设。二重在学校管理层，在督导查验教师的教案时，发现内容过于简单，提出要让教师写"详案"。副校长认为写详案没问题，可是教师们得有时间，借此想让学校调整管理模式，让班主任教师从事务中解放出来，有时间回到专业学习和教研来。这双重挑战形成了一种看不见的"真空"对峙。

这种对峙进而强化了学校这一组织的区隔性。在学生回校恢复正常教学后，我入校观摩课堂，在跟教师讨论教学设计时，教师传递给我的情况是学校查阅教案很严格，他们只能把更多的时间用在完成学校制式的教案上。我在看一位教师的教案时，问及这个拓展练习是否要做，得到的反馈是不用做，这只是为了满足教案的书写要求。组织的强制力看起来是一种教学管理的保证，可是却把身处其中的每个人隔离成"特立独行"的人。这种组织区隔性的强化让我对自身的角色和作用更加怀疑。我进入学校是为了培育相互支持与鼓励的教师成长文化，可是这种强化的组织区隔不仅不能为教师提供支持，而且会把我区隔出去。

六、现实与理想的交"错"

组织结构的区隔性与行政的强制性共同捆绑缠绕着我在学校的角色，当我想要发挥主动性来发挥我的角色价值时，这种交错作用反过来又增强了这种渴求，进而让我被缠绕得更紧。它会让我进入学校的意图——做教师的陪伴者和支持者——发生错位。这种错位直接反映在了我和郝老师围绕《老王》这堂课的教学设计的讨论上，对话"演变"成了对自己想法的捍卫与表达，她的反问仿佛在质问我是不是想告诉她应该怎样来理解这篇文章，而没有关注到她需要什么进而提供支持和鼓励。

虽然我一直声称我想一起学习研讨这篇文章，与教师相互启发，至于课堂教学设计，那是每个教师发挥主动性与创造性的地方，但是我也被这种区隔性和强制性的文化滋生的"自我捍卫"所裹挟。平等交流、彼此启发看似是一种沟通方式，实则是一种思维模式的改变过程，而一个人思维的发展和改变是艰难而痛苦的，不仅要有敢于直视困难的勇气，还得有从实践中反观自身以及培养新思维的方法。

学校聘我当顾问的初衷是想让我在教师的思维方式和教研文化培养方面做出努力，可是现实中"应试"思维和行动仍是学校的主流。这也是郝老师感受到压力的原因。

现在再看副校长的话，我就理解了他在面对看得见的成绩单时自身角色价值的渴求，这同样是被"自我捍卫"的文化裹挟，而使对教育理想的期待被击得粉碎。看起来我来到学校的理想是跟学校的办学理想一致的，可是在理想与现实的交错中，对自我效能感的怀疑不只侵袭了我一个人。

七、结语

在以顾问的身份入校的这一年里，"自我怀疑"在我心中成形进而被描述出来的这一过程，不仅增强了我对自身以及工作的认识，也让我直接地密切接触学校这一组织的复杂性。作为学校的一名教师和在校外陪伴教师开展行动研究的项目负责人，两者有着不一样的切身性。对这种切身性最直接的追问是：我向来不怀疑自己做的事情，为什么现在这么容易怀疑自己在学校的角色和价值呢？那是因为我不想捍卫自身的角色价值，可是我好像又找不到组织区隔消逝而带来的"自我捍卫"感。

我来到学校是要培育一种教师间彼此支持与鼓励的学习与教研文化，现在看来，我却是要在把个人区隔成特立独行的、自我捍卫的个体的学校组织惯性中培育教师。"自我怀疑"之所以扰动我的心弦，是因为我认为保持一种对所思与所行的怀疑，本身就是一种对自以为是的态度的平衡，是一种通过不断的反身回顾以免步入老路的警醒。但是现在看来，"自我怀疑"稍不留神就会被组织区隔出的"自我捍卫"而缠绕，那反身回顾的力量又要从何处找寻呢？

这还需回到我进入学校的理想，只是这种理想不再仅是一种初步的合作共识，而是系统的思维发展方案和行动举措，是在建构新型组织结构时培育出的一种支持与鼓励的文化。要走上这条复杂之路，只有放下怀疑，与教师们携手赴一场"美丽风险"的教育实践探索之旅，才能获得反身回顾的力量之源。

点评

　　回想工作坊开始的前几个星期，何老师的写作一直停留在对学生学习情况的调查和描述上。她似乎特别关心一些有特殊需求（成绩落后、纪律不佳）的学生的学习情况，希望找出导致这些不佳表现的原因。到了工作坊中期，我们教学团队和何老师所在小组的老师们还在不断询问："你到底想要探究一个什么问题？"此时，何老师已经阅读了一些有关叙事探究的专著，与大家一起讨论并在课堂上分享了自己有关叙事探究的反身性、关系性、情境性等的学习心得。这促使她将对外部现象的思考转向对自身作用的拷问：作为一名教师教育者，我在指导一线教师改进教学的过程中到底扮演了一个什么样的角色？她发现，其实自己与一线教师一样，也面临很多现实困境和制度上的挑战，也需要不断质疑自己思维和行为习惯的正当性与实际效果。如此，何老师的心智模式发生了很大改变，从惯常的观察、评价和改变一线教师的教学行为，转向对双方在一定社会结构中的权力关系、遭遇的困境以及改变的可能性进行深度反思。此时的何老师从一名投入且能干的教师教育者，转变成了一名具有批判性思维的反思型实践者。

——陈向明

第三篇　二

渐进改善

是什么『捂住』了学生的嘴
——利用扎根理论路径探索影响『学生课堂回答问题』的因素

北京市大兴区兴华中学　顾国银

一、研究问题

当今世界信息技术越来越发达，学生获得知识的途径越来越多，但课堂学习仍然是学生获得知识的主要途径。课堂学习是师生之间、生生之间互动学习的过程，教师提出问题，学生思考问题、讨论问题、回答问题，从而理解和掌握知识。

然而，学生进入初二阶段后出现了这样一个现象：课上学生回答问题时，集体回答还比较好；但是让学生单独回答问题时，学生就回避教师的眼神，不愿意单独回答问题。为什么会出现这样的现象？是什么原因导致学生上课时不愿意回答问题？

凭借自己的工作经验以及对该现象的初步探索，我认为学生上课不愿意回答问题与教师管理方式和学生心理发展有关。因此，我将研究问题分解为两个子问题：（1）学生上课不愿意回答问题与教师管理方式之间存在什么关系？（2）学生上课不愿意回答问题与学生心理发展之间存在什么关系？以此为起点，我展开了本研究。

二、研究方法

本研究采用了质性研究中的扎根理论路径。扎根理论研究的目的是生成理论，而理论必须来自经验资料；研究是一个针对现象系统地收集和分析资料，从资料中发现、发展和检验理论的过程；研究结果是对现实的理论呈现。

扎根理论研究需要对收集来的资料进行编码，这是一个对资料进行"概念化——类属化——找出核心类属——建立理论架构"的过程。扎根理论涉及三级编码。一级编码有三步：第一步，先对收集的资料贴标签，在贴标签时尽量用材料中的"本土语言"，防止加入研究者自己的观点；第二步，将标签归类，形成类属；第三步，通过发展类属的属性和维度丰富类属。二级编码通过撰写故事线找到核心类属。三级编码使用编码范式分析核心类属和其他类属之间的关系。

在收集具体资料时，我主要采取了访谈法和观察法。首先，根据研究问题设计访谈提纲，提出了三个访谈学生的问题：

（1）你喜欢什么样的课堂？

（2）你认为什么样的课堂能学会知识？

（3）你在什么情况下愿意发表自己的意见？

接着是选择访谈对象。通过对学生的观察，我发现有些学生一直不愿意回答问题，有些学生原来愿意回答问题但现在不愿意回答问题，还有一些学生原来不愿意回答问题但现在愿意回答问题。因此，在掌握知识情况比较好的学生中，我选了三名学生作为访谈对象：第一名是以前愿意回答问题、现在不愿意回答问题的学生；第二名是一直都不愿意回答问题的学生；第三名是原来不愿意回答问题、现在愿意回答问题的学生。之所以选择这三名学生，是基于如下考虑：第一，这三名学生十分典型，代表了三类学生；第二，他们的知识掌握情况都差不多，大体控制了知识掌握这一变量对问题的影响；第三，这些学生知识掌握情况比较好，对于老师提出的问题能够表达自己的想法。

三、研究过程

我利用三级编码对资料进行分析，并在此过程中进行了资料补充，一共经过了三个阶段，具体过程如下。

（一）第一阶段：课堂形式的影响

首先，针对共计2161字的访谈录音资料，采用 Word 中的"批注"功能贴标签。一个事件贴一个标签，用的词语基本来自录音资料，共得到48个标签。然后通过列表的方式，对这些标签进行类属和维度的分析，撰写故事线，理清关系，概念化，确定核心类属。

通过对访谈资料进行三级编码分析发现，学生是否回答问题与课堂形式有关。学生喜欢"活泼兼严肃"的课堂，即讨论问题时，学生能积极参与讨论，在其他同学或教师发表意见时能静下心来听。可以采取分组讨论的形式，让学生发表自己的想法，然后再分组进行总结汇报，学生觉得这样可以增强自信心。在师生互动过程中，学生不喜欢教师一直讲，自己只是坐在那里听，觉得很无聊。学生认为教师要多设计一些问题，让学生多思考，有更多机会回答问题。

学生是否回答问题还与学生的态度有关。这可以从两方面理解：学生对回答问题的认识和学生的自信心。学生对回答问题的认识指的是：有些学生认为上课听老师讲就可以了，不回答问题也没什么，没有意识到提问和回答的过程可以加深自己对知识的理解，因此回答问题不积极。有些学生则认为，上课和老师互动、回答问题可以增强注意力，可以检验自己掌握知识的情况，也可以激发自己的思考，从而更深入地理解知识。

学生的自信心指的是：有些学生很自信，无论自己的想法是否存在问题，他们都积极主动地回答问题。而有些学生的自信心不是很强，遇到自己会的问题就愿意回答，遇到自己没有把握的问题就不愿意回答。还有些学生缺乏自信心，遇到自己没有把握的问题不回答，遇到自己会的问题也不回答，处于观望状态。

从以上的分析可以看出，学生是否愿意回答问题，与课堂形式有关，同时也受到学生对回答问题的态度的影响（如表1所示）。

表1　课堂形式与学生态度

课堂形式	学生态度	
	积极	消极
灵活	A	C
单一	B	D

课堂形式灵活指的是学生分组讨论、动手操作、共同探讨问题等多样的教学方法并存；课堂形式单一指只有教师讲、学生听的形式。根据学生态度和课堂形式各两个维度交叉分类，形成了如下四种可能的类型。

A：学生态度积极，课堂形式灵活，就会激发学生回答问题的积极性；

B：学生态度积极，课堂形式单一，学生也没有机会回答问题；

C：学生态度消极，课堂形式灵活，学生有可能会产生回答问题的意向；

D：学生态度消极，课堂形式单一，学生不愿意也没有机会回答问题。

根据得出的结论，我开始有意识地丰富课堂的形式，设置问题，创造小组讨论的机会。通过大概两周的观察，我发现学生的上课状态并没有发生实质性变化。在一次数学课上，我先让学生讨论，再让学生总结，当我问"谁来和同学们一起分享自己的想法"时，我观察到一个学生对另一个学生说"你说，你说"。在讨论的过程中，这两个学生和其他两个学生一起讨论，都已经对问题有了比较准确的结论，但还是不愿意自己回答问题。

根据上述观察到的现象，我发现，上课形式会对学生回答问题产生一定影响，但可能不是主要影响因素，我还需要进一步对这个问题进行探究。

（二）第二阶段：他人评价的影响

为了进一步对这个问题进行分析，我让全班学生在纸上写"上课时你愿意回答问题吗，为什么"这两个问题的答案。结果发现，我们班有 38 人，其中不愿意回答问题的有 23 人，23 人中有 11 人是知识掌握情况比较好的学生，另一部分是知识掌握情况比较薄弱的学生；有 9 人愿意回答问题，其中有 6 人是知识掌握情况比较好的学生，3 人是知识掌握情况比较薄弱的学生；有 6 人有时愿意有时不愿意回答问题。通过分析学生的理由，愿意回答问题的原因包括从自身角度出发的考虑和从他人角度出发的考虑。不愿意回答问题的原因有三种：一是学生害羞，胆怯，怕答错；二是问题过难或过易；三是不注意听讲，没听见老师在讲什么。有时愿意有时不愿意回答是因为要看自己会不会解答这个问题。结合补充资料，我对访谈资料又重新进行了三级编码分析。

从分析的结果看，学生是否愿意回答问题，与学生自己的态度和他人的评价有关。学生自己的态度与第一阶段分析的一样，不再赘述。他人的评价可以分为两方面：教师的评价和同学的评价。

教师的评价：在学生回答问题之后，教师能及时给予肯定和鼓励，即使学生回答存在问题，教师也能从积极的一面给予赞赏，这样就会激发学生回答问题的热情，反之就会打击学生回答问题的积极性。

同学的评价：如果当学生回答问题比较准确时，其他同学会表现出羡慕、赞扬，而当回答得不准确时，其他同学不但不嘲笑，还予以鼓励，就会激发学生回答问题的积极性。如果学生回答问题准确，其他同学表现得无所谓，或者学生回答问题不准确，其他同学就嘲笑，就会打击学生回答问题的积极性。

学生自己的态度和他人的评价影响学生上课是否愿意回答问题的情况可以分为四种，如表2所示。

表2　他人评价与学生态度

他人评价	态度	
	积极	消极
肯定	A	C
否定	B	D

A：学生态度很积极，他人给予肯定的评价，学生在课堂上就会畅所欲言，课堂氛围比较活跃，学生会进入良性的学习状态。

B：学生态度很积极，他人总是给予否定的评价，这会打击学生回答问题的积极性，慢慢地，课堂上就不会有学生愿意回答问题了，课堂氛围会比较沉闷，学生的学习效率降低。

C：虽然学生自己回答问题不积极，但是他人总是能够给予肯定的评价，这样会鼓励学生，增强学生回答问题的自信心，课堂的氛围会逐渐活跃，学生的学习效率得到提升。

D：学生态度不积极，而他人也总是给予否定的评价，这样没有学生愿意回答问题，学生学习的兴趣下降，不愿意学习。

根据分析的结果，我从两方面进行了干预。

（1）培养学生的自信。采取个别谈话的方式。谈话对象：通过观察，选择知识掌握情况比较好但是比较缺少自信的学生。谈话的内容：

对学生进行公正客观的评价，帮助学生分析自己的优势和不足，对近期的表现给予肯定，鼓励学生积极表达自己的想法。

（2）改善评价方式。教师用自己的语言和动作进行评价。评价目的：以鼓励和肯定为主。评价内容：学生的主动性如何，回答问题的声音是否洪亮，语言表达是否清楚、准确，是否给同学启发。

经过两周的观察，我发现学生上课的状态发生了变化，学生不愿意回答问题的情况有所改善。由只有1—2个学生能主动举手回答问题到有2—4个学生能主动举手回答问题。有的学生不但上课敢回答问题了，而且还能提出自己的困惑。但从整体观察，上课愿意回答问题的人还是不多，大部分学生还是不愿意回答问题。帮助学生增强自信心和增加他人赞赏对学生回答问题有影响，但又没有明显改变学生上课不愿意回答问题的现象，是不是还有更重要的因素在分析过程中被忽略了呢？

（三）第三阶段：集体氛围对问题的影响

带着疑问，我对资料进行了进一步的分析，对之前贴的标签又有了新的认识，并发现了新的类属和维度。我发现学生不愿意回答问题的理由有"怕答错""对回答问题有恐惧""胆怯"，甚至各方面表现比较优秀的学生也写了"怕答错"。为什么学生会害怕答错？读了《教室里的权威：对日语教师个人实践知识的叙事研究》这篇文章，我才意识到，"害怕答错"之所以出现，可能是因为学生在回答问题时缺少安全感，是受课堂集体氛围的影响，如表3所示。

表3　集体氛围

包容性	积极性	
	高	低
强	A	C
弱	B	D

集体氛围的积极性指学生在主动参与班级活动，尤其是回答问题上的主动性。集体的包容性指对学生错误行为尤其是答错问题时的容忍度。根据集体氛围这两个属性在不同维度上的组合，我总结出了如下四个类型。

A：进取型，班集体对学生参与行为给予肯定和鼓励，对学生错误行为的容忍度比较高。在这种情况下，学生愿意积极参与班级活动，上课愿意回答问题。

B：退缩型，学生参与班级活动的积极性比较高，但班集体对学生错误行为的容忍度比较低。因此，学生不愿意阐述自己的想法，参与班级活动的积极性受到打击。

C：发展型，学生参与班级活动不积极，但是上课愿意回答问题；班集体对学生行为给予理解、接纳、肯定、鼓励和公平的评价，对学生错误行为的容忍度比较高。在这样的情况下，学生慢慢会愿意参与班级活动。

D：后退型，学生参与班级活动不积极，上课也不愿意回答问题；班集体对学生行为给予不公平的评价，对学生错误行为的容忍度比较低。如此一来，参与班级活动的人会越来越少。

四、研究结论

综合研究过程中的三个阶段，我进一步将类属精确化，最终提炼出八个类属，形成了以"学习变化——集体氛围——答错勇气——问题回答"为主线的因果解释：学生是否愿意回答问题取决于学生答错问题的勇气，而勇气又受到集体氛围的影响，集体氛围又取决于学生学习的变化。八个类属以及它们之间的关系如图1所示。

学习变化主要指学生学习态度或是对学习的重视程度的变化。

学习方式主要指课堂上学生学习的形式，是教师讲、学生听，还

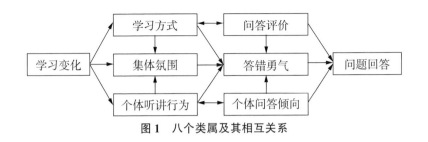

图1 八个类属及其相互关系

是灵活多样，比如有小组合作、动手操作等。

个体听讲行为即学生上课时是否认真、专注。

个人问答倾向即学生喜欢回答问题还是不喜欢回答问题，以及是否认为回答问题对于学习有所促进。

问答评价即教师对学生回答问题的评价，是积极、肯定、鼓励、多角度评价，还是只评价答案对错。

集体氛围主要指学生参与的积极性，学生之间相互评价、相互接纳、相互包容的状态。

答错勇气即学生敢于回答问题，即使回答错误。

学生对学习不重视会反映在学生上课时的个人听讲行为上，如注意力不集中、参与课堂的积极性不高，甚至不知道老师讲了什么等，这样，学生就不愿意回答问题，影响了集体氛围的积极性。

如果学生不重视学习，上课时对回答问题的同学也不关注，不能及时给予客观评价，甚至会嘲笑同学，则会影响集体氛围的包容性。

如果学生对学习不重视，不参与课堂活动，慢慢就会形成只有老师讲、学生听的状况，课堂形式的单一也会影响集体氛围的积极性。

集体中学生回答问题的积极性、学生对错误行为的包容度，也会影响学生回答问题的自信心。

在问答评价中，如果教师只从回答内容对错的角度进行评价，有些学生的自信心会受到打击，害怕回答问题。长此以往，上课就会变成教师讲、学生听的形式。而如果教师给予学生积极、肯定、多元的评价，并帮助学生树立学习的自信心，就有利于激发学生回答问题的勇气，学生上课会更加愿意回答问题。

学生是否喜欢回答问题，对学生的听讲行为也有影响。喜欢回答问题的学生，上课听讲专注，具有不怕答错的勇气。而不喜欢回答问题的学生，上课容易走神，缺少回答问题的勇气。

总之，学生学习状态的变化会影响学生学习方式、集体氛围和学生个人听课行为，学生的学习方式和个人听讲行为也会影响集体氛围。丰富的学习方式、包容度和积极性高的集体氛围、学生积极的学习态度、对回答问题的正确认识——这些都会让学生具有不怕答错的勇气。当学生不再担心答错时，就会改变上课不愿意回答问题的状态。因此，要从学生对学习的认识、学习态度和方式等方面入手来改善集体氛围，增强学生回答问题的安全感，提高学生回答问题的积极性。

五、干预措施及其效果

根据分析的结果，我从如下两方面进行了干预。

1. 改变学生的思维模式

学生对问题的认识决定了学生的行为。我利用班会，让学生正确认识学习和回答问题的作用，端正学习态度，让他们认识到回答问题不仅是对问题的解答，更重要的是加深对知识的理解。回答问题不仅能够获得知识，还可以增强自信，锻炼表达能力，要学会倾听，懂得尊重。

2. 及时赞赏，提升自信

调整评价角度：我尽量少针对回答内容的对错进行评价，注重对学生良好的学习态度、良好的习惯、正确的行为、回答问题的勇气及给同学们的启示等正向积极的方面进行评价，给予学生肯定和鼓励。

制定学生自评表：学生每天对自己的学习情况进行总结，评价的内容是上课和完成任务的情况。评价尽可能真实，用简单的词或句子记录一天中自己认为表现好的行为和自己的改变。

制定家长赞赏表：家长观察学生一周在家的表现，写出学生在家表现好的行为、学生有变化的方面和给学生的建议。

相互分享：利用班会时间，让学生根据自评表和赞赏表，在小组内分享自己一周的上课情况和自己的变化。组长根据小组成员的分享进行总结，聚焦在表现好的学生和表现好的方面上。

通过对比干预前后学生是否愿意回答问题的情况，如表4所示，愿意回答问题的学生人数增加了1倍，不愿意回答问题的人数减少了。从对学生上课情况的观察来看，学生上课参与学习的情况变了。比如，小组讨论时，干预前总是有1—2组的学生说一些和讨论问题无关的话，干预后学生都在讨论问题，没有学生讨论其他话题。在干预的过程中，有一个上课从不回答问题的学生能够主动回答问题，并和同学分享自己的观点。有的学生不仅愿意回答问题，还会提出新的问题。学生学习状态的变化正潜移默化地影响集体氛围，学生不再害怕答错。

表4　学生回答问题干预前后比较

干预对比	学生回答问题情况		
	愿意	不愿意	有时愿意
干预前	9	23	6
干预后	18	17	3

六、研究反思

在研究过程中，不仅学生上课不愿意回答问题的状况有所改善，我作为教师和研究者，自己也发生了很大变化。而在所有的变化中，我最大的变化是学会了反思。

对研究目的的反思：在研究初期，我想了解学生上课回答问题与教师管理班级和班级舆论导向的关系。在研究的过程中，我渐渐意识到，我关注的不应当仅仅是学生上课不愿意回答问题这个现象，还有现象背后学生学习态度的变化。学生消极的学习态度让我内心不安，我希望每一个学生在课堂上都有所收获，无论是在知识上，还是在自信心、表达能力、合作和倾听方面。因此，我要通过研究发现学生上课不愿意回答问题的原因，调整学生学习态度，营造良好课堂氛围，激发学生学习积极性。

对研究方法的反思：在研究的过程中，所有的资料都来源于对学生进行的观察与访谈，缺少了来自任课教师和家长对学生上课回答问题方面的反馈。来自任课教师的反馈会为这个问题的研究提供什么不同的视角？家长对学生上课回答问题方面的想法会不会影响我对问题的分析？这些都需要继续深入探讨。其实在收集资料时，我明明知道资料不全面，但是也没有积极地再收集。为什么会出现这样的问题？是自己没有时间，还是学生没有时间？是自己不重视这个问题，还是不想面对这个问题？我想我还是缺少行动力，想得多但做得少。

对干预策略的反思：学生学习状态的变化改善了学生上课回答问题的状况，但对于集体氛围的积极性和对学生错误行为容忍性的干预效果并不明显。后期对集体氛围进行干预时，我计划利用小组合作学习的形式。通过小组游戏竞赛法，激发学生以小组为单位参与课堂的积极性，促使同学之间相互支持、公平竞争，增强对错误行为的理解和包容，从而改善集体氛围的积极性和容忍性，使学生不害怕答错，愿意回答问题。

对自己思维方式的反思：在研究的过程中，我意识到，自己平时遇到学生出现的问题时，总是把问题想得比较简单、粗浅、直接，思考角度比较单一，总是从自己原有的经验出发来解释学生出现的问题，而忽略了学生出现问题的真实原因。在解决问题时，我只考虑如何解决问题，忽略了对学生发展目标的关注，忽略了想让学生有所收获的初衷。但经过研究，我现在已经可以从多角度分析问题，有意识地将多方面的原因联系起来，多角度寻找出现问题的原因，并根据原因制订解决的方案。我不仅改变了思维方式，自己的行为也发生了变化。我遇到问题时不再急躁，也不再轻易给出简单结论，而是先对问题进行分析，了解问题背后的真实原因。我改变思维方式后，才发现面对学生出现的问题时需要方法和智慧。

同时，我也意识到自己获取新信息的意识不够，没有及时丰富自己的知识。这就需要通过进一步学习来了解别人的处理方式，在实践中将好的方法内化为自己的处理方式，提高自己的管理能力。只有自己站得高，才能清楚学生想要获得什么，能够让学生获得什么。

 点评

　　在顾老师的研究中可以看到一个螺旋上升的过程，针对学生课堂上不回答问题这个现象，她从课堂形式、学生态度、他人评价和集体氛围四个方面依次进行原因探究，并在每个阶段都采取了干预措施，最终使得全班愿意回答问题的人数倍增，取得了良好的干预效果。这也给我们提供了一线教师做行动研究的范本。顾老师对扎根理论研究路径的应用具有创造性，她没有拘泥于三级编码的步骤，而是在对资料进行初级编码后直接利用交互分类技术形成了因果假设，进而去验证，之后再去收集和分析资料，层层深入，直至找到主要原因。尽管指导过程中我们认为教师评价可能是主要原因，但顾老师坚持认为集体氛围是主因，表现出难能可贵的独立思考精神。现在来看，两者关系可能构成值得进一步研究的主题。此外，尽管顾老师没有进行文献综述，但参考的文献都很有针对性，扎扎实实地起到了"研究参考"的作用。

　　　　　　　　　　　　　　　　　　　——王富伟

《三国演义》的小迷弟

北京市六一幼儿院　安戈锋[1]

　　作为一名有 20 多年教龄的幼儿园教师，我的脑海里经常像放电影一样浮现出自己教过的孩子们独具特色的表现和各不相同的个性。其中有个孩子让我印象深刻，因为他开始的调皮和后来改头换面的成长带给我的震撼和反思。

一、初识陈信

　　初识陈信是在我作为替班老师去中五班帮忙的时候。中五班是寄宿班（寄宿制是孩子周一来园，周五才回家，要在幼儿园度过五天的时间，相对日托班每天接送的孩子来说，寄宿班的孩子要把幼儿园当成自己的另一个家，每天同大家朝夕相处，跟老师、小朋友的感情也更深），孩子们大部分很安静平和，但是每个班都有几个特别吸引老师

　　① 本论文是第三期教育行动研究工作坊的成果，感谢陈向明老师、欧群慧老师、任敬华老师、安超老师、王青博士的言传身教和深入指导，也感谢同班进修同学的互助和激励。

注意力和消耗老师大部分精力的活跃的孩子。陈信就是这样的孩子。他精瘦，看起来营养不良的样子，大脑壳、大眼睛、薄嘴唇、小嘴巴、帽垫发型，在班级里面算是矮个子，但是这个小身体里蕴含着巨大的能量。一天晚上，小朋友都上床了，盖好被子准备入睡，此时陈信开始站在自己的小床上折腾，穿着背心短裤开始扭屁股，一副很兴奋的样子，一边把短裤褪下来让别的小朋友看他的屁股，一边兴奋地喊着："看我的大屁股！"睡在陈信旁边的小朋友也告状："老师，陈信摸我的屁股。"这场混乱随着班主任老师的介入而结束，但是让我记住了这个精力旺盛爱折腾的男孩。班主任老师告诉我，陈信还有一个弟弟，妈妈主要照顾弟弟，家里还有其他事情，没有太多时间管陈信。如此说来这是一个需要关爱、缺乏关注的求爱儿童，他通过制造事端来吸引别人的关注。

我还发现陈信排队时有个特点：爱争第一。有的小朋友做事快，排在了第一位，陈信如果是后来的，从来不排在后面，总是跑到前面抢占第一。排在第一的小朋友不愿意，这样一场争吵在所难免。明明是陈信不对，但他总能找出理由来说明他抢占第一是有道理的。例如，他会说第一的小朋友没站好，站歪了，不能当排头。总之，陈信所有的行为都有他来自灵魂深处的认为自己一贯正确的"迷之自信"来支撑，要说服他遵守规则真的很难，就算掰开揉碎地讲，也不一定能得到他的认同，这是个坚决捍卫自己的观点、有个性的孩子。

二、大班的陈信

陈信升入我任教的大五班后，一如既往地我行我素。一天下午，陈信的妈妈提前来接他去上兴趣班，她就问我陈信在幼儿园表现得怎么样。我简单地跟他妈妈说了孩子比较有个性，聪明，能力强。陈信当时在上体育课，我跟他妈妈交谈时被他看见了，他想知道我是不是跟他妈妈告状了。我带他回班拿东西时，他问我："您跟我妈妈说什么了？"我猜大概是因为那天他洗手的时候玩水我批评他了，他不服气，跟我顶嘴，说别人也玩了怎么就说他。他怕我跟他妈妈说他表现不好，所以有此一问吧！为了安抚他这颗敏感的心，我就说我夸他了，夸他听话懂事，能跟小朋友友好好相处（当然这都是老师美好的愿望，希望说出来能实现）。他顿时乐滋滋的，背着书包对老师、小朋友说再见，一蹦一跳地跟妈妈走了。

一天午餐时间，先吃完饭的小朋友坐在一边玩玩具，挨着陈信坐的小朋友找老师告状："老师，陈信抢我们的玩具！"我走过去问他："你为什么不玩自己的玩具，还打扰小朋友？"陈信拿出他惯有的理直气壮的态度喊得声嘶力竭，攥着拳头，抻着脖子，脖子和脑门上的青筋都凸起来了。他涨红了脸喊道："他们玩得不对，我要让他们跟我一块玩！""你要尊重小朋友，你希望别人指挥你怎么玩吗？你不希望别人对你做的事情也不要去对别人做，这叫己所不欲勿施于人。""我就是想告诉他们玩具这样玩才好玩，他们不跟我玩就不对！"陈信情绪激动地争辩着，不停地说着自己的委屈和不满，振振有词，理直气壮，脸上写满不服。陈信一直在极力维护自己的想法，我只好先让他去做睡前准备，等安顿小朋友上床午休之后，我找他单独谈话。

晓之以理不管用，这次我打了一张感情牌，动之以情，我知道陈信特别希望得到妈妈的认可，所以从让妈妈省心的角度来劝说他不要整天惹事，要考虑别人的感受，跟小朋友好好相处。"妈妈每天很辛苦，你要懂事，帮助妈妈照顾弟弟，而不是每天给妈妈添麻烦。你有自己的想法是好事，证明你会思考，能诚实地表达自己的观点，但是也要尊重其他小朋友的观点和想法。"陈信听我这么说不顶嘴了，终于承认自己错了，保证以后会好好说话，好好跟小朋友相处。

这一回合我"胜利"了，但是跟陈信的斗智斗勇还是会继续。即便胜了也是险胜，没有成就感，因为我打了亲情牌，是情感绑架。从教师权威（小朋友信服老师的话）的角度来说，陈信根本不吃我这套，是他不理解我的话吗？其实是他自我意识太强，有自己的评判标准。教师的说教，即使是就事论事也不能在陈信身上奏效。教育"桀骜不驯"的陈信有什么更有效的途径吗？陈信坚持自己的想法就他这个年龄来说是"自我中心"的体现，如何引导孩子客观地考虑问题、遵守规则呢？这是对教师教育智慧的考验。

我跟陈信的妈妈约谈了解情况，她也表示陈信很难管教。我建议她给陈信报一个运动类的兴趣班，借此来让他学习遵守规则、友好合作，磨炼意志，消耗精力。她说陈信在学跆拳道，但是不怎么感兴趣。看来是这样的，因为陈信并没有在班级展示他在跆拳道班里学的本领。

三、《三国演义》的魅力

（一）陈信，你真牛！

一天，到了区域活动时间，平时爱折腾的陈信出奇地安静，拿着一张打印纸和一支铅笔过来问我："老师，张飞的字是翼德，翼德怎么写啊？我想把三国故事里人物的名字都写下来。""陈信，你真牛，连张飞的字都知道啊！翼德这两个字笔画很多，很难写。你还有个大计划，要把三国故事里人物的名字都写下来？这样吧，我帮你把三国人物的名单打印出来，你照着写，看看不认识哪个字就来问我，好不好？""好的好的。"陈信连连说。我查了《三国演义》中人物的名单，打印出来交给陈信。但是名单很长，各个人物的名字还有字号，尽数囊括，我看着都头大。但是陈信如获至宝，捧着这张名单就跑到阅读区去写名字了，碰到不认识的字就来问我。妈妈来接他时他也把这张名单当宝贝放到书包里，回家也学着写三国人物的名字。陈信因此会写了很多字，虽然歪歪扭扭，笔画也不对，一个字丢一笔少一画的情况比比皆是，但是前书写期的孩子不是在写字，是在画字，是用他们自己理解的方式把字画出来，以他们自己的方式来再现汉字。能画出来就很了不起了，因为汉字很复杂。陈信有了自己的任务，也沉静了许多，不再到处惹事了。

后来陈信的妈妈跟我道谢说："谢谢老师对陈信的帮助，还给他打印了三国人物名单，现在陈信的学习兴趣可高了，回家也不淘气了，安安静静看书写字，还带弟弟玩，您比我们家长都负责任。""您太客气了，这是我的职责所在。"我问她陈信是怎么开始接触三国故事的，她告诉我是因为陈信过生日收到的礼物是一套《三国演义》连环画，自此开始对三国着迷。

奇迹发生了，那天之后，陈信像是变了一个人，每天问我的问题都是有关三国故事的。见他对《三国演义》了解颇多，我就让他把自己知道的三国故事讲给其他小朋友听。小朋友安静入迷地听着古老的故事，原来孩子们不只喜欢动画片，还喜欢历史故事。只要老师关注到孩子的兴趣，给孩子提供及时的支持，孩子就能带给你无数的惊喜，这也是幼师职业幸福感的来源之一吧！

（二）孩子的表达：自制图书

除了写三国人物的名字，陈信还画了许多关于《三国演义》的故事，制作了连环画故事书。

一天，陈信问我："老师，我可以多用一些纸吗？""你用那么多纸干什么？""我要画一部《三国演义》。""可以啊，但是要注意节约，不要浪费纸张，画完以后这里有订书机，可以装订起来，这样好保存。""谢谢老师！"陈信乐呵呵地拿着纸回座位画画了。自此，陈信大部分时间都坐在美工区画三国故事，画完装订在一起，就这样，"桃园三结义""草船借箭""捉放曹""华容道"等三国手绘本横空出世，这就是兴趣的驱动力吧！认真做事的陈信脸上挂着幸福而满足的微笑，每天都乐此不疲，享受着制作三国故事书的快乐。每本书还写有书名和作者，带给他满满的成就感。他给三国连环画书的每个情节都写上编号，有板有眼地讲给小朋友听。在陈信的带动下，别的小朋友也开始制作自己喜欢的图书，班级里刮起了一股自制图书风。孩子们纷纷选择自己感兴趣的题材，用自己的理解和想象来创作属于自己的图书，有"植物大战僵尸""巴拉拉小魔仙"等各种主题，精彩纷呈。这是属于孩子们的班级文化，这让我想起了我年轻时的手抄诗词本，同样是追随兴趣的付出。虽然这些幼稚的图画和粗糙的制作跟精美的印刷图书无法相比，但这些都是孩子的"宝贝"，也是教师的骄傲，因为这里面有孩子的创造、想象，弥足珍贵。

对三国主题自制图书的投入改变了陈信，他不用再做一些无厘头的事情来干扰或吸引其他小朋友了，大家都被陈信创作图书的行为所吸引，聚集在陈信周围，有样学样地做起自己的图书。陈信还凭借自己做图书的经验来帮助、指导做图书遇到困难的小朋友，他终于能和大家和谐相处了。

（三）孩子的表现：牙膏盒宝剑

陈信对三国故事的兴趣不但表现在讲故事、画故事上，更表现在对三国故事许多细节的演绎中。陈信对三国故事中设定的服饰感兴趣，他在美工区将一次性纸杯、吸管、泡沫球和纸条组合在一起，做成了一顶汉朝皇帝的"皇冠"。帽子可以用两根毛根（毛根是一根缠满绒线的细铁丝，容易定形，是一种手工制作材料）固定系在下颌，戴在头上。他还用牙膏盒组合成了一把"宝剑"，握在手里，体验着古代风云人物的骄傲和自豪，我也深深为孩子的创造力所折服，兴趣是最好的老师！

男孩子都对刀枪剑戟感兴趣，看到陈信制作的"宝剑"，他们的眼中充满了羡慕，孩子们也模仿陈信用各种方式、各种材料制作"宝剑"。有的孩子还想到用折纸的方法制作剑柄，这样的宝剑更逼真、更形象。追求细节的他们不断完善着自己的"宝剑"，甚至还给"宝剑"做了剑鞘，尝试用各种办法把"宝剑"挂在腰间。大多数孩子每天都在美工区制作"宝剑"，乐此不疲，兴趣盎然，沉浸在创造性游戏的快乐中。

（四）来自三国故事的规则意识

陈信关注三国故事里的细节，他对大臣上朝用的笏感兴趣，便用建筑区的积木当笏，恭敬地用手捧着，嘴里喊着："参见吾皇万岁。"他告诉小朋友，用笏是一种礼节，笏是上朝见皇帝时要拿的，表示对皇帝的尊重。朝堂之上讲究礼仪，进退都要有规矩，对别人要有礼貌。陈信真是变了一个人，不再以自我为中心了，这都归功于他对三国文化的理解吧！他以自己的方式学习、成长，这真让人高兴。

陈信对三国智慧的运用也让我刮目相看。一天，两个小朋友因为意见不合吵了起来，陈信走过去对小朋友说："你要是在古代当皇帝，你的国家都得灭亡！因为你不听取别人的建议！如果你不能听别人的好建议，采取了不好的办法治理国家，你的国家就会灭亡，不要一意孤行！"两个小朋友似懂非懂地你看看我、我看看你，无言以对，但是不再吵架了。这么深奥的道理陈信都能理解且能灵活运用，调解纠纷，真是学以致用、学用结合啊！并且他用了一个成语"一意孤行"，运用反例言简意赅地表达出了兼听则明的道理。《三国演义》里描述的一切都影响着陈信，让他成为一个会表达、爱思考、讲礼貌的孩子。

有一天我上夜班，打饭回班里吃，饭菜不断散发出香气。班上的子辰小朋友是个食欲特好的小胖子，他也知道要控制食量才能控制体重，但是小孩子，尤其是被迫控制食欲的小孩子还是对任何食物都特别感兴趣。子辰问我："老师，你今天吃什么饭啊？真香。"我知道子辰想吃饭。陈信当时和子辰在一起，他没等我回答就跟子辰说："那是老师的饭，小朋友有小朋友的饭，你不能吃老师的饭。走，我们去建筑区玩。"说完就领着子辰去玩游戏了，有效地阻止了子辰的小馋虫作怪。以前都是老师给陈信讲道理，现在变成了陈信给别的小朋友讲道理，这是多么巨大的转变啊！陈信不但有了规则意识，还能说出道理来提醒别的小朋友遵守规则，这是知行合一在孩子身上的完美体现。

四、我的反思

（一）对有个性的陈信的教育问题之焦虑

这种焦虑究其根源来自陈信对班级秩序的扰乱。作为教师，我把更多的精力放在了维护班级的秩序上面，对陈信不服管教的行为感到恼火，而没有把关注点放到对孩子的尊重和接纳上。我一直说着要尊重儿童，所做的却只是在维护"师道尊严"，站在了孩子的对立面。尊重的应有之意首先是平等，其次是接纳，最后是信任。平等的信念、包容的心态是任何良好人际关系的基础，给孩子有独立想法的权利，对陈信维护自己想法的做法有更多的宽容，这才是真正的尊重儿童。教育不是束缚人性而是解放人性，给孩子更多的疏导而不是用权威去压制他们，是更明智的选择。

（二）兴趣是最好的老师

书籍是孩子的良师益友，好的书籍能开阔孩子的眼界，引导孩子看到更多的风景；兴趣也是良师益友，引导孩子去追寻、去改变、去思索……

在教育这条道路上，师生需要共同探寻和追求。孩子们在追求快乐，却不知道怎么能追求到快乐，教育者要帮助孩子得到真正的快乐，这是立德树人的最真实写照。在教育这条路上，形成合力的主体不但有家庭，还有师生。真正的教育是引发孩子内在的兴趣，发现孩子的特点进而因材施教；教育是引导孩子发现自己的兴趣和特长，让他们愿意做事，享受做事的过程，回报社会，奉献自己的聪明才智，让每一个孩子都能发现生活中的真、善、美。

让师幼紧密连接在一起的是生命中的这段旅程，每个独特的生命都需要不同的养育方式，不同的孩子有不同的个性和天赋，发现孩子的兴趣所在是教育者的责任。找到了兴趣这个神奇的媒介，教育者提供了支持，剩下的就是欣赏生命的成长。孩子成长是一个艰难的过程，从迈进幼儿园到毕业时成为准小学生，教师是陪同孩子成长、见证孩子变化的人。教师是孩子身后的助力者。看着孩子化茧成蝶，带着祝福展翅高飞，是师者的宿命。我们永远是那片默默无闻的大地，给孩子一方落脚栖息的坚实土地。

 **点评**

每个儿童都有独属于自己的一片"绝对领地"，在这片领地里，孩子可以纵横驰骋，展现自己的魅力，成就老师一时无法理解的"王者荣耀"。《三国演义》对文中的陈信来说，就是一个男孩子展现英雄气质的领域，也就是我们教育者所说的展示和发展主体性的地方。教师能否宽容、支持孩子寻找和进入这样的一片领地，并帮他们发展出成人靠说教无法实现的规则意识、自律品性、合作精神，是考验一个教师是否真心爱孩子、是否真正懂教育的试金石。爱孩子的教师，尽管偶尔会跌入一厢情愿、自作多情式的道德与情感陷阱，比如作者一开始"动之以理""晓之以情"却"颗粒无收"，但最终会被孩子在成长过程中展现的真正快乐与无限魅力所打动。在教育活动中，"儿童乃成人之师"，学生往往是改变教师的反哺性的教育力量。

——安超

当『小天才』成了
『烫手的山芋』
——一个老班主任的转变①

北京市东城区府学胡同小学　雷　悦

2019 年，我参加了教育行动研究工作坊。课上，老师让我们讲一个印象深刻的教育故事。我马上想到了班中的小易。作为一名具有近 30 年教龄的老班主任、区级骨干教师，尤其是近 15 年一直从事低年级教学工作，曾带过多个优秀班集体的我，自认为接触过的孩子已经很多了，但是像小易这样的孩子还是第一次见到。

一、一朝回到学龄前

二年级开学时，班上的小易发生了巨大的变化，他开始在桌上乱写乱画，桌下也折腾得一片狼藉；课间和同学打闹，课上看无关书籍，一不留神就自作主张做自己想做的事，稍不满意就大哭大叫，还多了从前未有的口头禅："太难了，我做不到。"这一系列反常的举动让我感到费解。一年级的他聪明开朗，总是在课间拿出自己觉得有意思的

————————
①　本文由陈向明教授、欧群慧老师、任敬华老师帮助修改，得到了王青老师、安心老师及小组成员陈铁苹、郝淑丽、张迪、马立新、燕君老师的建议，在此表示感谢。

课外书，和同学们一起交流分享。小易小小年纪就博览群书，课堂上经常在回答完老师的问题后说出一些相关的知识，老师和同学们都很喜欢他。作为语文老师兼班主任，我也非常喜欢这个可爱聪明的孩子。美中不足的是他不喜欢收拾东西，桌面地面总是乱七八糟。和小易妈妈交流后得知，小易的爸爸妈妈都是高级知识分子，很注重孩子的智力开发，孩子两岁开始识字，由于酷爱历史，入学前已经开始读纯汉字的历史书籍了。知识水平远超出同龄人的小易，是妈妈心中的小天才。妈妈认为孩子还小，丢三落四、不整理用具是很正常的，希望老师不要过多地束缚小易。虽然在交流的过程中，妈妈谦恭有礼，但我还是感觉她认为自己更了解孩子，对自己的育儿理念更自信，可以教育好孩子，不希望老师指出孩子的问题，对我们有着明显的抵触。作为具有近30年教龄的老班主任，这样的家长对我来说并不鲜见。于是我打定主意，不管她怎么想，我都会做好教师的本职工作。在我的"一亩三分地"里，我还是有信心管好小易的。在我的督促和同学们的帮助下，小易渐渐跟上大家的节奏，开始按要求整理用具了。虽然有时他也会和同学"开玩笑"或者发生一些小摩擦，但总体还是能够适应学校生活的。可是，这学期开学他为什么会有这么大的变化呢？明明一年级就已经适应了学校的生活，为什么他现在又回到了学龄前的状态呢？

二、誓要拨开重重迷雾

一年级时我经常听到老师们对小易的称赞，羡慕我得到了"宝贝"，我对他更是抱有很高的期许，希望他能像之前的北京高考状元学姐一样为学校争光。我迫切地想知道是什么改变了小易，一定要解开谜团，我不能让他成为"仲永"，必须帮助他早日回归正轨，重现"小天才"的风采。

（一）多加关注、投其所好可行吗？

一天课间，我看到小易的书本文具散落一地，他则坐在桌子上，嘶吼哭闹。其他同学有的围观，有的躲闪到一旁，整个场面混乱不堪。我站在教室门外静静地等待，等到小易情绪稳定后，我问他为什么要这样做，有问题不能跟同学好好说吗。他说，家里的小弟弟经常吵他，小弟弟只要一哭，妈妈会马上满足小弟弟的所有要求，所以他就有样学样，也大声地哭闹，妈妈就会满足他的要求。因此，他认为在学校只要大声哭闹，同学就不敢再招惹他，老师也就不会批评他了。他还气鼓鼓地说，因为弟弟在家老哭，他就和弟弟对着哭，结果妈妈还偏心地让奶奶带着弟弟去旅游，这就是会哭的孩子有奶吃呀！小易的话令我啼笑皆非。看样子小易是把和家人的相处模式带到了学校。

放学，我和小易妈妈谈起这件事，她说，为了保证小易的休息、学习时间，只能让奶奶把1岁多的弟弟带到农村老家生活了。小易妈妈觉得分开教育还是比较好的，她现在上班了，没有时间照顾两个孩子，最起码弟弟不在身边，自己可以多陪陪小易。最后她表示："老师您放心，不麻烦您，我一定能够帮助小易调整好心态。"看来家家有本难念的经，弟弟的到来还是给小易带来了很大的压力。从小易妈妈的话语中我听出来明显的回避问题、不让我过多干预孩子的意思。但不管妈妈怎么说，看到不快乐的小易我特别心疼，我必须要帮他。

从很多资料或书籍中，我了解到二孩家庭中的老大时常有被冷落的感觉，感觉亲人的感情被分走了，不那么被关注了。因此，很多孩子和小易一样，会通过"折腾"的举动来发泄不满或者引起关注，既然这样，我就要给予小易足够的关注。

课间的时候我经常走到他的身边和他聊天，这是一举两得的安排，既能让他感受到我的关心，又能预防他和同学发生冲突。

一天，他高兴地告诉我他和妈妈回到了妈妈的母校北京大学，发现一棵树上有"琥珀"。他相信这块琥珀一定会成为一个宝贝。等他到北京大学学习时要把它取下来。看到他眼里闪着的光，我知道他对琥珀一定十分感兴趣，于是马上找了关于琥珀的形成的书籍，并从家中找出蜜蜡、琥珀，带到学校和他一起分享。那段时间，小易课间不再和同学打闹，总和我一起交流搜集到的资料。我们从琥珀说到了玛瑙、翡翠、金刚石……。自从我们有了共同话题后，课间的时候，由我主动找他说话，变成了他来找我说话。我们的交流范围越来越广，一次他告诉我他正在读《明史》，不久后我就送给了他一套《如果历史是一群喵》系列图书，拿到书他就迫不及待地开始阅读。虽然为了能够和他成为朋友，走进他的内心，我需要查阅大量的资料，学习多方面的知识，但是看到他兴致勃勃的样子，我心里感到十分舒畅。

可是，这样的状态没坚持多久，小易又故态复萌了。尤其是每次我外出学习回校的时候，总会收到同学和老师对他的投诉。我提心吊胆，就怕手机响，担心他又出什么幺蛾子，真是令人头痛！找他谈话，他也是一副爱答不理的样子。我也迷惑了，到底是为什么呢？好好的怎么就又"犯病"了呢？放下教师姿态，不强迫、不命令，了解他的兴趣并投其所好，……怎么还是行不通？

（二）是家校共育没有形成合力吧？

一天放学后，小易的妈妈找到我，感谢我送给孩子书，她说："在幼儿园的时候，老师几乎每天都要找我告状，所以我非常怕小学的老师和同学也会排斥小易。但是听小易说，您经常给他系鞋带，帮他整理用具，还让他当国学课代表。以后孩子有什么问题您就跟我说，我一定配合您的工作。"听到这里，我松了口气，原来是幼儿园不愉快的经历使妈妈对学校和老师都有了戒备心理。低年级老师给学生系鞋带、梳辫子甚至洗尿湿的内裤都是寻常事。孩子年龄小，很多时候出现问题都是因为不懂、不会，没想到这些我习以为常的小事竟然改变了小易妈妈对我的态度，真是意外的惊喜。之前小易妈妈一直礼貌而冷淡的态度让我"赌气"地决定单打独斗，现在我感觉我们是在并肩作战。

得到小易妈妈的支持后，我干劲更足了，每天放学后都要和她聊聊小易的表现。我和小易妈妈商量，每周给小易定三个小目标，比如：课间把桌面书本摆放整齐，在学校完成作业，课上不把脚放到椅子上。针对他比较突出但最容易解决的问题，每周调整目标，每天根据制定的目标给他打分，如果本周都是优的话，妈妈就会在周末奖励他看电视，买他想要的书，或者满足他一个合理的要求。这个办法在我之前的教育工作中非常有用，小易妈妈欣然同意。事实证明，这个方法很有效，经过一个月的努力，小易在各方面都有了很大的进步。我又听到了老师们对他久违的赞许。看样子制定小目标的策略还是非常符合低年级孩子的特点的。

正在我以为二十一天可以养成好习惯，小易的问题基本解决了的时候，他又开始放飞自己了。数学老师让家长在练习卷子上签字，他大大咧咧地写了"家长阅"三个字。我和他的妈妈沟通，她总是说："爸爸在南方修公路，我最近出差，等我回去好好收拾他。"

（三）总该是二孩家庭带来的问题吧？

新冠肺炎疫情期间我和小易妈妈沟通时，她表示只要对弟弟多照顾一点，小易就会表现出明显的不高兴，家庭生活一团糟。正当我对小易的问题感到无从下手的时候，工作坊的欧老师向我推荐了《儿童教育心理学》这本书。

带着满腹的疑问，我开始寻求书籍的帮助。"家中第一个孩子的共性"这一章节再次印证了我之前的猜测，小易在学校里的种种表现和家里有了弟弟是分不开的。有弟弟前，他是家长心中的小天才，一家人都围着他转。有弟弟后，家长对他的关注减少，他感受到了差异，渴望得到家长更多的关注。于是他开始向另一个极端发展，试图通过制造麻烦来获得家长更多的关注。明明可以做好的、可以做到的事情就不好好做，甚至故意做得很差来获取关注。在学校故意不写作业，就是为了回家让妈妈陪着写，做事情极端示弱也是希望得到妈妈的帮助厅，……小目标计划更强化了他对妈妈的依赖。有妈妈参与的时候进步显著，而妈妈出差后，他的目标完成情况就忽好忽坏。

我以学校开展"小手牵大手，我们在一起——征集家庭中多子女孩子共同成长的故事"的活动为契机，给班级里的二孩家庭建立了微信群，开展了主题为"向抗疫英雄致敬，做弟弟妹妹的小榜样"的活动。每天群里图片、视频不断。可是，我没有在群中看到小易的动向。我和小易妈妈多次沟通，希望妈妈能带着两个孩子一起活动，增进兄弟间的手足情。渐渐地，微信群中出现了妈妈带小易和弟弟一起收拾玩具、整理书架的照片。小易妈妈写道："快看看我家的小男子汉！哥俩关系越来越亲密了。"我写了1万多字的叙事故事《寻找打开心门的钥匙》，觉得自己已经找到了打开小易和妈妈心门的方法，不禁沾沾自喜。

三、伪故事浇灭教育热情

孩子们顺利地升入了三年级后，本来期待着看到积极向上的小易，没想到小易的不良表现比之前有过之而无不及。他上课唱歌，在桌面上乱画，什么作业都不写。新任数学老师对他意见尤其大。老师说："从来没遇见过这么懒散、这么不遵守纪律的孩子，家长简直是太不负责任了。"于是我找了小易，了解了他在假期中的生活情况。小易说，假期中，他和弟弟都是各玩各的，有时妈妈还非要把他们拉到一起照相，真没意思。听了小易的话，我的心仿佛掉进了冰窟窿。为了解决小易的问题，这半年多的时间里，我上知网查了大量资料，和家长进行了十多次交流，写了十几个教育故事。伤心、委屈一股脑涌上心头，为什么我的一腔热情换回的总是冰冷，真是"我本将心向明月，奈何明月照沟渠"。我想，那就算了，反正我也最多再教他三年，不管他了。他再闹就把他换到后面，随他去吧！

四、重回原点再出发

在工作坊学习的结业式上听着老师们的汇报，我的心里五味杂陈。一年的学习，大家都或多或少有了自己的收获，我却到现在都不知道小易的问题到底出在哪儿。经历了惊喜、期待、憧憬、失落……，我还是不明白他需要的到底是什么。人家的故事都已经成型，人家的学生都已经变化，而我又回到了原点。更多的不甘涌上了我的心头，伙伴们的发言再次激起了我去了解小易的决心。我决定采用在工作坊学习的访谈法继续收集资料，希望它可以帮助我了解问题真正的原因。

（一）与众不同的小天才

周一的早上，小易把好多东西落在家，上课时什么都没有，只能请妈妈送到学校。因为我早上带孩子们升旗，于是先请数学老师帮忙接待了小易妈妈。看到小易妈妈微红的眼睛，我拿出平时记录的小易的故事，和她一起分享我们的喜怒哀乐。我说，看到这学期孩子问题越来越多，我和各科老师都很着急，但不知道小易的问题所在，所以无法很好地去帮助他。为了让小易能够健康快乐地成长，我迫切期望得到妈妈的帮助。

小易妈妈沉思了一会儿说：其实假期我带小易去医院检查过，他的视觉听觉混合注意力障碍比较严重。专家说，天才儿童包括高能力天才和低能力天才。他属于低能力天才儿童。高能力者各方面都优秀，低能力者只在某些方面优秀。比如他在写作业的过程中，注意力集中的时间大概只有 10—30 秒，甚至更短。他转移注意力的速度比常人快很多倍，他的阅读速度、理解水平、分析能力却远远高于同龄人，这导致大脑与动作形成很长的时间差，所以他严重拖延，并有不良情绪，常抱怨说自己太难了、太累了。他在注意力集中的那一刻加工的信息量可能是正常人的几十倍！但自我控制力只有四五岁孩子的水平。因为阅读量特别大，他比同龄孩子懂得更多的道理、知识等，但因为执行力不够，他受到的批评和否定变多，内心会涌现更多的负面情绪和不良心理反应。他时常感觉糟糕透了、绝望、无助……，随着年龄的增长，他的情况会更加严重。孩子与其他孩子的先天差异恐怕永远难以完全弥补……"您和其他老师说的这些问题，对于他来说都是正常的。我不敢跟您说，怕您再也不管他，怕学校让他退学，如果退学他就没地方去了。特别感谢您的包容，感谢您的不离不弃！"

小易妈妈的话令我醍醐灌顶。当他做操和别人动作不一样时，我从未想过他是不是没学会，只是严厉地批评他；当他桌面乱、整理用具慢时，我从未想过等一等让他慢慢收拾，只是让家长回家对他进行训练；当他课上自己玩时，我从未想过他是否对我们的话题感兴趣，只是提示他要注意听讲；当他作业书写乱或者不写作业时，我从未想过二年级汉字书写量增多、笔画烦琐，他的执行能力是否跟得上，只是埋怨他太懒……。一年级时我们更多的学习内容是听、说、读，知识渊博的他很有优势，虽然他的桌面脏乱、动手能力差，但和班中刚刚上学不适应的小淘气相比还是很有优势的。二年级开学后，之前不适应的孩子们基本都已经适应了。而书写的作业量开始加大，小易的弱项显现了出来，他开始烦躁、逃避，甚至学弟弟用哭闹的办法来解决问题。不是小易变了，是学习内容的改变、周围同学的改变使得聪明的小易变得无助，和大家越来越格格不入。

（二）建立信任，解除误会

晚上小易妈妈给我发来了检测报告：该儿童存在违反社会道德规范和道德准则的行为，反社会性行为明显……。妈妈哽咽地说："我们找了特殊教育老师咨询，说他这样的情况，如果继续发展的话，以后就更不能分辨好坏，长大会有违反规则的行为。我宁可孩子残了，在家待着或在床上躺着，也不想让这个特殊的孩子去到社会上祸害别人……。我们虽然很早就知道小易特殊，但我们想他慢慢长大了，可能会好一些。没想到他两次被幼儿园劝退，学前班上了一周就被轰了回来。我和他爸爸才下定决心给小易要个弟弟，我们害怕自己百年之后，小易如果不能自理该怎么办。我们想让弟弟将来能够照顾小易……。寒假前我们带他去医院检查，才发现他的情况越来越严重。我们最近也在找特教老师对他进行干预训练。请您理解一个母亲的心情，我带他这 9 年太苦太苦了。好多话我都没法对人说。"

我的泪水情不自禁地涌了出来，妈妈的无奈、无助深深地刺痛着我。哪对父母不爱自己的孩子？哪位家长不愿意孩子有健康的身体？我以为他只是淘气，是由于家长过于宠溺，导致其行为习惯较差，没想到背后还有这么多的隐情。

学前阶段的境遇使妈妈怕老师歧视孩子。一年级时，我提出小易的问题，他妈妈总说会管。她的冷淡不是对老师的不信任和对孩子的不负责任，因为她深知，这是孩子的正常表现，所以她只能说回家会管。二年级对我有了一些了解后，我们尝试了种种方法和策略，孩子还是时好时坏，小易妈妈就说等自己回家收拾他。疫情期间，妈妈开始向我表明困难。但我因为不了解孩子，认为是二孩家庭关注不足的问题，不停地把自己的想法强加在小易妈妈身上，使得小易妈妈只能迎合我的想法，上传假照片。家长之所以隐瞒，是怕孩子受到歧视。

而我以为他是个普通的孩子，以为自己找到了问题的根源，找到了破解的办法。我还误以为妈妈对我们不尊重、不理解、不配合，甚至欺骗我们……。无尽的自责、愧疚令我辗转难眠，幸好工作坊的老师教会我研究方法，幸好工作坊的伙伴鼓励我不要放弃，幸好小易妈妈敞开心扉如实告诉了我原因。那么可爱的孩子，我怎么能够看着他走向黑暗？我相信，只要我们努力，一定能够为这个天使修补好翅膀，给他一个灿烂的明天。

五、让改变带来转变

找到了问题的根源后，我静心思考，学校里常用的方法，如正强化、消退、利用代币、制作表格等只是治标不治本，怎么帮助小易呢？换一种方式会不会更好？改变自己，用欣赏的眼光看待小易会不会好些呢？我不能再犯之前自以为是的错误了。

（一）寻求特教老师帮助

最简便的办法就是和小易的特教老师沟通，可是人家是否愿意帮助我呢？带着无比纠结的心情，我请小易妈妈把小易的特教老师推荐给了我，我通过微信把我的想法与特教老师进行了交流，希望得到她的帮助。

特教老师回复："一直以来，我觉得我就是带着我的孩子们与体制内的老师抗衡。我觉得普校老师对个体差异的理解和分析不透彻，导致很多孩子在上小学后遇到很多困难！您令我刮目相看。没想到小学里竟然有这么优秀的教师！这小子真是太太太幸运了！"

她还告诉我，对于小易这样的孩子要少说教，多让他亲身体验。在体验的过程中出现的错误或者漏洞，只要不是特别过分，暂且不用计较，假装看不见。这样坚持一段时间，忽略他的不足，正向的内容就会逐渐凸显。他可以在不断的体验中，学会自我反思、自我矫正。他现在不过是个孩子，开心很重要。保持心灵愉悦是打开自我客观认知的一把钥匙。特教老师的认可令我信心倍增。我打算先从改变自己开始。

（二）静静陪伴，缓缓改变

以前我更多关注的是小易的缺点，现在则是想办法帮助他去解决这些问题，更多地关注他的优点，更多地从正面去激励他。

做操时，体育老师带领孩子们练习原地踏步走，并在各班进行检查。谁的动作错了，就要原地坐下接受老师批评。看着体育老师喊"1"时小易落下了右脚，我的心也咯噔了一下，他的动作和体育老师的口令总是相反的。我没有像之前那样大声地去呵斥他，而是默默走到他旁边和他一起做原地踏步的动作。渐渐地，小易也能跟上体育老师的口令了，看着小易精神抖擞的样子，我真为他高兴。

中午的自习课上，数学老师留了8道计算题就回办公室批改作业了。同学们都在认真写作业，只有小易把本子卷成了望远镜的样子四下张望。我没有像之前那样在班里大声点他的名字，而是在教室中走动，提醒同学们保持正确的写字姿势。走到他的旁边时，我帮他打开作业本，静静地看着他写。他没有再像之前那样大声喊"太难了，太多了"，只是写一会儿停一会儿。我假装为难地说："你写完能帮班里擦擦黑板吗？"他痛快地答应了，低下头写了起来，不一会儿就写完作业去擦黑板了。虽然把黑板擦成了大花脸，但是看他洋洋得意的样子，我的心里暖融融的。

语文课上，我们学习"二人同心，其利断金"。小易喊出："我看书上说，低质量的社交不如高质量的独处。"看着学生们茫然的样子，我没有像以前一样警告小易不要随便说话。而是问孩子们："在我们班有没有人曾经帮助过你，你想跟他说一声谢谢呢？"学生们纷纷举起了小手。一个学生说，有一次在写作文时，自己有一个字不会写，小易告诉了他，他非常感谢小易，问小易是否愿意和他成为朋友。小易频频点头。我拿出了漂亮的便笺，请孩子们把对同学的感谢写在这张"感谢卡"上，送给要感谢的人。我看到小易也认真地写着。不一会儿小易写完了，找到我说："老师，我还想再写一张。"我把一沓便笺都给了小易，跟他说："你看哪个同学还需要就发给他们吧！"他特别高兴地在同学间穿梭。放学排路队的时候，小易骄傲地告诉我他收到了6张同学的感谢卡，还自言自语："有朋友也挺好的。"回到教室，我发现讲台桌上有一张粉色的便笺，熟悉的字体一看就是小易的大作："致雷老师，感谢雷老师带领我和其他亲爱的同学们在学习的路上乘风破浪。"

当然，小易还会像之前那样两个台阶甚至三个台阶地蹦着下楼，会在上课的时候哼哼歌，还会在桌子上乱画。我会默默地牵起他的手，防止他摔倒；我会在课上提问他，转移他的注意力；我会送给他一张美术纸，让他肆意地涂鸦，再讲一讲自己的想法；我还会鼓励他收拾好自己的用具，再来用我给班里买的新拖把拖地……

课间，小易拿着一本《雷雨》来到我身边，说："老师，我从书中感受到了中国封建社会的黑暗。""那你知道曹禺先生为什么要写这本书吗？可以把你的想法记下来，以后你也可以成为大作家。"几天后，他又带来一本《复活》，说他非常崇拜列夫·托尔斯泰。第二周，他又带来一本竖版的《民国演义》，告诉我已经看了10页。看着密密麻麻的繁体字，我不禁问："你都认识吗？"他说："基本能猜出来。"说完就依偎在我的身上，一句一句地读了起来，几行下来只问了我三个字。

心态的转变拉近了我们之间的距离，在不知不觉中我们都产生了细微的改变。我觉得小易的笑脸多了，我的心情也比以前放松了。以前想到小易就怕，怕他闯祸，怕他和同学发生冲突，怕老师、同学告他的状……。看到他就气，气他课上随便接话，说一些和课堂无关的事；气他不听讲，在书上乱画；气他不写作业，影响其他同学……。而现在无论他做什么，我都会静静地陪伴，默默地守候，和他一起把事情做好，给他赞美、鼓励、机会，让他感受到成功的喜悦，并相信他会做得越来越好。

六、科学方法让爱更有力量

之前，小易的问题一直是压在我心头的大石，他时好时坏的情况总是揪着我的内心。凭借多年的工作经验，对于什么样的学生我都能见招拆招，从容应对。为什么在小易这就是行不通呢？我感到眼前有一层迷雾，看不到真相。正当我准备放弃他时，工作坊的伙伴让我知道，正是不知怎样解决才更有研究的意义。当知道了小易的问题所在，我发现自己犯了一个巨大的错误，就是见招拆招，自以为很懂，什么问题都可以解决，殊不知面对特殊儿童，不是只有爱和满腔热情就可以解决问题，还是要有方法的。

（一）寻求外力，科学对待

特教老师能利用教育学、心理学、行为学、脑科学等科学知识，结合小易的实际情况对问题进行根源分析，找到对应的策略，这是我们普教教师所不及的。通过干预训练，增强他的注意力持续性和抗干扰能力等，这使小易有了很大的变化，他很少再说"太难了，我不会"等话。虽然他还是不能主动做一些事情，如写作业，但是在别人提示后会去完成。寻求特教老师的帮助，可以满足学生的需求，对其有针对性地进行辅导、训练。同时，特教老师也会对普教老师的行为给予指导，校内外结合，有助于促进孩子健康成长。

（二）家长参与，相互信任

在这一年的工作坊学习中，我记录了小易的近 30 个故事以及和小易妈妈的交流。一个个故事，一次次交流，让我对孩子以及他的父母和家庭有了更深入的了解，由拒绝到慢慢拉近关系、建立信任、进行深度交流。小易妈妈的冷淡敷衍，各学科老师反馈她的不负责任，究其原因是家长有重重顾虑，怕学校要求孩子退学，怕老师不管孩子，怕同学歧视孩子。只有我们真正地包容孩子，接纳事实，真诚对待，才能够得到家长的信任，才能够知道孩子和家长真正需要什么，从而思考怎样做才能满足他的需求。

（三）尊重差异，相互欣赏

我们要尊重孩子的个体差异。听觉障碍的孩子可以利用视觉上的优势从事服装设计，视觉障碍的孩子可以利用触觉上的优势从事按摩等。孩子的个体价值是针对人对社会的贡献与作用而言的。每个孩子达到学龄后都有权上学，有权接受教育。不仅要帮助特殊孩子树立自信，更要引导和帮助更多的孩子接纳生命的多元性，这是孩子们成长之路上的必修人生课。如班级同学在给小易的感谢卡上写道："感谢小易经常给我讲历史故事。谢谢你告诉我我不认识的字。谢谢你多次帮我解开缠绕在一起的跳绳。"尊重和包容每个孩子的个体差异是我们每个教师的责任。

在面对"行为偏常"学生的问题时，我不断尝试、不同干预未果，真实原因是孩子的特殊情况需要专业帮助和指导。经过反思，我认识到教育不是仅靠"情感"就能有好的效果。尽管爱是教育的前提和基础，但有的时候，专业的知识和相关专业人士的介入是必要的。我还会继续书写我和小易的故事，为我们的生命共同涂上更加美丽的色彩。教育是用生命影响生命的历程。希望我们的故事能够给有着相似经历的孩子、家长、老师带来启发。

 点评

　　在一年的教育行动研究工作坊学习和讨论中，我亲眼看见了雷悦老师的痛苦：别人的教育故事讲起来生动有张力，她的故事怎么听都像"强说愁"。一次次讨论，一次次推翻，一次次改变思考角度，再一次次重写，小易还是那个小易，故事还是那个干瘪的故事。雷悦老师在一次次的挫败面前依然坚持着这个故事，主要的原因应该是放不下这个本是"小天才"的孩子。多番调整行动策略未果，最后才由小易家长主动"拨开迷雾"。雷老师认识到，教育的前提和基础是爱，但仅靠情感是不够的，有时需要必要的专业支持和指导。如今，雷老师再面对小易的时候，已能够做到如其所是地对待他，同时引导他正视自己的不同，也引导其他学生接纳生命的多元性。雷悦老师的变化和行动恰恰是本次教育行动研究工作坊追求的目标！

——任敬华

当学生厌烦老师之时

——班主任如何与学生建立和谐的师生关系？

北京市大兴区第三小学 郁有丽

"每当我听到郁老师外出学习不在学校的消息时，心里都特别地高兴，因为她可算走了，我可以开心地玩了。中午出去玩没有人管我，我太开心了。她在的时候我总是得写作业，每次见到郁老师我害怕得心都快从嗓子眼跳出来了。这回，老师可算不在了，要是老师永远都不在，那该多好！"

这是 5 月 8 日我在调查"老师不在时，你怎么想，怎么做"时，小北写的"真心话"。看着它，我有些茫然不知所措，尤其是当看到"永远都不在，那该多好！"中的"永远"这个刺眼的词语时，更是扎心地痛。

一、辛苦的付出，寒心的回应

小北是班级里特别令人头疼的孩子，学习、纪律和卫生方面常出现令人意想不到的问题，例如顶撞老师、不讲卫生、不遵守班级和学校的规定、我行我素。总之，他是一个集多种缺点于一身的学生。只要一看到他，我的心里就莫名地不舒服。即便如此，面对这名学生，我依然选择不放弃，尝试用多种方法帮助他：个别辅导，同伴协助，家校配合……。慢慢地，在各方不断地努力和配合下，他的一切都在朝着我理想中的样子逐渐改变。但今天小北的反馈犹如当头一棒，让我彻底找不到方向。

为什么辛苦的付出换来的却是这样令人心寒的结果？小北的"真心话"还没有平息我心中的怒火，小璞的行为让我怒火更盛。小璞是一名自理能力很差，思想比较懒惰，做什么事情都需要别人督促、监督的男孩子。而当他知道我要外出学习的时候，高兴地笑开了花，而且双手还摆出 2 个"V"字。看到小北的真情流露和小璞的喜上眉梢，我不禁对自己的班主任工作产生了巨大的挫败感！每天处理与学生相关的琐事耗费了我的一多半精力，可最终换来的竟然是学生不喜欢我的结局。

在办公室里，我经常听到同事们这样说："现在的学生一批不如一批，老师每日辛苦工作，在他们眼里就是理所应当的事情。老师管得严，他们敢和老师横眉冷对；老师管得松，他们根本就不把老师放在眼里。毕业之后偶遇老师能打招呼或者给老师发条节日问候信息的都是很不错的学生了……"现在的师生关系怎么会是这样？

这样令人匪夷所思的事情我也刚刚经历过，中午轮到我值小饭桌的班，因为要判完最后几份试卷，去教室的时间相对晚了一些。原以为孩子会把饭菜盛好放在我的讲桌上，可事实并非如此，全班没有一名学生帮我拿餐盘，更别说盛饭了。两个自律性较差的学生让我恼火，全班同学的行为更让我心寒。我心中的不满顿时爆发了。我狠狠地训斥了他们一番，而大多数同学却很无辜地看着我，丝毫没有意识到自己错在哪儿。

回想三年前刚接手这个班时，他们的学习成绩是全年级倒数第一，班里的几个学困生可以说是令人"闻风丧胆"，各项班级评比，我们班永远都是年级最后一名。辛苦一学年，什么评比排名都是倒数，我真的很不甘心，有种万念俱灰的感觉。为了改变现状，提高他们的语文成绩，我首先从日记入手。三年多，1000 多个日日夜夜，每天我都坚持认真地给他们批改日记。为了开阔孩子们的视野，我会不定期举办各种有意义的活动。每逢重大节日，如三八节、感恩节、重阳节等，我都会带着孩子们精心准备礼物，赠予他们的家人。在我和孩子们的不懈努力下，班级发生了翻天覆地的变化：五年级语文两次区级抽测班级排名分别为第四、第五。全区 1587 人中排名第一、第三、第八的都是我的学生。班级也多次获得市、区级各种奖项，大部分学生在各种活动中不断崭露头角。同时，我的班主任工作也得到了校领导和家长们的认可。为了他们，我牺牲了很多个人的时间，甚至都没有时间顾及自己的孩子。

可是这样的忘我工作，换来的却是学生们的如此冷漠。在痛心、恼火、委屈的情绪之中，我记录下了这件事情。我想静下心来思考，在我处理师生关系的过程中究竟是什么地方出现了什么问题？怎样做才能建立和谐的师生关系？

二、反思从倾听学生的需要开始

"每当我听到郁老师外出学习不在学校的消息时，心里都特别地高兴，因为她可算走了，我可以开心地玩了。中午出去玩没有人管我，我太开心了。"玩，是孩子的天性。想不受拘束地玩耍，这是一个孩子正常的渴望。

"她在的时候我总是得写作业"，我的要求对他来说就是一道无形的枷锁，束缚了他所谓的"自由"，对于老师的良苦用心他不能理解，也不能接受。

"每次见到郁老师我害怕得心都快从嗓子眼跳出来了。"紧张害怕，是小北对我的真实的感受，他是在不太理解的情况下尊重、尊敬我这个老师的，对我的感情不是喜欢和亲近。

"这回，老师可算不在了，要是老师永远都不在，那该多好！"这是小北内心渴望自由的真实写照，他希望自己就像一匹脱缰的野马，自由地驰骋在辽阔的草原上，但他没有意识到自己身上的很多问题都是缺少管教造成的。

对于全班学生"不关心"老师的问题，我做了访谈。通过访谈，我了解到大部分孩子都没有关心老师的意识，他们心中主要想到的就是自己、家人、朋友，在学校已经习惯了老师每天为他们所做的一切。还有一部分学生是因为胆小，即想到了要去关心和理解老师，但是因为同学们都不这样做，索性自己也不这样做了。

三、反思中的倾听

看到学生们的反馈，我回顾了自己的教育方法。凡事我都力求完美，为了在学校的活动中取得好成绩，同时也为了培养学生做事认真的态度，几乎每一项活动我都会亲力亲为。班级文化墙的布置都是我在"独揽大权"地操办，甚至是每一个图钉如何摆放学生都得请示我，没有我的许可，他们是不能做的。当今社会，孩子们被以爱的名义给予了太多，无须自己付出任何努力和投入，甚至认为他人的一切付出对于他们来说都是理所应当的。在这样的大环境下，我又无情地扼杀了他们仅有的一点点"责任感"。他们对老师没有回报的意识和行为表现，由此看来也是情理之中的事情。

回顾各种教育活动，我会引导学生理解、感恩父母和老人，即使对陌生的人给予的帮助也要心存感激。在我的带动下，学生多次为贫困山区的学生捐赠生活物品以及学习用品，多次走进社区、温馨家园奉献爱心。但是在众多教育活动中，我唯独没有引导学生要感恩理解老师。针对这样的问题我也访谈了几位家长，他们反馈的共同点是：作为家长，在家他们没有教育孩子感恩老师的意识，他们关注的只是孩子的成绩。老师为学生的付出家长看在眼里，感恩在心，但并没有对孩子如何向老师表达感恩进行具体指导。以前的几次家长会上我都想谈谈感恩老师这个问题，但是羞于开口，担心家长会有别的想法。现在网络如此发达，我担心因为自己表达不清楚，反而给自己的工作和生活带来不必要的麻烦。

访谈中部分学生的反馈，不禁让我想起著名哲学家莱布尼茨说过，没有两片完全相同的树叶，世界上也没有性格完全相同的人。在工作中，我脾气比较暴躁，做事雷厉风行，喜欢"一刀切"，忽视了一部分胆小学生的心理特点。现在的教育逐渐"慢下来"，教师慢慢地教，学生慢慢地学，而我的教育却每日像高速列车一样飞速地运转着。为了让学生们能够有扎实的语文基本功，我每天乐此不疲地工作着，却忽视了他们的年龄特点。孩子不可能在责难、羞辱和痛苦的氛围中发展自己的技能，他们需要也值得享有他们应得的平等和尊重。

由于长时间没有关注自己孩子的学习，临近期末，我才发现儿子各科的基础都是如此薄弱，测试成绩一次比一次低。我犹如热锅上的蚂蚁，寝食不安，每天都在批评他。终于有一日儿子爆发了，哭着告诉我，妈妈从来不夸他的优点，只看他的缺点。看着伤心流泪的孩子，我很心痛，同时联想到班级里的孩子们，为了激发他们的斗志，我采取的经常是批评教育，很少鼓励他们。我个人认为孩子大了应该不在乎这些，但是却忽视了好孩子是夸出来的这一既有经验。我访谈了 9 岁的儿子，他告诉我表扬、鼓励的话语对于他来说很重要，听鼓励的话语，他做事会更有自信，离成功会越近。

四、敞开心灵，在相互理解中成长

在反思中，我逐渐平静。怎么做才能让学生理解、感恩老师，从而消除彼此之间的隔阂，建立起和谐的师生关系呢？我尝试着做了下改变。

对于小北和小璞，我一改往日高高在上的态度，和他们交流的过程中尽量放低自己的声量，每天都在用高倍放大镜寻找他们身上的优点。比如小璞，他自律、自理能力都比较差，值日时安排到哪组，哪组的学生就宁愿自己辛苦一些，也不愿意接收他，只要他一参与值日，就会激起一片抱怨声，这大大挫伤了他的自尊心。根据小璞的个人情况，我安排他每天整理餐具、浇花、擦窗台。为了便于他整理餐具，每天允许他第一个盛饭。这样他很开心，每天的工作干得井井有条，没有再和同学们发生任何冲突。儿童节那天，我们集体庆祝节日，他忘记带水果和零食，我发现之后，就让其他学生把自己的食物分享一些给他，后来他的桌上堆满了同学的美食。临近放学的时候，他拿了几包零食放到我的桌子上。我坚持不要，他却咧着嘴说："老师，我都吃够了，不想吃了，才给您的。"这话听起来虽然有些不顺耳，但这种分享也是一种进步。

再来谈小北，我每天都会积极地在班级或者微信群里表扬他的进步。没课的时候，针对他犯的小错误，和他一起进行细致分析，直到他欣然接受。他打快板打得相当不错，但是由于他不自信，没有报名参加评选。了解情况后，我积极联系家长，肯定他这方面的能力，争取家长最大的支持。最终他鼓足勇气参加校级评选，脱颖而出，代表学校参加协作区的比赛，同时作为优秀节目的代表在全校师生面前表演。随着我对于他的关爱逐渐升温，我发现他也不像之前那样对我充满敌意了。现在每天放学，他都会主动打扫卫生，并且等我检查合格之后才离校。虽然很辛苦，但是他看起来很快乐。面对类似于小北和小璞这样的学生，我在积极调整自己的心态，放慢脚步，对他们多些等待，期待会有不一样的精彩。

对于全班，我进行了深度访谈，竟然发挥了与主题班会不同的效果。后来，关爱老师的学生逐渐在增多。每天中午，无论是哪位老师看班，孩子们都会争先恐后把饭盛好，等着老师的到来。临近期末，试卷成堆，判得我是腰酸背痛。这时候，就会有那么三五个男生或者女生悄悄地走到我的背后，为我轻轻捶背。端午节期间，为了让学生更好地感受传统节日，我组织全班同学包粽子、吃粽子、系五色线。其间有好多学生给我送粽子，其中有一名女生，当所有同学都系上五彩线的时候，她竟然忙碌了半天自己没有系，而是给老师搓了一根五彩线。这些都让我深为感动。在端午节小长假期间，我竟然收到了一名女同学给我发来的信息：祝郁老师端午节安康！

五年级的学生逐渐有了自己的小秘密，不愿意和家长、老师交流。我们班的学生却恰恰相反，他们会把同家长或者同学之间的矛盾通过日记或者微信的形式发给我向我求助。几天前我就处理了一场同学之间的内部"战争"。班里的三位学生因为一点误会在微信里吵得不可开交。在外地出差的佳佳妈妈打电话让我帮忙协调一下孩子们之间的关系，我欣然同意。以前我总认为他们都是大孩子了，因为一些鸡毛蒜皮的小事吵架或者大打出手都不应该，批评教育一番，让他们互相道歉，是我自认为比较好的处理方式。而今天，我则以一位大朋友的身份，认真倾听孩子们之间的"大事"，然后和颜悦色地帮他们分析事情的利与弊。经过10多分钟的调解，三个孩子相视一笑，一场"狂风骤雨"就在我耐心调解下化解掉了。

从5月8日到今天，我从懵住的状态到能够用平稳情绪面对小北和小璞，转变了很多。尽管小北还在不断犯错，小璞还在蜗牛式地前进，但我对他们多了一些平静的等待。我用心倾听，耐心沟通，深入反思。期待我和我的学生们能够在师生和谐的路上快乐前行。

 点评

　　这篇文章运用叙事的方式呈现了一名教师诚恳的自我探索和成长的过程。这种教师个人的自我探索的载体是一次镶嵌在日常工作中的行动研究。将教师工作的"日常性"与"研究理性"巧妙而自然地结合是这篇文章最重要的特点，这个研究也因此成为一线教师如何做行动研究的一个很好的样例。这篇文章所呈现出的研究的起点在教师行动研究中有很强的典型性。教师最开始感到的是"出乎意料"的"意难平"。在愤怒、委屈、失望、不甘心情绪的驱动下，教师很诚恳地表达了自己期待与现实的落差，而这样的落差则与教师的责任感结合成为探索、行动和解决问题的动力。在发现落差、解释落差和解决落差的过程中，教师运用了访谈、观察、倾听、反思等研究技术，这样的研究技术也有效地帮助教师实现了双方真实的对话互动，进而形成对教育的再理解。在这样的"再理解"之下的教师行动，则有了不一样的教育的意味。通篇文章除了研究方法的运用可圈可点以外，教师个人的诚恳、作为教师的良知以及在个人成长上的不懈努力，都是十分打动读者的，这极大地增加了文章的感染力。

——赵树贤

让沟通架起师生情感的桥梁

北京市房山区蒲洼中心小学　芦天虹

　　教育家苏霍姆林斯基说过：教育的效果取决于学校家庭的一致性，如果没有这样的一致性，学校的教学、教育就会像纸做的房子一样倒塌下来。我一直坚信在教师、家长和学生之间最重要的就是沟通。苏霍姆林斯基的另一番话也带给我很大的启发：家长是教师的同盟军，教师只有站在家长的角度思考，体味家长的角色，设身处地为学生着想，才能与家长共同为学生打造温馨和谐的生活学习环境。由于我们学校是深山区寄宿制学校，师生周一至周五都在一起生活和学习，每到周末才回一次家，这让我有更多时间陪伴学生，与学生进行紧密的沟通。

　　她有一双黑溜溜的大眼睛、弯弯的睫毛，有时活泼可爱像个洋娃娃，有时忧忧郁郁像"林黛玉"。开学来报道的第一天她就哭个不停，由于寄宿制的原因每周来都要哭一次的她，让我欢喜让我忧。她在学习上的表现十分积极，每次上课的时候都聚精会神，下课又笑着跑到我身边抱着我。她有些小任性，爱发脾气，她就是我班上的小红同学。有时遇到不开心的事，小红就会脸色大变，在家、在学校都是这样，而且谁劝也不行，一劝就会哭个不停。前段时间，因为妈妈总是照顾小妹妹，小红感觉自己不受关爱，就在家闹起脾气来，怎么都不肯来学校。最后，家长没办法硬生生给送来了。来到学校后，小红一直哭，整层楼都能听见她的哭声，我陪在她身边，轻轻地抚摸着她的头发，拍拍她的肩膀安慰她，过一会儿她才停止哭泣。我与她的家长进行了沟通，小红的妈妈说打也打了，劝也劝了，怎么说都没用。针对小红的情况和背后原因，我和她进行了一次谈话，她向我吐露了心声后，我答应她可以做她的好朋友，有问题或者不开心的事都可以告诉我。她慢慢地开始愿意和我交流与分享，这让我更加觉得作为寄宿制学校的老师，不仅要关注学生的学习，更要关心学生的情绪，给予其更有温情的教育。

一天，她跑到办公室问我一道口算题，我当时有些忙，让她回去再好好算算。不一会儿，一名女生跑来向我打报告："老师，小红不会算，就问我们，我们说让她认真算算，她就和我们生气，说还不如把自己敲傻了算了！'"我听了，先安慰这名同学她的做法是对的，并让她不要把小红说的话往心里去。然后，我利用课间与小红沟通这件事，我以朋友的身份向她表示歉意，在她遇到困难的时候没有及时帮助她解决，同时告诉她不应该用那样的语气和同学说话。她说自己当时不会算，有点着急才那样说的，自己不应该那样说。于是，小红主动和同学道歉，大家也原谅了小红。有了全班同学的包容和帮助，小红融入了班集体这个爱的大家庭，知道了该怎样和同学相处，她爱闹脾气、号啕大哭的性格也慢慢改善了。

居家学习期间，我和小红没有了面对面的交流，但是每周我都会和她用视频交流，但孩子的表达少之又少，看得出来有时开心有时不开心。某天晚上，我突然收到小红家长发来的微信：老师，这孩子没法管了！我看到后很着急，便和她爸爸进行了沟通。原来，家长说孩子不承认错误，学习不主动，计划表早就没了，每天的学习都是妈妈督促完成。我建议小红的父母和孩子共同制订计划，多一些耐心，其实孩子的自控能力有时候很薄弱，尤其是现在在家与在学校学习环境不同，对她也是一个挑战，家长也表示同意。之后，我每天增加与小红视频的次数，询问小红的父母她的情况，提醒她按时起床、合理安排时间。小红每天上传任务后，我都及时评价，有时我也会和小红聊聊天，分享开心的事情。小红学习越来越主动，每次完成作业后都会很有礼貌地问我："老师，这是我今天的作业，您看可以吗？""老师，我今天的题不会，您可以给我讲一下吗？"看到小红的消息，我会赶紧发起视频通话和她面对面交流，并且表扬她学习越来越积极了。我还和小红约定，帮助她养成居家学习的好习惯，让她每天按时起床、整理好房间，拍照发给我，如果她做得好，就颁发电子奖状。小红变得更加起劲了，学习很用功，交作业的时间也比以前提前了不少。

新冠疫情过后，终于迎来了开学，我见到了许久未见的小豆包们，也见到了小红。她改变了很多，不仅长高了，也长大了许多。可是，她上课的状态还需要调整。第一节数学课下课了，同学们都积极地利用课间完成作业。就在我要走出教室的时候，我发现小红没有在写作业，而是拿着一张漂亮的纸急忙跑到卫生角处做课程表。第二节课开始了，我走进教室，发现同学们都在认真地学习，积极举手发言，小红却沉浸在自己的世界里，欣赏着那张完美的课程表。我走到她身边没收了她的课程表，之后的半节课小红完全不在状态，不听讲，也没有回答问题。我一直在想怎样和小红沟通才能帮助她上课时把心思放在学习上，却没有找到契机。但是，某天的晨练让我发现她很细心。那是周四的早晨，我值班。学生们绕着操场齐步走，等待跑步。一个小同学拿着手里的水杯，走到篮球筐旁边时，把水杯放在外侧，眼看水杯要掉下来了，走过的前几个人都没有看到。这时小红顺手把杯子放在了里面。我便悄悄地问她："你为什么把他的水杯挪了呢?""他的水杯放到外边儿了,我怕它掉落,所以就往里边儿放了放。""你真是细心的孩子。"晨练结束,我找到了小红。借着她给别人挪水杯这件事称赞她是一个很细心的人,课程表做得也很精美,如果她的细心用在课堂上,一定会比别人收获更多知识,小红使劲点了点头。自那以后,在课堂上我又看到了调整好精神后的小红同学,以笔直的身姿坐在那里。

有人说,要像对待荷叶上的露珠一样小心翼翼地保护学生幼小的心灵。晶莹透亮的露珠是美丽可爱的,却又是十分脆弱的,一不小心露珠滚落,就会破碎,不复存在。我想,作为一名寄宿制学校的班主任,要使学生在爱的阳光下成长,就要用无微不至的关爱和陪伴,走近学生,读懂学生,在沟通中建立师生情。身为寄宿学校的教师,对学生的爱似母爱,而又不同于母爱。小红渴望被接纳、被鼓励,而我也逐渐意识到不能将成年人的思维代入到学生的世界里,因为儿童的成长是循序渐进的。爱学生,就必须走进学生的情感世界,顺应学生成长规律,把学生当孩子、当朋友,去感受他们的喜怒哀乐;爱学生,就要给予学生更多的尊重和信赖。从小处着手,从学生关心的事中寻找最佳教育时机,要如春雨般无声润物,真实地走近学生,与他们的心灵沟通,才能建立师生情感的桥梁。

 点评

发现改变的契机来自教师不断的尝试——尝试理解孩子的无力,尝试理解家长的无助。也正是因为理解后的沟通,才使得芦老师能敏锐地抓住做课程表和挪水杯的细节,以儿童成长的视角看待他们的"问题",并将其转化成教育契机。除了小红的行为,芦老师还察觉了其他同学、小红父母在事件中产生的影响,把小红的变化放置于更广阔社会联系中去解读,这也是叙事探究的关键所在。读罢此篇还有些意犹未尽,如果芦老师能再尝试理解自己所处的境地和行为背后的理念，那这篇叙事将会更加深刻。对于任何一位叙事探究者来说，只有将自己的经历与故事产生联系，凸显自己的视角，才能使读者共情。

——王青

小杨同学变了吗？
——探究教育情境下的班主任角色

北京市海淀区教师进修学校附属实验学校　刘红艳

提到班主任，学生最爱说的一句话是"班主任来了，保持安静"，家长最爱和孩子说的是"你再不听话我就告诉你们班主任了"。这两句话形象地体现出了班主任的权威。然而这种权威真的有利于解决学生出现的问题吗？

"小杨同学，年级的演讲活动需要摄影志愿者，你想参加吗？"我问道。"刘老师，我愿意参加，我喜欢摄影。"话音未落，他高兴地跑回教室。顿时我充满了期待，期待他在年级活动上能够捕捉到一个个精彩的演讲者的镜头，期待年级主任会夸他很认真……，我陷入了美好想象中。

小杨同学是我班上的一名男生，刚升入初中时他就给我留下了深刻印象。在军训的时候，他表现非常突出。虽然身体偏胖，但是他站得最直，任凭汗水在脸上流淌也一动不动，我觉得这个男孩很有自制力。他休息的时候很爱和我聊天，我觉得他是一个开朗、自信的男生。恰逢年级招募志愿者，我首先想到了他，想给他一个展示自己的机会。

然而，第二天我刚踏进办公室，年级主任就拿着一个相机镜头，面色凝重地来跟我告状："你看看这镜头，都被小杨摔成什么样了？"我顿时大脑短路了，咋这样了呢？故事没有按照我的设想发展，而是出现了180度大转弯。我的脸有些发烫，眼睛只敢望着相机镜头，好像自己成了被年级主任训斥的学生。

我看着破碎的镜头，眉头紧锁，感觉自己的眼睛在冒火，脸上的肌肉顿时僵硬了起来，嘴机械地张开但又不知道说什么。最后艰难地挤出一句话："唉！这孩子啊！"我心想：小杨啊小杨，你捅了这么大的娄子咋不和我说呢？我现在的心情就像在坐过山车。我深吸了一口气，缓慢呼出，似乎在告诫自己别着急，要冷静、稳住。

课间，我小跑到了班级，喊小杨到我办公室来。于是他跟着我来到了办公室。虽然心里很着急，但是我克制住自己的焦躁，刻意放慢语速，轻声地问他："小杨，昨天你是不是把相机弄坏了？"小杨环顾四周，生怕有更多的老师听见，而后看了看我，凑到我耳边说："刘老师，昨天王同学说他可以修好……""是吗？今天早上，小王把坏的相机给年级主任了，说没修好。"这时小杨愣住了，吞吞吐吐从牙缝里挤出一个字："哦。"我站了起来，走到他对面，对他说："当时你为什么不告诉我呢？"他向后退了两步，站好，低着头说："当时另一个志愿者王同学说他可以帮忙弄好，我就相信他了。""不管谁修好，为什么没有第一时间告诉我呢？"我的声音比刚才高了八度。意识到自己有些激动，我赶忙坐下，让自己冷静下来。

回想起当时我的样子，就像一个大家长一样。孩子犯了错，虽然我在语言上没有指责他，但是语气和眼神已经表现出对他的不满。现在想想，小杨同学为什么不告诉我呢？是害怕告诉我后挨批评吗？还是担心我告诉家长，挨家长批评？我一直纠结小杨同学不告诉我相机坏了这件事，甚至有的同事认为我太较真，毕竟学生怕班主任理所当然，但是我觉得学生应该对班主任信任亲近。

下班后，我约了小杨的爸爸，一方面沟通相机的事情，更重要的是我想更多地了解小杨在家里、在小学时的表现是怎么样的。

　　小杨的爸爸年龄比我大，头发已经花白，个子不高，听口音是山西人，说话语速很快，是个急性子。我和他说了相机的事情，他连连说："刘老师，相机的事真不好意思，孩子不懂事，我今天带出去修好吧！""好的，没问题。其实我还想了解小杨在家以及小学时候的情况。"我把最关心的问题抛了出来。

　　"刘老师啊，不瞒您说，带这个孩子很累。我们生孩子晚，就这一个孩子。孩子一直由姥姥和妈妈带，从小就备受宠爱。孩子内心比较脆弱，特别怕老师说，一说就哭。小学就这样。由于从小被妈妈和姥姥宠爱，独立做事的机会比较少，遇到突发事情更不清楚怎么解决，会很慌乱。一米七多的小伙子，其实还是一个小男孩。我脾气急，有时候我要管，孩子妈妈就不让我管。因为这孩子我们家没少闹矛盾啊！"小杨爸爸还说了很多，但是从他的谈话中我基本了解到小杨的家庭环境：爸爸简单粗暴地管理孩子，妈妈姥姥宠爱孩子。小杨从小独立解决问题的机会少，能力自然比较弱。他在小学特别怕被老师批评，爱哭、胆小，从来不参加班级里的活动。升入初中，随着年龄的增长，孩子内心渴望成长，所以军训的时候表现得很突出。

　　小杨从小在这样的环境长大，小学又没有参加什么活动，好不容易到了初中参加了这个活动，还弄坏了相机，他心里肯定也很难过。但是出于胆小，害怕老师知道会批评他，害怕老师告诉家长，家长会指责他，所以他没有告诉老师，想偷偷地让同学修好相机。在处理相机事件的过程中，我一直不自觉地扮演着大家长的角色。即使我对小杨的态度温和，但是这种无形的权威也会引起孩子内心的恐惧和担忧，让他对老师敬而远之。我并没有站在小杨的角度及时了解他当时的感受，而是急于解决问题。这样做不但没有得到小杨的信任，反而会让他更加畏惧，加深对我的戒备之心。

　　相机故事看似简单，只涉及一个孩子，但是一个班级里有多少像小杨这样的胆小没自信的孩子呢？他们在胆怯中学习生活，他们对班主任更多的是怕，怕不够优秀被批评，怕被指责，怕老师大声对他们说话。这并不是良好的师生关系，更不利于这些孩子的健康成长。我该怎么办？该如何让小杨相信我，改变他对班主任惧怕的态度，建立起师生之间安全信任的关系呢？

在一次学校组织的沙漠研学旅行活动中，学校主办方招募摄影志愿者。我想再给小杨一次机会，让他能在教训的基础上勇于突破自己。想着想着，我放下手中的课本，快速地大步朝着班级走去，好巧，小杨正好在楼道里。"小杨！"我拍了拍他肩膀，"刘老师这里有一个你一定感兴趣的事情，你想不想参加？全年级只有一个名额哦！"我用期待的眼神看着他，似乎在说，老师看好你哦！小杨好奇但又胆怯地问："老师，什么事情？我可以吗？""你来我办公室，我慢慢和你说。"他紧跟着我，生怕我不告诉他。到了办公室，我让他坐在椅子上，我俩面对面，我对他说："你知道吗？下周咱们要去沙漠研学啦！""哇，真的啊！太棒了，我还没有去过大沙漠呢！"小杨神采飞扬地说。趁着他很高兴，我紧接着告诉他："现在年级需要一个体力好的摄影志愿者，跟拍同学们活动中的瞬间，怎么样，你心动了吗？"他的眼睛一直在转来转去，好像大脑在高速运转，心里在纠结要不要参加。过了几分钟，他低声问我："老师，您觉得我可以吗？""当然可以啦，你看你军训的时候耐力多棒，你又喜欢摄影，这是一个难得的机会啊！学校说也可以带自己的相机。"我边说边看着他。小杨一直也在看着我，我话音还没完全落，他从椅子上跳了起来，对我说："老师，我想成为志愿者，我家有单反相机。""我相信你，有什么需要老师帮助的，你随时可以和我说。"小杨朝我深深鞠了一躬，大声说："谢谢，谢谢老师，我一定做好。"

在火车上，他认真地捕捉每一个瞬间。我在火车上给同学们分水果，也被他抓拍到了。我心里美滋滋的，感觉无形中和他的心贴得近了。

在沙漠中，烈日当空，没有一片云。尽管轻装上阵，同学们还是被炙热的阳光烤得筋疲力尽，只顾低着头一步步往前挪。小杨同学穿着志愿者的荧光绿背心，背着三脚架，手里还拿着单反相机，跑在队伍前面给大家抓拍。他汗流浃背地穿梭在年级300多人的队伍中，是队伍中最闪亮的一颗星。每当小杨经过，同学们都会转头看向这位奔跑的少年。终于到了休息的时候，小杨坐在我跟前。我担心他中暑，一直给他打着伞，他害羞地说："谢谢老师!"午餐的时候，我催促他赶紧吃午餐，多喝水，保持体力。在他看来我像妈妈一样关心他，呵护他。深夜，我和他一起选照片，指导他编辑照片文字，制作视频，一遍一遍修改完善，直至制作出成品。小杨伸伸懒腰骄傲地说："我太棒啦!"这句特有成就感的语言，见证了孩子的内心慢慢地变得自信与强大。在这次活动总结中，他被评选为"乐于奉献之星"。他制作的微视频获得了海淀区三等奖。真实的感受拉近了我们师生之间的距离，双方的信任自然建立了起来。

我和小杨同学的故事一直在继续着，当在一起谈笑着说起相机风波的时候，他表示"那是过去的事情啦"。他还大方地说："老师，我觉得你挺好的。"小杨继续发挥着他的优势，甚至已经可以带一群低年级的同学制作视频了。他慢慢地成长，我也在深度陪伴。

经过了这件事后，小杨同学变了吗？他变了，变得敢于承担一些事情，变得爱和同学嬉笑交流了。小杨妈妈发信息告诉我说孩子在家也懂事多了，愿意和爸爸讨论历史军事问题了。在这个过程中，反思我自己，我也在悄悄地发生着变化。开始的时候我只急于解决相机问题，扮演着大家长的角色。小杨的行为超出了我的把控，让我有点抓狂，也有点慌张。我当时的控制欲很强，希望任何事情都在自己的把控之内。但是，在从相机风波到不断地深入了解小杨的时候，尤其是与他的爸爸谈完话，我进一步了解了小杨的成长过程。这个时候的我，更加理性、冷静，好似一个调查员。我的工作重心已经转移到小杨个体的发展上来。接下来我又像一个分析师，分析小杨的家庭关系、小学经历，归纳他的性格特点，以找到突破口。为了引导小杨发展，我就像一个设计师，找准机会，搭建足够大的平台，给予足够的支持，让他感受到老师是在帮助他并愿意接受老师的帮助。这个过程中他也体验到了成功的喜悦。整个过程中，我的角色围绕着学生的成长不断地改变，但是核心的本质没有变，那就是以学生为中心，立足学生的发展。

作为新时代的班主任，我们更好地找准自己的角色，更恰当地引导学生茁壮成长，我的思考有以下两点。

第一，依据多元角色，建立相互信任、安全的师生关系。2009年教育部印发《中小学班主任工作规定》，规定班主任的职责与任务包括全面了解班级内每一个学生，深入分析学生思想、心理、学习、生活状况。关心爱护全体学生，平等对待每一个学生，尊重学生人格。采取多种方式与学生沟通，有针对性地进行思想道德教育，促进学生德智体美全面发展。对于班级，要通过一系列主题活动，营造平等、和谐的班级氛围，建立师生之间的互帮互助、友善平等的关系。因此，新时代的班主任扮演的角色并不唯一，包括沟通者、管理者、引导者、倾听者、指导者等。而家长经常把一句话挂在嘴边："老师啊，我们家的孩子就听老师的话。您多管管他吧！"在家长看来，班主任是权威，是可以依赖的人。孩子们也经常有一句话："老师来了，老师来了，快坐好，安静……"在他们的眼里，老师是权威，是管理者。家长和孩子对教师的角色定位依然是传统的具有权威的管理者。但是随着时代的发展，社会的需求改变，班主任工作也需与时俱进。班主任的角色也远远不是单纯向学生施压的管理者，具有更多元化的特点，而这些不同的角色在不同的教育情境下起着重要的作用。因此，班主任要善于挖掘这些角色的功能，更好地教育引导学生以及引导家长。

在学校学习生活中，班主任更多地扮演管理者、引导者的角色。学校学习生活很有规律，学生出现的问题更多是课堂纪律问题、同学关系问题、在校的安全问题等。班主任经常需要处理一个个突发事件，很多班主任忙于应对，筋疲力尽。其实班主任要更多地发挥管理者的作用，可以积极培养班干部的影响力，增强班级的团队力量，令其相互制约，达到平衡，让每一位同学自主管理。

在"非正式"的学习环境下，班主任是学习者、指导者、合作者、关心者、支持者。例如，关于摄影，我也要先学习了解这方面的内容，而后给学生一些指导建议，用学识让学生对老师尊敬。通过一起合作进行项目式学习，如社团活动、演讲比赛等增进学生对老师的信任，因为这时老师和学生是一起完成任务的合作关系。多重角色可以使师生多角度深度认识彼此，能够更好地促进学生的健康成长。

第二，班主任要不断自我反思，寻找教育生长点。长期从事班主任工作的教师要防止陷入一种工作误区，即总是用固有的思维对学生的行为进行评判。遇到问题，教师有时候也会不自觉地给自己制造一层一层的茧。小杨的故事让我对自己的班主任工作有了更深刻的理解，尤其是对班主任角色有了全新的认识。

（1）班主任角色随着不同的教育情境、基于学生的需求而变化。班主任的角色不是唯一的。班主任扮演的角色只要从学生的需求出发，在具体的教育情境下能够让学生深切地感受到班主任的用心并且发自内心地接受，就是最好的。

（2）班主任要换位思考，把学生的感受放在第一位。初中阶段的学生正处于青春期，这也是学生成长发育的重要时期。这个阶段学生的个性特点以及人格特点尚不稳定，班主任需要根据学生的日常表现以及学习能力认真了解学生的实际情况，同时也要认真倾听学生的想法，这样才能真正走进他们的心里，成为他们成长路上的支持者、引导者。

（3）班主任要建立起一座沟通的桥梁。有效的沟通是解决问题的前提条件，班主任要主动贴近学生，关心学生，解决他们在学习与生活中遇到的难题和困惑，这样才能为有效的沟通奠定扎实的基础。建立在互信基础上的沟通才是真正的有效沟通。

初中班主任不仅要做班级的管理者、检查者、监督者和指导者，还需要结合时代的要求对自身角色进行重新定位和思考，坚持以学生为本，基于中国学生发展核心素养，以培养"全面发展的人"为核心，不断提升专业素养，成为学生发展的引路人。

 **点评**

　　小杨同学是变了，同时改变的还有班主任刘老师，她从心中"理想的"权威型教师，变成了能根据不同教育场景适时调整自己角色的"多面手"。他们的改变，是通过相机事件触发，在沙漠研学摄影中完成的。在这一过程中，刘老师着墨描写了两个片段：一是在年级主任告知相机被小杨损坏时，刘老师惭愧、气愤、失望、克制，百感交集；二是小杨兴奋于当研学活动的摄影师，在烈日下穿梭于人群中忙着照相。这两个场景都充满张力——刘老师纠结于自己的角色，小杨则为了兴趣克服了内心的不自信。而矛盾正是改变得以发生的契机，正是由于刘老师在相机事件后反省了自己的控制欲，并及时地调整教育方式，才使小杨能够获得自信。这些矛盾之处，同样是刘老师最后所总结的"教育生长点"。当教师在担忧自己的作用形象时，是不是也能像刘老师一样，将自己"不完美"的那面暴露出来？

——王青

三个『我』

——在不同的师生站位中寻找自我

北京市西城区鸦儿胡同小学　岳　悦

　　从我在学生们二年级时接手这个班级，到现在已经三年了。和他们第一次见面，仿佛是在昨天。承担班主任的工作后，我在处理班级事务、家校沟通等问题的时候，总是不自觉地带着学生时的逆反心理。曾经也当过学生的我，总是觉得孩子们处于弱势地位。

　　我接手的是一个令其他老师头疼的班级，"问题儿童"有好几个，之前的班主任在身心俱疲的情况下，向学校申请卸下班主任的职务。我虽然没有教过这个班级，但总是能听到它的"事迹"：三个老师管理学生午餐和午休，上课时学生自己跑出班级，几个学生课上在地上爬……，所以在我新当班主任的第一个月，总是担心，坐立不安，怕自己能力不足，不能处理突发问题，以至于外出学习时都想着学生会不会调皮捣蛋，回到家里也会想如果出现了问题我该怎么处理。整天都在提心吊胆，情况严重的时候还吃不下东西，甚至想吐！

一、以学生视角做教师

（一）作为学生的"我"产生了

自从开始工作，我就认为学生是最脆弱且无助的群体。这种想法来源于我小时候的经历。印象最深刻的一件事发生在小学：记得小学三年级的时候，我的班主任是一个脸上很少出现笑容的中年教师，他包班教学，教我们语文和数学。虽然班主任看上去很严肃，但我还是很喜欢他，因为他知识渊博，板书很漂亮。我非常崇拜他，也很希望能和他亲近，所以每个月的班级大扫除我都积极报名，想着被选中的话我就可以多和他说说话，他的目光就会在我一个人的身上。那时候，我的目标就是帮他打扫办公桌，希望他坐在我打扫得干干净净的桌子前办公。终于有一次我被选中了，嘴角的笑容暴露了我内心的雀跃。我和另一位班里的女生合作打扫，我认真地擦干净办公桌的每一处边边角角。打扫结束后，老师在班会上表扬了我。我骄傲得像一只伸长脖子的小公鸡，腰板都挺直了，回家的路上也是一蹦一跳的。

如果我能预料之后发生的事情，就再也不会那么积极了，也不会为了一句表扬而开心很久。原来，大扫除结束后老师发现自己新买的六个扣子丢了。在大扫除之前，这些扣子是放在办公桌上的。除了老师自己，就我和另一个女生收拾过办公桌。于是，我最黑暗的一个星期开始了，我和那个女生分别被老师叫到办公室。他非常严肃，语气生硬，身边空气的温度好像都比平时低了好几度，跟他在我心中的形象截然相反。"扣子是不是你拿的？"他厉声问道。我瞬间就被这样的老师吓哭了，但他却置若罔闻，只是一再重复问我是不是拿了他的扣子。我根本就没有见过扣子，抽泣着实话实说。可是他好像认定了是我，不待我更多解释便撂下一句话："拿别人的东西是不对的，你要知错就改。"那个时候，我的脑子里都充斥着这句话，眼泪更是止不住地流。可是这些在老师眼里似乎都是掩饰，那一周的课间我不断往返在办公室和教室中间，重复着相同的对话。老师的扣子最终也没有找到，但我却在老师的心中被定义为坏孩子。

当时的心情我到现在还记忆犹新，那种感觉就像是整个人陷入了泥潭里，不管我怎样呼救都没有用。泥泞的沼泽束缚着我的双腿，我独自在泥潭里挣扎着，没有人来帮助我！从此我不再喜欢我的班主任，对他布置的任务也不再那么上心，每天都是小心翼翼的，怕他想起来又开始询问我扣子去哪里了。我把这件事情和我的感受埋在了心里，直到新的学年换了新班主任，我才慢慢地放下这件事情，但是内心却想着：我长大后一定要不成为老师那样的人，不随便给一个人下定义，不随便冤枉别人！

（二）"我"为学生打抱不平

在居家学习期间发生了这样一件事，刚刚睡醒午觉的我，人还是迷迷糊糊的。突然手机响了，一个语音电话打了过来，我一看，这不是我们班大队长小张的家长吗？怎么回事？出了什么问题吗？刚要接对方就挂了，我又打了回去。很快家长接通了，是孩子的爸爸，一开口就是："老师不好意思打扰您了，没事没事。就是最近孩子的学习态度不端正。"紧接着是生气的语气："你快点和老师说你怎么了！"这时听筒中传来孩子的哭声，"快点，你快过来，老师和你说话呢！"小张爸爸的声音提高了，紧接着传来孩子委屈的声音："你干嘛打电话给老师！"这一句话像是点燃了小张爸爸的怒火，他咆哮着对小张说："你是班里的好孩子，怎么能不认真写作业呢？也不帮家里做家务，总想着玩！"紧接着我听到孩子让人心疼的伴着哭泣的声音："我不是写完作业了吗！我不是帮家里干活了吗！为什么别人写一篇我要多写一篇？你说的我都做了啊！你为什么还要说我，还给老师打电话！"听着学生带着哭腔的话语，我连忙在电话里安慰孩子："老师听到你说的话了，原来你在家里做了这么多的事情，很了不起了。"同时，我也表达理解家长的感受，因为爱孩子才会希望孩子时时做"好"、事事做完美，看到孩子不好的表现才会忍不住去训斥。我接着劝慰家长道："现在大家都在气头上，不是沟通的好时机，咱们先冷静一下，等我们没那么大的火气的时候再来沟通这件事，您放心，我也会协助您的。"

这通电话后，虽然我安慰了孩子，也向家长表达了我会协助他，但我的内心想法却是孩子真不容易，在家里要按时上网课，父母还会给他们报其他的课程，疫情期间的焦虑情绪和学业压力够重的了，父母还要再给孩子施加压力，现在的小学生太难了！做父母的怎么就不能理解一下孩子的心情呢？怎么总是指出孩子的错误，就没有想过孩子们能否承受吗？这个时候的我，还没有从学生的这个角色中走出来。

二、家长"我"的出现

（一）家长的无助

因为对自己学生时的经历有着深刻的记忆，我不自觉地把学生放在了弱势的位置，表面上和家长站在一条战线上，实际上却认为家长对孩子太严厉了。但是在我自己遇到了一件事情后，却不那么认为了。在小张爸爸那通电话后的半个多月里，孩子认真地在群里提交课业，自测的体温也是按时上报，一切都像之前一样，我以为事情就此结束了。

一天，我例行统计学生的平安签到，这次未签到的名单中却有小张。我给家长们发了需要签到的消息，不一会就有家长们陆续回复"好的，马上签。谢谢老师提醒"。可是小张的父母却迟迟没有音讯。一次两次忘记很正常，我也能理解，家长们陆续复工了，需要投入更多的精力到工作中，难免顾不过来，也就没当回事。可是，一条消息惊吓到我。小张的爸爸发来了语音信息，他的声音有些哽咽："刚刚让小张气得我抽了自己两巴掌。这孩子……"他停顿了两三秒，说："怎么说都不听，催了好几次，这周的作业到今天都还没完成。"语音的最后是一声叹气。一个40多岁的成年人内心承受了多大的压力才会做出这样的行为，又是多么无助才会向我求助呢？我心中有些触动。当天晚上，小张的妈妈也主动给我打来了电话，她一股脑地道出了自己的焦虑："小张对学业的态度不认真，报的学习班不学习，已经两个星期不和家人说话了，现在还把自己关在屋子里，不知道在做什么……"通过话语我能听出她的无力感，她真的对孩子一点办法也没有。她的焦虑，有对孩子学业的担忧，更有面对孩子心理变化无能为力的失落。我们聊到了晚上11点多，我也能感觉到家长的情绪平静了很多。小张的妈妈给了我小张的微信号，希望我能跟孩子好好谈谈。

（二）触动与身份的转变

这一个多小时与家长的通话带给了我熟悉的感觉。我坐立不安，担心自己能力不足，担心使用各种方法后仍无法解决问题。这种感受再次敲开了我的记忆大门，还记得初次得知要担任这个班的班主任的消息时，感觉像是原本年纪轻轻的我一下子成了31位学生的"家长"，这让我印象深刻。第一次接触低年级的学生，我不知所措，不知道如何与他们相处。我希望可以带好这个班级，希望班里的孩子们都能乖乖的，事事做好，不求能做全校第一，但求各方面不输给其他班。没想到这样的想法不仅不能帮我找到带班的方向，还使我在之后的教育教学中更加焦虑和迷茫。

这样的我不是和小张的家长一样吗？我们都期待孩子往自己希望的方向发展，在这个过程中，孩子的不配合使我们倍感无助，因为我们没有方法更好地辅助孩子。小张家长的感受和我刚刚接手这个班级时的感受重叠了。这时，我不再觉得学生处于弱势位置，处在弱势位置的人变成了家长，而我仿佛就是一位家长。作为"家长"，我的感受是无助的、迷茫的。"我"应该做点什么？我意识到了不能一味地只帮助学生，同时也不能因为家长处于弱势就只帮助家长。

（三）原来"我"是作为家长的"我"

在之后的班级活动中，我根据学生的情况调整了辅导的侧重点，利用同伴的力量帮助学生。我组织了需要小组合作才能完成的活动，帮助小张融入群体中，鼓励他与同伴合作，在他帮助其他同学时给予肯定。我引导小组内的学生讨论如何看待他人提出的有益于自身的建议，用"我建议……"这样的语句进行沟通。当听到可以接受的建议和不能接受的建议时，我告诉他们应该如何回答才可以说清楚自己内心的想法，并且不伤害他人。在小组讨论的氛围的带动下，小张也渐渐地活跃了。

对于家长，我倾听了他们的苦恼，缓解了他们的一些焦虑，同时也给出了一些建议，例如他们应该如何去和孩子沟通，现在这个阶段孩子内心的想法是什么，他们的行为背后的想法又是什么，等等。在理解了学生的状态后，家长对自己的言行也适时地进行了调整，我也进行了情况跟踪。

三、作为教师的"我"

（一）变成"一只乌龟"

这次的事件让我成长了很多，我也在这个事件中反思与总结扮演。学生角色的我和扮演家长角色的我，都不能解决家校中存在的问题。我应该更多地站在教师的立场去解决问题，进行教育教学。而教师身份的思考方式到底是什么样的呢？在梳理这个事件的过程中，我找到了处理这件事情的方法和助我成长的方法。

我们每个人身上都有着自身角色带来的压力，这些压力让我们感到焦虑。不良情绪不仅会影响我们每个人的心情，同时也会对我们处理事件的方式有影响，让我们变得急躁。其实我们可以试着放慢脚步，不被情绪带着走。做事情慢一些，遇到学生（家长）问题的时候不要着急，俗话说"心急吃不了热豆腐"，心急解决不了问题。当你慢下来的时候，也会影响需要解决的问题中涉及的人和事情的节奏。当所有的节奏都慢下来的时候，你就会发现突破口就在那里。放慢节奏，凡事不要过多担心，即使没有成功也没关系，只要做了、想了、试了，事情就在改变。

（二）化作"黏合剂"

曾经的学生身份，让我能更好地和学生们共情，了解他们内心的渴望与需求，可以与其更好地交流，有助于解决学生的问题。站在家长的立场，我可以更好地理解家长。对于家校沟通来说，了解家长的需求，了解学生居家时的情况，才能让家校的教育方向一致。教育不只发生在学校里，家校结合，才能让学生更好地成长，要在家长们搞不定自家孩子、学生对家长的想法和态度感到不耐烦的时候，了解双方情绪背后的渴望，弥合学生与家长的想法、态度等。这样做，在满足他们需求的同时，也促进了亲子关系。

（三）教师"我"的雏形

这件事情让我了解到了个人的身份是在变化的，我不能用同样的观念对待所有的学生和家长，需要根据实际情况在关系中进行调整。要怎样进行调整呢？

我首先从小张身上找着手点，他是班里的大队委，我就利用孩子要强的心理特点，布置需要展示给同学们看的任务，例如"课业展示""时间规划""我的学习桌面"等活动。这样能利用同伴的力量帮助并督促小张，做之前家长让他做却没有做的事情，同时也让他起到榜样作用，带动班级中其他同学。除此之外，我还组织了微班会活动，帮助小张改变行为，转移他的注意力。不仅如此，父母的角色也在其中得到了剥离，父母不再唠叨，从关心孩子的学业到关心孩子的生活，从盯着孩子没有做什么到关注孩子做了些什么，对孩子的进步第一时间进行了表扬，家庭紧张的氛围慢慢得到了缓解，两周后，家长和孩子的交流增加了。

快速高效是当今时代所具有的特点，但在教育中，很多时候我们都应该告诉自己"慢一点，别担心，没关系"。

慢一点——给自己更多的时间去思考。教师应该给自己思考问题的时间，深度挖掘这个"问题"背后当事人的心理，用多个视角分析问题。

别担心——当事件发生的时候，教师很容易被情绪带动。当教师带着这样的情绪去处理事情的时候，其实会适得其反。当将事件和产生的情绪剥离，冷静下来，这个"问题"是不是会变得不一样呢？

没关系——放松心态，没有谁是生下来就可以做好教师的，名师也是从初出茅庐慢慢摸索出成功的道路的。所以，尽了自己的全力即可，剩下的交给时间。

我轻松了，又可以带着满满元气投入到工作中了。这样做的我不就是那个作为教师的"我"吗？这次的事情让我在教师生涯中找到了自己。在今后的工作中，我还要去丰富作为教师的"我"，同时也不忘记那个拥有学生初心的"我"，感受那个总带着焦虑情绪的家长的"我"。

 点评

　　从因为自身学生时代经历而产生"学生弱势观"，到又因共

情家长的焦虑而动摇了这一观念，直至最后感悟到教师的"黏合剂"角色和保持沉着心态的教育观，岳老师故事中模糊的新班主任形象逐渐清晰。虽然题目中提到三个"我"，但其实还有第四个"我"——岳老师从故事中抽离出来，对教师站位形成的过程和原因进行了梳理和归纳，这是一种"元分析"的视角。而岳老师对每一个教育情境中自己的想法不断进行提问，是促成第四个"我"形成的主要原因。值得注意的是，岳老师关注了担心、委屈、焦虑、无助等情感，并以它们作为故事发展的线索展示出三个群体的困境，这也让读者产生了情感共鸣。岳老师的叙事让读者感到真实与丰富，这来源于叙事中有情——对自我情感的暴露，有理——反思了处理学生问题中新班主任教育观升华的主题，有事——对事件细节的描写。情、理、事是好的教育叙事的必要元素。

——王青

撕掉『差生』标签

杨晓琴

北京外国语大学附属外国语学校

　　教师节的第二天，正好是周五下午，我正准备下班时，在楼道里看到一个熟悉的身影向我走来："老师！教师节快乐！我来看您了!"仔细一看，这不是小韩吗？笑眯眯的小眼睛，两个多月的时间似乎长高了不少，也更胖了些，看起来很开心。我的情绪瞬间也被感染了，快走几步，两人顺势抱在了一起。小韩整个人的状态特别好，她按捺不住兴奋，继续说："老师，我政治考得特别好，总分刚过线！现在在××中学读高中（海淀区一所不错的示范高中），谢谢老师!"多么美好的教师节祝福啊！又是难忘的一天！

　　现在的小韩积极阳光，好学上进，懂得感恩，有明确的人生规划。这与初一、初二的她完全不同，她曾经是一个内向、叛逆甚至有"自闭"症状的"差生"。让我感到高兴的是，曾经被贴上"差生"标签的她，在如此重要的人生阶段露出了灿烂的笑容，面对未来，怀着无限的憧憬和信心。

一、小韩初印象

我所任教的学校是一所外语特色学校，十二年一贯制，大部分学生由学校在考核的基础上根据外语特长进行分班，但也有少部分学生按照上级教育主管部门的要求进入专为派位过来的学生设置的义务教育班，小韩就属于"幸运儿"之一。

虽然小韩刚进入初一时，我就负责她所在班级的政治课，但我实在对她没有什么特别的印象，只记得她上课喜欢趴在桌子上，老是睡不醒的样子，成绩基本上是最后几名，而且跟她经常在一起的小石比她更差，我几乎"放弃"她了。

小韩初二时，也许因为正处在青春期，她整个人胖了好多，脸上也起了许多痘痘，上课经常会与小石讲话，多次提醒似乎也起不了什么作用。她行为上有些叛逆，但在与学习无关的话题上显得异常活跃。有一次课间，她主动过来找我，聊同学们在玩的游戏。"杨老师，您会玩这个吗？"她竟然问起我来。我暗暗有些吃惊，原来没有什么存在感的孩子，一下子以这种方式引起了我的注意。原来小韩也是愿意主动找老师说话的，我忽然觉得她也不是那么不可救药，可是她的关注点怎么会是游戏呢？我有些担忧，决定找班主任聊一聊，找找原因。班主任了解情况后直摇头，提到了一件事，某周五的最后一次课上，小韩和两名男同学竟然抽电子烟。班主任感到非常惊讶，没有想到平时比较沉默、经常答非所问、看起来文文弱弱的女孩子竟然和那几个需要重点关注和帮扶的学生混在了一起。因为在班主任的课堂上，小韩大多数时候很安静，不怎么说话，也很少影响别的同学，基本上是个遵守纪律的学生。因此，班主任对小韩还是抱有希望的，认为这是一种"成熟的沉默"，也未加干预，等待小韩有一天会在学习上"觉醒"。可是因为电子烟事件，班主任约谈了小韩的家长，小韩也被记录了一次违纪处分。从跟班主任的谈话中，我能感觉她对小韩还是抱有希望的，不过暂时还没找到有效的教育方法。话说到一半，班主任深深叹了口气说道："这孩子再这样就没救了。"听完这些话，身为教师的责任感让我觉得自己也该做些什么。只不过，没等我行动，小韩就主动向我求助了。

那是刚开学的第二周，小韩竟然又一次主动来找我。她可怜巴巴地说："老师，我们想选您的课！你可不能抛弃我们这些差生……"原来她还知道自己是"差生"，我听完小韩的恳求，心中一动，问她为什么想选我的课。小韩满脸沮丧地把自己被其他老师"嫌弃"的事一五一十地向我道来。我很同情，也很理解她们的窘境。进入初三，直面中考压力，每个人的脸上都多了一些紧张，昔日一到下课就喧闹的教室现在似乎也有些沉寂。考试分数和升学，成了压在孩子们心头的一座大山。回忆之前我与班主任的对话，我想小韩还是有救的，于是稍作思考便同意了她们的申请。之后，我便有意识地对小韩多了一些关注。

后来我回想自己很快同意的原因，除了直觉上认为"小韩有救"，似乎还有更深层的原因。一方面是自己除了一线教师的身份，还一直在从事一些学校的管理工作，因为学校重视对干部的培训和学习，自认为在处理学生的问题上还是有一些方法的。另一方面，作为一个母亲，对于和自己孩子年龄差不多的学生，多少能了解一些。还有最重要的一点，也许是因为近几年连续任教普通班甚至是"差班"，我对"差生"面临初三的不安心情多少还是有所了解的，我一直坚信这些孩子本质都非常好，三观都很正，是非常善良的，虽然他们的学习时常让我担忧。

二、小韩在变化

小韩的摸底成绩是 45 分，鉴于她之前的表现，这样的成绩是我预料之中的。成绩只是一个表象，这种表象的背后也许还有很多的原因。要关注学生学习成绩的提升，但绝不能唯分数论。处在青春期的孩子，由于身心发育不平衡，加之升学的压力，面临各种心理矛盾和困惑。要想帮助小韩，首先需要改变我自己，以平等的姿态和同理心对待他们，放大其优点，适时恰当指出其不足，也许会好一些。这个策略需要教育智慧，我决定挑战一下自己。她不喜欢被严格要求和训话，我尽量去放大她学习上的优点，去肯定她，不足之处暂时就忽略了。我尽量使用"如果能……，会更好"的措辞，给孩子信心和鼓励，希望她不要放弃自己。

经过一段时间紧张的学习后，孩子们迎来了区期末统考，小韩成绩是62分。不错，及格了。我马上分析了一下她的试卷，发现还有很大提升空间，小韩有信心提升吗？我不知道。每次看到小韩，我都想到要充分照顾她的自尊心，我都会说："小韩，你还有很大的提升空间，争取更好哦！"一开始，小韩只是笑一笑，也许她觉得老师的话很中听，但是我能感觉到小韩的反应是麻木的。之所以说她麻木，是因为面临具体的问题，小韩还不能回答自己的错因和改进措施是什么，我这样的鼓励似乎只会让她感觉安全、不被"抛弃"。

小韩的"麻木"也再次提醒我，作为老师的我，把分数作为自己业绩的说明书是多么狭隘和功利，我是不是和小韩一样也要进行转变呢？我心里清楚，长期被贴上"差生"标签的学生未必不聪明，只是不良的学习习惯、长期受挫等使他们对于学习长期处于消极应付、被动防御甚至放弃的"崩溃边缘"状态。

在考试后的家长会上，我看到了小韩的妈妈，我想听听家长对孩子的评价和计划。小韩妈妈提到，小韩性格很内向，受不了"训斥"和"负面评价"，有点"玻璃心"，成绩一直上不来。进入初三，作为家长还是挺着急的，特别希望她能上个好一点的高中。我想树立信心最重要，于是反馈孩子考得不错，提出了在保持成绩的基础上再进一步的要求。因为她还有潜力，希望家长也能给孩子信心。家长会后，我又单独找了小韩，详细地为她做试卷分析，帮助其查缺补漏。

后来回想起来，我觉得这样的要求是积极的，能让孩子保持一个良好的心境，慢慢让其信心增强。事实证明，在"差生"的转化上运用这个方法，效果还不错。

后来一段时间，我单独找过小韩几次，每次除了帮助她分析具体问题，更多是对进步之处进行反复的肯定和表扬。为什么要这样做呢？因为我发现小韩是慢热型的孩子，她有自己的方法和逻辑，如果我一味干预她，她反而表现得麻木或手足无措，她需要被激励，需要信心，需要挖掘自己的潜力。

小韩开始主动找我交作业，虽然她还是很内向，上课偶尔还会趴在桌子上，我以为她累了或状态不好，也没特别指出。也许是因为小韩曾有过被别的老师"抛弃"的经历，我感觉她一直在努力证明自己。很快，期末统考的结果出来了，小韩得了 72 分，这成绩还真不错。在对学生进行一对一分析的过程中，我开始在全班同学面前表扬小韩，同时也了解到其他任课教师对她的看法也在转变，提到最多的是她进步很快。

我能感觉到小韩妈妈的信心也在提升，虽然对数学等科目的担忧仍然存在，但这次，小韩妈妈明确提出希望小韩能考进××中学（海淀区一所不错的示范高中）。我觉得有目标挺好的，因为其他家长没有提出明确的目标。同时，这也使小韩知道了自己努力的方向。

三、疫情下的考验

寒假突如其来的新冠疫情打乱了我们正常的生活节奏。我们面对的考验不只是疫情……

我有点担心小韩，她还在努力吗？

正月十五，我收到一则短消息："老师，我想放弃了！"

"为什么呢？"我心里还是有点不安，稍平静后给小韩发了消息。

"在家里学习实在没状态，感觉自己有点抑郁了。"

"仅仅是因为在家里学习吗？有没有定期出去运动呢？"

"偶尔会出去，我妈老是催我，不停地烦我，一会让我学习，一会让我运动，总是在不停地唠叨。"

"我只想自己静一静，现在特别怀念在学校的日子。"

…………

我有点担心，先冷静下来捋了捋思路，我想先找小韩妈妈了解一下情况，再想办法，看看我能做什么。

小韩妈妈的反馈是孩子长时间待在室内，不愿出去运动，心理上和生理上都出现了不适。孩子对学习出现了抵触情绪，亲子关系空前紧张，家长也很着急，所以唠叨多了起来，不知道该怎么办。小韩妈妈同意控制一下唠叨的频次。

我又开始担心，担心小韩放弃，担心小韩的情绪，担心小韩的玻璃心。这些都是考验，特殊时期，不能面对面谈心，但仍需要寻找解决问题的"抓手"。我告诉自己要对小韩有信心，虽然时间很紧迫，也不能着急，要慢慢来。

不在负面情绪上过多停留，转移注意力是调节情绪的方法之一。经历了长时间缺少互动的在线学习，小韩也许需要一些关注和互动。我给小韩发了信息，说疫情期间有些人外出不戴口罩，让小韩写一个80字左右的评论发给我。可能因为是热点话题，小韩很快从道德、法律两个角度进行了评论，还不错。

之后，我几乎每天都和小韩互相发信息，大部分时间是讨论具体的政治题，从客观题到主观题，从答案解析到考点梳理，从基础知识到时政热点，我出题小韩答题，一般用5—10分钟完成。偶尔我们也会互相吐槽疫情期间的生活，还会视频一下，聊聊别的事情，慢慢地，我们开始互相鼓励了。

旁观者清，当局者迷。因为我家里也有比小韩小几岁的接近青春期的孩子，疫情期间亲子关系一度十分紧张，作为家长，我同样面临孩子对于家长过多干预的反抗以及不配合等诸多问题。比如记单词的问题，我和孩子约定每天要记20个单词，但是对于要通过听写的方式进行检查，孩子出现了反抗的行为，有几次干脆提出"我再也不记单词了"，直接表示了对抗和拒绝，这令我非常伤心。为此，我向小韩"诉苦"，她以过来人的身份帮我答疑解惑，提出"也许每天记20个单词有点多，超出了他的能力范围"。这给了我很大的启发，我试着减少单词量或者让孩子自己决定每天学习的内容和考查方式，最大限度尊重孩子的想法和选择……。我的角色在悄然发生变化，我开始从开导者变成了被开导者，从老师变成了学生，我们乐此不疲又惺惺相惜。有时候，小韩会提到前一段时间自己的问题，从自己、他人以及其他方面客观分析郁闷的原因，她将从道德与法治课上学到的一些分析问题的方法运用到实践中了，这不就是分析问题、解决问题能力的提升吗！

四、难忘师生情

5月底，小韩和同学们返校了，师生终于见面了。受又一波疫情的影响，我们不到6月底又开始了线上学习，对毕业班的学生来说是"线上冲刺"。我每天坚持一对一给孩子们发信息，与小韩关于考试的讨论也在继续……

直到9月11日，我们又一次见面，我意识到，小韩已经完全撕掉了"差生"的标签，正信心满满朝着新的目标努力奋斗！

回顾过去难忘的一学年，回味师生拥抱的那一刻，可以说，小韩撕掉"差生"的标签，经过了叛逆—被接纳、麻木—被肯定、放弃—

被共情的过程。从小韩怀着忐忑的心情申请选课、麻木地回应老师的鼓励，到得到充分肯定、取得进步与师生心灵互助，作为教师，我最大的感悟是：孩子成长是一个慢的过程。亲其师，信其道。对于"差生"，教师需要给予他们更多的"亲"，才能收获更多的"信"。撕掉"差生"的标签，需要教师放下自身的"狭隘和功利"，放下成见，抱着尊重、平等、信任的态度，从有利于学生发展的角度出发，以积极的、发展的眼光看问题、解决问题，鼓励和帮助学生树立"信心"。

 点评

　　从贴标签到撕标签，杨老师的叙事中有三个情节值得思考：一是她直觉上感到小韩有救，所以答应帮助；二是小韩的麻木回应让杨老师意识到自己始终关注的是如何"撕掉标签"，而没有考虑小韩的真实需要；三是杨老师请小韩为她答疑解惑，两人互换身份。这三个故事片段，展现了杨老师的探究不仅是帮助"差生"走出困境，更是一场自我"纠偏"的历程。杨老师的教育反思不再只简单聚焦于用什么方法提高学生的成绩，而是审视自己的教学和学生的需求是否匹配。正如杨老师自己感悟的那样，孩子所信的是教师的"亲"。这个叙事也为所有教育者带来一个值得思考的问题：当孩子们固化了对自我身份的认识，最应为此反思的是不是师长呢？

——王青

教师压力
学生『碰瓷』引发的

北京景山学校大兴实验学校　刘丽堃

一、我的成长印记

从小我就怀揣着做教师的梦想，喜欢站在讲台上的感觉。2012年我研究生毕业后，顺利进入了学校担任班主任工作。当我陪伴着孩子们从一年级懵懵懂懂的小豆丁成长为五年级的优秀毕业生时，我的内心充满了自豪感，每一个孩子的成长都令我惊喜。在陪伴孩子们成长的历程中，我自己也经历了结婚生子的过程。

还记得生产三个月后，我就重新回到了工作岗位。整个五年级的班主任，我中午会回家哺乳；一位班主任休产假，接班的班主任不熟悉班情，班级情况乱糟糟；另外两位班主任则已经安排好调动的工作，无心管理班级。这就导致整个五年级松散、混乱，我经常莫名其妙地被批评而心生委屈。例如，主任找到我说，校长批评你们班椅子都没有摆好。而事实是放假前一天，班级已经做好了值日。我好心帮助要带着学生参赛的体育老师，在学生们离校后把班级布置成参赛学生休息的场所，结果下午体育老师由于忙碌就没有再把椅子复位。类似的小事让我如惊弓之鸟，希望班级不要出乱子。

记得有一次，班上的代课教师动手扔学生的东西，和学生发生了肢体冲突，这位学生的好朋友站出来，公然指着老师说："我要去教育局告你。"马上就要期末考试了，为了不再使班级成为领导们关注的焦点，我选择了大事化小的方法。我主动做学生工作，主动联系学生家长，最终解决了问题。因为如果一个班级出现状况，领导首先找的负责人就会是班主任。尽管这位代课教师已经多次和其他班学生发生矛盾，但作为同事的我已经无力也不知道该如何劝导他。

进入五年级的最后阶段，我也迎来了人生的挑战。领导考虑让我去中学部，当时我想积累更多的经验，便同意了。在拆班重组后，我又和孩子们有了交集。在新的班集体中，有8个原班级的孩子，还有其他班知名的"淘气包""打架包"，还有领导特意"安排"进来的学生。班级成绩在四个班中是处于劣势的。

二、突发事件

面对新班级凝聚力不强、自由散漫的学生较多的特点，我实施了小组管理等制度，让学生们积极参与，通过办"班级小报"，为自主管理营造良好的氛围。在学生们转变的过程中，一次意外却发生了。

4月底，学校组织合唱比赛，我需要向管理财务并教授劳技课程的李老师借国旗。那天下午4点半，我找到李老师，她已经收拾好东西准备下班了。但是看见我出现，不等我说明来意，立刻大吐苦水。当时我是带着学生小木一起去借国旗的（目的是防止他随意说话，扰乱最后5分钟的自习秩序）。李老师说劳技课上大家用小锯子制作自己喜欢的木头支架，可是小木拿着锯子和同学比画。随后李老师为了安全，允许小木不参与活动，可以写作业。可是小木又因为同学弄坏了他的修正带，对同学破口大骂。随后小木又开始用喷壶喷同学，然后拿着小锯子在教室里乱跑。李老师要求他站住，他继续前门进后门出地和老师玩捉迷藏，李老师非常无奈。等大家小组合作的时候，小木凑了过来，李老师趁机抓住了他的胳膊，要求他出去冷静一下，不要乱跑了。就在这时候令李老师惊叹的一幕发生了，小木立即蹲在了地上，说"你掐我"，一边说一边哭。李老师无奈又慌乱。随后下课铃响了，他也和同学们一起下课了。李老师担心事件升级或变质，和我说清楚事情的经过。

小木是我们班里出名的不遵守纪律的同学：课上随意说话，哈哈大笑，感兴趣的课认真听，不感兴趣的课自己看书；课间总是逗弄其他同学，满教室乱跑。任课教师时常和我吐苦水："作文不写，说没思路，两节课就写了一小段文字。""你们班的小木上课总随意说话，坐在第一排也不认真听讲。"……但小木也是一个热心的孩子，能够在我的鼓励下特别认真地完成值日，担任历史课代表时认真负责。我对小木的评价是缺乏规则意识，相对于班级中有担当的男生而言，小木是一个不够成熟、没长大的男孩。结合小木的特点，我对事件进行了第一次处理。

三、对事件的第一次处理

凭我对小木和李老师的认识，我当时第一反应就是小木居然"碰瓷"。于是我冷静下来用半开玩笑的语气说："小木，你居然碰瓷老师呀！"小木有点不好意思说："没有，当时很疼。"我说："我相信当时老师抓你的时候你会有不适，但是这和掐你是两个概念。掐人会留下痕迹的，你撩开我看看有没有。"小木改口说现在不疼了。李老师当着小木的面讲述事情经过时，小木在一旁一声不吭。这让我更加肯定他确实在"碰瓷"。但是为了帮助小木理解李老师，我说："你知道李老师为什么不让你拿小锯子跑吗？"小木沉默了一会说："为了安全。""李老师叫你停下来，你却不理会，继续乱跑，和老师捉迷藏，你觉得对吗？""不对。""所以李老师的所有举动都是为了你的安全，她不会一开始就用手捉你的胳膊，是你自己不听老师的教育才导致的。""可是当时就是很疼。""被人捉住胳膊确实不舒服，但是和掐你是两个概念，你懂吗？"小木沉默了。我继续说："你应该好好地反思一下老师为什么这么做。"我还安抚了李老师。

四、事件的升级

第二天，我和副班主任说了小木"碰瓷"的事情，本意是想表达孩子虽然已经六年级，但年龄小，还不成熟。副班主任却严肃地说，这事不能这么过去，需要严肃处理，需要好好引导小木乃至整个班级。我听了感觉确实有一定道理。于是我们临时开了班会，会上同学们分析讨论小木整节课的表现，我这么做是希望借助集体的力量让大家树立正确的价值观，理解老师的做法，禁止对小木"碰瓷"行为的效仿。小木似乎不服气，总说当时不是"碰瓷"，是真的疼。最后我举了一个严肃的例子，当有歹徒劫持人质的时候，会有谈判专家劝歹徒，如果歹徒不听劝，也只好由狙击手击毙。李老师语重心长的教导没有用，最后为了安全只能用手捉住他，这一切归根结底还是小木自己造成的。这时候小木无言以对了。

在事情过去两天后，我始终感觉自己对小木过于严厉了，因此而惴惴不安。于是私下我找到机会问小木当时为什么说李老师掐他，小木回答就是因为疼。我又问他，前后我一共教育了他两次，一次是私下处理，一次是班会，他更愿意接受哪种教育。小木回答更愿意接受第一次的教育。孩子的心里话让我心疼，也让我陷入了深思。

五、对于自己两次处理方式的反思

第一次采取柔和的方式解决小木问题的思路是通过换位思考，帮助小木弄清楚是因为他不听老师的话才导致后来的肢体冲突，老师的初衷是确保他的安全，以避免事件升级，避免学生碰瓷说老师施加了暴力。小木最后的沉默意味着他接受了我的教育。

其实对于副班主任的建议，我在事情发生的时候也考虑过，但是我没有选择在班级公开处理。因为这届孩子是我从小学一年级带到中学的，虽然我以前不教小木，但是在我的印象中小木是一个热心的孩子。我对小木有感情基础，所以潜意识里认为他犯了错误是因为不够成熟，我是可以包容的。所以我前面的处理主要是引导。

后来我的处理态度变得强硬，上升到了班会的级别，是因为进入中学后，作为唯一一名从小学直接升入中学的教师，我处于一种压力场中，自身的判断力会受到周围环境的影响。

一是学生的因素。我们的班级一共有 30 位学生，其中有 19 位男生。在这 30 位学生中，大部分学生成绩处于年级中下水平，少数位于年级前 30 名。这给我带班的信心造成了一定影响。19 位男生中有领导安排的自制力差的特殊学生，还有以前年级中有名的"淘气包"。面对这样的班级，我自然是有很大压力的。

二是校内人际关系。首先，我是唯一一位由小学升入中学的教师，中学教师和小学教师处理学生问题的方式是不同的。大多数中学教师在处理学生问题时比较严格，这和我在小学秉持的学生是在错误中成长的、允许学生犯错误的想法是不同的。例如，学生犯了错误，中学教师很少换位思考，往往直接批评，要求改正，实在不行就要求家长出面干涉，总之一定要达到教师的要求。在这样的方式下，学生也确实会有转变。所以，和我搭班的教师会认为我的方式比较温柔。其次是中学的舆论氛围。例如，学生 A 贪玩不写作业，中学的教师就会在办公室批评学生，说都是因为没有在小学养成好的习惯。但是作为一名陪伴了孩子五年的教师，我深知小学教师对于学生培养的付出。再如学生 B 成绩不好，某学科成绩很差，在交流时个别中学教师就会认为这都是小学老师惯的，当时没有严格要求。经常处于这样的舆论氛围中，我就会潜移默化地受到影响，开始怀疑自己的处理方式是否需要调整。

三是学校管理制度。在中学部，年级中会有荣誉的评选。例如，我们每个月都会有月度先进班集体评选，除此以外，我们还会举行"四个一"活动，开展学校运动会，评选优秀奖等。面对荣誉，我会力争带好班级。孩子们在这一方面表现一般，不突出也不落后。另外，学校对教师的管理比较严格，要求教师按照规章制度办事。一次一位教师动手打了学生，最终向全体学生及家长认错并离职。这时刻提醒着教师不要触碰教育的底线。

处于这样的压力场中，面对班级出现的类似小木的问题，我往往会妥协，选择接受大家的建议试一试，甚至尝试改变自己。自己的教育观念在压力场下荡然无存。

六、转变自我，积极干预

（一）压力变动力

我开始有意识地树立正确的压力观。在解决学生的问题时，一方面我会听取其他教师建议，但最重要的是，我会冷静下来思考自己该如何做。不是全部听取他人意见，而是选择正确合理的部分。例如，后来当其他教师向我反映小木课间操特别不认真，需要严肃批评的时候，我不会立刻行动，而是会先听听小木怎么说。如果小木没有身体不适等的情况，我会提出惩罚的措施，并和小木达成共识。此时小木的抵触情绪少了，是乐意接受惩罚的，而且下一次确实会有进步。

此外，针对小木规则意识不强的问题，我也积极地提前与家长取得了联系。先分析小木在校的表现，再客观评价孩子的行为。家长惊讶于小木在校竟然出现了这样的行为。于是家长非常支持我的工作，每当有事情发生，我和家长之间都可以达成共识，合力教育小木。

（二）跳出思维定式，努力成为抗压的人

再跳出来看我对整件事情的处理方式，我发现自己一直都在想办法改变小木，但是没有想办法去和任课教师沟通。这和我自身也是有关系的。相较于小木，任课教师更有权威，而我容易改变和交流的对象是小木，不是任课教师，我下意识地逃避了权威。为什么我要逃避权威呢？为什么我会在进入中学后受到压力影响呢？我是不是一个不抗压的人呢？

首先，在我的成长环境中，我的爸爸、妈妈都是普通人，非常朴实、随和。家里没有比较会交际的人。我们大家一起吃饭很少碰杯说几句开场话，只有家里来客人了才会这么做。其次，我读书的时间比较长，在校期间不是特别喜欢加入学生会等组织。个人的成长环境和求学经历使得我在面对权威的时候不喜欢争辩，不喜欢改变，喜欢和气的氛围。所以，面对权威时，我选择逃避的可能性大。当任课教师和学生之间出现问题时候，我会逃避权威，而选择改变小木。

针对自己抗压性差的情况，我积极地寻求方法转变。我告诉自己，事情总有两面性，不可以只针对一方面。为此，我积极地和李老师沟通小木的情况，帮助李老师更加全面地了解小木。我把我处理小木违纪的一些方法介绍给李老师，比如尽量避免和小木的肢体接触。经过两周的努力，小木在劳技课上收敛多了，逐渐知道有些事情是一定不能做的。

通过小木的"碰瓷"事件，我开始认识到自己的问题，并不断尝试解决问题。我惊喜地发现，在我改变的同时，小木也在悄悄变化着。

 点 评

　　这篇案例中，教师从自我成长的印记写起，记叙了自己因同事行为而对班主任工作感到困惑的事。在此基础上展开本文叙述的中心，即对劳技课李老师与本班小木同学之矛盾的两次处理过程及其反思与后续实践。教师通过细致的描述，生动再现了班主任与其他任课教师工作协同中的困惑，这些困惑很少被看到，但是却普遍地存在于学校工作的日常中。在学校制度与同事人情的两难困境中，有些问题很难有标准的答案，时时刻刻给班主任带来困扰。因此，本案例所讨论的问题具有深刻的研究意义。同时，教师对这些矛盾的产生进行了深层的思考，并于事后再次采取行动。这样的思考为协调学校制度与学校教师人际关系提供了新的视角，也为一线班主任面对与处理类似的困惑提供了实践启迪。

——马金鹤

给他时间，让他成长

刘美玉

北京市房山区河北镇河北中心校

　　每当将要接手一个新班级时，我都会充满好奇，充满期待。我会一遍遍地看新到手的名单，一个个地琢磨每一个名字的背后会是一个怎样的孩子，是聪明伶俐，还是淘气可爱，但愿自己不会碰上差强人意的孩子……

一、初识洋洋，便觉棘手

　　今天一早，一群娇嫩嫩的小朋友便坐在了教室里，从今天开始，我就是他们的班主任了。初次见面，我让他们介绍自己的名字，我给他们讲一些上课时应该注意的规则。整个过程中，我一直都在细心地观察孩子们的表现。看来他们肯定没少被家长灌输"要坐好""要认真听讲"这样的话，一个个都在"正襟危坐"，竭尽所能地表现着自己。可是有一个小男孩从一开始就表现得与整个班级的风格截然不同，他总是忍不住低头摆弄自己的铅笔盒。一小会儿功夫，我提醒他都不下三遍了，但还是无济于事。我暗暗想，这个孩子今后肯定会很棘手。

我的眼光果然独到，事实证明，第一节课就被我盯上的这个叫洋洋的男孩果然就是日后要让我付出更多心力的特别学生。开学不到两天，他"差劲"的样子便显露无遗了，无论是读书、写字还是跑步、站队，或动或静，他均不在行，各方面都被别人远远地抛在了后面。课堂上，当大家都开始进入状态，认真写字时，他却还是迟迟拿不起笔，每做一个动作似乎都要歇上一会儿。我忍不住着急，不断地催他，甚至想帮他把笔放在手里，每一个手指都帮他摆对位置，但是他的手就像被施了魔法一样，怎么也写不出一笔。我耐心地劝他继续，他却放下笔，再也不肯动了，像是在和我赌气。他唯一比别人强的便是他的坏脾气了，谁不顺他的心思他都会恼火、会赌气，对待我也是如此。他常常和同学较量，每次课间发生问题的总是他，即便是他错了，他也要告对方的状："就是他碰我了，我没有碰他。""就是他推我了，我没有推他。"这些都是他狡辩时惯用的语言。尤其当别的同学因为表现好得到了小奖品，他得不到，他就会很恼火、很生气，会哭，会闹。

这天下午已经放学了，我也正准备下楼回家，却看见洋洋使劲拽着他爷爷，往教学楼的方向走来。我赶忙下楼，询问他们怎么还不回家。原来都是我发的小奖品惹的祸，洋洋没得到，不甘心，于是搬来爷爷这位不明原因的救兵来向我索要小奖品。奖品是用来奖励的，岂能随便索取？不懂努力却一心惦记着奖品，还搬来了救兵，也只有洋洋能够做出这种事了。不过他爷爷来得正好，我赶忙把他开学之后这几天的表现逐一汇报。老师在对一个孩子毫无办法的时候想到的往往就是找家长，我此刻对着这位老人抱怨着他孙子的种种不是，我也知道他未必能帮到我，但还是忍不住一吐为快。我是多么无奈，刚刚接手新班级，我多么希望孩子们个个聪明伶俐，彼此没有太大的差距。

"这个孩子真是各方面都跟不上其他同学。"这是我最后下的结论。

他爷爷是个很健谈的老人，似乎也有一肚子的委屈想向我倾诉，他告诉我，洋洋是早产儿，在父母已经签下了病危通知书的情况下又奇迹般地捡回了一条命，或许在病危通知书上签下字的那一刻起，洋洋的母亲便对他不抱希望吧！所以在救活他之后，本该感觉幸运的母亲却并没有一点欣喜之情，也没有珍惜喜爱他。相反，是他的爷爷奶奶承担起了养育他的责任，无论是经济上还是精力上的付出，他的爷爷奶奶都毫不计较。在其他孩子的家庭里，老人管孙子，就是给年轻人搭把手、帮个忙。但是对于他们这个家庭，状况却恰恰相反，不仅孩子的母亲像个与孩子无关的外人，孩子的父亲也乐得当甩手掌柜，两个年轻人长期在外租房住，根本不回家管孩子。

无论是由于先天因素还是后天原因，这一刻我意识到这个孩子的学习之路注定是困难重重的，他在今后漫长的学习时光里以及漫漫的人生之路上，会遇到很多困难。而作为他的第一位老师，趁他刚刚入学、刚刚起步，我一定要想方设法帮助他。

二、补课之旅，艰辛对峙

对待学习困难的学生，教师最常用的办法就是给他补课。于是从第二天开始，我便开始了给洋洋补课之旅。我们学校的学生中午全部在学校用餐，吃完饭后，学生们都会去操场活动，趁这个时间我会把洋洋带回教室，目的是要帮助他巩固一下别人已经轻松掌握了的知识。但是他极不配合，每次我都要极力去调动他的情绪，尽力劝说他动手写一写，可他就是不肯。我觉得他也不是完全不会，只是不愿意配合，时间往往就在我俩的对峙中流逝了。课堂上，他也是本着"不听、不动"的原则，在各方面都毫无进展。这么小的孩子，不仅每天没有进步，而且看得出，他渐渐地对我有了抵触心理。每次在校园里见到我他都远远地躲开。我觉得事情根本没有我之前想的那么简单，我愿意付出耐心，我也不怕辛苦，可是他却不愿意接受。我与他，居然什么也说不通，一个六岁的孩子就这样挫败了我的热情。不知从哪天开始，我不再中午单独把他带回教室学习了，上课时也不会再着急地催促他了，我觉得是他把我打败了。

大概是因为在课堂上不顺心，于是他便把精力全都用到了课间10分钟。只要一打下课铃他总会第一个跑出教室，他很喜欢和同学接触，却又往往玩不到一起，只要不顺他的心意，他就会发狠地打人，好几个男生都因为他而受了伤，家长们都一再嘱咐自己的孩子要远离洋洋。这天我外出培训，一整天都不在学校。中午刚刚吃过饭，我便看见当天中午管理学生吃饭的值班老师发来的信息，说是洋洋被一群女生欺负了。我看了信息之后，不是特别在意。我想毕竟是一群女生，能把洋洋欺负到哪儿去？但是事情根本不是我想象的那样，听完值班老师对整件事的叙述，我变得震惊和不安起来，也越发觉得洋洋很可怜。原来，中午吃过饭后，大家都在操场上休息，洋洋把一个带着锁的日记本放在了操场上，但是自己不知道跑哪儿去了，回来之后，整个日记本已经被撕得体无完肤了。他抱着一张一张的碎纸片，趴在操场上哭了起来。这时候值班老师过来巡视操场，问他怎么了，他只是一个劲地哭，一句话也说不上来。看着他手里捧的碎纸，值班老师赶忙询问是谁撕了洋洋的日记本。调查的结果令老师很吃惊，一个平时看上去安静胆小的女生看到了洋洋放在操场上的日记本，便对另外几个女生说，她很讨厌洋洋平时对她们不好的态度，讨厌洋洋平时破坏她们玩到一半的游戏，于是号召大家趁洋洋不注意，把他的日记本撕了，于是她们一拥而上……。她们报复性的行为让我很是气愤，晚上到家后，我逐一用微信联系了她们，教育她们不该欺负洋洋。毕竟是一群孩子，犯了错误后，她们也很害怕、很后悔。我想只要她们能够知错改错就好，便没有太多地责怪她们，但是我很惦记今天受了委屈的洋洋。第二天我终于见到了他，他还一脸不高兴，嘴里嘟哝着"我就要我的日记本，我就要我的日记本……"也许我们大人觉得不起眼的东西，对孩子来说分量却很重。早上我没急着上课，先让昨天几位惹事的女生分别给洋洋道了歉，并且教育大家不能欺负同学，要和同学友好相处。其实我知道这几个女生之所以会这样对待洋洋，洋洋自身的原因应该占到80%，因为他脾气太大，不会与同学相处，所以我耐心地教育他平时要好好和别人相处，不能总是给同学捣乱。但是对我说的话，他表现得心不在焉、似懂非懂。我知道，他心里只会惦记他的日记本。中午，我特意到学校外面买了一个新的带锁的日记本，交到了他的手里，看到日记本，他终于咧开嘴笑了。唉，对于洋洋来说，他不懂得思考这件事的前因后果，他的心里只有这个本子。而我觉得，一个刚刚上学的孩子，如果表现得差强人意，肯定不是他自己的本心。有的孩子适应不了新的学习生活，有的孩子懵懵懂懂，而这个孩子的智力水平比别的孩子低，加上长期跟随爷爷奶奶一起过着相对封闭的生活，致使他不仅学习能力比别人差，与人交往的能力也不强。而我也只是一味地用自己的方法去帮助他，没成功，我心灰意冷，也忽略了同学们对他的恶意。

后来我也越来越闹不清洋洋整天都在想什么了，看上去似乎没有一点进步。一天他很晚才到学校，原来如果不是他爷爷执意要把他"押"送来，他都不打算来上学了。这个小家伙真是让人伤透脑筋。我到底应该怎样做呢？

夜深人静，我再次想到了他，如果我是他，开学第一天来到了一个陌生的环境，陌生的老师讲着自己听不懂的"怪话"，身边的同学们一个个像上了弦，老师发出指令，他们就会不停地忙来忙去。老师表扬他们，发给他们小贴画。我也想得到奖品，可是我怎么努力也做不好。老师好像不太喜欢我，她对别人笑的时候真好看，像个发光的天使，对我却总是皱着眉头，我有些不喜欢她了。同学们好像也不欢迎我，她们撕坏了我最喜爱的日记本，可是我没有招惹她们啊！她们为什么要这么做呢？唉！我不喜欢这里，我不喜欢这里……

多么可怜的孩子，多么无助的孩子啊！同时，我为自己"一厢情愿"的努力感到自责、懊悔。从始至终我一直关注自己的感受，只想到自己对他的付出，只想到他对我的回应，只想着自己的无助、无奈……。孩子们为什么会不喜欢他呢？尽管我尽力像对其他同学一样耐心地对他，但是我对他的那么一点点的"特殊"对待，也会向孩子们传达出"他比别人差一些""我不是很喜欢他"的信号，这可能也加剧了孩子们对他的恶意。我使劲地摇摇头，不敢再想下去了。

三、远离得失，重找尺度

优秀的学生天生就会得到老师的喜爱，但是差生该怎么办呢？每个老师都会说自己爱学生，而衡量一个老师是否真正热爱学生的重要尺度又是什么呢？我觉得对于我新接手的这个班级来说，这个重要的尺度就是洋洋，洋洋更应该被温柔对待。

给他补课他会不高兴、不配合，我对他的冷漠又使其他同学对他越加不满。后来我便开始在课堂上使用一些小办法来帮助他。在课堂上，我总会针对他设计一个小方案或是一个小问题，时间不多，哪怕是一分钟也好，内容肯定也不复杂。但是我想，这一句话、这一点内容对他来说却是关键的，不期待他因此学到了什么，而是要引起他参与课堂的兴趣，让他获得一个学生的尊严。分角色朗读课文时，我会走到他跟前，把事先准备好的头饰戴在他的头上，让他扮演一只小猫，哪怕他并不会读课文上的内容，只是"喵喵"地叫上两声也行。洋洋虽然没有过多地做什么，但是在这一环节，他的确参与到了课堂中，参与到了同学们的活动当中，他高兴地和其他几位戴着面具的同学一起站在台前，这本身就是进步，对他来说就是一种收获。尤其遇到相对比较活泼的、比较有意思的学习活动时，我一定会给他留一点位置，让他尽量体会到课堂的乐趣，体会到与同学们一起学习的乐趣。

语文课上，我会举着生字卡片走到他面前，让他站起来读读，即便他读错或者读不出都没有关系，只要能够引导他参与进来就够了。这样做的目的是要调动他内在的积极因素，帮助他改变消极的状态，引起他对学习的兴趣，而不是让他一味地沉浸在自己的世界中。渐渐地，他养成了习惯，会等着老师对他有安排，等着老师给他布置任务，他会抬着头，像其他学生那样注视着我，他投入到课堂之中，齐读课文或者生字时也能听到他的声音了。正是因为老师对他有了点点滴滴的关注，他便养成了一种参与的习惯，他学着其他学生的样子，努力做着一个学生应该做的事。

学生们看到我总是鼓励洋洋，也对洋洋越来越宽容，课堂上他们会和我一起鼓励他，见到他有小小的成功，他们会不由得给他鼓掌。洋洋在课堂上有了收获，感受到了乐趣，脾气也变得好了许多，不再动不动就和别人针锋相对了。

虽然他的父母对他不怎么关心，他的爷爷奶奶却对他很是尽心尽力。所以我都是和他爷爷交流他在学校的表现，爷爷表明无论再怎么困难，在家也会督促孩子学习。对于洋洋来说，一切学习上的事都很难，而最难的便是 20 以内的加减法了。一年过去了，别人已经学会 100 以内的加减法甚至学到乘除法了，他还是学不会 20 以内的加减法。于是我嘱咐他爷爷无论如何都要让洋洋在家里多练习，他爷爷也一再向我保证在家会好好辅导孩子，我觉得这是一位感到无奈却又不肯放弃的老人。

新冠肺炎疫情期间，学生们的假期一再延长，这无疑也给了那些成绩落后、知识掌握不扎实的学生弥补缺漏的机会。他们如果能够真的利用这段时间苦练一阵子，肯定会缩小与别人的差距。于是我特意再次联系洋洋的爷爷，嘱咐他利用这段时间多帮孙子进行练习，这段时间里，他主动和我视频通话了两次，每次都向我展示他孙子的进步，我也会顺便考洋洋几道题。他真的努力了，总算能够答对几道题了，我真心地为他高兴。

四、静心审视，感悟真谛

几乎每个班级都会有一些所谓的差生，因为他们成绩差，所以被其他学生和老师瞧不起。有些教师为了提高班级的平均分和及格率，就拼命地给这些学生补课，可效果甚微。所以，到最后有些教师就干脆放弃这些学生，让他们自生自灭。

可是，我们可曾设身处地地想过他们被"特殊关怀"后的感受？我们可曾把"我感到"换成"他感到"？其实每一个孩子的心都像一株幼嫩的葡萄藤，它们是那样脆弱，容易受伤。即使是一场不大的风雨，也可能会将其摧残。想要真正地帮助他们，就先从"共情"开始吧，了解他们的所需、所求。

优等生的心、差等生的心，都是一颗颗渴望关怀、鼓励的心，同样等待着扶持、帮助，所以在教师的心中，前者与后者的差异不应如此之大。教师不应该太偏爱一些人而放弃另一些人。教师应该公平地对待每一个学生，对困难的学生也应该多一点耐心、多一点关怀，多给一些机会，只有想办法更加爱护他们，他们才会恢复生机，散发芬芳。

 点评

相比其他参与工作坊的教师而言，刘美玉老师的叙事探究经历了一个漫长的过程。洋洋是她班上的一名"差生"，虽然她在这个孩子身上投入了很多精力，但效果欠佳。一开始，刘老师与洋洋的关系是对抗的，好像是在打仗。后来，在与教学团队和小组成员的多次讨论中，她意识到，对洋洋这类智力水平低下、缺乏父母关爱的孩子，她必须调整自己的培养目标。她开始反思，自己之所以对这类"差生"态度冷漠，是因为他们拖累了班级的成绩，让自己作为教师的尊严受到严重挑战。与其用通常的学业标准要求他，为其补课以提升他的成绩，不如采取更为人性化的方法，激发他的学习热情和参与度。为此，她调整了行动策略，在课堂上使用一些小办法来帮助洋洋，让他重获了"一个学生的尊严"。

——陈向明

「老师，您千万别放弃我的孩子！」

——家校如何牵起互助的手

北京市大兴区第八小学 张新洁

一、第一次充满"疑惑"的谈话

一年级新生入学后，一天下午，林林妈妈见到我说："老师，您千万别放弃我的孩子。"这是我与林林妈妈除新生第一天入学报道以外第二次见面，第一次单独说话。我一边说"放心吧，孩子挺好的！"，出于对教师职业的敏感性，又一边努力回想是否我无意的言行伤害了孩子。仔细回想发现我并未有过失行为，我回过神。林林说了一句："妈妈，今天我吐了！"林林妈妈赶紧说："宝贝，你怎么吐了？"林林说："我吃饭的时候吐了。"这时候我说："林林，你真的吐了吗？你要说实话，如果你不说实话，明天我会当着妈妈的面问全班同学你到底吐了没有。"林林听我这么一说，愣了一下对妈妈说："我差点吐了！"林林妈妈听完我说的话，温柔地对林林说："宝贝，你不能撒谎，知道吗？"说完这句话就让林林跟我说再见。

这是我与林林妈妈的第一次私下接触，对于这段交谈我充满疑惑，疑惑的是在我和林林妈妈之前从未有过任何沟通交流的情况下，她让我不要放弃林林。

二、生病"补课"的对话

上次事情之后大约过了 1 个月，一个周三的下午，林林生病了不舒服，我给林林妈妈打电话说孩子生病了。林林妈妈问我孩子能不能坚持。我说孩子看着挺难受的，中午没怎么吃，还吐了，希望她过来接一下，带孩子去医院。大约过了 10 分钟，林林妈妈来了，我跟她大致说了一下孩子的情况。林林妈妈问我下午有什么课，我说有语文和英语，林林妈妈理所当然地说："老师，我们不想落下课程，您让英语老师给我们补一下！"林林妈妈的语气很强硬，那种语气真的刺激了我一下，我用很"温柔"的声音回答道："英语老师带好几个年级，每天至少三四节课，还有那么多作业要批改，等老师有合适的时间再给孩子补课，您让孩子下节英语课认真听，不会的下课问老师。语文课的内容等我有时间就给孩子单独辅导。"我的意思是：只有在老师没有其他工作安排的情况下，才能为孩子补课。林林妈妈听我说完这段话以后先是惊讶，然后又用稍微缓和的语气说："好吧，我在家先教教他，不会的再让他来找老师。"

经过一段时间的观察，我发现林林是一位调皮、不遵守纪律的孩子，上课喜欢走神、做小动作，下课喜欢追跑打闹，而且对自己的错误从不承认。比如在课间他去推搡同学，同学告诉我后，林林拒不承认，还会说是同学先打他的……

对于林林出现的这些问题，开始时，我耐心、细致地跟林林讲道理，告诉林林遇到问题该怎样解决。比如，林林上课走神、做小动作的时候，我会告诉林林，上课要认真听老师讲课，书本的知识其实很有意思，如果他认真听课、写作业，就会特别有成就感，因为做题就像在打怪兽。下课后林林喜欢追跑打闹，我会告诉他这样很危险，容易磕着、碰着，并且从网上找了一些类似的案例和他一起观看。可是效果总是不尽人意。于是，之后在放学时我会与林林妈妈进行一些交流，跟林林妈妈说一些林林在校的表现，希望林林妈妈能配合教育孩子。虽然每次林林妈妈都答应得挺好，可是孩子并没有多少改变。对于林林的教育，我用尽了所有的脑细胞去思考，包括怎样才能让他改掉不良习惯，可是，每次实施起来都收效甚微。

三、"尴尬"的访谈

当时，我正在参加区里举办的班主任质性研究工作坊，学习如何在工作中使用研究方法。其中，包括学习如何通过"访谈"倾听对方的声音。为了对林林进行个性化指导，深入了解林林的学习、生活情况，我决定对林林妈妈进行一次访谈。没想到对于这次访谈，林林妈妈非常抵触！林林妈妈的回答很简单：孩子在幼儿园时挺好的，没有什么问题；在家也还行，偶尔闹脾气，说他他也听；我跟孩子爸爸离婚。我接着说："不好意思！但是为了孩子的教育，我想知道林林爸爸现在跟孩子有联系吗？对于孩子偶尔出现的问题能让爸爸去配合教育吗？"林林妈妈马上打断我说："张老师，我跟她爸没有联系，我不想提他，您别跟我说了。"就这样，访谈在尴尬中结束了。

不过，通过对林林妈妈的这次访谈以及林林这一学期以来的表现，再结合开学初林林妈妈与我的对话，我的疑惑也慢慢有了答案：父母离异。对于孩子不遵守学校规章制度等问题，林林妈妈心里很清楚，但是出于对孩子的爱，她不希望林林又像在幼儿园那样被老师放弃（这是后来我跟林林聊天时获得的信息。林林告诉我，在幼儿园时，老师根本不理他，犯错了就让家长接走），希望孩子将来有更好的发展。

当然，在这次访谈之后我对林林的态度也有了改变，由之前的

"生硬"转变为给予林林更多的耐心与关爱。了解到林林爸妈离异，我对孩子多了几分同情与照顾，对林林妈妈也有了更多的理解。为人父母，都希望自己的孩子能成为别人眼中的"好孩子"，而不希望大家戴着有色眼镜去看自己的孩子。所以，当孩子再次出现问题时，我更多是站在妈妈的角度去思考问题，然后给出合理的建议。林林自控能力比较弱，写作业时喜欢玩各种小物品，排队走路时总喜欢推搡周围的同学。我给出的建议是先要求他在短时间内（如5分钟内）表现好，如果达到要求就表扬他。林林在学习上的投入也不够，如老师讲课而他自己在书上乱画，不能主动去完成老师布置的作业等。对于这样的情况，处理的办法是教师在学校多提醒，家长在家也多关注，有问题随时沟通。

在生活中，我给了林林很多照顾，比如一天早晨，林林对我说："张老师，我饿了！"我问林林早晨吃饭了没有，他说没有，我便从办公室拿出一袋饼干送给他。5月初，孩子的手在家被门夹了，挺严重的，第二天林林上学说手疼流血了，我从办公室拿出药和纱布，帮他把手包扎好。一天中午，林林对自己的作业进行改错，等改完错以后发现午饭已经没有了。我了解到情况后，为他订了一份外卖……

在学习方面，林林虽然智商没有问题，但是因为上课注意力不集中、不自觉，所以成绩总是不尽人意。为此我经常利用课余时间，单独给林林补课。在学习习惯、上课注意力方面我一边给予正确指导，一边不断纠正林林的不良习惯，并经常与林林妈妈沟通、交流，了解林林在家的表现，告诉林林妈妈在家该如何指导林林。

我对林林的教育方式也有了很多变化。以前林林有进步，我仅会对他进行口头表扬。现在，林林只要有一点点进步，我就会放大他的优点，当着全班的面表扬他，还会给予小小的物质奖励，如小橡皮、小糖果等，他会很开心。林林如果出现问题，我会私下与他沟通，跟他讲事情的利与弊。林林妈妈或许是因为感受到了我对孩子的那份爱与关心，由最开始对老师教育的不认同，认为应该给孩子更多的赏识教育，到现在逐渐转变成对于孩子出现的问题愿意及时纠正、正确引导。林林妈妈说有什么需要她做的一定全力配合。

一次，林林在课下与同学打闹，不小心碰到了同学的眼睛，把同学的眼角划伤了。我给林林妈妈打电话，林林妈妈立刻就问需不需要带受伤的孩子去医院检查，如果需要，立刻向领导请假。我说不需要去医院，但是最好给对方家长打电话道个歉，表示一下诚意。林林妈妈说好，与对方家长联系并送了一些水果、牛奶等，表达自己的歉意。

现在，经过林林妈妈、林林和我的共同努力，林林的学习成绩有了明显的提高，而林林妈妈跟我沟通的态度由以前的敷衍、敌对、不信任到现在的感谢并积极配合。我想这一定是我对林林的付出以及我对林林妈妈具体、细致的教育建议，让林林妈妈感受到了班主任对孩子的爱与信任。

四、家校互助的"思"与"悟"

作为班主任，我与每位家长都有一个磨合的过程。家长最在意的是随着时间的推移自己的孩子是否有进步、有没有变化。在与林林妈妈沟通的过程中，我的想法慢慢地有了一些改变。如何正确地与家长进行沟通呢？我的体悟有以下几点。

1. 耐心倾听，了解家长需求

每一个孩子对于教师来说只是众多学生中的一位，对于家长来说，却是整个家庭的希望。同时，每个家庭的教育背景、环境、价值观又不尽相同，所以对自己的孩子要求也不一样。

那么作为教师，要尽可能地去倾听家长的声音，了解家长的需求。教育孩子的过程中，家长希望教师能给予正确的引导，而不是一味地抛出问题；针对出现的问题，希望教师提出具体的指导措施，而不是一味地讲述枯燥的理论知识。我相信林林妈妈对孩子的问题很清楚，对孩子的"指责"林林妈妈肯定也听过很多次，教育理论一定也听了不少，而这些都不是林林妈妈真正需要的，林林妈妈需要的是具体、细致而有效的指导。

2. 基于学生成长过程的全面评价与指导

每个孩子都有优点和缺点，教师与家长进行沟通时，要关注孩子德、智、体、美、劳等的全面发展，要对学生进行全面的评价与指导。

（1）家校互动，全面评价学生

孩子的每一点进步与变化都是家长最开心的事情。当家长主动与教师沟通时，就是希望教师能够关注自己的孩子，对孩子有一个较为全面的评价与分析，并且给予一定的指导。作为教师，当孩子在校出现问题时，需要及时和家长沟通，共同配合，引导孩子。而孩子在进步时也应该及时地给予鼓励，让孩子感受到老师的爱。

比如林林虽然调皮，不遵守课堂纪律，下课喜欢追跑打闹，有很多不好的行为习惯和学习习惯，但是林林懂得感恩。比如自己会做习题了、考试成绩不错时都会对我说声谢谢，这是林林的优点。这时，教师要及时肯定孩子，给予孩子正面积极的评价。

（2）家校携手，全面指导学生

孩子在成长过程中会遇到很多问题，教师和家长要及时沟通，并达成相对统一的意见，对孩子进行指导。比如林林缺乏自觉性，在家写作业时我建议林林妈妈在旁边督促，慢慢帮助林林养成良好的学习习惯。

在学校，林林不懂如何与同学交往，我就会教林林与同伴交往的方法。林林喜欢与同学追跑打闹，我会告诉林林，如果你想和同学一起游戏，你可以问同学，"我们可以一起玩吗?"如果你下课觉得无聊，可以和同学们一起聊天、下象棋、看书等。

现在，林林也从刚入学时不会正确地与同学沟通交流到现在能较好地融入班集体，从之前下课喜欢追跑打闹到现在更多的时候在教室里与同学聊天、下象棋、看书等，林林有了明显的成长与进步。所以，当林林妈妈看见孩子的进步时，会从心底认可老师的教育，从而配合老师取得良好的教育效果。

每个孩子都有自己的闪光点，教师跟家长沟通孩子的问题时既要提出问题，也要提出细致而又具体的指导方法，让家长与教师的教育观点相统一，从而全面地指导孩子。

（3）保持教育的连续性

教育从来没有捷径可走，付出多少，就会有多少回报。要看到孩子的成长与进步，需要付出足够的努力，只有教师和家长长期配合才能慢慢影响孩子。林林的自控能力、自我约束能力、学习能力等都相对较弱，所以教育的连续性显得尤为重要。

林林在学校出现问题时，教师要及时给予提醒和指导，家长在家也应如此。家长和教师都不能"三天打鱼，两天晒网"，或者采用"即兴教育"，想起来就提醒、指导，忙的时候就对孩子不管不顾。

现在，林林偶尔还是会在课间与同学追跑打闹，上课注意力还是会不集中。但值得欣慰的是，经过老师的提醒，林林能马上意识到自己的错误并改正。我也会跟林林妈妈说，如果孩子在家有什么不好的习惯，家长不知道进行如何引导，可以随时与我联系。

3. 爱与信任是构建家校互助的桥梁

教师往往有很多理论知识，但是任何理论知识都抵不过爱与信任。学生只有感受到了老师对于自己的那份爱，才会发自内心地去改变。内在力量驱动自己去改变，比任何说教都有效果。家长看到了孩子的变化，才会信任教师，无条件地配合教师，这样就会形成双方合作的良性循环。当然，即使我们理论上明晓爱与信任能带来很多积极、正面的变化，但是这份爱与信任，还需教师与家长慢慢地、长期地培养、积淀。

比如我为林林所做的这些看似平凡而又普通的小事，传达给林林妈妈的是我对孩子的爱。针对林林出现的问题，我积极与林林妈妈沟通，给予指导，而不是向林林妈妈无休止地抱怨。我所做的一切，都是希望林林能够变得更加优秀。而林林妈妈那句"老师，您千万别放弃我的孩子"的背后，是妈妈对孩子深深的爱……

4. 内化理论知识，提供适应个体差异的指导

作为一名班主任，我接触过的学生与家庭不计其数，而每个学生的家庭环境与家庭教育又各不相同，班主任都要及时了解，然后对症下药。比如有的家长对于孩子的要求过于苛刻，要求所有的事都做到完美，这时需要班主任疏解家长的压力，告诉家长挫折也是孩子成长过程中非常重要的一种体验，它决定孩子今后走向社会是否能够适应。而有的家长对于孩子没有任何要求，倡导"快乐教育"，这时需要班主任与家长沟通，指明"快乐教育"并不是毫无原则的放纵，我们不要求孩子事事做到优秀，但是需要告诉孩子成长的每个阶段需要承担相应的责任。所以，面对不同的学生和家长，班主任需要不断地积累理论知识，在教育孩子的过程中形成教育方法，然后在实践的过程中不断地思考、反思、感悟，形成适应个体差异的教育方式。

比如，对于林林出现的问题，如果我只使用单一的教育方法，如不断提醒，那么林林就不会有多大的改变。我不断地思考、反思、感悟，再结合林林之前的家庭环境、受到的教育等情况，判断林林是一个缺少关爱的孩子，林林妈妈也不是很懂得教育。所以我先让孩子发自内心地接受我，感受到我对他的爱，这样孩子才愿意接受我的建议与指导。对于林林妈妈，她不是不明白教育的重要性，而是不懂如何去教育孩子，此时就需要班主任专业而又具体的指导，以让家校教育形成合力。

现在，林林在班级的生活和学习中还是有一些问题，比如自控能力依然不是很好，上课注意力偶尔还会不集中，自我约束力还是较弱，

但是经过提醒，他能马上加以改正。现在的林林变得更加阳光、开朗、自信，而且养成了爱看书的习惯。林林妈妈能感受到林林有了一颗积极向上的心。虽然前六年的行为习惯对于林林的影响非常大，但是我相信，如果持续握紧家校互助的双手，一起陪着孩子去努力，孩子一定会有更大的改变。

383

 点评

　　本案例教师第一次与一年级新生林林妈妈谈话时，林林妈妈就嘱咐教师不要放弃自己的孩子。教师带着对林林妈妈话语的不解，展开探究，了解了林林父母离异的家庭现状及他在幼儿园时曾遭遇的冷漠对待与遇事推诿给家长的经历。教师对林林母子产生了深深的理解与共情，在后续对林林的教育中，对林林遇到的各种困难给予了及时的帮助与关怀。教师针对林林的实际情况，降低要求，合理期待，给予恰当的行为评价与指导，为林林搭建了一个个适合他成长的台阶。在此过程中，教师得到了林林妈妈的理解与支持，通过家校的进一步协同，很好地帮助林林取得了应有的进步。本案例对于一线班主任如何缓解家长的教育焦虑，如何帮助学生获得应有的发展给出了具体的实践方法。

——马金鹤

数学中的快乐教育

——游戏化教学促进学生学习投入和效果的研究①

北京第一师范学校附属小学　张　敏

一、研究背景

（一）问题提出

已有研究发现，在教育实践过程中，许多学生随着年纪的增长，学习的兴趣和动机逐渐降低，难以积极地投入学习活动。与此同时，学习投入对学生的学业成就与未来发展起着至关重要的作用。为了改变这一现状，基于北京市教育科学"十三五"规划 2018 年度立项课题"快乐教育背景下促进小学生学习投入的实践研究"，我们与芬兰拉普兰大学合作，开展相关子课题研究。我们想探究的问题是：在数学教学中，通过游戏化教学能否促进学生的学习投入，进而影响学生的学

① 特别感谢学校领导的支持，感谢工作坊老师们的细致指导，感谢开展游戏化教学实践的张艳春老师、协助做问卷调查的逯娜老师。本文系北京市教育科学"十三五"规划 2018 年度立项课题"快乐教育背景下促进小学生学习投入的实践研究"（课题编号：CBEA1803）、北京市教育学会"十四五"教育科研 2022 年度课题"基于翻转课堂提升教师课程领导力的研究"（课题编号：DC2022-040）的研究成果。

习效果？

（二）研究目的

（1）结合教学经验，以快乐教育为育人理念，开展游戏化教学，促进学生学习投入，提升数学学习效果。

（2）形成游戏化课堂教学案例，为教师开展游戏化实践提供研究素材。

（3）探讨游戏化教学对学生学习投入以及数学学习的有效性。

（三）研究意义

1. 深化快乐教育课堂教学实践

快乐教育是我们所追求的。通过探索和提炼体现快乐教育的小学数学课堂教学策略，将进一步深化快乐教育课堂教学实践，丰富快乐教育的课堂教学特色。游戏化教学使数学教学教无定法、学无定式，实际可操作性强。教师可依据课程的类型、年级、教学单元甚至每节课的教学目标和内容，灵活选择教学策略与方法。本研究对教师的教学理论与实践有重要的借鉴价值，同时对当前的教学方式和学习方式的改革具有推进作用。

2. 促进教师教学观念转变

课改已经进入深水区，而课改深处是"改课"。十几年来，课改取得了可喜的成绩，但在实际工作中，我们仍然感觉到一些教师课堂沉闷，关注知识内容过多，对于教学思想方法与情感、态度、价值观关注不够。本研究将探究如何进一步促进教师教学观念的转变，促进学生学习方式向积极主动、活泼、形式多样转变，促进学生主体性发展。

3. 促进学生综合素养的提升，着眼于学习力的培养

通过游戏化教学增强课堂互动性，突出学生主体地位，进一步彰

显"兴趣盎然、智慧共生、快乐体验、充满生命力"的快乐课堂教学特色，使数学课堂更多地着眼于学习力（学习动力、学习能力、学习毅力等）的培养，关注学生交流、表达、合作等综合素养的提升，激发学生对数学的兴趣，增强学生的动手实践能力，增进生生分享互动，促进学生全面、和谐、可持续发展，培养学生学习的后劲。

二、理论基础与文献述评

大量的实证研究指出，学习投入不仅能直接预测学生的学业表现和学业成就，还会影响他们长期的适应性发展，更是衡量教育质量和成效的重要指标①。为此，如何帮助学生积极地投入到学习中来，已成为教育领域关注的重点问题之一。

梳理以往关于学习投入的文献发现，学生的学习过程受到多种因素的影响，主要包括两个方面（如图 1 所示）。

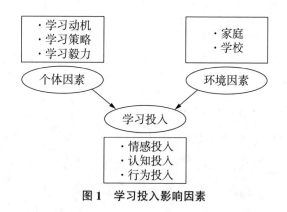

图 1　学习投入影响因素

① LEE J, SHUTE V J. Personal and social-contextual factors in K-12 academic performance: An integrative perspective on student learning [J]. Educational Psychologist, 2010, 45 (3): 185-202. RAMEY H L, ROSE-KRASNOR L, BUSSERI M A, et al. Measuring psychological engagement in youth activity involvement [J]. Journal of Adolescence, 2015, 45: 237-249.

1. 个体因素

个体因素包括学生自身的学习动机、采用的学习策略和具有的学习毅力等。

学习动机是影响学生学习投入的第一重要因素，学习动机可分为内部动机和外部动机。由学习本身兴趣所引发的动机能够帮助学生在学习中体验满足感和愉悦感，并促使他们不断面对挑战、不断进步。而外部动机容易受到外界诱因的调控，如果个体得到满足或奖励消失，那么学习投入水平就会明显下降。

同样，学习策略也能对学生学习投入产生重要影响，有效的学习策略能够帮助学生对自身学习活动进行监视、调节和控制，以促进信息的快速获得、长时间存储以及灵活运用，从认知层面提高学生的卷入程度[①]。

此外，学习毅力体现为学生在学习上具有自觉性、坚持性和独立性，具有较强学习毅力的学生通常会积极地调控自我，自觉地维持学习行为，并努力克服所遇到的困难[②]。可以说，在某种程度上，学习毅力直接体现了学生学习投入水平的高低。

2. 环境因素

环境因素包括家庭和学校这两大重要的环境，主要涉及父母的教养方式、父母支持、家长投入、学校中的人际氛围和教学氛围。

家庭是学生成长和发展的重要场所，也是进行社会活动和社会交往最直接的环境之一。家庭环境不仅对学生身心健康有着重要的影响，而且在学习活动中起着不容忽视的作用。例如，积极教养方式（如民主型的父母通常在学生学习过程中采取协助和鼓励的方式）有助于学

---

① 陈琦，刘儒德. 当代教育心理学 [M]. 2 版. 北京：北京师范大学出版社，2009：299-317.

② 魏军，刘儒德，何伊丽，等. 小学生学习坚持性和学习投入在效能感、内在价值与学业成就关系中的中介作用 [J]. 心理与行为研究，2014 (3)：326-332.

生更自信地投入到学习中；而消极教养方式（如专制型的父母往往过度控制学生的行为，占用或剥夺他们的自主感）更可能造成不良的学习效果。同样，父母主动地参与到学生的教育中，能为学生提供学业上的支持。例如，父母指导和监督学生完成学习任务，积极地配合家校合作活动，多样化地组织课外学习活动，都能有效地提升学生学习投入水平①。

学校也是学生生活和学习的重要环境，对学生学习的影响是多方面的，既包括与学习有直接关系的教学氛围，如教师采用的教学方式、使用的教学资源，又涉及校园情境中的人际氛围。具体而言，教师能制定合理的目标帮助学生获得成就感，针对不同的教学内容选取恰当的教学模式帮助学生深入理解知识，采用公平有效的学业评估方法帮助学生获得认同感和愉悦感。同样，传统教辅工具与现代化信息教育技术的有机结合可以实现个别化教学，多元化呈现教学材料，从而提升学生学习主动性和开放性，激发学生学习兴趣和动机，从多方面提升学生的学习投入程度②。

此外，教师作为教学实践的引导者、设计者和组织者，良好的师生关系、教师对学生学业和情感的支持都有利于学生在学习上投入更多的时间和精力。同样，同伴是学生在校期间互动最多的对象，也会对学习投入产生重要影响。例如，良好的同伴关系能够促使学生分享经验和观点，加深对知识的理解和掌握③。再如，同伴都积极地投入

① CHEUNG C S-S, POMERANTZ E M. Parents' involvement in children's learning in the United States and China: Implications for children's academic and emotional adjustment [J]. Child Development, 2011, 82 (3): 932-950.

② LAU S, LIEM A D, NIE Y. Task-and self-related pathways to deep learning: The mediating role of achievement goals, classroom attentiveness, and group participation [J]. British Journal of Educational Psychology, 2008, 78 (4): 639-662.

③ 同②.

学习当中，由于群体规范作用，学生也会为了获得归属感而投入学习①。

为促进学生的学习投入，对学生个体因素的干预显得尤为重要。一些学者采取了对学生学习投入产生重要影响的学习策略，以期提高学生的学习投入程度。

学习归因理论、学业情绪的认知理论、心流理论都认为在教育教学中，教师在与学生的互动过程中无意识地通过各种途径传递给学生相关的信息，会经过学生自己的认知系统的评价和判断，进而影响学生的归因方式。学习者的归因方式使其对学习本身产生不同的情绪，这种情绪最终会对学生的学习效果产生十分重要的影响。

为了增强学生的这种积极情绪，我国学者自觉地把游戏运用于小学中低年级的教学中，并取得了不错的成效。我国有一些关于游戏教学的研究，如刘焱的《儿童游戏的当代理论与研究》、黄进的《游戏精神与幼儿教育》、吴也显的《小学游戏教学论》等，游戏教学已经成为一种广泛应用的教学方法②。

游戏化学习又被称为学习游戏化，就是采用游戏化的方式进行学习，学者又称其为"玩学习"。这种学习方式的本质是通过玩而学到东西。兴趣是最好的老师，而逃避痛苦、追求快乐是孩子的天性，所以，让学生在各种游戏活动中体验、感悟、思考、表达、交流，使学习在不知不觉中发生。通过情境体验、亲身参与、线上游戏等方式，使得学生的想象力和创造力拥有更大的空间③。

游戏化教学可以激发学生学习的兴趣，让学生在玩中思考、体会、

① WANG M T, ECCLES J S. School context, achievement motivation, and academic engagement：A longitudinal study of school engagement using a multidimensional perspective [J]. Learning and Instruction, 2013, 28 (3)：12-23.

② 霍莹. 游戏化教学在小学英语教学中的应用研究 [D]. 昆明：云南师范大学, 2013.

③ 张丹. 小学数学教学策略 [M]. 北京：北京师范大学出版社, 2010.

观察、发现数学规律，引导学生将发现的知识和规律运用到新的问题上，促使学生思维的深度发展，激发学生对数学的学习兴趣，培养学生灵活解决问题的能力，为逐步培养学生具备善于发现的眼睛、善于思考的头脑奠定基础，让学生在轻松的教学氛围中解决问题①。

杜威认为，儿童应该在实践中学习，从做中学，从经验中学。因为如果儿童没有做过，没有去尝试过，就不可能记住和思考，所以，应该让儿童主动地去接受，在主动接受的过程中运用思想。

三、研究设计

（一）研究内容

学习投入是一种与学习相关的积极且充实、稳定且持久的精神状态②，主要包含行为投入、认知投入和情感投入三个维度。本研究基于学习投入的心理学特征，主要聚焦于学习动机这一个体因素以及教学氛围这一环境因素制定有效的干预方案和促进措施，从而全面提升学生的学习投入程度与数学学习效果，促进小学生的综合发展。

1. 游戏化教学实践

本研究选择了计算单元进行游戏化教学。选取的游戏为《拯救小怪兽》，内容为小怪兽不小心掉进城堡的陷阱里，需要同学们用智慧收集钥匙，把门打开，把小怪兽解救出来。

图 2 是游戏中的一道题目，需要学生用两把钥匙（数字 22 处的钥匙，数字 36 处的钥匙）去拯救关在笼子中的小怪兽，思考怎么旋转齿

---

① 吴正宪，周卫红，陈凤伟．吴正宪课堂教学策略［M］．上海：华东师范大学出版社，2013．

② SCHAUFELI W B, MARTÍNEZ I M ARQUES-PINTO A, et al. Burnout and engagement in university students: a cross-national study［J］. Journal of Cross-Cultural Psychology, 2002, 33（5）: 464-481.

轮最节省时间。

图2　《拯救小怪兽》游戏题目样例

　　游戏规则：每道题都有钥匙和宝石，学生需要通过转动下面带有数字的齿轮来使指针指向钥匙所在的数字或是宝石所在的数字，拿到所有钥匙算答题正确，宝石算是额外奖励。通过转动齿轮进行数字的加减乘除，让学生练习四则运算以达到一定的教学效果（规则要求数字最多顺时针或逆时针旋转5圈）。

　　游戏操作：学生首先需要确定目标位置（钥匙位置）和数字齿轮代表多少。要想通过转动数字齿轮到达目标位置，学生就需要思考数字齿轮通过怎样的运算能得到目标位置上的数。

　　答题说明：在拿到第一把钥匙的时候，需要确定指针位置和目标位置的步数之差是多少，从而通过加、减、乘的运算得到步数差。为获得更多的奖励，学生思考探索的欲望会越来越强。

　　2. 游戏化教学对学生学习投入和数学学习效果的有效性评价

　　为了研究游戏化学习对学习投入和数学学习效果的影响，针对所带班级开展游戏化教学试验。本研究主要从学生的学习投入情况和数学学习效果（即学生对游戏题目的答题情况）两个方面进行游戏化教学效果的研究，目的是了解游戏前后学生的学习投入以及数学学习效果（如学生的数学运算能力）是否有显著提高，数学思维灵活性是否提升。

（二）研究假设

本研究聚焦于学生学习动机这一个体因素以及教学氛围这一环境因素，认为通过游戏化教学策略对学生的学习动机和学生所处的教学氛围进行干预，可以有效地提升学生的学习投入水平，同时对学生的数学学习有促进作用。

（三）研究方法

1. 问卷调查法

通过设计问卷（表1）进行调研和让学生回答游戏题目（图3），探究游戏化教学对学生学习投入和数学学习效果的影响。研究者在实验班和对照班两个班级共下发73份问卷，收回71份问卷。

表1　问卷题目

题项	下列说法与你的相符程度 1＝一点都不符合………5＝特别符合
1. 我认为自己的数学计算能力很好	1　2　3　4　5
2. 我喜欢借助 iPad 等信息技术工具学习数学	1　2　3　4　5
3. 我喜欢用游戏闯关的方式学习数学	1　2　3　4　5
4. 相比教师讲解学习方式，我愿意花更多的时间使用游戏化方式学习数学	1　2　3　4　5
5. 相比纸笔学习的方式，我愿意花更多的时间使用游戏化方式学习数学	1　2　3　4　5

题项	下列说法与你的相符程度 1＝一点都不符合⋯⋯5＝特别符合
6. 我认为使用游戏化的学习方式对促进数学学习很有帮助	1　2　3　4　5
7. 我平时做题经常会用不同的方法	1　2　3　4　5
8. 我平时做题经常反思是否使用了最优方法	1　2　3　4　5
9. 我平时做完一个题目通常会类推解决别的题目	1　2　3　4　5
10. 即使遇到难题，我通常也能找到解决方法	1　2　3　4　5

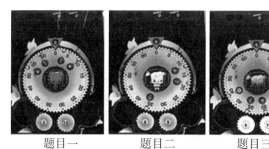

题目一　　　　题目二　　　　题目三　　　　题目四

图 3　前后测游戏题目

2. 统计分析法

本研究主要采用定量研究方法。在数学课堂实践过程中利用游戏化教学策略开展教学实践，以提高学生的数学学习投入水平。通过问卷题目以及游戏题目，对学生学习投入的改善情况和学习效果进行分析，样本为本校四年级的 2 个班：四（3）班（37 名学生）和四（7）班（36 名学生）。其中四（3）班为实验班，开展游戏化教学；四（7）班为对照班，正常教学。采用 t 检验方法进行数据分析。

四、研究结果

（一）构建游戏化教学策略框架

为了更好地进行游戏化教学实践，让教师有抓手，研究首先构建了游戏化教学策略（表2），确定该种策略的定义、指导思想和目标、操作步骤、适用范围等，通过流程化的教学让研究有章可循。

表 2　游戏化教学策略框架

项目	内容
定义	又称为学习游戏化，或者"玩学习"。创设真实的游戏情境，或者借助信息技术手段创设游戏情境，将知识融于游戏的过程中。让学生在参与游戏活动中体验、感悟、思考、表达、交流，将发现的知识和规律运用到新问题的解决中，促进学生思维的深度发展，从而使学习在不知不觉中发生。
指导思想和目标	以激发学习兴趣、促进学习投入为目的，引导学生在轻松的教学氛围中理解、感悟数学知识和数学规律。通过情境体验、亲身参与、线上游戏等方式，使学生的想象力和创造力拥有更大的空间。
操作步骤	（1）创设情境，提出问题； （2）借助工具，设计活动； （3）参与游戏，自主探究； （4）总结规律，增进知识。
适用范围	程序性知识为主的内容、数学推理、方法策略等，适用于小学中低年级
课例研发	百数表，小数比较大小，用数对确定位置，百变魔塔，长方形、正方形周长练习，数学广角——搭配，等等

（二）依据游戏化教学策略框架开展教学实践

研究中，教师基于游戏化教学策略框架，在游戏化教学指导思想的基础上选择四年级上册数学"四则运算"单元开展实践，含有两级混合运算教学。严格按照实践框架中的操作步骤选择实验班四年级（3）班进行课堂实践。学生自主玩游戏《拯救小怪兽》，通过游戏渗透教学内容，教学流程如图4所示。

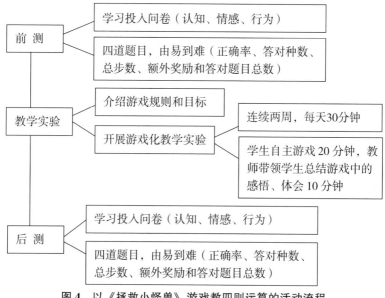

图4　以《拯救小怪兽》游戏教四则运算的活动流程

（三）游戏化教学对学生的数学学习投入的有效性评价

1. 学生问卷情况

（1）问卷题目的信度分析

对问卷的内部一致性信度进行分析，得出结果：前测和后测的克隆巴赫系数（Cronbach's α）都高于 0.7（表3），说明前后测问卷的信度都比较高，问卷具有较强的可靠性。

表3　前测、后测的内部一致性分析

	前测问卷	后测问卷
Cronbach's α	0.79	0.88

（2）问卷基本数据分析

①问卷题目的数据。

从 t 检验结果（表4）来看，只有第9题，类推解题的题目前后测有显著差异，说明游戏化教学对学习投入的影响整体上不显著。仅从问卷每道题目前后测均值的变化来看，涉及游戏化学习的题目后测均值低于前测，说明学生对于游戏化学习的兴趣可能降低了；但学生的数学计算能力（第1题）、反思学习能力（第8题）、类推解题和多种方法解题水平（第9、10题）方面略有提高。

表4　前测、后测问卷题目的描述统计及 t 检验结果

题号	问卷题目	前测		后测		t	显著性（双侧）
		均值	标准差	均值	标准差		
1	我认为自己的数学计算能力很好	3.87	0.69	3.99	0.75	-1.47	0.15
2	我喜欢借助 iPad 等信息技术工具学习数学	4.61	0.85	4.63	0.65	-0.13	0.90
3	我喜欢用游戏闯关的方式学习数学	4.82	0.46	4.70	0.70	1.21	0.23
4	相比教师讲解学习方式，我愿意花更多的时间使用游戏化方式学习数学	4.16	1.05	4.12	1.04	0.29	0.77
5	相比纸笔学习的方式，我愿意花更多的时间使用游戏化方式学习数学	4.28	0.92	4.19	1.08	0.77	0.44
6	我认为使用游戏化的学习方式对促进数学学习很有帮助	4.10	0.80	4.00	1.09	0.66	0.51
7	我平时做题经常会用不同的方法	3.94	0.89	3.87	0.98	0.56	0.58
8	我平时做题经常反思是否使用了最优方法	3.82	1.04	3.99	0.93	-1.51	0.13

题号	问卷题目	前测		后测		t	显著性（双侧）
		均值	标准差	均值	标准差		
9	我平时做完一个题目通常会类推解决别的题目	3.73	1.11	4.10	0.87	-2.78	0.01 *
10	即使遇到难题，我通常也能找到解决方法	4.03	0.85	4.12	0.88	-0.88	0.38

注：* 代表 $p<0.05$，** 代表 $p<0.01$，*** 代表 $p<0.001$。后同。

②问卷三个维度的数据。

根据问卷的三个维度：认知投入（第1、6、9、10题）、行为投入（第7、8题）、情感投入（第2、3、4、5题）进行分析（表5）。

从均值来看，认知投入和行为投入后测的均值高于前测，情感投入后测值低于前测值；从 t 检验的结果来看，三个维度均没有显著差异。这说明游戏化教学对于学习投入有一定的影响，但并不显著。

表5　前测、后测认知投入、行为投入、情感投入的描述统计及 t 检验结果

	前测		后测		t	显著性（双侧）
	均值	标准差	均值	标准差		
认知投入	3.98	0.58	3.99	0.73	-0.08	0.93
行为投入	3.99	0.62	4.06	0.66	-0.97	0.34
情感投入	4.73	0.53	4.66	0.61	0.65	0.52

2. 学生答题情况

（1）题目回答情况的数据（五个方面）

对题目从五个方面进行分析，分析题目的正确率、答对种数、总步数、额外奖励和答对题目总数。

①题目正确率的数据。

第1、2、3题后测正确率显著高于前测，第4题无显著性差异，表明学生前三道题的正确率有显著提高，第4题正确率则无显著提高。第4题后测均值比前测大，说明第4题后测学生的正确率有提高。总体来说，这四道题学生整体的正确率都提高了（表6）。

表6　前测、后测题目正确率的描述统计及 t 检验结果

	前测		后测		t	显著性（双侧）
	均值	标准差	均值	标准差		
第1题正确率	0.71	0.46	0.90	0.30	-2.72	0.01*
第2题正确率	0.56	0.50	0.84	0.37	-4.42	0.00***
第3题正确率	0.09	0.28	0.34	0.48	-4.06	0.00***
第4题正确率	0.07	0.26	0.11	0.32	-1.14	0.26

②学生答对题目种数的数据。

统计做对每道题目的方法种数，每道题学生用的正确方法越多越好。

配对样本 t 检验表明第2、3、4题后测答题种数明显高于前测，第2、3、4题的答对种数在游戏化教学之后有显著增加，而第1题并没有显著性变化。第1题后测均值比前测大，说明第1题回答种数也有增加。

总体来说，第2、3、4题学生的解题能力有显著性提高，第1题的解题能力有提高但不显著（表7）。

表7　答对种数的描述统计及 t 检验结果

	前测		后测		t	显著性（双侧）
	均值	标准差	均值	标准差		
第1题答对种数	0.90	0.60	1.03	0.50	-1.03	0.31

	前测		后测		t	显著性（双侧）
	均值	标准差	均值	标准差		
第2题答对种数	0.77	0.37	0.96	0.33	-3.32	0.00***
第3题答对种数	0.15	0.32	0.49	0.42	-6.20	0.00***
第4题答对种数	0.18	0.33	0.49	0.47	-5.58	0.00***

③答对前提下的总步数情况。

在学生答对的情况下，统计做每道题目的总步数，总步数越少则对运算的掌握越好。

配对样本 t 检验结果表明第1、2、3、4题学生作答题目的总步数前后测没有显著差异，说明游戏化教学的影响并不显著。

从前后测均值的变化可以看出，第1、2题后测的步数略少于前测，但是第3、4题的后测步数略多于前测，说明学生第1、2题的答题水平略有提高，第3、4题的答题水平略有降低（表8）。

表8　总步数的描述统计及 t 检验结果

	前测		后测		t	显著性（双侧）
	均值	标准差	均值	标准差		
第1题答对步数	1.66	0.52	1.65	0.54	-0.47	0.64
第2题答对步数	2.33	0.48	2.19	0.39	1.53	0.14
第3题答对步数	4.17	0.75	4.50	0.78	-1.00	0.42
第4题答对步数	5.00	0.00	5.38	0.52	-1.00	0.42

④答对前提下的额外奖励情况。

统计每道题目是否得到奖励，在步数相同的前提下，得到奖励比没有得到奖励的得分高，反映出的思维水平也更高。

配对样本 t 检验结果表明学生在第1、2、3、4题的得分上没有显著差异，即学生在这方面的水平没有显著变化（表9）。

前后测均值的变化方面，只有第 3 题的后测高于前测，其余 3 题的后测都低于前测，说明只有第 3 题获得额外奖励的学生数增加了。

表 9　额外奖励的描述统计及 t 检验结果

	前测		后测		t	显著性（双侧）
	均值	标准差	均值	标准差		
第①题额外奖励	0.50	0.50	0.48	0.50	0.00	1.00
第②题额外奖励	0.23	0.43	0.20	0.41	1.43	0.16
第③题额外奖励	0.67	0.52	0.79	0.42	−1.00	0.42
第④题额外奖励	0.40	0.55	0.00	0.00	1.00	0.42

⑤学生答对总题数分析。

统计正确答题的总数量，学生做对题目总数越多表明学习情况越好。

配对样本 t 检验结果表明，学生前后测答对总题数存在显著差异，后测结果显著高于前测，说明游戏化教学后，学生答题的正确率显著提高了（表 10）。

表 10　前后测总分的描述统计及 t 检验结果

	均值	标准差	t	显著性（双侧）
前测总分	1.43	0.88	−5.84	0.00***
后测总分	2.20	0.88		

（2）四道题目的答题情况（表 11）

表 11　实验班四道题的答题情况

		四（3）班			
		前测		后测	
		均值	标准差	均值	标准差
第 1 题	题目正确率	0.69	0.47	0.86	0.36
	答对种数	0.89	0.61	0.97	0.47
	总步数	1.58	0.58	1.70	0.54
	额外奖励	0.46	0.51	0.50	0.51
第 2 题	题目正确率	0.54	0.51	0.86	0.36
	答对种数	0.78	0.39	0.94	0.29
	总步数	2.53	0.51	2.17	0.38
	额外奖励	0.26	0.45	0.20	0.41
第 3 题	题目正确率	0.09	0.28	0.31	0.47
	答对种数	0.16	0.32	0.46	0.43
	总步数	4.33	1.16	4.36	0.67
	额外奖励	0.33	0.58	0.82	0.41
第 4 题	题目正确率	0.11	0.32	0.14	0.36
	答对种数	0.26	0.35	0.53	0.51
	总步数	5.00	0.00	5.20	0.45
	额外奖励	0.50	0.58	0.00	0.00

从题目正确率来看，四道题的后测均比前测有所提高。从答对种数来看，四道题的后测均比前测有所增加，学生的解题水平有所提高。从总步数来看，只有第 2 题后测均值低于前测，第 1、3、4 题后测均值高于前测，学生只有第 2 题的解题水平有所提高。从奖励情况看，第 2、4 题获得奖励人数减少，第 1、3 题获得奖励的人数增多。

整体来看，在游戏化教学后学生的作答情况整体有所改善。

（四）学生问卷情况与题目回答情况的相关性分析

1. 前测问卷与题目的相关性分析

前测中认知投入与题目回答情况存在显著相关性，前测行为投入、情感投入与题目回答情况相关并不显著。整体而言，前测学习投入与题目答对总数存在一定的相关性（表12）。

表12　前测学习投入与题目答对总数的相关性

	前测认知投入	前测行为投入	前测情感投入	前测问卷总分
前测答对总数	0.348**	0.211	0.061	0.267*

2. 后测问卷与题目的相关性分析

后测中认知投入、行为投入、情感投入与题目回答情况均不显著相关。整体而言，后测学习投入与题目回答情况相关不显著。（表13）

表13　后测学习投入与题目答对总数的相关性

	后测认知投入	后测行为投入	后测情感投入	后测问卷总分
后测答对总数	-0.045	-0.32	-0.13	0.22

五、研究结论与反思

（一）研究结论

（1）通过游戏化教学，学生的认知投入、行为投入、情感投入三个维度在前后测的比较中均没有显著差异，这说明尽管教学对学习投入产生了一定的影响，但影响并不显著。

（2）学生情感投入后测值低于前测值，可能是学生对于游戏化学习的兴趣降低了，但学生在数学反思学习、数学类推解题方面的水平有所提高。学生对于游戏化教学的兴趣会在较短时间内下降，教师应该及时采用其他辅助策略提高学生的学习兴趣。

（3）该游戏应用于学生四则运算的学习，学生后测答对总题数相比前测有显著差异，说明通过游戏化教学，学生答题正确率得到显著提高。

（4）从每道题来看，游戏化教学对于学生做基础题正确率的提高有显著影响，但是对于学生做难题的正确率没有显著影响。对于难题，教师应该寻求新的教学方法来提高学生的答题正确率。

（5）关于答对种数，学生前后测有显著差异，学生的思维灵活性有显著提高。

（二）研究反思

尽管游戏化教学对学习效果有显著影响，但对于学生整体的学习投入却无显著影响。我们不禁反思：是这种游戏化教学对提升学习投入水平的价值不大，还是因为有其他因素也在产生影响？

（1）研究时间短，学生对于游戏的熟练程度低，而通过访谈发现，前后测题目对于刚升入四年级的学生而言难度整体偏大。从心流理论的角度来讲，当任务难度太高，而使用者自身的技能不足时，使用者无法对当前环境有足够的控制感，会焦虑，产生挫折感，最终导致学习投入水平没有提高，影响测量的准确性。这也启示我们，在进行游戏教学设计时，设计者需要关注游戏的难易程度与使用时长，让学生的技能与任务难度处于一个相对平衡的状态，充分考虑学生在游戏参与环节与游戏结果反馈环节的能力差异。

（2）实验班学生整体水平差异较大。学生的信息技术水平、对平板电脑的熟悉程度和喜好、游戏理解水平、数学知识储备、数学能力基础等都可能导致游戏化教学效果不显著。

（3）该研究相对而言较开放，在研究过程中无法对教师、环境等所有的外在因素进行实验控制，因此实验结果可能会受到影响。如游戏教学过程中学生还是在固定教室开展统一的正常教学活动，教师可能会对学生有课堂常规的要求，或者对学生表现进行个性化奖励，让学生不能非常放松地参与游戏，影响学生的学习投入。

（4）需要进一步思考的是，也许学习投入并非游戏化教学促进学习效果的唯一路径，游戏化教学可能产生了其他效应，进而提高了学习效果。那么，这里的"其他效应"是什么呢？可能需要将来进一步探究。此外，也有可能需要重新厘清对"学习投入"的界定和测量。

总之，虽然在四则运算单元开展游戏化教学对于提高学生的学习投入水平效果不显著，但为我们今后的研究提供了思路。后期研究中需重点针对反思中出现的问题进一步改进，对其他课程内容进行进一步开发设计，再实践。比如通过难度较低、趣味性高的《百数表》数学绘本进行教学，以验证游戏化教学对学生学习投入的影响。

（三）教学改进建议

虽然短期内将游戏化教学策略融入小学数学课堂教学对于学生的学习投入水平没有显著的影响，但是对于学生数学兴趣的培养、一题多解的能力、反思的能力、基础类题目答题正确率方面均具有积极影响。在现代教育体系不断完善的背景下，小学数学教师应该认识到游戏化教学的重要性，并通过创设合适的游戏情境，组织学生参与游戏开展数学教学活动。教师在明确自己的教学内容与目标后，应该思考如何利用游戏激发学生的好奇心，在课堂上营造轻松的氛围，通过良好的游戏环境促进学生发展。同时也需要注意，在实际的教学活动中，不能过度依赖游戏，要深度思考如何将学习这种目前由外部动机驱动的行为转变为由内部动机驱动的行为。

 点评

张敏老师使用了量化研究的方法，通过问卷调查获取数据并

进行统计分析，研究了游戏化教学对学生数学学习投入的影响。与其他学员一样，张敏老师在最初学习调查研究方法时也是比较懵懂的，每次课后的问题也非常多，但最后提交的这份研究报告却着实令人惊艳。张敏老师在此次工作坊中的转变，我认为主要来自张敏老师对知识的热忱、对研究的热情和对人生的热爱。她并未因工作的忙碌和生活的琐碎而放弃充实自己。在这个过程中，她从不问最后的结果，对于学到的方法只管大胆尝试。张敏老师在一年的学习中严格要求自己，不断以实际行动更新着我们对小学老师如何做好定量研究的认知。这一点不仅对张敏老师自己意义重大，也为她的学生和子女树立了一个榜样。生命有限，浩瀚无穷，唯有立德立言，无问西东。庆幸的是，我们可以从张敏老师的故事里看见我们自己。

——刘霄

邯郸学院 尤兰萍

误区面面观"抗拒当众发言"心智

古语说："行有不得，反求诸己。"要做的事情不成功，要反省自己。在生活中，人会不自觉地频频陷入误区，我要和大家讲述的就是"抗拒当众发言"中的微心态大误区。

一、初惊"抗拒当众发言"现象

2019 年 12 月 10 日，教育行动研究工作坊课间，我所在的"爬山虎"小组组长问："小组汇报，咱们谁去汇报啊？汇报一个值得大家讨论的问题。"

我首先应声："说你们的故事吧！你们的故事小，好说。我的故事不聚焦。"

组长说："就是因为你的故事不聚焦，才要让你说啊！"

我说："可我没思路，不知道怎么说啊！"

小组伙伴蕾说："就是你思路不清，才要发言，去试着厘清啊！"

组长附和："确实，你需要全班再帮你聚焦！"

我回应道："我自己不知道怎么说。"

小伙伴看我还在犹豫，很热心地又帮我梳理发言思路。

看着尽心尽力为我出谋划策的小伙伴们，虽感动，但我还是长叹了口气说："现在我自己老是弄不明白……"

小伙伴们继续鼓励道："没事！没关系！"

此时有位小伙伴看我实在为难，便体谅地说道："你若太为难的话……"

我赶紧说："不不不，不是太为难！很感谢你们给我这个机会。"

这是发生在工作坊课堂中短暂的一幕，在我的记忆里停留了很久，我对自己"一再推拒"的表现而困惑：这不是作为老师，尤其是作为具有 30 余年教龄又一再在自己的课堂上倡导学生积极参与课堂发言的我应有的表现啊？这是偶尔的现象还是惯习？在那一刻，我在纠结什么？我有怎样的心智模式呢？

二、探索"抗拒当众发言"现象

带着以上疑问，我跨越时间和地点，对自己的经历进行了梳理。

这不是我唯一一次在工作坊中抗拒发言，在行动科学读书会上我也有过类似的行为。

2019 年 10 月 26 日，行动科学读书会上，陈向明老师、张顾老师、王智慧老师和我组成学习小组后，让各组推荐出小组长。我认为做小组长要理解得透彻，要承担发言组织工作，自觉见识浅薄担当不了小组长，所以就想推荐他人。"由她做组长。"陈老师指着我说，我有一瞬间的呆滞，又赶紧说："好。"

老师们分享了各自的见解后，到了小组汇报环节，我想推荐他人发言。偏偏本小组成员陈老师要做总点评者，已离开小组，张顾老师去操作线上通话了，就剩我和王老师，王老师是第一次参加读书会，由己度人，我猜测王老师大概率是不会做代表上台发言的。但为了逃避发言，我极力鼓动王老师汇报，但没成功。最后协商的结果是，我发言，王老师协助补充。

自从 2019 年 9 月进入北大做访问学者，只要不是必须人人发言参与的会议，我只做好好听众的次数远远大于参与的次数，甚至出现过一学期都未发言一次的状况。

写到此，我惊悟到自己的言行悖论：我要求学生积极参与课堂的发言，而我自己在北大不同课堂的学习、小组讨论、工作坊学习，都出现了有意无意地抗拒当众发言的现象，在不得不发言时，我会感到窘迫尴尬！抗拒当众发言时，我到底是怎样的心态？

三、探秘"抗拒当众发言"心态

将抗拒当众发言现象按照现场呈现、没说出口的心理、体现的认知、对认知的评判几方面整理如下（表1）。

表1 分析"抗拒当众发言"

现场呈现	没说出口的心理	体现的认知	对认知的评判
1. 组长汇报："小组汇报，咱们谁去汇报啊？汇报大家讨论的问题。"	1. "汇报一个值得大家讨论的问题"，这是给有学习困难者提供被指点的机会，机会是好机会，但于我来说，脸面更重要，即认为自己是有30余年教龄的教学法大学老师，自以为应该比中小学教师的同学更有学习能力，虽然实际上确实还没有学会老师教授的知识，作业存在很大的问题。但如果向全班汇报这项作业，暴露了自己学习能力比许多同学都差，就太丢脸了。	对"课堂发言"的认知：发言内容要正确，"高大上"，要能做榜样，要获得听者尤其是权威者的认可，否则就显得自己愚蠢，会被人耻笑，瞧不起。自认为不参与发言是不露丑、不示短，维护自己好好形象的好方法，好选择。	这是对"课堂发言"的错误认知，课堂参与是对课堂学习情况的反知，发言才是对课堂正确认知的反映，发言内容不正确也是对学习情况的反映，都是促进学习的机会。无论对错，都应随意随意评议回答者，更不应该嘲笑发言者。
2. 让各组推荐出小组长	2. 小组长要理解得透彻，要比组员水平高，要承担发言组织工作，自觉见识浅薄担当不了。		我没有把课堂发言看作展示自己、得到认可的机会。所以想着如果自己比不过别人，就拒绝参与。
3. 不积极主动当众发言的惯习	3. 在北大进修期间，我以30余年教龄的教学法大学老师身份，在选修课课堂中与大年轻的硕博生做同学，与读书会中来自北大自一流高校的教师和同类院校的学友交流，在工作防与		我对自己身份的理解固化，没能随环境而调整认知。
我怕在全班面前显示自己的真实水平，认为绝大部分同学是中小学教师，自己是大学教师，在学习能力和见识方面都要高于中小学教师。但在北京，中小学教师好多都是硕士，是名校毕业的，他们的知识体系要比

续表

现场呈现	没说出口的心理	体现的认知	对认知的评判
3. 不积极主动当众发言的惯习	中小学老师做学伴，对自己的发言效果极为看重。我尽量避免让自己表现得愚笨，不想让别人瞧不起。		自己扎实，自己面对的情况与以往不同，不碰壁才怪！ 心智误区：没有自知之明，用过去经验应对复杂世界。
1. 我首先应声："说你们的故事吧！我的故事小，好说。我的故事不见得有代表性。" 2. "由她做组长。"	1. 为什么第一个回应？是因为怕失去发言的时机。自以为说的有理有据：你们的作业也有问题，但比较好讲。你们发言吧！我的故事小，问题大，也不见得有代表性。 2. 我以为老师认为我水平低，是不会让我担任此角色的，但结果出乎我的意料。自认为是具有30余年教龄的教学法老师，拒绝做小组长太有损我的教学法老师形象，虽然志忑忑，仍然表现得乐于接受，希望不要被老师小瞧。	1. 作为有30余年教龄的大学教师不能不积极参与活动，但参与活动必须展示出自己有学识，可做榜样样的样子，被人称赞。 2. 自己的价值希望被老师肯定，希望在老师心中留下好印象。	时时活在别人的价值判断里而不自知，固执地认为应该在别人前留下好印象，不能做出有失身份的言行举止。 身份角色在不同环境有所不同，自己是学习者，也是在不断成长的人，不能用过去框住复杂变化了的情景。

现场呈现	没说出口的心理	体现的认知	对认知的评判
1. 伙伴："就是因为你的故事不聚焦，才让你说啊！"	好聪慧的同伴，直击参与要求：作业有问题才有汇报价值，你的作业有问题，自然可以汇报啊！回绝我的理由真的很有说服力。	没有意识到同伴对参与发言的正确认知，没有意识到自己对参与发言的错误认知，只是陷在自己不能丢脸的认知中。	对回答问题的评判存在认知误区。
2. 小组汇报环节，极力推荐他人做小组代表发言。	不相信自己的概括能力，怕自己汇报的小组成员发言体现不出小组讨论的水平，怕这样会被小组成员看不起，也怕拉低小组成员的水准。		
我："可我没做思路，不知道怎么说啊！"	伙伴不知道我是因自己作业有问题、怕被发现自己学习能力差而不敢在众人面前发言，我也不好意思说出自己怕丢面子这个理由，就又找借口。	维护自己多年教龄的高校教师身份尊严，要展现自己博学、学习能力强的形象，怕丢面子这种想法是不能公之于众的。	陷入在人前维护自我形象的心智误区，不说出真正理由。此时我在想："同伴们应该很纳闷我为什么三番五次地拒绝吧。"

续表

现场呈现	没说出口的心理	体现的认知	对认知的评判
小伙伴劝导："就是你思路不清，才去试着要发言，去理清啊！""确实，你需要全班再帮你聚焦的！"	伙伴们诚心诚意想让我获得帮助，并且认为作业有问题才需要发展，这是多好的机会！	仍然坚持自己怕丢面子的心智模式，仍然没有正确认知。汇报问题是请老师忙帮帮解决问题的，但自己认为应该为大家做榜样，而不是做反面例子，这太丢人了。	对他人的建议充耳不闻，自认为正确，无法发现问题。维护正面形象的心智误区。没有认识到其实这是学习的机会。
我："因为我自己不知道怎么说。"	想到自己的故事很长，怕讲得久老师同学听得不耐烦，又怕讲得短讲不清自己的观点，显得自己笨拙。总之，我担忧汇报会丢人，继续拒绝。	认为当众发言要表现得落落大方，不慌不忙，有条不紊，形象生动，言简意赅。若做不到，被瞧不起，被嘲笑，这对惯于掌控局面的我，是不应犯的错误。如果自己失控，肯定是要丢脸的，这万万不可。	执着于上课发言是呈现自己完美形象的机会，认为有损正面形象的事做不得。
小伙伴们继续鼓励道："没事！没关系！"	我继续纠结要不要冒丢面子的风险，接受发言机会。	仍陷于怕丢脸的心智模式中。	时刻维护自己的形象。

续表

现场呈现	没说出口的心理	体现的认知	对认知的评判
一位小伙伴看着我实在为难，便体谅地说道："你若太为难的话……"	我感受到了小伙伴不想逼迫我，以免我尴尬的善意。这善意激发了我的虚荣心：呀，我若不发言，会留给伙伴们怯懦的印象！这也太不符合我30余年教龄的大学教师的形象了！	说到这种程度，我还不接下汇报的任务，会被小伙伴认为怯场，这个标签不能贴在我身上。	我在时刻维护自己的形象。
我赶紧说："不不不，不是太为难！很感谢你们给我这个机会。"	不能让小伙伴以为我怯场不敢发言，小瞧了我。	我在时刻维护自己的形象。	—

四、探究"抗拒当众发言"心态形成的原因

"课堂发言必须正确，展示能力，不能被人小瞧，要做正向榜样，不能丢面子"这些认知是怎样形成的？当不能自信地展示能力、有被否定的情况时，我就脸红焦虑，这样的心态又是怎么回事？

起初我以为害羞是遗传的内向性格所致，犹记得母亲常安慰我的话："你遗传了我，我就特害羞，上学回答问题会脸红胆怯。年轻时在大队开会，即便有极强的如厕之意，也不好意思在众目睽睽之下走出会场。"是的，我在课堂上发言会紧张脸红，在公众场合绝不敢有不同于众人的行为。

在成长过程中，我又接受了为人师表要落落大方、不能害羞的教育。所以我就努力寻求解决之道，比如把听众看作大白菜，深呼吸，注视自己熟悉的听者，建立自信以避免尴尬，这些招数还算管用。也许是因为年龄增长，学识渐丰，我逐渐适应了在教工会上侃侃而谈，最起码听众已感觉不到我发言时的紧张，我也以为自己不再害怕、抗拒当众发言了。

可为什么原来的招数竟然在北大的学习氛围中失灵了？王青老师的一个质问点醒了我："你在课堂上面对学生讲课时会脸红吗？""不会。"这很明确。是啊，我什么时候会"惧"呢？细想，好像面对老师、同行、专家等时我才会有此心态。那么，我在怕什么？

我到底在怕什么？我认为发言就是要展示自己理解、学习到位，呈现的应是正确完美的答案，要显示自己的聪明，要给人留下好印象。比如工作坊对派代表发言的故事的要求是"汇报一个值得大家讨论的问题"，其本身就不是要求展示完美，但我的关注点却是"上了好几次课了，好多同学已有了自己的故事，我还没形成符合要求的故事"。我既是大学教授，又是有30余年教龄的教师，心里不禁想：这怎么能

展示呢，显得自己多么没水平啊！即便我展示了不完美的故事，符合课堂问题的作答要求，但却也展现了具有 30 余年教龄的大学教师学习能力差这个事实，这是我不能容忍的，我在怕人前出丑。

但在我自己的课堂上，我好像从未担忧过自己在学生面前的讲解。在北大进修期间，我以 30 余年教龄的教学法大学教师的身份，在选修课课堂中与北大年轻的硕博生做同学，与读书会中来自一流高校的教师和同类院校的学友交流，在教育研究工作坊与中小学教师做学伴，对自己的发言效果却极为焦虑，怕表现不好，被听者瞧不起。

难道面对学生我就不怕出丑吗？我自认为学识高于学生，自己的言谈会让学生敬服，但若偶尔学生质疑了我，我也会忐忑。面对老师、同行、专家等，我总怕自己的问答失了自己的身份。由于我心理包袱很重，认为在同水平和低于自己水平的人面前，自己的表现应该不低于中等水准，若居于末尾，则会自认为失了脸面。

五、"抗拒当众发言"的怕出丑心态的形成

忆起小时候，父亲相当专制，我只能按其指令行动，不许质疑他。早年的教育在我的心底埋下了服从的种子，这造就了我的"乖宝宝"性格：要做好孩子，绝对循规蹈矩。因为家长有意无意地塑造我懂事、优秀的"人设"，为获得亲朋好友的赞美，我就形成了要寻求亲朋好友认可、成为亲朋好友眼中完美榜样的诉求。犯错是坏孩子行径，这在我这里是不被允许的。

母亲虽在其兄妹六人中排行老二，只上过五年的小学，但懂事能干，早早承担了外祖母一家里里外外的事务，这潜移默化地影响着我，要处处做正向榜样，不能落后于人，要被亲朋好友夸懂事。调皮捣蛋等坏孩子形象，离自己很远。

学校又给了我什么？怕当众发言就是在学校形成的认知习惯啊！

中小学常态的课堂评价方式是老师提出问题，学生回答正确则得到表扬，回答错误则被视为愚蠢，进而定性为学习差或者上课没好好听，是坏学生。在这种评价体系下，我认为课堂发言必须保证正确，不知不觉中将课堂上的回答作为衡量自己在他人眼中形象是否完美的标尺，并且不能接受自己出现不完美。

青少年时，我接受的是听党的话、做社会主义接班人的教育，唱的是《学习雷锋好榜样》等革命歌曲，看的是《铁道游击队》《平原游击战》等革命电影。影视文化宣扬的是"高大上"的、完美无缺的主人公形象，宣扬的现实榜样焦裕禄等皆是为国家毫无保留付出的高大形象。在父亲专制的威压下，我养成了顺从的习惯，立志向英雄们学习，一心为祖国而学，不允许自己在人前的形象不完美，也不给自己产生不完美形象的机会。

我的生活环境一直优于他人，儿时在农村跟着外婆长大，外婆是十里八村被人巴结的媒婆，外公是能挣钱的工人，小伙伴都很羡慕我。小学时父亲是干部，在同学眼里我是学习好的班干部，又是机关大院的孩子，优越感十足。虽然我没有考上名牌大学，但在同学中也是佼佼者。工作后，我一直求上进，在工作单位也是佼佼者。也就是说，我一直处于领先状态，固化了自己是排头兵的思维。到北大进修时，学习环境变了，相处角色变了，自己仍用惯有思维要求自己，想维护旧有的荣光。

当众发言时我存在着过分注意自己形象的倾向，尽管在有些人看起来当众发言不完美可能是小事，甚至无所谓，但我的第一反应是强烈的尴尬，潜意识里认为别人都在看自己的笑话，会出现"这真是一场灾难！"这种偏激的想法。过度顾及自我形象使我始终活在焦虑中。

六、发现"抗拒当众发言"中的价值观错误

我虽然才认识到自己"抗拒当众发言"的心智模式，但早就察觉到了"抗拒当众发言"的伴生现象——"尴尬"，并且努力去克服。

我小学是班长，学习成绩优秀，没有在班上当众发言时感到尴尬的记忆。到中学时代，我学习成绩不佳，被提问时，因窘迫回答不出问题，才有了上课发言就脸红的现象，但当时我没有意识到这是问题，也就没有及时关注。到大学，我看到有的同学落落大方，才意识到自己有些害羞，想改变自己但也只是止步于想法。走上工作岗位后，我发言时会紧张。看同事侃侃而谈，我有些羞恼，也就又起了学着不紧张的念头，进行不紧张、不要慌的心理建设。虽说有点用，但在工作中需要发言的频次毕竟很少。直到我接手了教学法课程，需指导师范生克服讲课胆怯的心理，自己作为老师要率先示范，也就有了对自己比较明晰的不要再脸红的要求。后来，学校开始实行一年两次的讲课评课活动，我当众演说频率猛增，随着年龄、教龄、专业能力的增长，这种害怕当众发言的现象大大减少，我几乎已意识不到当众发言中自己还会犯老毛病。但来北大后，我仿佛进入异世界，一发言就脸红竟然成了常事，频率多到我不得不注意，这让我恼羞尴尬。我不得不反求诸己，才发现价值观错了，方法再多再妙也无法解决实质问题，也就是说我在北大用原有的招数失灵，就是因为我的价值观出错了。

七、对当众发言有了正确的认知：发言正确与否都是贡献，与是否有损形象无关

在探究我抗拒当众发言的深层心理原因时，挚友念利直言："这是自卑的表现。"我颇不以为然，我蛮自信的，怎么会是自卑的人呢？我

捍卫自己"我的发言是要完美的，发言不能有失老师的身份"的价值观，但这样的价值观导致我陷入感性本我，抗拒当众发言，而理性本我要积极发言，这让我很矛盾。学了双环学习理论后，我反思：难道我所捍卫的价值观出错了？

从意识到自己捍卫积极参与发言的理念和现实抗拒发言的行为不一致，我就一直在思考为什么自己言行不一。达克沃斯提出：提出自己的观点，接受别人的审视，这种勇气本身就是一种美德，它和观点本身是否正确并无关系。① 对陈向明导师创设的无论对错皆舒适的安全发言一次又一次的体验，让我发现自己捍卫的积极发言的正向态度只是对学到的教育学理念的鹦鹉学舌般的宣扬，自己对学生发言无论对错皆持正向的态度，只是教师角色赋予的理性，我从未意识到自己在做着抗拒发言的事。这是因为我陷入了对当众发言的认知误区而不自知。

这种"特别关注在别人眼中的美好形象"的焦虑得到一些缓解，既有来自学友的榜样示范，又有《被讨厌的勇气："自我启发之后"阿德勒的哲学课》带给我的价值观的转换。

读书会上，有的学友能够坦然展示自己的认知水平、阅读表达能力，即便被老师学长指摘，仍能安之若素、侃侃而谈。我缺乏这种坦诚，极力试图掩盖自己的短处，反而失去了成长的机会。有的学友特别爱问问题，有时我会觉得问题幼稚、没有价值，结果是学友的问题往往获得师长的解析，获得了新的知识。我却自以为聪明地没问问题，当然也就失去了成长机会。明明在我眼中，学友的表现是不佳的，会有损他们在别人眼中的光辉形象，可偏偏他们又给了我诸多启发，反而让我更欣赏他们。所以我开始怀疑自己认为不完美回答会有损形象

---

① 达克沃斯. 精彩观念的诞生：达克沃斯教学论文集 [M]. 张华，等译. 北京：高等教育出版社，2005：74.

的想法错了。

我时时处在活在别人的价值判断里而不自知，还以为人活一张皮，就应该在人前留下好印象。此时《被讨厌的勇气："自我启发之后"阿德勒的哲学课》进入我的视野，只看书名便激发了我大大的兴趣。我注意自己形象的完美，不就是害怕被讨厌嘛！这种被讨厌的勇气，不是自私任性地做讨人厌的事，是在保证不是有意伤害他人的前提之下，有承受因保持个性而惹人讨厌的勇气！我想做独特的自己，又怕独特的自己并不真正优秀而被人鄙视。"帕尔默我爱你！你说到我心坎里了！"这是我读《教学勇气》时发出的感慨。打动我的是这样一段话：观察后台的景象，看到行为机制是何其像普通人，何其笨拙，何其平常，与充满感染力和魅力的前台行为是多么的不同，关于后台的认知，让我感到从容。① 我一直只看到别人前台的"高大上"表现，从未想过后台的现实状况。

虽然表面上我已经学会使自己的行为看起来相对流畅和完美，但在内心我会感到焦虑、笨拙、无能，不自觉地进行自我贬损。所以，我面对别人对自己的赞美，会以为那只是别人的客套话，内心总是在自贬，苛责自己的不完美，总仰视他人，高看他人的光鲜亮丽。在这样的对比中，我总觉自己不如人，十分羞惭。而今，我关注到他人同样有缺点，有着前后台悖论的并非只我一人，我不是世界上唯一的怪胎！

此时，我才开始接纳言行不一致的别扭自我。

八、扭转"抗拒当众发言"的行动

在新的价值判断下，我采取了行动。

---

① 帕尔默. 教学勇气：漫步教师心灵 [M]. 方彤，译. 上海：华东师范大学出版社，2005：20.

北大教育学院文东茅老师在第一次上课时没有要求我发言，我虽有参与意识，但无思考方向，亦无思绪迸发的知识土壤。第二次课，老师要求人人发言，虽然我对问题的思考仍然没有成熟，但我还是发言了！没想到文老师评价道："尤老师说得委婉客气，我理解你所讲的是申报的政策课题建议要具备的特性是政府迫切想解决又没有方向的问题……"没想到我不明晰的问题竟能激发文老师如此理性的指导！这再一次证明：课堂会因参与而具有生成魅力！

为了让"敢于当众发言"固化为使用理论，我选择了明确鼓励参与课堂问答的展立新老师的课堂对自己进行刻意训练。展老师课堂的评议环境是知无不言，有想法就好！并且每次课都留有问问题的时间。之前在展立新老师教育哲学的课堂上，我是沉默看客，这学期我成了积极建设课堂的参与者。第一次课展老师让大家提问题时，我逼自己提问，虽隔着屏幕发问，但是内心很紧张！我已在践行"参与是他者贡献，无所谓对错"的信念。没想到课后两位学友发微信：你今天的问题提得非常好！这更增加了我的成就感。以后几乎每堂展老师的课我都会发言，有时仍会害羞，但基本上瞬间就能调整好。我认为这时的害羞是数十年的积习使然，并不是担心发言不完美。

九、践行并反思新的价值判断

意识到不要过分关注自己在他人眼中的形象后，我便不再将发言错误看作丑陋的行为。明晰了不再自贬的心态，就可以不再抗拒当众发言吗？就可以坦然积极发言吗？不是的，没有这样容易。

我敢于发言了，但实质上还受旧的价值判断影响，比如会为学友们的赞扬而窃喜，从而提高自己发言的频率，这反映出其实我对发言的价值判断依然不健全。

前两天刚刚发生的一件事，就体现了这种状态。当时我们在协商第三届行动科学读书会委员如何分工合作，先说谁做主持，我的直觉反应是我刚收到书，还没看。匡笑说："主持串场不用读全书。"最后决定我串场主持。其实我害怕分到导读章节，总觉得自己在大咖读友面前还是学识浅薄，由自己导读会浪费大家的时间，所以不敢抢做导读任务。自认为心有余而力不足，这是简化故事的误区。认为别人会否定自己的工作，这也是一个误区。以为自己知道别人的评价，要保持人前完美形象，这是维护自我的误区。

转心难，但也在一念间，我为心因打开了一扇窗，剩下的求索之路还很长。

 点评

> 尤老师是一位大学教师，在工作与生活中面临一个多年尴尬的"痼疾"，就是当众发言总出现脸红现象。在工作坊开放而安全的气氛的影响下，尤老师决心把脸红现象作为叙事探究的对象，进行深入探究。通过与师友持续交流以及读书会上不间断的阅读，尤老师意识到，当众发言脸红现象的背后是"发言必须完美"的价值判断，而这一判断背后隐藏着更深一层的价值判断，就是太注重完美，怕在权威面前丢面子，特别在意别人的评价。尤老师调整了这一价值观，认为发言是积极地奉献自己的思考，把自己从关注别人评价中解脱出来，不必在人前呈现完美的自己，犯错也不是丢面子。探究到此，尤老师发言时身体由紧张转变为放松，脸红问题就得到了实质性的缓解。再进一步挖掘，该现象背后是长期受教育环境、社会环境影响而形成的回答问题必须完美的价值观，我们需要反思这一价值观，面对复杂、多样的环境提高自我判断能力。通过探究当众发言脸红的现象，尤老师摆脱了固有的心智模式，在行为上发生了具身性改变。

——卢杨

重度拖延症与时间饥荒

——同伴参照下的自我研究

中国人民大学附属中学西山学校 李 洁

一、今生的噩梦：拖延症

一直以来，我都把自己定义为一个重度拖延症患者，很多工作都是到最后时限才能完成，生活也因为拖延变得"磕磕绊绊"，有时候家人也颇有微词。而且随着"病程"的发展，情况还在不断恶化。比如，因为拖延，我的入睡时间从前半夜拖到了后半夜，参加各种活动从总是提前到，到后来踩点到达，到最终经常迟到。

最让我苦恼的就是拖延症对工作的影响。我的主要工作是学校的教材教辅管理。每个学期的教材征订、发放与结账工作都有严格的时间要求，征订与发放还好，每次结账对于我来说都很痛苦，我经常一拖再拖，有的时候都快到学期末了，还有部分账款没结清。甚至由于我的工作拖延，同事和合作单位都颇有微词。

最可怕的是，这种情况在每个学期都重复地发生，无论我如何下定决心，要提前准备，做好时间规划，但同样的情况还是周而复始地出现。为此我采取了很多方法进行自我治疗，比如提前做计划，用各种效率手册记录工作，在手机里设置倒计时提醒，读各种提高效率的书……但是基本收效甚微，有的甚至还不如不做。总之，经过不断努力，我认为拖延症是今生的噩梦，而且醒来的机会为零。

二、转机：“原来不是只有我一个人在拖延”

转机来自 2019 年我参加的一个关于教育研究的培训。说实话，一开始被通知要报名的时候我只把这次培训想象成每月两次的例会活动，开会时还可以偷偷干点工作上的事，偶尔忙的时候还可以请假，或者找同事帮忙去打卡签到。要求我参加工作坊的时候，我也没细想，随随便便选了教育案例研究工作坊。谁知道第一次上课就被告知不能随意请假，中途不能换人，每节课都有随堂作业。听到作业两个字的时候，我就知道，我的难题来了。果然，第一次课结束，我不但基本没听懂，而且不知道该如何完成老师布置的作业，结果可想而知。第二次上课，我是极度忐忑的，结果还有同学也和我一样没能完成。在老师认真地分析大家的作业时，我不知道有多少人和我一样因为没能完成作业而不安羞愧，但我暗暗松了一口气，原来不是只有我一个人在拖延。

就在我以为工作坊的老师和我一样拿拖延毫无办法的时候，我们的课后阅读里出现了一篇文章——《时间饥荒：迈向工作时间社会学》，我们还以“时间饥荒”为研究主题，展开了一系列的学习探究。学习的过程虽然很烧脑，但我也掌握了很多研究技能，比如如何进行访谈，如何对日常的行为进行观察与记录，又如何对收集到的访谈和观察记录进行科学分析，并进行提炼与总结，得出研究结论或找出改进措施等。通过研究，我发现我的拖延症更多来自“时间饥荒”，而且和我有同样问题的人不在少数，最起码工作坊中的很多同学都很有共鸣。按理说时间越少，就越应该赶紧干事，那为什么时间饥荒却带来了拖延症？

三、层层推进：从自我分析到群体参照

（一）个体分析：提高能力？

看到了治疗我的"不治之症"的希望，我开始认真完成老师布置的作业，并试图借此找出解决时间饥荒的办法。经过初步尝试，我决定截取一段典型的焦点团体访谈记录进行分析。这次访谈的焦点问题是"如何改善我们工作生活中的时间饥荒问题？"一共有6位受访者，我选取本人与另一位老师即张老师的访谈内容进行对照分析。之所以选择张老师，是因为从张老师的访谈记录中可以看出，在工作中他本应有和我一样的困扰，比如事务庞杂，有需要整段时间独自完成的工作任务但常常会被突发事件打扰，工作量巨大，等等。但是可以看得出来，在时间饥荒问题上，张老师并没有表现出如我一般的紧张与焦虑，反而有一种从容自若的潇洒，这让我感到很好奇。我想通过分析两个人的访谈资料，试着从多个角度理解时间饥荒问题，并找到解决问题的办法。

首先，我从两份资料中提取了关键信息，借鉴编码技术，进行了"贴标签"的工作。

从我的访谈记录中，我找到了以下关键信息，并根据自己的理解为其贴上了"标签"（括号中的内容）。①

①我的经验基本都是失败经验，基本上处在死循环中。（现状：失败、死循环）

②我也尝试过统筹安排每一天的工作，前一天做好计划，第二天

---

① 我的日常工作时间分配可参看附录一，即我的一天工作日志记录。

按计划来处理工作。(改进方式：提前计划)

③但是因为我在学校的工作比较杂，经常在一个任务没完成的时候出现其他突发的事件，我就得去处理。(外部原因：突发事件干扰)

④我尝试过各种安排时间的方式，如番茄工作法、制作各种工作任务表单。(改进方式：提高工作效率)

⑤把手上的工作安排到下班以后。(改进方式：延长工作时间)

⑥自身统筹性、规划性不够好。(内部原因：工作能力不足，效率低)

⑦跟同事的交互性工作太多。(外部原因：交互性事件干扰)

接着，从张老师的访谈记录中，我用同样的方法提取到以下信息。

①基本上不刻意地去解决时间饥荒的问题，即不要刻意地去解决什么。(放松心态、不刻意)

②实际上，如果你的能力提高了，(领导)一定会给你增加工作。(外部原因：工作量增大)

③临时性的突发事情，是超出我们计划之外的事情。(外部原因：突发事件干扰)

④前瞻性不够。(内部原因：前瞻性差)

⑤如果我们已有的经验足够多，我们看的书足够多，我们受到的教训足够多，我们跌倒的次数足够多，我们就不觉得它是个事。它是个要完成的任务，但是不见得是个难题。(改进方式：提升能力，积累经验)

⑥遇到一个没有遇到过的或者特别让我焦头烂额的问题或者任务。(内部原因：工作经验不足)

⑦当我们站在更高的位置上，如书记、校长的位置，就会发现我们所做的工作只是学校工作当中的一个环节。如果我们要站在更高的位置，不是站在自己所处的这个部门的角度，那么就必须现在放下所有的工作去解决这个问题。(改进方式：改变视野，培养大局观)

⑧适当地预留出一定的时间也是非常重要的。（改进方式：预留应急时间）

⑨就我们的能力来讲，如果我们觉得能力足够，就会有一点点可以自己把控的时间。（改进目标：有自我把控的时间）

⑩如果我们能力不够，或者我们时间饥荒非常严重，退一步，我们至少能够保全自身，这是最低的标准。（改进目标：自保）

随后，我对这些标签进行了改进与整理，经过与老师们的多次讨论，归纳成类属。具体分析结果见表1。

表1　我和张老师访谈内容的类属分析

类属	模式/类型	特征/事件
外在困扰	突发干扰	临时性，突发性，被迫性
	日常互扰	日常性，穿插频繁
	逐级加码	能力提升=增加工作量
自身局限	能力不足	经验不足，效率低
	统筹不力	前瞻性差，规划不足
	格局不够	部门局限，合作能力低
饥荒状态	消极被动	拖延死循环，焦虑
	积极主动	不刻意，时间把控，自保
饥荒求解	被动应对	延长工作时间
	提高能力	积累经验，主动学习，提升效率
	规划统筹	提前计划，预留时间
	扩大格局	改变视野，培养大局观

外在困扰是指时间饥荒出现的外部原因，包括突发干扰、日常互扰和逐级加码三种类型。突发干扰是指正在完成手头任务时突然出现的临时任务，具有临时性、突发性和被迫性，个体只能停下手头任务来应对。日常互扰是指日常需要与其他部门或同事相互配合才能完成

的工作，具有穿插频繁的特征，亦会对工作效率产生影响。逐级加码是指工作量增大的问题。我只是感觉到了工作量的压力，而张老师则是提出能力提升等于增加工作量的本质。其实想一想，我也有同样的情况，只是平时没有注意。

自身局限是指我们的不足之处，是时间饥荒出现的内部原因，包括能力不足、统筹不力、格局不够三种类型。能力不足是指工作能力不足以承担现有的工作，经验不足，效率低不能及时完成工作。统筹不力是指工作不分轻重缓急，具有前瞻性差、规划不足的特征，时间往往被浪费在无关紧要的事情上，紧急重要的事情反而没时间完成。这种情况好像更多地发生在我身上，张老师的统筹能力则好很多。格局不够是指工作时只看眼前，以自己的工作或本部门的工作为主，不太顾及大局，具有部门局限、合作能力低的特征。对于这方面，我平时思考得不多，这也能看出我和张老师之间的差距。

饥荒状态是指我们在日常工作中面对时间饥荒的态度与呈现的状态，是时间饥荒对我们日常工作的影响，包括消极被动与积极主动两种类型。基本上，我属于消极被动的状态，体现在陷入"死循环"拖延状态无法自拔，人也一直焦虑不安（强烈的时间饥荒感），这正是我重度拖延症无法痊愈的根源。反观张老师，则表现出积极主动的状态，进可攻（时间能把控），退可守（自保），也不刻意地解决时间饥荒问题，心态轻松自在。

饥荒求解是指我们面对时间饥荒的应对方案和改进方式，包括被动应对、提高能力、规划统筹、扩大格局四种类型。被动应对是指面对大量的工作，以延长工作时间为主，这也是我平时最常用的方法，但对于解决时间饥荒问题不但没有帮助，往往还会荒上加荒，无异于饮鸩止渴。提高能力是指通过提升自己的工作能力以缩短完成工作的时间，可以通过积累经验、主动学习、提升效率达成。我和张老师都做过这方面尝试。规划统筹是增强工作的计划性，通过提前计划提高工作效率，并通过预留时间来应对突发干扰。我和张老师都尝试过提前计划工作，但由于我没有预留时间应对突发干扰，便没能坚持自己的计划。扩大格局是指在更高的站位审视自己的工作与面对自己的问题，体现在改变视野、培养大局观方面。之前我没从这个角度思考过，一直想着干好自己的工作就好，反而限制了自己的格局。

通过以上分析，不难发现时间饥荒有来自个人的内部原因，也有来自工作（或者生活）的外部原因，显而易见，内部原因更可控，而外部原因只能适时调整，可控性低。所以在改进方式中，大多是针对内部原因的，只有延长工作时间和预留时间是直接针对外部原因的（延长工作时间基本可以归为失败经验）。而就本次访谈而言，成功的经验更多地体现在对内部原因造成的时间饥荒的改善上——归结起来，需要提高个体自身的能力。

（二）集体研究：调整心态

到此为止，看似找到了解决方案，但细细分析，又有点镜花水月的感觉。因为实际上，时间饥荒往往更多地来自外部原因带来的压力，针对内部原因的改进方式，是否能真正解决时间饥荒问题？毕竟，我一直处在试图提高能力但又不断失败的死循环之中。恰好，工作坊教学团队也对此进行了深入研究，下面是他们的研究内容。

通过收集同学的个人访谈资料，工作坊的老师们对作业（33份个人访谈资料）进行了大量的资料分析工作，得出了附录二所展示的属性与维度分析表。从这张表中不难发现，身兼数职（多岗位多任务）、被动互赖（工作需要与其他同事配合完成，且不由自主）、多重张力（不同岗位与任务带来的不同压力）、可观之忙（工作量与工作密度），基本与个体研究中提到的外在困扰类似，但总的来说更细化、更立体，能更直观地让人了解到为什么这么忙，也把造成忙的原因进行了系统分类。

而工作认同、忙之自感、多样归因、休闲的道德化则更侧重于对时间饥荒的感受，如性别、年龄、对休闲问题的态度都会对个人对时间饥荒的感觉造成一定的影响。面对同样的工作情境、事务，有的人会备感压力、焦虑不安（如我）；有的人却举重若轻，有能力把问题和压力常态化，并轻松化解（如张老师）。这当然和个人能力相关，但也不难看出一人是否感觉忙（时间饥荒）和他是否真的忙似乎并不完全相关。举例来说，我和张老师相比，忙的程度相差不多，甚至张老师有可能更忙，但由于张老师对忙这件事有更高的掌控能力，所以他对忙的感觉反而不像我这么强，也就不像我这么焦虑，被时间饥荒所困扰。

从这个角度来说，时间饥荒更像是一种个人感受，有的人会因为把时间花在个人爱好上有负罪感，有的人会因为焦虑而逃避甚至人为制造时间饥荒（如我的拖延症）；也有人会泰然处之，反而处变不惊。性别不同也可能导致对同样的事有不同的时间饥荒感，如大多数女性会因为不能容忍脏乱而感觉每天有做不完的家务事，而很多男性却会对妻子出门前花太多时间化妆表示不满。身体状况也可能会对个人感受产生影响。就我而言，当任务周期较长时，我会不自觉地陷入拖延症与时间饥荒的双重压力中不能自拔。一方面，较长的任务周期让任务看起来不那么紧迫，因而总会被其他"更紧急"的事务所打断。另一方面，随着我不断拖延，本来不紧迫的任务变成了紧迫且难以完成的任务，这时，强烈的时间饥荒感就会让我焦虑不安，进而会找这样那样的借口来逃避，直到避无可避。就症状而言，正是无可救药的重度拖延症。

类属中的"求解"策略与对"正常"的界定有一定的相关性，也就是说，当一个人把忙的状态界定为正常的时候，就会比较容易适应，求解的时候往往不会太刻意，表现出来的是比较强的适切性。反之，当一个人认为自己忙得不正常时，就会刻意去解决忙的问题，表现出来的就是弱适切性。

通过对分层效果的分析，可以发现如果系统成效（外部环境与工作状态）没有变化，具体成效（个体忙的状态）的可改善幅度就会很小甚至没有。那么，如何才能通过对可控的部分进行调节以达到理想期待呢？

到此为止，不难发现，对于时间饥荒的研究已经从行动方面——只能微调甚至无效，转到了心态方面——忙的常态化带来的强适切性，我也在重新思考我的重度拖延症，也许我更应该从培养积极主动的心态入手，向内——例如思考如何认同"忙"这件事——寻找解决方法，而不是对纷繁的工作生活怨天尤人，毕竟每个成年人都有自己需要承担的责任与义务。

四、初步结论与行动方案

当今社会生存不容易，忙是一种常态，需要用积极的心态包容与接受它，才能不被忙所左右。对拖延问题与时间饥荒的研究表明，时间饥荒所造成的危机感会对个体造成焦虑等负面影响，产生逃避等不良反应，形成了拖延的严重后果，而拖延反过来也会加重时间饥荒问题，这形成了一个恶性循环。如果外部环境与工作状态无法改变，要想从根源上解决拖延问题，提高工作能力只能达到微调的效果，个体还需要从心态上进行调整，积极适应工作强度，减少由于心理原因带来的困扰（图1）。

综合以上分析，我设想了改进方案。首先，时限较长的事（大任务）往往有更多的拖延借口，那么将大任务切割成小任务来完成，并给小任务制定更短的时限，就能减少拖延的可能性。其次，调整心态，接受目前的工作状态。既然"忙"是常态，那么工作比较集中的时候，延长工作时间也不是什么大不了的事情。再次，尽量从工作中找

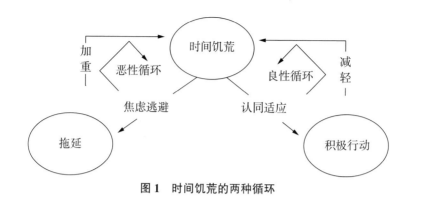

图1 时间饥荒的两种循环

到兴趣点，减少对工作的抵触情绪（焦虑）。最后，如果还不能解决拖延的问题，可以故意"记错"应完成工作的时间，把时限提前，并设置强提醒，最好能自我麻痹到相信自己设置的时限。虽然无法根治拖延症，但按时完成任务的概率可以大大提高。

五、行动与反思

所有的理论方法都要通过事实来验证，工作坊的作业"提交"就成了检验以上方法是否有效的例证，也是我治疗重度拖延症的尝试。

为此，我采取了以下措施。首先，试着把任务切割，在交论文之前一周完成第一部分任务，结果是直到论文提交的前两天才完成，但这减少了我相当一部分的压力，我基本按要求完成了作业。其次，本次论文的完成时间恰逢假期，工作相对少，我就把作业作为主要需要完成的工作。虽然水平有限，写论文的过程也困难重重，但几乎是没有被打扰地完成了。这让我看到了希望，按以往的经验，我会在提交论文的前一天晚上，点灯熬油，提交一份东拼西凑不知所云的"论文"，甚至过了最后期限不能完成。

仔细分析，我本次"不拖延"的原因有两点。首先是把一个比较困难的任务分成几个相对不那么困难的小任务来完成。其次，时间比较充裕，工作量少，这也是按时完成任务的保障。比如我现在对论文进行修改，正好是我工作量非常大的时段，只能放到后半夜完成，于是又有了拖延症的征兆。就此，我认为可能要从两方面调整心态，一方面是接受目前的工作状态，调整心态积极适应；另一方面，要清楚自己的能力，对于超出自己能力范围的工作要有适当的取舍。

通过这次有效的尝试，我发现我的拖延症也并非无药可救。首先，心态的调整对打破"死循环"有积极的作用，但也是有前提的，那就是要采取积极的行动。在积极的心态下，时间饥荒带来的危机感不再让人焦虑逃避，而是成了激发行动的动力。其次，时间饥荒导致的拖延症会让有效时间不断减少，反而会加重时间饥荒的程度，只要任务是必须完成、无法逃避的，这就是一个无解的恶性循环。最后，应对"外在困扰"，我认为有两个层次。第一，是对自己要有清醒的认识，也就是张老师提到的"自保"的底线，我们要清楚自己是谁、能做什么、什么是自己做不到的，对于自己无法完成的任务要有拒绝或者求助的智慧和勇气。第二，对于在自己能力范围内的任务，保持良好的心态也有积极的意义。比如，在焦虑情绪的控制下，日常干扰会让人恼火沮丧，加剧焦虑。干扰的影响时间会比较长，往往在处理干扰事件后很长一段时间内，都无法进入正常工作状态。而对于心态积极的人，日常干扰的影响是短暂的，干扰过后能很快恢复正常工作，频繁受干扰的时候，也能及时调整工作内容，合理分配时间。

综上所述，在自己能力范围内以积极的心态面对繁重的工作，采取积极有效的方法应对，才是解决时间饥荒问题、战胜拖延症的不二法门。

点评

　　李老师文笔流畅，用词精准，仿佛让包括我在内的读者看到了自己的状态。李老师是焦点团体访谈的参与者之一，她选取了自己和文中的张老师进行全方位对比，视角不可谓不新颖。李老师深入剖析了自己忙碌的饥荒状态、内外部原因、求解策略，也为我们呈现了不同教师面对忙碌时的多种样态。厘清问题是解决问题的第一步，结合工作坊的共同研究成果，李老师提出要用积极的心态应对忙碌，在工作中找到兴趣点。成功"提交论文"其实是对研究发现的很好的印证和实践，也体现了工作坊行动科学的主张。最打动我的是，她提出对于自己无法完成的任务要有拒绝或者求助的智慧和勇气，确实让习惯于向内归因的我们看到了一丝光亮。个体是系统的一部分，相信李老师的改变会给所在的系统带来积极的改变，也期待着组织层面的系统变革能支持老师们打破"忙之循环"的状态。

——张森

附录一

我的一天工作日志

时段	时间	时长	事件	标签 1	标签 2	标签 3	标签 4	标签 5
早晨	7：30~8：00	30 分钟	起床、洗漱	个人生活	完成	常态	单独	短时
上午	8：00~8：30	30 分钟	开车出门，路上打开学习强国听新闻	其他/学习	完成	常态	单独	短时
上午	8：30~8：45	15 分钟	工作前准备，清扫、泡茶	生活/工作	完成	常态	单独	短时
上午	8：45~9：10	25 分钟	在企业微信中完成今日工作安排	工作	完成	常态	单独	短时
上午	9：10~9：20	10 分钟	短时打断，同事来询问教材事宜	工作	完成	常态	交互	短时
上午	9：20~9：30	10 分钟	对工作安排进行调整，加入一项内容	工作	完成	常态	单独/交互	短时
上午	9：30~10：00	30 分钟	初二复读学生教材教辅补发	教材	完成	常态	单独/交互	短时
上午	10：00~10：15	15 分钟	订单整理：将新华书店订单按年级分类并进行扫描	教材	完成	重要	单独	短时（被打断）
上午	10：15~10：20	5 分钟	有教师来领取教材	教材	完成	常态	交互	短时

时段	时间	时长	事件	标签 1	标签 2	标签 3	标签 4	标签 5
上午	10：20-11：30	1小时10分钟	订单整理：将新华书店订单按年级分类，粗估各年级报数，粗填订单并进行扫描	教材	完成	重要	单独	长时
中午	11：30-12：30	1小时	午餐	生活	完成	常态	单独	长时
中午	12：30-13：30	1小时	午休	生活	完成	常态	单独	长时
下午	13：30-14：30	1小时	订单发放（微信）：初中按年级向各年级组长和备课组长发放订单，并说明订单要求及上报时间。高中以普高二年级为主，提示要分科上报，按课程上报	教材	完成	重要	交互	长时
下午	14：30-14：45	15分钟	短时休息	生活	完成	常态	单独	短时
下午	14：45-16：00	1小时15分钟	在线解答各年级组长关于订单的问题，并对数据进行调整	教材	进行中	重要	单独/交互	长时
下午	15：00-15：10	10分钟	与各年级组长核对学生人数	教材	完成	常态	交互	短时
下午	15：10-15：35	25分钟	向蒲校报告与课标相关的教辅，确认订购方式	教材	完成	重要	单独/交互	短时

续表

时段	时间	时长	事件	标签 1	标签 2	标签 3	标签 4	标签 5
下午	16：00－17：30	1 小时 30 分钟	按要求整理课标订单，向各教研组长发放材料并说明填报原则	教材	完成	常态	单独/交互	长时
下午	17：30－18：00	30 分钟	下班回家	生活	完成	常态	单独	短时
晚上	18：00－18：20	20 分钟	小区门口买菜	个人生活	完成	常态	单独	短时
晚上	18：20－19：30	1 小时 10 分钟	做晚饭	个人生活	完成	常态	单独	长时
晚上	19：30－20：30	1 小时	吃晚饭，清扫卫生	个人生活	完成	常态	单独	长时
晚上	20：30－22：30	2 小时	书法练习，读书	个人生活	完成	常态	单独	长时
晚上	22：30－23：00	30 分钟	洗漱	个人生活	完成	常态	单独	短时
晚上	23：00－7：30	8 小时 30 分钟	睡眠	个人生活	完成	常态	单独	长时

记录人：李洁　日期：2020 年 6 月 29 日（周一）

忙之研究属性与维度分析

序号	类属	属性	维度
1	身兼数职	职务	多，少
		任务	多，少
2	被动互赖	互赖性	强，弱
		自主性	强，弱
3	多重张力	强度	大，小
		范围	多，少
4	工作认同	广度	宽，窄
		程度	高，低
5	可观之忙	时长	长，短
		密度	大，小
6	忙之自感	倾向性	正，负
		可控性	弱，强
7	多样归因	归属层次	个体性，情境性
		性质界定	问题化，常态化
8	休闲的道德化	程度	强，弱
		指向	自责，超脱
9	"求解"策略	刻意性	强，弱
		适切性	强，弱
10	分层效果	具体成效	强，弱
		系统成效	强，弱
11	"正常"界定	分内感	强，弱
		尺度	大，小
12	理想期待	层次	个体性，情境性
		方面	策略，结果

第四篇

全新改变

亮片儿
——小郭消极对待作业的教育点反思

北京小学大兴分校　杨素芳

一、问题发现的背景

2017 年我加入了质性研究这个团队。我的研究问题是：为什么小郭同学消极对待作业？

小郭消极对待作业是我新接班后经过一段时间的观察发现的。送走六年级的毕业生，新接三年级一周后，我发现班里有四五个学生做作业比较慢。三年级比较特殊，一二年级放学后不能留书面作业，学生没有练习册要做，也不用写作文，而且语文课文比较简单，数学题也不难。但是，三年级允许布置各项作业，就可以给学生们留些书面作业了。

起初学生有些不适应，家长也一下子紧张起来。大概过了一个月时间，一二年级基础比较扎实的学生很快就适应了写一些书面作业的学习生活，也有少部分学生写作业存在一定的困难，其中写作业速度最慢的还是小郭。尤其是家庭作业，她经常要么就是完成质量差，要么就是根本不做。我和数学老师多次因作业问题找她谈话，她总是扬起不羁的嘴角，眼神中也充满不屑，作业完成情况也没有改善①。不过，虽然小郭作业写得慢，但在班级事务上，如发本子、帮老师抱作业等，又特别积极，跟写作业形成鲜明的对比。于是，我开始了对"为什么小郭消极对待作业"的研究。

我开始写对小郭的观察记录。我先对小郭的数学老师和小郭的妈妈分别进行了访谈。访谈中两个人都提到：她们已经多次就小郭作业的问题对她进行了批评教育，可是效果不大。

二、意外的《亮片儿》作文

2018 年 4 月 3 日，我对小郭本人进行了一个半小时的访谈。访谈中，她提到写作文总也写不出来，是因为对写作内容不感兴趣。即便是我带着班里学生体会过作文内容，她完成起来也很费劲。访谈中，我还意外知道了她对亮片儿感兴趣，会偷偷带到学校来玩。部分访谈摘录如下：

师：你上课老想着玩什么？比如说笔？

小郭：老想玩我带的亮片儿，就带了一小盒，放在抽桌里，我经常玩。

……

---

① 我每次看到她撇嘴，总觉得这个动作包含很多情绪，有无奈、有自觉倒霉，还有一种说不太清楚的感觉。有一次我找她问考试违纪之事，我说："你考试时问别人题了？"她看了看我没说话，眼神还是挺复杂的，但我也没时间去想眼神的含义，接着说："为什么问别人啊？说话。"她说："不会写那字。"我心想："理由还挺充分啊！平时作业不愿意写，边写边玩，考试时当然不会了。"我也学着她撇了撇嘴无奈地说："平时不努力，用时当然不会啦！你觉得这事现在怎么办啊？"她开始不说话了，我问一句她撇一下嘴，有时候我都觉得她撇嘴是表示对我这些问题的不屑，好像在说："能怎么办啊！我说了也不算。"后来我还是给她讲道理，她也不说话，时不时地撇一下嘴，用余光瞥我一下、用眼瞥我一下的，真想下次录个像给大家看看。

师：你为什么喜欢看亮片儿啊？我想知道原因。

小郭：我很想做亮片儿的东西，但是，有的时候粘不上去。然后，每回看到亮片儿特别喜欢。有一回，我们去别人家，看见她的亮片儿特别喜欢，就要了亮片儿，拿回家开始用了。

师：既然你喜欢这个，我能不能给你留一个作文，题目就叫《亮片儿》？这是从你的爱好出发的，你觉得呢？

小郭：可以，应该可以。我得回去看看亮片儿。

师：行，那你回去就写写这个，可以吗？

小郭：可以。

4月10日，我开始用手动录入的方式整理这段录音。下午半天没课，我从1点开始，一直边听边敲字。过了很久很久，我抬头看办公室的表，都快到5点了，录音的进度条终于快结束了，我深深地吸了一口气。这时我突然听到了我让她写一篇关于亮片儿的作文的那一段。当时我心里突然异样地动了一下。当时我已经完全忘记了这篇作文的事情，访谈后，也一次都没催过她的作文，整理到这里我才想起来。我觉得依着惯例她肯定没写，因为我在课上精心讲解，带着他们亲身实践，由我督促着写的作文她都没能按时交过。这篇我没有讲解过也没提醒过的作文，她一定没有写。

想到这里我还有些小兴奋，禁不住笑了笑。我快速地敲着访谈的最后部分，边敲还边想：我的机会来了，这是教育她的大好机会！明天就抓住她没写这篇作文的机会教育她：不是她喜欢的就一定能主动写，基础不好，没有责任心，依然会忘记写，或者写不出来……

我一边想着，一边仿佛已经看到了第二天课间我跟她要作文，正在玩的她突然眉头紧皱，无奈又无助，嘴角撇一下，低头翻书包，翻了半天没翻出来，然后嘟嘟囔囔地说"老师，我忘记写了"或者是"老师，我写不出来"这样的话。而我则表面严肃，声音提高，语重心长地说：“看，就是因为平时老不认真完成作业，所以即便自己喜欢的也写不出来……”而她不屑地撇嘴，好像在说：“又这么说我，管什么用……”

一堆道理伴着我心中的小虚荣倾泻而出——我猜对了，又是一次教育她甚至教育全班平时要认真听讲、认真完成作业的机会！我很好地抓住了。我就这样想着，直到敲完访谈的最后一个字。我莫名地没有觉得四个多小时的转录工作很辛苦、很枯燥，而是满心期待明天的到来。

于是第二天课间，我内心带着兴奋，却表情严肃地匆忙跑到班里。小郭正在眉飞色舞地和后面的同学聊着什么——只要不谈作业，她永远是健谈的，永远是笑容灿烂的。我心想：“马上你就会晴转阴，谁怪你自己平时不好好学习，不好好写作业呢！”我像风一样飘到她面前，她正背对着我，我轻咳了一下，提高了点声音说：“小郭，那次我找你访谈让你写的作文你写了吗？”小郭“哦”了一声之后，迅速转身，脸上的笑容依旧，毫不犹豫，低头从书包里拿出一份作文稿纸，灿烂地笑着说：“老师，给您。”

这恐怕是她找东西最快的一次了。我有一秒钟的错愕，瞥见了稿纸上300多字的作文，把想好了的、已经到嘴边的、要教育她的话，又硬生生地咽回了肚子里。我不知道说什么好了，也不知道该如何进行下一步，只简单说了一句：“成，我先看看。”她略带羞涩地一笑，而我则匆忙转身，慌乱地离开了教室。当时心里还因为没有了这次教育她和班上同学的机会而感到一丝失落。

三、办公室里的沉思

我拿着这篇作文回到办公室，陷入了沉思。

冷静想想，我预设好了教育点。我认为我在跟小郭要作文时，她一定像往常一样半天找不出来（其实是没写，或者没写完）。

再静心想想，我的小兴奋还有一种凌驾于学生之上的沾沾自喜。换句话说，内心深处，我更希望看到学生吃瘪的样子来证明我的教育是正确的，不听我的教育就会得到恶果。所以，我内心潜藏着小兴奋。但是，作为老师不应该为学生的进步而兴奋吗？而我却只想着用她的问题教育她。之前我的说教不起作用，我就会再抓住她的错误兴高采烈地教育她，然后沉浸在我是多么会找教育点这样的自豪当中。可是，多次教育都不见效，难道不是老师的问题吗？这何尝不是一种的无效教育呢？

预设的教育点没有出现，我不知所措、仓皇而逃。我在自己猜测失败的小失落中错过了一个有价值的教育点——小郭在无人催促的情况下自主完成了作业。

这次作文事件，还让我想到小郭的数学老师和小郭的妈妈。在我访谈她们的时候，她们都提到了对小郭的反复教育，但是就是没有多大成效。我们三个人的教育方式，都是抓住小郭的作业问题，批评她不该这样做，然后给她讲一堆道理。看着她垂头丧气，我们却越说越有理，越说越趾高气扬。时间久了，她只能无奈地翻白眼，撇嘴。她的作业问题依然没能得到解决。

她在作业方面的表现真的没有一次是好的吗？就像这次一样，我们发现她表现好的时候，却什么都没做。是不是因为我们惯有的教育观是：解决问题的方法就是要抓住问题，找到解决方法。

在教育方式上，我们三个人都选择了说服教育。小郭的妈妈还选择了报一堆补习班、留更多的课外习题的方法。但是这都没能解决小郭的作业问题，甚至小郭永远没有机会光明正大地看她喜欢看的书，只能背着妈妈偷偷地看。为数不多的自由时间，都被她妈妈计算到了写作业上。在和她妈妈的交谈中，小郭妈妈说别人用十几分钟就写完的生字本，小郭用了三四个小时都写不完，她去孩子的屋里看了十多次，孩子就是不写。我想也许是债多了不愁，被说得多了，小郭也就不想改了，因为已经麻木了。

在和小郭的访谈中，她说，希望妈妈陪在她身边写作业，不要隔一段时间看她一眼，催她两句，嚷她两声就走了。小郭还提到，不喜欢同学在旁边大嚷，只会催她又不教她。看来，小郭的妈妈和同学目前对她的陪伴都是无效的。

四、对小郭消极对待作业的理解

基于以上对小郭妈妈、小郭数学老师的访谈和我自己对小郭的观察和了解，再加上这次意外的作文事件，我开始理解小郭为什么会消极对待作业。

（1）基础较差：一些有难度的题确实不会做，所以乱写，或者干脆不写。

（2）缺乏兴趣：由于对作业内容缺乏兴趣，小郭在做作业时，在没人监督的情况下，很多时间都是在偷看自己喜欢的书，或者是玩自己爱玩的玩具。当家长或者教师提醒时，她会赶快收起书或者玩具，假装在写作业。所以大家都觉得她写作业磨蹭，花了特别长时间。

（3）缺少陪伴：教师和家长督促小郭做作业的方式多数情况下是口头催促，催促完又去忙自己的事情，没有实质性的陪伴。

（4）负担过重：针对小郭学习不好、完成作业慢的问题，家长给她报了很多提高班（奥数班、语文提高班和英语班都报了），还额外留作业，加重了她的学习负担，本末倒置，起到了反作用。

（5）教育点单一：针对小郭的作业问题，教师和家长基本上都是抓住问题，先大力批评，再讲一大堆大道理，对解决小郭在作业中不会做的题目没有实际帮助。

总之，小郭不愿积极对待作业并不总是她个人的问题，家长、教师和学校实际上应该给她恰当的帮助，可是有时我们的帮助不但没有改变现状，反而加重了她的困难。这次令人意外的作文事件也让我想到了我们的教育点可以多样化，问题可以作为教育点，进步同样也可以作为教育点，甚至孩子补作业的时候态度诚恳、速度比以前快也可以作为教育点。

五、让教育点多起来、亮起来

基于以上理解，我采取了一些干预措施。我从各方面扩大了对教育点的选择。例如，时刻提醒小郭抓紧时间，她遇到不会的题时给她讲讲题，适时鼓励、肯定她的进步。为了她，我还改变了一些作业内容。我把学生日记从写我规定的主题内容变成了记自己感兴趣的事情，字数不限，培养像她这样的学生观察生活和写作的能力。我从日记中发现她对她家周围的树很感兴趣，都快写成系列了。我还时常通过观察，抓住她作业上的点滴进步对她进行鼓励教育。

与此同时，我还给小郭安排了两个辅导她作业的同学，要求她们不只是督促小郭写作业，当她遇到困难时也要耐心帮助。我还和小郭的家长多次交流，去掉了她的一些课外提高班（奥数和语文提高班），先努力完成学校的各科作业。

这样做一段时间后，她的作业进步还挺大的。在校的语文作业几乎可以在规定时间内完成，语文家庭作业几乎没有出现不写的现象了。她也能抓紧时间改错，错题改完后，还主动追着我批改。虽然仍偶有拖拉的现象，但是再找她谈话时，她的态度变得诚恳很多。

就在小郭的作业有很大进步时，又发生了一件事情。

2018 年 6 月 19 日，数学老师气呼呼地来找我说，她昨天特意跟小郭妈妈微信交流过一张数学练习卷的错题，叮嘱小郭妈妈看着小郭改错。她妈妈还说好的，一定教育她。今天小郭却把练习卷原封不动拿回来了。

看着数学老师着急气愤的样子，我心里觉得当老师真是不容易。我问数学老师："小郭数学作业方面有进步吗？"数学老师觉得她有进步，但并不觉得她进步很大，她还是会被请进办公室补数学作业，但补作业的速度快了很多。我打趣说："这也是一种进步呢！"

对那天的事情，以前的我肯定会很生气。但我对数学老师笑了笑，安慰了数学老师几句，让课代表叫小郭过来找我。

不久，小郭在办公室门外喊报告。我抬头看见了她，她脸上是带着笑容的。可能这些天她做语文作业真的没怎么拖拉，我还不时抓住她作业上的进步鼓励她坚持住。所以，她可能认为我找她不是要批评她。她高高兴兴进来，走到我身边，看到了我手中的数学卷子和站在我身边的数学老师，脸上的笑容随即消失，低下头不说话了。我很温和地说："让数学老师先跟你说说吧。"

数学老师和她简单交流了昨天的情况后，我说："你妈妈都告诉你数学老师让你改错了，而且告诉你错的原因了，你为什么不改呢？学习是你自己的事，不能全怪你妈妈没看着你改。是觉得陈老师反映的习惯问题不是问题吗？"我一张口，小郭不好意思地小声说："不是，是我懒了。"我心里想，很好，没有像以前那样翻白眼，也没有不屑地撇嘴，眼神中有一些小愧疚了——这也是她的进步吧！我跟数学老师说："陈老师，您看就让她现在改吧！给她一次机会，在办公室改，不会的题好问您。"我抬头看小郭说："成吗？"她很诚恳地点头说"成"，就回班拿文具去了。

再来到办公室，她用不到10分钟就改完了试卷上的错题，数学老师看她也都改对了，就让她回班了。我顺势说："小郭，这10分钟以后放在家里用，数学老师就不生气找我了。要是在家里不想用这10分钟改错题，就要有好习惯，用尺子画线加上认真做题得100分，家里这改错的10分钟也省了，成吗？"她不好意思地看着我笑了笑，点了点头。我也笑了笑，故意顽皮地说："我看好你哦，相信你哦！回班吧！"她步履轻盈地走出了办公室。

这场改错风波就这样过去了，我觉得我是越来越不会"生气"了。已经发生的事情，我们不可能逆转。教育这样的孩子，我们要是只抓住问题批评，多给儿棒子，只会增加她的怨念，让她觉得变好无望。不如给她理解和宽容，加上切实有效的方法指导，这样她才会尝到有错就改的甜头，也会对未来自己变得更好更有信心。

对小郭消极对待作业问题的研究过程，也是我本身成长的过程。教师预设的教育点往往体现了教师的经验和惯性思维。现在我明白了，任何教育的意识思维都未必绝对正确。经过这次事情后，我的教育思维和视野发生了转变。第一，我对教育点的取向发生了变化，由开始的以抓问题为主的、批评教育的取向，渐渐转变成以抓闪光点为主的鼓励教育。第二，我对教育方法的运用发生了变化，由抓学生问题、讲道理的教育方法，渐渐转变成用学生的兴趣解决学生的问题的教育方法。第三，我对教育点的运用由单个向多个转变，学习综合运用不同的教育点处理学生的问题。第四，我意识到要预设不同情况下的教育点，以积极地抓住教育机会。

小小的亮片儿不仅点亮了学生写作文的兴趣，也点亮了我对教育点的理解！

 点评

　　杨老师的故事引人入胜。精彩之处不仅在于语言表述上的生动形象，也在于叙述内容上体现了叙事探究写作的精华要素。叙述的问题很明确，那就是小郭消极对待作业，杨老师的整个故事都是为了解决这一问题而展开，有过程，有高潮。在寻解的过程中，杨老师倾听了不同人的声音，她既没有因对方与她的声音相同而一味接受，也没有排斥与她不同的声音，由此"听到"了主人公小郭的声音，开启了改变之路。改变是从自我反思开始的，杨老师不仅反思了自己所采取的具体措施，更重要的是改变了教育观：由看学生问题到看学生亮点，由单方布置作业到尊重学生兴趣差异。这就是所谓的"双环学习"。杨老师的这种转变也不是一下子完成的，她的"兴奋点"和"失落感"都被工作坊的教员和同学不断质疑，大家的意见敦促她去深入反思背后的价值取向和因果假定，最终杨老师给我们树立了一个自我改变的典范。

——王富伟

什么『石』可以激起课堂互动的『千层浪』？①

冯国蕊

北京市海淀区教师进修学校附属实验学校

2004 年从师范大学毕业至今，我从事课堂教学从未间断，担任班主任工作也十二年有余。我内心深处一直有个执念：作为一名教育工作者必须有"两把刷子"——课堂教学与班级管理，此乃安身立命之根本。而课堂教学又是我的主阵地，我对课堂教学有着一种天然的偏执和敬畏，所以我希望我的研究问题生长于此，并反哺之。作为一名有十几年工作经验的成熟型教师，我对于教和学的内容以及教的方式和学的方式已经驾轻就熟，那我到底想研究课堂教学的什么呢？

一、我的惑：课堂如一潭死水

在初任教的几年里，我被各种公开课缠身。在选课型的时候，老

① 本论文的撰写要感谢我的学校派我来参加教育行动研究工作坊，之前没想到这次学习的收获是如此超出预期。感谢工作坊教学团队的老师每次精心备课，带我们体验观察、访谈等研究方法，在成文的过程中老师们也逐字逐句提出修改建议。还要感谢"星河灿烂"小组的成员，每周进行热烈的小组讨论，互相碰撞，互相启发。最最想感谢的是陈向明老师，无论从观念层面还是方法层面，向明老师都在我愤悱之时给了我莫大的启发，师恩永不忘。

教师总是建议我不要选阅读课，阅读课太沉闷，听说课热闹。但我还是想挑战。第一节阅读公开课后我挫败感十足。课后我努力把自己置身于观察者的角度，回看课堂录像。由于阅读篇幅较长，我用计时器设定了5分钟的时间让学生独立阅读，大概3分钟时，有的同学已经迫不及待地开始两两交流，课上的时候我好像并没有意识到，我满脑子好像都是计时器的鸣叫声。接下来我开始了一对一的提问，大概提问了十二余人次，在我一对一提问的过程中，我的全部注意力都放在面前的同学身上，其他同学的反应我根本无暇顾及。其中一次提问，我好像也顾不上这个同学的回答而去准备下一个教学环节了。还有一个问题无人回应，无奈之下我只得自问自答。当时，听课教师人数较多，加之室内空气流通不够好，有教师拿起学案开始扇风，在最后拖堂的几分钟里，两个同学互相对视又看了看墙上的钟表，而我也苦苦"撑"完这节课……

课堂上我像提拉木偶线一样拖拽着30多个学生的注意力，进行一对多的讲授，抑或进行一对一的提问，如此疲软乏力地推动整个课堂的进展，自然身心俱疲且挫败感满满。但是学生的感受又如何呢？以初一学生为例，各门课开足开齐（不包括校本选修课），学生每天平均有七节课，这就意味着学生的学校生活主要是由一节节的课构成。如果没有互动或者只是单向互动，学生就只是作为旁观者，被动地坐在自己的座位上看着一个老师进来独白40分钟然后匆匆离去，下一个老师继续上演这一幕。同年级的一位老师曾这样描述她进班上课的感受，学生的眼神好像在说："老师，请开始你的表演吧！"

抛开具体的学科内容，课堂上各种类型的人际交往与互动直接决定着学生学校生活的质量。换句话说，学生在课堂上亲历着生活，感受着成功的喜悦，经受着失败的挫折，体验着竞争与合作的氛围，通过同伴的行为洞察自我，在与他人的互动中不断修正自我。课堂教学过程中师生多元、多向、多层、多种方式的互动贯穿并组成全程，它是推进教学行程的动力①。我不禁追问，那撬动多元、多向、多层、多种方式的互动的那块"石"又到底是什么呢？如果把课堂比作一面湖水，那到底什么"石"可以激起课堂互动的"千层浪"？

二、我的试：课堂一时泛涟漪

我一直在实践中不断摸索这些问题，三年前课堂上的一幕依然历历在目。

为了处理文章结构，我抛出一个问题：第二段和第三段能不能交换位置？经过小组讨论，和我预期的一样，同学们几乎异口同声地说不能，这时只听见一个有点怯怯的声音，"我觉得能……"。我的资历算不上深，但十几年的教学经验让我有能力眼观四路耳听八方。这时停下来讨论，时间不够，后面环节可能受到影响，更让我感到担心的是很有可能我没办法完全接住学生的回答（教室的后排和中间过道坐的全是加拿大某些中学的校长）；不停下来回应这个学生，我于心不忍。这个时候，其中的一位加方校长用期待的眼神看着我，她欲言又止，显然是不想干扰我的思路，但她的眼神好像在说，恳请老师一定要珍视不同的声音。于是，我将所有杂念统统抛在脑后，让孩子站起来发言，他说第二、第三段都是家长的观点，虽然观点不同，但交换位置似乎也可以。我转而问其他同学怎么看，有一个孩子站起来说，如果只看第二、第三段，它们是可以互换位置的，但如果关注第一段的最后一句，会发现它承接的显然是第二段而不是第三段，而且第三段和第四段也有着很紧密的联系。这个孩子平时不是特别喜欢发言，但这次他努力用英语说服同伴，而且逻辑思维非常清晰，顿时博得大

---

① 叶澜. 课堂教学过程再认识：功夫重在论外 [J]. 课程·教材·教法, 2013 (5)：3-13.

家的热烈掌声。

随着教龄的增长，我日渐深刻地感受到建构主义所秉持的观点，学生不是空着脑袋进入教室的。所有参与这个课堂的学生都有丰富的生活经验，也有实践和一定的理论基础。他们每一位都是一个贡献者、一个建构者，他们不是"接收器"[①]。正如叶芝所言，教育不是填充一个空水桶，而是升起一团火焰。如果以一杯水为例，学生不是空杯，也不是满杯，而是半杯左右，但是每个学生的水位线又不尽相同，这就对生生互动、生生碰撞和课堂的流动性提出了要求。

生生碰撞是必要的，但遇到不同声音的时候，我到底在纠结什么或者在害怕什么？我担心课堂被学生"带跑"，我担心自己驾驭不了自己的课堂。我希望课堂按照我预设的既定路线完成，这样自己更有安全感；抑或是缺乏自信，不确定自己是否把持得住预料之外的不确定性。除了个人的原因之外，我们也必须承认，作为个体，我们不是完全独立的，我们身处于一个由个体、群体、制度构成的有着各种关系的社会结构中，这种社会结构在一定程度上像教室的墙壁门窗一样约束着我们的教学行为。但是社会结构终归不同于物理建筑，它处于不断结构化的过程之中，也就是说，我们有一定的空间可以发挥主观能动性，积极地作用于社会结构[②]。

在我们有一定自主权的课堂这个场域中，闪烁着很多能表达一定社会意义的符号，教师与学生之间以这些符号为媒介进行社会互动[③]。但这些符号转瞬即逝，我们需要对课堂中呈现的多种信息保持敏感，善于捕捉并及时做出恰当的，具有补充、完善、修正、扩展、提升等不同作用的反馈，给学生及时的鼓励、欣赏及启发性的帮助，

---

① 朱志勇，阮琳燕. 自我革命的挑战：一位大学教师的祛魅之路 [J]. 教师教育研究，2018（4）：80-91.
② 吉登斯，萨顿. 社会学 [M]. 赵旭东，等译. 北京：北京大学出版社，2015：81.
③ 鲁洁. 教育社会学 [M]. 北京：人民教育出版社，1990：628.

增强其投入课堂教学的自信与积极性，同时帮助其保持独立思考的能力。

三、我的路：一石激起千层浪

在讨论"我最喜欢的科目"（my favorite subject）这个话题的时候，我追问学生如何能让读者感受到你对这个学科强烈的喜爱之情。有的学生不知道我葫芦里卖的什么药，开始皱眉思索，突然有一个学生小声地回应："I really really like P. E."。于是，我顺势把这个男孩叫起来，他感情饱满大声地几乎是喊出了刚才小声说的那句话！全班同学哄堂大笑，放松安全的课堂氛围已经让大家全然忘记后排坐着的听课老师。我继续追问道："大家现在感受到那种强烈的热爱之情了吗？"大家摇摇头。这个时候我用课件给同学们做了一个小示范，大家顿悟，发出拐着弯拉着长音的"哦！"。接着我提议，现在用×××同学的语音语调去大声朗读这几个句子，看看是否能感受到字里行间那种强烈的喜爱之情。同学们一发不可收拾，在全班展示的过程中，男生女生都纷纷抢着举手，有一个同学将课堂氛围推向最高潮，因为他边朗读边加上了夸张的动作，我和孩子们都笑得前仰后合，全然忘了这是一节公开课，但我还是用余光扫视了一下听课老师，他们也都被卷入到课堂互动中来了！

行文至此，我还是要追问，课改以来，课堂一下子变得很热闹了，大家纷纷举手抢着发言，但是这就是我一直热衷的课堂互动吗？每个人自顾自地只讲不听，没有深入思考，没有学生主动去问别人："我不懂，你能告诉我吗？"孩子们之间是否形成了自然的互相求助、不去掩盖自己不足的氛围？有时候我们也需要静悄悄的课堂。

热闹过后，我继续引导孩子们静下来写自己最喜欢的学科，以及为什么喜欢。几乎每个孩子都在投入地输出自己的东西，这时候我游走于教室，快马加鞭地统计每个孩子喜欢什么学科，因为本节课的任务就是要评选出全班最受欢迎的学科。在公布结果的时候，全班同学好像都屏住了呼吸，拭目以待，甚至有的同学在为自己最喜欢的学科加油呐喊！结果排名第一的学科是体育！仅就体育这一个科目，孩子们从不同角度展示了自己的喜爱之情，生成的东西远超我的预期。

四、我的思：这块"石"到底是什么？

教育将儿童的社会世界逐渐扩大，学校成为他们从家庭走向社会的中间地带，是他们重要的社会化中介之一。现代社会赋予了学校培养"社会人"的艰巨使命，而学校履行这一职责的重要场所就是课堂①。课堂教学的运转建立在严格的时间表之上，课堂上教师将儿童与他人相比较进行评价，儿童被期待遵守课堂规则，无论这些规则的制定过程呈现的是磋商与合作抑或是控制与服从，他们都需要表现出自我控制的能力，这些都在师生互动与生生互动中完成，而且这些课堂上呈现出来的状态恰恰是他们成年后步入的社会所具有的特点②。

但实际的课堂有时候却并不尽如人意。如果将课堂观察的视角对准学生，不难发现，一对多的讲授，总有若干学生处于游离状态，而教师沉浸于自我陶醉的讲解之中，早已忽略了课堂上的"观光客"。一对一的提问造就了两个人的舞台，两人四目相对完成提问与应答的一个回合，又或者提问、应答与反馈，再或者提问、应答、追问、再应答如此几个回合，双方早已忘了还有众多的"围观者"。他们要么忙于准备自己的答案，以防被老师提问，要么干脆若无其事地去做别的事情，课堂上大部分同学的时间资源和互动机会被浪费了。

---

① 吴康宁. 课堂教学社会学 [M]. 南京：南京师范大学出版社，1999：2.
② 麦休尼斯. 社会学：第14版 [M]. 风笑天，等译. 北京：中国人民大学出版社，2015：127.

课堂教学中也不乏表演式的互动，特别是精心设计的公开课或者研究课，教师的设计在课堂上推进得行云流水。学生非常懂事地竭尽全力配合老师，对于教师抛出的问题，学生都能对答如流，学生给出的答案似乎正是教师期待的。教师无心倾听却装作倾听，给出一句"很好！"的泛泛评价，却没有翔实具体的反馈和点拨，此时教师早已忙于准备下一个问题或活动了。小组合作也是经过包装的，学生的讨论流于形式。学生没有思想的碰撞，没有质疑，更没有豁然开朗的顿悟。

破此局的方法之一，就是激起课堂互动的千层浪。正如 2017 年义务教育英语课程标准中指出的，"学生资源蕴藏在每个学生的生活经历和学习体验之中，也隐藏在他们丰富的情感和活跃的思维之中。学生资源是课程资源的重要组成部分，教师应充分认识开发和利用学生资源的重要意义。通过创设开放性的师生、生生互动的交流与分享平台，有效激活学生已有的知识和经验，激发他们的想象力和创造力，引导学生参与到课程资源的开发中，促进课程实施中的资源生成"。在网络与多媒体迅猛发展的今天，学生更是一座座金矿，亟待教师开发。在当今学校教育的日常实践中，学生在创构的欲望与能力方面强于教师，在知识占有方面先于、多于、优于教师的现象确实比比皆是，学生一不小心便成了"先生"，成为教师的一种知识资源①。

追根溯源，激起课堂互动千层浪的不是一个问题、一个情境或者一个偶然冒出来的学生，而是几个联系紧密的要素。

首先是教师的观念。我试着去追问：我们为什么总是好为人师？我认为，究其根本是我不相信学生有解决问题的能力，所以总是按捺不住地给学生建议、方法、提示等。事实上，他们拥有的巨大潜力，

---

① 吴康宁. 学生仅仅是"受教育者"吗?：兼谈师生关系观的转换 [J]. 教育研究，2003（4）：43-47.

有待激发。那我们就要审视自己的课堂，我们是否对课堂上发生的一切持有开放的态度，是否对学生充满婴儿般的好奇？但是，对我们来说，升起一团火焰，无疑远比填满一桶水更具挑战性，也正因如此，具体到课堂教学，教育是一次次美丽但具有风险的相遇。只有重视课堂的各种不可预测性，才能有各种超越我们预期的课堂生成。

其次是给学生一个理由，即给学生提供一个解释"为什么这样想"的机会①。相信学生一定能够明晰自己的观点。我们需要倾听他们的解释，而非垄断时间和机会。每个学生无论说什么做什么，都有自己的思维逻辑，所以老师要尽量让他们表达出来。他们的逻辑或许是荒诞的，亦可能是有趣的，不让他们表达出来，又如何知道他们在想什么？只有这样，我们才能发现学生是有思路的。只有掌握了学生的逻辑，才能在这个基础上继续谨慎地追问，引导学生举出具体的例子或是进行比较，从而使其看到事实的丰富性、事物的因果关系等，进而建构自己的理解。

最后是"裹挟"更多的同学。维果斯基的"最近发展区理论"认为，学生的发展有两种水平：一种是现有水平，指独立活动时所能达到的解决问题的水平；另一种是可能的发展水平，也就是通过教学所获得的潜力，两者之间的差异就是最近发展区。例如，两个孩子都是7岁，如果他们自己学习的话，一年过后他们就达到了8岁的认知水平，但是在老师和同伴的帮助下，一年过后他可能达到10岁的认知水平，两种发展状态的差距就是最近发展区。如果课堂教学是升起一团火焰，那生生碰撞、生生互动的星星之火就可以燎原；如果课堂教学是学生从此岸到彼岸的摆渡船，那生生碰撞和生生互动就可以撩动平静的水面，激起课堂互动的千层浪！

① 达克沃斯. 精彩观念的诞生：达克沃斯教学论文集 [M]. 张华，等译. 北京：高等教育出版社，2005.

点评

　　冯老师虽然是一位有多年教学经验的优秀的中学英语教师，但一直苦恼于为什么自己的课堂经常如"一潭死水"，到底什么"石"才能激起学生互动的"千层浪"。为此，她遍访其他教师乃至其他学科教师的课堂，发现这个问题普遍存在。通过在工作坊中一遍又一遍地向同行们叙述，在小组讨论中反复深入探究，与指导教师们多次交流，并在课后仔细研讨相关文献，同时在自己的课堂上不断尝试新的教学方法，最后她终于发现，这个"石"就是"看见学生的眼睛"。当学生提出问题时，教师基本上都是按照自己的思路回答，或者因为担心时间不够而不予理睬，结果导致学生提问的动力和兴趣越来越低。如果在学生提出教师也不理解的问题时，教师能够给学生一个理由，让学生陈述自己的困惑来自什么更深层次的思考，课堂气氛会立刻活跃起来，学生会纷纷加入到集体思考之中。由于有了看到学生的眼光，使用了激励学生积极参与的教学策略，冯老师的课堂后来变得越来越活跃，她所带领的年级组教师们的课堂教学也发生了积极的变化。

——陈向明

有效管理不等于权威管控

——校园手机现象研究　北京市第八中学大兴分校　张春雨

一、微信风波

周末早晨，我还是在上班时间早早醒了，习惯性地扫了一眼手机，浏览了一条微信，看完之后，睡意全无。班长在班级的微信群里转发了一篇文章，题目为"当下中国教育的主要矛盾是学生日益增长的手机使用需求和学校陈旧的手机使用规则之间的矛盾"。文章叙述了高中生怎么千方百计带手机进学校以及违规使用手机的种种途径和方法。在我们班里，班长负责每周日下午返校后收缴住宿生的手机，周五放学回家时再发回。当我看到班长转发这篇文章时，第一反应就是这个班长选错了，不但不支持班级工作，还带头跟我对着干！

我想了又想，忍了又忍，还是没忍住，给班长打了电话。班长迷迷糊糊地还没搞清楚怎么回事，我已经一股脑把我的观点说完了。未曾想班长却轻描淡写地说道："我只是觉得文章不错，随意分享一下，认为不会造成什么恶劣的影响。"我听了更加气愤，责问他："你这班长还想不想当？自己负责收手机还发这样的言论，本来就很难管理，大家看到你的文章就觉得不交手机更有理！"我说这些话的时候，电话那头就没声了。班长沉默了一会说："老师，这班长我不想当了……"我懵了一下，觉得自己不是在教育学生，不是在管理班级，而是在发泄脾气。学生觉得委屈了，不解了，想放弃了……

我回了一句"你再好好考虑一下，周一学校再说！"就把电话挂掉了。过了几个小时，班长发了一条微信："老师，我为刚才电话里面的话跟您道歉！我不应该那么说。我想了想，原因主要在于我在课堂上犯困和不认真，下周就不会再出现这个问题了。昨天发的那个文章，发之前我的确考虑得没有那么全面，认为不会引起太大的问题。现在想想发这篇文章后我收手机的时候确实不太好办，是搬起石头砸了自己的脚，我觉得的确不太妥当，没有下回了。我知道您肯定说的是气话，但是班长的活终究还得干是吧，老师！"一个 16 岁的男孩，用特别有温度的文字，向我解释和道歉，在看到"我知道您肯定说的是气话，但是班长的活终究还得干是吧，老师！"时，我的眼眶湿润了。我这确实不是在处理问题，而是在发泄自己的情绪。连学生都感觉出来了，我说的只是气话。

这是个情商很高的学生，知道举一反三，分析了自己行为的因与果，在自己心情不好的情况下还能安抚别人。而我则在周日住宿生返校前，在被这篇文章砸得死气沉沉的班级微信群里，发了一段话和一张图片（躺着抽鸦片和刷手机的对比），自己想当然地认为要给这个事件做个交代。我提醒了所有人："你在漫无目的地浏览朋友圈和网页、玩网游之时，学习时间就悄悄在你的指尖溜走了。到学校，请关上你的手机并上交。手机放我这儿同样可以有安全感。"果然，返校之时一切如故，上交的手机数量没有减少，班级也没有任何异常。于是我不禁开始想：自己是不是太敏感了，太小题大做了？

二、我"气"什么？

那么我的气从何而来呢？学生分析得不无道理。首先，在微信事件前一周，该生由于学习动力不足、上课犯困等问题被我约谈，但我没有看到明显改善。作为班主任的我感到无力，因为自己对这名学生期望值很高，但又觉得他拿我的话不当话，很是气愤，正愁没有进一步教育的契机。其次，学生也许并未认识到微信事件有可能给自己收发手机的工作带来困扰。我本以为班长应该是我思想上、行为上的忠实执行者，但这个我最信任的人反而带头反对我。我在班级的权威受到了冲击，所以我怒了。那么，我如此气愤是因为内心不想让学生带手机，还是基于学校的规定不得不照章办事呢？我想更确切地说，是我内心深处认定学生是在发表"反动"言论罢了，认为学生挑战了我管理班级的权威。班长是我任命的，如果他做的事不符合我的管理理念，我可以把他的职务撤掉。

三、"禁机令"的尴尬

使用手机本身并无利弊对错，但手机进入校园后产生了一些负面影响，如学生考试时利用手机作弊、黄色内容泛滥等，而学校却无法有效引导学生合理使用手机，于是"杜绝在校使用手机"的利大于弊成为学校管理者与教师的共识。同时，在这个自媒体时代，任何人、任何事情都有可能在第一时间被暴露在网络平台上。教师、学校对学生进行的更多是管理、约束，处于青春期的学生很可能会在冲动的情况下发表一些不利于学校和教师的言论。出于对教师和学校的保护，校方才颁布了"禁机令"。

所谓"禁机令"的具体要求是：走读生早上来把手机上交给班主任，

下午放学时拿回；住宿生周日下午返校时上交手机，周五放学时拿回。当学校、教师和部分家长认为这是合理措施之时，学生们却并不这么看，他们的观点是手机是自己的私人物品，里面有自己的隐私，放在别人那里没有安全感；同时，上交手机也让自己也失去了与外面世界的联系，像被囚在笼子里的鸟。

家长方面，由于有随时联系孩子的需求，因此其在收缴手机问题上的立场相对暧昧。绝大多数家长都不能跟孩子就收缴手机的问题进行有效沟通，以致学生在手机问题上很逆反。家长越不让带，就越要带；越让交给老师，就越不交。还有一部分家长则相信孩子在手机使用上能够自控，不顾校方规定，默许并帮助学生用手机。在具体管理方面，学生在脱离任课老师的监管之后，中午和晚上回宿舍，都有拿出手机刷刷朋友圈、上 QQ 等的欲望，而一个宿管老师要管理两个楼层的学生，根本无法做到严防死守。另外，宿管老师管理手机的标准不如任课老师严格。

如此情况之下，校园手机问题绝非一纸禁令就能解决。这个"禁机令"只能在表面上解决问题，使手机消失在能被看到的地方。但实际上，偷偷使用手机的状况仍然普遍存在，我通过谈话、调查等多种途径了解到，一间男生宿舍 8 个人，有 3 人带了手机没交，另外 5 人手机交是交了，但是手里还有一个备用机，也就是说"上有政策，下有对策"。就在一个月前，班里一个男生在班里玩备用手机，被老师逮个正着，手机在学校滞留了一个星期。该学生各种软磨硬泡，各种表态，各种保证，最后拿了回去。我问学生："为什么你把手机交到我这儿了，你还有手机玩呢？"该生的回答对我有所触动，他说："大家心照不宣，不就相安无事嘛！"

四、为何屡禁不止：手机依赖与权威管控

（一）学生对手机有很强的依赖性

我在对学生的访谈中，了解到学生在离校期间，几乎一刻钟都放不下手机。他们养成了一个习惯，30 秒不看手机总觉得会有人找，怕错过消息。为此，我在班级内组织了一个活动，让学生周末在家做一个"放下手机 1 小时"的测试。利用晨检时间，学生们分享了测试的结果和感受。有的学生没成功，感觉自己的手机瘾很重；有的学生成功了，但是手机放在旁边还是老想看看，尤其是当来信息的时候。那么，手机对大家有什么吸引力，让我们都放不下它？为什么离开手机，就似乎与世隔绝？手机＝连接外界，手机＝时间，手机＝知识，手机＝天气预报，手机＝资讯……。当我们离开手机，我们心里会挂上一连串的问号：世界发生了什么？朋友们在干吗？有没有人联系我？微博有多少人提到了我？……手机似乎等同于安全感。的确，因为种种原因，我们越来越依赖手机了。或许学生依赖的不是手机，而是通过手机连接的整个世界。这可能就是"禁机令"难以产生实效的深层原因。

（二）信奉权威管控，忽略正面管教

不允许带手机进校园，不是手机的错，是我们不相信学生能在校园里正确合理地使用手机，那我们为什么不相信学生能够自律呢？我们信奉严加管教，不相信学生可以自己改进，而是认为他们需要老师的严管才能走上"正确道路"——好学生是被管出来的。另外，从学生入学开始，学校多是通过奖惩手段来从外部刺激学生遵守纪律，这样做的结果就是延缓或忽略了学生自觉性的培养，导致学生出现问题

时更多是依赖简单的、自上而下的管控方式。禁掉了手机，也禁掉了教育的另一种可能。

我在寒假读了《教室里的正面管教》这本书，它颠覆了我对"管教"的理解。我认为"管教"具有威严，是约束，是赏罚分明的。首先要管，之后才是教。而这本书却有另外的一种见解：正面管教是一种既不惩罚也不娇纵的管教学生的方法。只有在一种和善而坚定的气氛中，才能培养出自律、有责任感、懂得合作以及自己解决问题的学生，才能让学生学会受益终生的社会技能和生活技能，取得良好的学业成绩。

新课程标准提出以生为本，这证明传统教学中的"教师权威"已不再适用于现代教育，学生的地位不断凸显。"管教"也要应时而变，要改变以奖励和惩罚为基础的管教方法。

五、反思中的蜕变：抵制与倾听

写到这里，我忽然想起来，班长发的那篇文章，我只看了题目和开头，就愤然关掉兴师问罪去了，文章的主旨是什么，我到现在还浑然不知。停下笔，我把这篇文章找出来，从头到尾看了一遍，这才发现，文章作者所持有的观点和想法是我认同的。从最开始不容分说兴师问罪，到现在回过头仔细品读班长分享的文章，并备感认同，我想，这主要是因为我已经不再是那个麻木地、刻板地执行学校"禁机令"的我了。

在执行学校"禁机令"的过程中，我在学生那里遇到了太多的抵触、不理解甚至是反抗。面对强制执行的要求，学生更多是无奈并表面顺从，然后自己想招数规避。在期末考试结束的那天，有三个同学来向我要手机。我问他们，手机被没收了后还有手机用吗？学生回答说："有，只是没有被没收的那个智能。"可能是要放暑假了，学生们过于兴奋，放学后竟然忘记从我这把两部手机拿走，以便下次上交。在这种情况下，收手机已经失去了价值。

我该怎么办？我还要收学生的手机吗？如果学生选择不交或者留有备用手机，我还会焦虑吗？还会施以所谓的惩罚吗？对于校园手机管理，我一开始的出发点就是错的，我没有尝试去相信学生，没有发掘、发挥学生的自律性。在开展这项研究之前，班会课曾是我"教育"学生"正确"使用手机的主要场所。在进行这项研究之后，我开始反思，为什么不先听听学生自己的看法呢？为此我改变了班会课的方式，以倾听学生意见为主，引导他们积极讨论。通过班会，我了解到，学生对手机的利弊和如何使用是有理性认识的，只是有时不能自控。在学业压力很大的高中生活中，有些坏情绪得不到合理的释放，而玩手机、沉溺在网络世界中，是他们最便捷的选择。这时，作为班主任的我面对这一问题不再那么焦虑，反而增加了对问题实质的理解。我不再只是简单的发号施令者，而是想成为激发学生自主性和培养学生自律性的引导者。

六、更有希望的探索：自律的手机使用规则

在学校的信任与支持下，目前我们班级正在进行手机自主管理的试验。试验的宗旨是在充分相信学生的前提下，培养学生使用手机的自律性，以一种更合适的方式实现学校"禁机令"的精神。具体实施方式主要是通过班会和访谈，学生与班主任约法三章，共同制定班级手机管理细则。其精髓是学生可以根据具体情境和自身情况来选择交或不交手机，一旦做出选择后就要自我负责，遵守约定。目前成形的具体细则包括以下七个方面。

（1）家长告知班主任，自己的孩子有自控能力，若三方达成协议，则该生可不上交手机。

（2）自己不上交手机，但不会让其他同学知道，在校期间不使用，当块砖头处理。

（3）自己有手机瘾，但保证不出现在课堂上玩手机的情况，回到宿舍后，不熬夜浏览手机、玩游戏、追剧等。

（4）如果课堂效率高，不犯困，每次考试成绩都能稳中有进，可以不上交手机。

（5）有特殊家庭背景的学生，如父母离异，跟祖父母一起生活的；单亲家庭，家长需要经常跟孩子沟通的；父母一方有重大疾病卧病在床，孩子要经常通过微信、电话关心的，可以不上交手机。

（6）学生会干部出于工作需要可以不上交手机。

（7）上特殊课型时可以使用手机，如美术个性画作的临摹课及语文的阅读、写作课等。

满足以上任意一条的均可不上交手机，学生自主决定适当使用手机。但凡发现不能自控，影响自己和他人学习的，一律没收，学期末再归还。

从细则颁布到现在，我们的试验已经进行了一年之久，取得了较为显著的效果：我们班共计31人，其中走读生9人全员不交手机，手机关机放在书包里，无任何打开手机使用的情况发生；住宿生22人，周日返校上交手机的数量由最初的10个上升到了15个，其余7人手机瘾比较严重，但由于师生之间的约法三章，也在使用上有所节制；但是其中有3人因为在课堂上玩手机，手机已经被没收，暂时由班主任保管。

手机使用管理似乎是一个小问题，背后却牵涉学生管理和班级管理的基本教育问题。传统的权威管控方式简单强调学校的命令和教师的权威，却忽略了学生的自主性和自律性。"禁机令"的失效和手机自主管理试验的有效，说明激发学生自律意识和培养学生自主能力是更有效合理的管理方式。

 **点评**

　　这篇文章难能可贵之处在于作者对教师在执行上级要求与处理学生抗拒的夹缝中关于教师自身权力的使用与限度的省思。教师在贯彻上级意志的时候，常常处于一种"理所应当"的状态，动用教师的"硬权力"强制执行，并将不服从的学生界定为"问题"学生。而这也是这位作者在开篇的状态。这位作者虽然处于一种权力被触犯的"盛怒"之下，却保有一颗敏感的教育之心，并未因个人的"愤怒"和所拥有的"正当的惩罚"的权力而采取下一步的"惯性"措施。他因为学生表达出的"受伤"而搁置了这些冲动，开始了对自己"理所当然"的反应的审视与反思。这些需要敏感的心灵和审视自我的勇气以及对师生互动处境背后的结构性规则加以反思的能力，对一名一线的教育实践者来说是十分了不起的。作者通过反思达成了对规则、教师和学生三者之间互动关系的全新理解，形成了新的教育行动，取得了意想不到的效果。这是学生赠予教师的礼物，也是支持教育实践者不断前行的教育价值感的源泉。

——赵树贤

长大后，我就成了『你』

天津市河东区缘诚小学　朱彦霖

在工作坊的小组讨论中，我发现自己始终找不到研究学生的一个恰切的切入点，直到组员王老师对我说："我发现其他青年老师都关注怎么把课教好，研究教法多一些，而你更关注班级文化建设……"对这番话，我思考了很久。一直以来，在我的教育理想中，知识是教育的附属品。

为人师，不仅仅是教给孩子学科知识，更重要的是生命体验的传达与探索。而我将用什么奠定教育的底气呢？于是，我回头看向过去。

从小学开始，我对教师群体的认同度就很高。老师推荐的书都至少会搜一搜看个梗概；老师提到的新鲜事会关注，哪怕只是去网上搜搜词条；老师的言行举止会让我印象深刻；老师的某一句话，会一直印在我的脑海中，时常被想起……

在其他同学眼里，小学六年级的班主任张老师很严厉，我却觉得她格外亲切。张老师最令我佩服的是写得一手好字，她常常喊我跑来跑去：批作业、刷饭盒、送资料……内向的我在日复一日的锻炼中，也学会了和人打交道。2004 年至今，每年我们都有联系。从学生时代的回校看望，到入职后我参加比赛她亲自来到现场看我讲课，张老师可以说是看着我长大的师友了。我对老师的信赖，老师对我的欣慰，可以说是我们彼此难能可贵的精神食粮。比起学了什么知识，老师对我在人格和能力上的培养，更令我受益匪浅。

出于对我的老师的认可甚至依赖，在从教生涯的六年里，我仿佛不自觉地更加关注学生的学习习惯、生活习惯甚至为人处世等，远远超过了对知识教授的关注。而我的研究至今迟迟没有一个明确的方向，似乎是因为一直以来我聚焦的大多是那些"不守规矩"的孩子。面对上课不听讲、手里一直拿学具玩的孩子，我会走过去把他的"玩具"暂时拿走，等他认真听课或下课后再还给他；面对课间在楼道里追跑打闹的孩子，我甚至一只脚站在楼道里，一只脚站在教室里，试图监督学生课下要"慢步轻声靠右行"……这些行为的动因，是我真的想为孩子好，还是我试图控制孩子？那些主动整理知识体系兴高采烈给我看，却被我一句"真好！"给打发了的孩子们是什么感受？那些精心准备了课文朗诵，一再问我什么时候能在全班面前展示的孩子们心里有多期待？我发现那些真正喜欢我、愿意把我的建议落到实处的孩子们，都没有得到更多认真的对待！

意识到这一点后，我试着改变，更加关注这些孩子们，把自己的生活经历和故事与孩子们分享。我想：做一个鲜活的教师，用自己丰富的生活去点亮孩子们对世界的好奇，也是一种引导。在传道授业解惑之余，站在孩子身旁，用欣赏的眼光看着孩子和文本对话、获得好的文学经验，比"满堂灌"要美妙得多。

在停课不停学阶段，全员线上学习的方式给了我新的启发：不同寻常的人生经历会给人带来改变，孩子也不例外。对于三年级的孩子来说，除了完成学校规定的学习任务，发展新的兴趣爱好、养成新的习惯，也是这段漫长"假期"赠予他们的最好的礼物。受常丽华老师《二十四节气诵读古诗词》的启发，我在班级微信群中发起"小书虫养成记"系列活动。结合教研员网上教研时针对新教材提出的新要求，我将读书和二十四节气常识结合起来做了动员，还和学生分享了自己近十年积累的日记、心得。学生用实际行动来响应，将自己读的书、写的读书笔记甚至是日记纷纷传到班级群中。我想，这只是一个开始。学生虽然小，但也在感受着生活。老师对待学生，可以不仅仅是传道授业解惑，还可以将自己对生活的热爱、好奇甚至探索精神、创新意识传递给学生。比如旅行，如果通过我的旅行图片、旅行经历或故事让学生看到祖国的大好河山，甚至促使他们亲身去看一看，那他们也许自然而然就会爱国了。

疫情改变的不仅是孩子，作为教师，我也有了更多的沉淀。复课后我变得更加从容。身为教师，疫情期间我参与语文教育线上课程，利用假期提升语文学科专业技能；通过知识付费，学习科学发声和整理术的内容，复课后用于指导学生如何运用气息和情感更好地朗读课文，如何有条理地收拾学习用品、叠衣服等。通过和学生做一样的事情来引导学生坚持线上学习，以身作则，更能带动学生的积极性。

一天放学送队解散后，我收到小好同学送给来的小礼物——"语文书"。乍一看真是不起眼：只有一个拇指关节大小的对折起来的小纸片。外皮用紫色彩笔涂满，封面写着"语文书"三个字。打开它，内页上画着四个爱心还有两句话："谢谢朱老师对我的关爱！我希望长大后当一名语文教师。"

回到家，坐在书桌前，在灯光下，我重新拿出这个礼物，仿佛一下子读懂了小姑娘那种如这个小东西一样的害羞的小小心思。可能是因为刚刚做练习时，我看到她涂改的痕迹，怕她不理解题目背后的知识点，就特意把她喊到跟前来，连讲带画地又给她讲了一遍，孩子被感动了吧！其实每次放学时，只要是我送队，小姑娘找家长前都会过来抱抱我，不管我是站在她旁边，还是站在很远的队尾。最初我还真是难为情，觉得孩子这一抱有点太显眼，让我有些难为情。直到我收到小小的"语文书"，我也开始主动给孩子一个扎扎实实的拥抱，并且告诉孩子：老师也很舍不得你！

将真情实感勇敢地表达出来，不就是写作文的情感基础吗？孩子的行为虽然微小，但只要老师用心去体会，也能得到出乎意料的启迪。

我热爱生活，喜欢丰富多彩的生活，这份热忱就是很好的教育资源。回顾成长历程，我将能力的提升和与恩师的深情视若珍宝，工作后，没有把荣誉当成骄傲，却把每一次旅行的体验好好收藏，将大自然赋予我的内心的愉悦和满足与学生分享，也更有效地激发了孩子们的好奇心和学习动力。

作为教师，先把自己研究明白了，清楚自己的教育底色是什么，才能演绎出属于自己的教育理念和教育风格。

 **点评**

教育是一种关系性实践。当我们说教师是榜样时，并不仅仅是在说教师掌握了至高无上的真理和居高临下的权力，而是说掌握了一种帮助人去发现真理的"器"、自身作为一个有魅力者的生活之"道"以及迷恋学生成长本身的"爱"。授业其实为授"器"，传道其实要求自身"得道"，解惑其实是由"爱"所驱动的觉醒。缺少任意一种，都无法成为一个自洽自爱的教师。作者之所以念念不忘师恩，并想成为老师，就是因为他的老师拥有"器""道""爱"三者合一的品性。但是，这三种品性不是教师天生就的有，也是一种关系或者说互动的产物，教师和学生都参与了这些品性的形成。正是学生和教师都成为积极的参与者，两者才在正反馈中完成了教育与学习的良性循环。

——安超

无名的『小偷』，无声的蜕变

北京小学翡翠城分校　马晶涛

一、一个"偷"字，一根钢针

一天下午放学，我们班的一位女同学的爸爸跟我说："马老师您好，耽误您点时间，想跟您反映个事儿！"这位父亲平时都是在班级解散之后马上就接孩子走了，从来没有跟我说过话，今天这是怎么了呢？他的表情看起来非常严肃。"好啊，有什么事儿呀？您说。"我故作镇定地回答，其实我内心深处好像感觉到了什么。"是这样，上周五我家乐乐带了两支新买的王者荣耀签字笔到学校，孩子特别喜欢，买了好几天了一直都没有舍得打开包装使用，可就是上周五放学回家，孩子流着眼泪跟我说笔没了。明明一直放在她的书包里，从来没有拿出来过，可就这样偏偏没了，孩子怀疑是被咱班的孩子给偷了！"

偷！天呐，这个"偷"字仿佛就像一根钢针扎进了我的心里，我带的班里怎么能出现这样的事呢！我感觉到我当时的表情也随着乐乐爸爸的叙述慢慢地发生了变化，不再那么镇定了。"其实，我也在家里跟孩子说，笔丢了要跟老师及时反映，老师肯定会帮助你找到的。有可能是某个同学跟你开玩笑搞恶作剧，没准儿周一就会还给你了。可是，我刚才放学问孩子，她说笔还是没有还回来，所以我这才跟您说。"乐乐爸爸继续很严肃地说："马老师，其实孩子还有个顾虑，就是她之所以没有敢跟您说，是因为您之前在班里强调过不能带那些稀奇古怪的笔来学校，比如像王者荣耀这样造型的笔，所以孩子偷偷带来的笔丢了就没敢跟您说，但无论如何随便拿别人东西肯定是不对的，那两支笔丢了也就丢了，我们并不需要谁赔，但是应该让拿这笔的孩子意识到这样的行为是不对的。辛苦马老师在班里强调一下，辛苦您啦！"乐乐爸爸说完了，又非常诚恳地跟我握了握手，从他的眼神中我看到了一丝生气，当然我也看到了他对于我的一份信任！

二、扎心的疼，寒心的痛

看到乐乐爸爸渐行渐远的背影，我的心情越发沉重，万万没想到我的班级中竟然出现了这样的事情。"偷"这个扎心的字此刻在我的眼前、在我的心里正在无边无际地扩大，越来越大，大到我仿佛已经看不清这个字了。怎么会这样？怎么能这样？我带这个班已经快两年了，孩子们已经五年级了，在我的眼中，他们每一个都是那么阳光有朝气，那么热情有活力，那么坦率有担当。当然他们也会时不时因为误会有吵闹，因为顽皮惹我生气，但是这两年来，这些孩子们从来没有出现过一些原则性的问题，比如恶意的谎言、恶意的偷盗、恶意的伤人……。同时，我对我这个班级的班风、学风都非常有自信，家长、学校也都非常认可、满意。但是这次到底发生了什么？在我脑海里的那一张张笑脸背后，究竟谁又在隐藏、谁又在伪装呢？到底是谁干的？有没有发现偷盗行为而故意瞒着不报的？我开始怀疑班里的每一个人，怀疑这个曾经温暖如家的集体。这件事让我无比气愤、无比心寒，我对孩子们的美好印象轰然倒塌，那些可爱迷人的笑脸灰飞烟灭、荡然无存，我开始怀疑所有的东西都是假的、不真实的！

三、三十六计，攻心为上

下一步我该怎么办？怎么才能让班里那个躲在角落里的"小毛贼"主动自首？况且这件事已经过了一个周末，那个毛贼还有同伙们是不是已经把赃物藏了起来？他们是不是已经串通好了应对所有的可能？毕竟他们已经五年级了，具备了很强的侦察与反侦察能力，而且还是我在明处他们在暗处……天呐，我脑子都快炸了，我想到了所有的可能性和策略，但统统都被我否定了。因为我面对的"毛贼"是我的学生，我了解他/她，他/她也很了解我，这种知己知彼的警察捉小偷游戏实在是太烧脑、太让人煎熬了！我恨自己不是柯南，不是福尔摩斯，哪怕只有他们万分之一的破案能力，也足够马上理清思路。束手无策的我真的要选择缴械投降吗？还是说敷衍了事，盼着随着时间的推移，乐乐爸爸也就不再追究这事了？但是，我马上就把这两个想法否定了，我甚至都觉得自己有这样的想法很奇怪、很丢人。我是谁？我可是班主任！班主任是什么？班主任可是八面玲珑，能上天入地、刀枪不入的"齐天大圣"！我要对自己有信心，也要对我的孩子们有信心，我不能放任不管，更不能熟视无睹，我们班既然有躲在"角落"里的孩子，我就要帮助他/她，让他/她勇敢地站出来面对阳光。

那究竟该怎么办呢？已经过了一个周末了，这事不能再拖了，拖得时间越长对于那个孩子的伤害也就越大，破案的难度也会越来越大，没准还很有可能会出现第二起、第三起失窃案件。这要是传出去，这么多年来我们苦心经营的良好班级形象、班风学风都会骤然毁灭。更可怕的是，那个躲在"角落"里的孩子的心灵会受到污染，人格也会扭曲。我要扭转这个局面，我要挽救那个孩子，这事绝对宜早不宜迟。

我思前想后，终于计上心头：三十六计，攻心为上！

四、依旧升起的太阳，依旧阳光的少年

第二天，太阳照常升起，蓝天白云伴着阵阵微风，这么难得的好天气，我却没有心情驻足欣赏，因为今天我有大事要处理。我要救人立德，我要扭转乾坤！所以那天我比以往提前将近半小时就进班了，坐在椅子上我一会儿发呆，一会儿冥想，一会儿又在思考今天可能发生的一切。时间一分一秒地过去，孩子们也陆陆续续地背着书包进班了，看着那一张张稚嫩阳光的笑脸，熟悉又有点陌生。"马老师，早上好！""嘿，马老师今儿怎么这么早呀？""马老师您这么早来，吓我一跳！""马老师，来这么早，您吃早餐了吗？"……多么熟悉的场景，多么熟悉的声音，但是今天在我听来都是模糊的，因为我今天关注的是他们每一个人的内心，我要从那一张张笑脸中辨认出究竟哪个是藏在"角落"里的那个孩子。看着所有的同学都来了，学习委员也拿着语文书站到了讲台前面，马上就要开始进行今天的早读了。这个时候我慢慢站了起来，走到了讲台前面，看着下面这群与我朝夕相处了将近两年的孩子们，竟然对他们感到非常陌生，仿佛不认识他们了，因为在那一刻我觉得他们所有人都可能是偷笔的那个人。我环视了所有人，当我看到乐乐的时候，心想也许她能从我的表情中看到什么，也只有乐乐知道我为什么这么严肃、这么忧虑重重。

"学委你先回到座位吧，今天不早读了，我有事要说。"短短的一句话，我觉得我说出了千斤重的感觉，我感觉每个字都是一个放大镜，因为我在说话的时候，眼睛尽可能地睁到了最大，我希望能从这些孩子们脸上发现什么异常。"同学们，今天我之所以这么早进班，之所以取消早读，原因相信大家肯定能够猜到，我有重要的事情要跟你们说。"我尽可能地控制着我的情绪，尽可能地让自己心平气和。"我们

認识已经两年了，这两年里我们 4 班班风、学风变化大不大？""大！我们更团结了！""大！我们感情更深了！""我们 4 班感觉就像是一个温暖的家，同学们都像是自己的兄弟姐妹！""马老师您最了不起了，您就是咱 4 班的总设计师，无所不能！辛苦您啦！"听着孩子们你一言我一语地说着，我幸福着、快乐着，也在犹豫着、怀疑着，难道这些如花的少年中，真的就藏着一个小偷吗？究竟会是谁呢？"听到大家对我们班的评价，作为你们的老师我真的很幸福，可是想必大家也看出来我今天有点异常。的确，你们猜对了，今天我要破案，而且这个案子就发生在咱们班里，这个案子今天必须得破！"随后，我一字一句地把乐乐丢笔的事跟所有的同学讲了一遍，最后我强调："无论这笔是谁拿的，如果这笔还在你那儿，希望你能在中午之前将笔放到我的桌子上。人都会犯错误，但知错能改仍然还是我们班的好同学、好伙伴！而且，我提醒那位同学，我不知道你现在心里是不是舒服，是不是也在翻江倒海、犹豫不决，我相信你能够在是与非的问题上做出正确明智的选择。我相信，我们班所有人都会相信，我们班里都是聪明人、明白人！现在，我希望我们所有人都给那个小同志鼓鼓掌、打打气！"瞬间我们整个班级被热烈的、友善的掌声所占据，孩子们也都在默默地观察，我也留意着每个细微之处，但是仍然没有发现什么异常。难道躲在"角落"里的那个孩子，真的这么铁石心肠、冥顽不化、不可救药吗？再等等，再等等！

不知不觉到了课间操时间，学生们都像往常一样去操场跑操去了，我在他们后面跟着，仍然没有发现任何异常，这可怎么办？如果还这么僵持下去，那最后的结果只能是不了了之了。莫非这笔并不是在班里丢的？乐乐会不会是记错了呀？我想应该不会，乐乐这个小姑娘一向很稳重，说话做事向来很谨慎认真，肯定不会搞错的。就在我胡思乱想的时候，突然发现后面有人在拽我的衣服，扭头一看，原来是乐乐。"马老师，您看这个。"乐乐递给了我一个揉得很粗糙的纸条，上面歪歪扭扭地写着一行字："乐乐，对不起！你的笔我刚才跑操的时候，偷偷回班放到了你的书包里了，对不起，我不应该偷你的笔，我不应该破坏我们的友谊，更不应该给我们班抹黑、给马老师找麻烦，对不起一万遍，请你原谅我！"

时间好像瞬间凝固了，周围变得异常安静，我只能听到自己的呼吸声。我看着乐乐，乐乐看着我，我们俩又一起看着这张粗糙的纸条，也许这个时候我跟乐乐脑子里都有了同样的答案。虽然这张纸条没有署名，但是作为老师的我、作为好伙伴的乐乐，我们一定都知道这个无名氏是谁。"乐乐，需要把他揪出来，当面给你道歉吗?"我看着乐乐的眼睛问她。"老师，不用了，我相信他这是真心认识到错误了，我也相信他肯定会以此为戒，下不为例的，我们还是好伙伴，我们都还是您的好学生！"乐乐笑了，笑得那么开心，那么满足，此时此刻乐乐的幸福感远远超出了那两支签字笔失而复得带给她的喜悦。我也笑了，笑得那么如释重负，那么心满意足，那个他已经从"角落"里走到了阳光底下，走到了我的心里！

通过这件事，我认识到，我们评价一个孩子、认可一个孩子，不仅可以通过当面的表扬鼓励，也可以通过未曾谋面的沟通。这样也能够搭建我们相互信任、彼此沟通的桥梁！

 点评

　　班级发生"偷盗"事件，可以说是让所有班主任普遍感觉头疼的问题。之所以让人头疼，在于对问题的定性。说重了怕伤害学生的自尊心，引发后续的人际困境，说轻了怕达不到教育的效果。对于处理问题的形式，无论逐一询问还是集体宣说，都有极大的难度及不确定性。本案例中，作者成功处理了这个棘手的难题。我们在阅读后，发现作者所带的班级是一个师生、生生关系较为和谐的班集体，因此教师通过对集体的教育，达到了较好的个体教育效果。这个案例除了在实践层面带给我们一些启发外，也不禁让我们深入思考：教师处理这件事成功的因素是什么？师生与生生关系的和谐是否是解决此类问题时利用集体教育个体的必要条件？作者可以围绕这个问题进行反思，其他教师也可以在此基础上进行更加深入的研究。

——马金鹤

教育戏剧在农村小学英语
教学中的作用研究

北京市房山区周口店中心小学 常海英

一、引言

《义务教育英语课程标准（2011 年版）》强调学习过程，重视语言学习的实践性和应用性。调研数据显示：在小学一年级时，喜欢英语的学生占 95% 以上；到小学三年级时，喜欢英语的人数下降到 75% 左右；到小学五年级时，这个比例下降到了 50%；而到了小学六年级时，这个比例下降到了 30% 左右①。在农村，学生的英语学习兴趣随年级的升高而下降得更为明显。笔者自 2017 年以来指导学生参加"希望中国"双语文化艺术节，发现英语教育戏剧这一教学形式效果不错。英语教育戏剧可以改变传统课堂的教学模式，丰富教师的教学生活与学生的学习环境，还语言以生命力，激发学生的学习兴趣，为每个学生提供自主选择和自我发展的机会，促进学生全方位发展。

---

① 王超. 儿童英语学习兴趣、自我效能对英语学习影响的实证研究［D］. 北京：首都师范大学，2005.

那么，教育戏剧是否真的能防止这种学生英语学习兴趣的下降趋势，通过提高学生英语学习兴趣，进而提升他们的英语应用能力？

二、文献综述

（一）教育戏剧的发展

教育戏剧研究在国外已有百余年的发展历史，在我国也有着近二十年的发展历程，近年来逐渐得到教育界和戏剧界的广泛关注，甚至成为全国很多学校推进美育教学、落实学生核心素养的重要举措。

在我国，教育戏剧发展初期仅限于小学教育领域，到 20 世纪 70 年代扩展到了中学教育和教师培训中。20 世纪初，教育戏剧理论和实践研究蓬勃发展，其研究关注点主要有三：一是教育戏剧的概念之争；二是教育戏剧对中小学学生的育人价值，研究主要集中于儿童认知发展和社会性发展两大方面；三是教育戏剧以何种方式融入中小学课程。教育戏剧有通过戏剧来开展各科课程教学的融合方式，和以专门的戏剧课来培养学生创造力的单科性教学方式两大主流实践范式，其背后反映出了不同学者对于教育戏剧概念本质的不同见解。

我国台湾地区张晓华教授在借鉴归纳了西方不同学者对"教育戏剧"的定义后提出，教育戏剧的核心词为教育，戏剧当为手段。它运用戏剧与剧场技巧，将其变成学校课堂的教学方法。它是在指导者有计划与架构的引导下，以创作性戏剧即兴演出、角色扮演、模仿、游戏的方式进行教学，让参与者在互动关系中能充分发挥想象、表达思想，以实践促学习，以期使学习者获得美感经验，增进智能与生活技能。受英国的影响，香港教育戏剧的发展也比较早。2001 年开始，香港教育署课程发展处在香港中小学中推行戏剧教学法种子计划，通过培训教师、设计教案、观课、评课等方式鼓励不同科目的教师将戏剧应用于教学过程，重视戏剧教育与教育戏剧师资的培养。

（二）教育戏剧进课堂

1994年，上海剧作家李婴宁作为国内教育戏剧的主要开拓者，开始小规模地实验教育戏剧的教学方法，并不断在国内开设与教育戏剧相关的讲座和工作坊，致力于教育戏剧在国内的各项引入和推广工作。王蕾等以北京市芳草地国际学校的实践为例，探讨了将戏剧教学引入小学英语课堂教学的模式。[①] 李静纯提出了戏剧审美特殊性的六个理由和戏剧语言的六个特征，尝试以英语教育戏剧促进中小学教师和学生综合能力提高的创新模式。

（三）教育戏剧的应用研究

通过万方数据搜索"教育戏剧"这一关键词，笔者发现，国内从1999年开始出现相关研究，2016年达到最热，至今共有文献369篇。但因其在国内发展的时间并不长，大量的文献资料还停留在教育戏剧概念界定与意义研究方面，关于教育戏剧学科应用的研究并不多见。其中与英语语言教学相关的仅有25篇，涉及小学英语教学的只有8篇，多数文献对教育戏剧应用于英语教学的功能进行了论述，有关教育戏剧在农村小学阶段英语教学中的应用的研究依然较少。

在众多文献中，教育戏剧的应用对学生情感态度产生作用的研究最丰富。一些研究持有的观点是，在英语课堂中融入教育戏剧可以提高学生的各种能力。另外一些文献研究了将教育戏剧应用在英语教学中的不同策略。

综上可以看出，教育戏剧的理念逐渐被英语教育人士所知，他们

---

① 王蕾，钱小芳，桂洲，等. 以戏剧教学促进小学生英语学科能力的发展：北京市芳草地国际学校英语戏剧课探索 [J]. 课程·教材·教法，2016（2）：93-99.

开始探索其在小学英语教学中的应用。研究内容多是将教育戏剧应用于英语教学；研究范围多是北京、上海、江浙等教育资源发达地区；研究对象多是以英语为特色的外国语学校或国际学校的学生，师生英语水平基础好、发展平台宽；研究结果对于农村这一特定区域而言可推广程度较小。基于以上分析，戏剧活动作为一种教学方式，其作用主要在于激发学生的英语学习兴趣，并不受区域因素影响，因此本研究尝试验证戏剧活动同样能提升农村地区学生英语应用能力。据此笔者提出两个假设：戏剧活动能激发农村地区学生的英语学习兴趣；兴趣的激发有助于提升学生的英语听说读写综合应用能力。

三、研究过程

本研究选取笔者执教的一所农村小学——周口店中心小学，师生共有大约 800 人。实验对象需要有一定的英语基础，所以选取了笔者执教的小学五年级共 105 名学生。选择的同年级 4 个班级的男女比例、成绩、班风及学生各方面的综合素质都很接近。选取研究对象主要基于以下原因：扎实的语言基础知识和良好的口语表达是开展英语戏剧的前提条件，影响学生语用能力发展，参与研究的同学的英语能力处于中等水平，有很大的提升潜力；戏剧教学可以为农村校学生升入中学的英语自我学习打下基础，有助于提高该地区学生的英语成绩。本研究采用调查研究的方法。通过问卷调查收集数据，了解参与者对英语学习兴趣的主观感受；通过综合英语知识的检测（口试、笔试），考查学生对语言知识的掌握情况。使用 SPSS 软件来分析数据，以得到科学的结果。

（一）研究设计与实施

由于学校教师的英语基础较薄弱、戏剧知识匮乏，不可能让学生体验到教育戏剧的魅力。因此我们将实验分为三个层次。

1. 以参赛促起步，渗透戏剧策略

以"希望中国"教育戏剧展演为抓手，着重培养师生的戏剧专业知识和戏剧种子队员。《金色的鱼钩》《鸡毛信》的舞台表演取得了优异成绩，赛前请专业戏剧老师对学生的剧本朗读、舞台表演技巧进行专门的训练；赛后及时用访谈录音的形式记录保存他们第一手的独特体验。

2. 以社团促尝试，进入戏剧教学

成立英语戏剧社，每周组织至少两小时的戏剧实践。着重发展对读英语和表演有兴趣的积极分子，由老师指导帮助筛选合适的剧目。戏剧社里有的同学在戏剧表演方面没有经验，曾经参加过比赛的同学就可以成为他们的小老师。英语戏剧实践活动分为模仿配音、朗读剧场、实验小剧场和戏剧节展演四个部分。《骄傲的孔雀》《三只小猪》《闵损芦衣》《木偶奇遇记》等剧目以及《当戏剧遇上绘本》1—6级的朗读教材让孩子们的戏剧素材丰富了起来。从基础语音语段的模仿，到戏剧元素的尝试，如舞台的区域划分、演员的站位、表演的声情并茂，都有老师一一进行指导，指导学生认真观察、模仿经典剧目，指导学生通读、细读剧本。

3. 以课堂促发展，推行教育戏剧

从英语社团中的小范围实践，转变成在学校课堂中全方位开展教育戏剧。我校的教材三节课都是围绕一个话题、主题、情景和人物设置对话，第四节课是复习课。笔者进行话题整合并统一编排。例如，第六单元的话题是旅行，我们就分国内游和国外游两组编写剧本，对国内外的社交礼仪、饮食文化、名胜景区等进行比较。其间还分别给两个剧本设定了丢失护照和财物的情节，让学生加大语言的输入量，迫使他们不断丰富表达，不断对课本所学的句式和词汇进行创新。《愚公移山》戏剧课通过课堂开展戏剧游戏，提升了学生的语言综合运用能力和交流能力。学生在故事棒、节奏步行等戏剧表演的活动中，锻炼了自己的英语思维能力。他们在剧中也深刻理解了愚公遇到困难不退缩，勇于战胜困难的精神。面对自己表达上的困难，他们也展示出了虚心求教他人的品质和通过小组互助完成戏剧活动的团结精神。丰富的戏剧活动让每一位同学都投入课本剧的排练中，在组内讨论运用哪些句式、怎样让舞台效果达到最佳等。课后反思观点，思考演戏内容的增减，从而进一步提高排练的质量。在此期间，学生将课上所学的词汇、句式结构内化吸收、外化表达运用，真正提升了自身的语言能力和学习能力。

（二）数据收集和分析

问卷调查的对象是进行了两年教育戏剧训练的学生。调查旨在分析学生学习英语的状态和对英语学习的兴趣。本次学生调查问卷参考曾维亚研究量表，针对学校实际情况由笔者设计。在"问卷星"网站上发布问卷，将结果录入电脑，通过 SPSS 统计软件的因子分析确定了问卷涉及的两个维度：学生学习行为表现和学生课堂学习情感状态。调查面向五年级全体学生，收回问卷 101 份，有效率为 100%。问卷共12 道题，第 3—6 题、第 11 题是对学生学习状态的测量，第 7—10 题、第 12 题是对学生学习情感状态的测量。

四、研究结果

（一）问卷调查结果

本研究意在探索英语学习兴趣水平的不同是否有助于提升学生的英语听说读写综合应用能力。笔者对学生参与戏剧活动的情感态度与口语能力两个变量进行了相关分析，得到的结果表明二者存在正相关。

农村英语学习的环境相对薄弱，戏剧之类的表演娱乐活动在求学生活中也很少见，少部分学生有参与正式表演和学习戏剧的经验。

88.1%的学生曾经在课堂中扮演过对话故事中的角色，60.4%的学生通过学校的第二课堂接触过英语社团的活动设计，只有20.8%的同学参与过市区级的短剧表演。这正说明教育戏剧在农村学校有很大的开发空间。

43.5%的同学认为戏剧教学对他们的英语学习很有帮助。52.5%的同学认为比较有帮助，这部分学生也正是戏剧教学实施后能够真正有所收获的人。由于学科的特殊性，也有4%的学生认为戏剧教学给予他们的帮助不大。可见，虽然缺乏经验，大多数同学都对这项新的活动有积极的看法，认为戏剧活动对他们的英语学习有很大帮助。

72位同学表示英语戏剧表演的活动形式会让他们感到"很兴奋"，28位同学感到"和平时差不多"，只有1位同学表示"影响英语学习"。可见戏剧表演的形式在英语课堂上的运用是比较受欢迎的，因此对教育戏剧的研究十分有意义。

有58.4%的同学认为戏剧教学形式会提高自己的英语学习兴趣，39.6%的学生觉得可能会提高学习兴趣，只有2%的学生认为不会提高自己的学习兴趣。总之，超过半数的人认为短剧表演等含有教育戏剧元素的活动形式会提高自身的英语学习兴趣。在英语课堂教学中采取这些组织形式，对激发学生的兴趣应当有很大的促进作用。

78.2%的同学愿意和其他同学合作，20.8%的同学对戏剧活动中的合作的态度平淡，只有1人明确表示不愿与他人合作。此项调查表明：大多数同学在平时的英语课堂教学中适应了合作学习的形式，戏剧教学这种模式让合作学习得以很好地落实。

79.2%的同学认为在英语戏剧表演中，自己的口语水平得到了提高；持不确定态度的占比为18.8%；认为戏剧表演活动不能提升口语水平的同学相对较少，占比为2%。这也正说明在英语学习兴趣提高后，学生的内驱力加强，自我意识提高，反思了自己的不足并积极努力学习。英语戏剧表演对学生英语说、读的能力也起到了积极的作用。

英语戏剧活动后，学生的英语朗读、口语、听力、写作水平有不同程度的提高。88.9%的学生认为，最显著的进步是自己敢于主动用英语表达了；82.2%的学生认为，最显著的进步是朗读水平的提高；80%的学生表示在听力上有提高。相比较而言，写作的进步没那么显著，50%的人不确定他们的写作能力是否有所提高。这可能是由于实验之初的活动是为了培养学生的兴趣，更注重观察、阅读剧本、排练和表演，因此学生会觉得口语能力进步最显著。第一年的活动由于忽视了可能有助于提高写作能力的剧本改编等活动，因此此方面的提高不明显。

戏剧实践活动需要团队协作、互相学习。75.6%的同学认为活动增强了自己的团队合作精神。66.7%的同学认为戏剧教学丰富了自己的表演经验。63.3%的学生代表学校或班级参演了戏剧剧目，在表演过程中不仅英语表达能力大幅提升，集体意识也增强了。当执行任务时，同一小组的各个成员自愿承担工作并相互学习。曾经被动地接受任务的同学增加了自信，在任务和挑战面前变得更主动。41.1%的同学在英语戏剧活动中认同别人或被人认可，这种认同感满足了自我实现需要，也是学校教育的目标之一。

（二）英语检测结果

英语考试成绩能从一定程度上反映学生的学习成果。笔者对该年级学生的英语阅读等能力进行了两次质量监测。一次在戏剧实验前，为五年级第一学期期终测试；第二次在戏剧实验之后，为五年级第二学期质量监测，即依据评价标准对学生的认读、回答和口头表达的正确度、语音语调、流利度进行评价，并记录存在的问题。评价之后，由笔者进行统计和整理。

第二学期口语检测结果表明，学生的单词朗读、短文朗读、跟读、角色朗读、看图识字、回答问题得分率比之前分别提升了 9.25%、10.4%、10.67%、3.5%、12.75%、4%。这一结果也说明学生的口语能力提高了。

第二学期笔试检测结果表明，学生的听力判断、听力选择、看图选词组、阅读填空得分率比之前分别提升了 7.3%、3.9%、1.5%、8.9%。这说明随着学习内容难度的提高，学生的英语听、说、朗读的能力都有不同程度的提高。

（三）小结

对问卷调查数据的分析表明，英语戏剧活动能激发高年级学生的英语学习兴趣，也对提升学生的思维品质有辅助作用，即英语戏剧活动对提升学生的英语学习效果有帮助。当然，提升学生思维品质的研究的角度有很多，需要更多的数据来支持。

五、结论

学生喜欢在英语学习中运用戏剧元素，使学习变得有趣进而提升听说读写的技能。以戏剧教学提升小学生英语学习能力和综合素养的教育实验收获了良好的效果，本研究可为尚未或刚开始接触教育戏剧的基础薄弱的农村学校提供先例。

 点评

常海英老师以调查问卷为研究工具，通过调查研究的方法探索在小学英语课堂中运用教育戏剧，以提高学生学习英语的兴趣和学生思维品质。结果发现，学生喜欢在英语学习中运用戏剧元素，使学习变得有趣，进而提升听说读写的技能。常海英老师是

此次工作坊的老师中从教时间最长的，这样一位资历深厚的老师还愿意去学习 SPSS 这样较为现代化的数据处理软件，这种勇气和精神本身足以让我们敬佩。起初，与大多数老师一样，我们对常老师在工作坊中的表现印象并不深，因为她总是默默无闻，也不爱问问题。当其他年轻老师用笔记本电脑做笔记时，她还是用纸质笔记本来记录。这也导致我们一直对班上这位"大姐"的学习效果心存忧虑。依稀记得她只有一次对我们说怕学不会，所以非常焦虑。当时，我跟她讲："我们大多数人在等待恐惧消逝中长大，但消除恐惧最好的方法是面对它。任何挑战都伴随着焦虑，这是正常成长和发展的标志。"后来，常老师的问题开始变多了。她开始提出一些自己研究中棘手的问题。我们也为她提供了建议。到工作坊最后，在常老师提交的这份研究报告中，她当时的问题几乎都得到了解决。

——刘霄

附录

1. 你的姓名_____

2. 你的性别：

A. 男　　　　　　　　B. 女

3. 你有参加并参演过班级课本剧的经历吗？

A. 有　　　　　　　　B. 没有

4. 你有参加学校的英语社团的经历吗？

A. 有　　　　　　　　B. 没有

5. 你有参加区级或市级英语短剧比赛的经历吗？

A. 有　　　　　　　　B. 没有

6. 如果上课老师以授课为主，你认为课堂气氛将会如何？

A. 活跃　　　　　B. 一般　　　　　C. 沉闷

7. 你喜欢英语课的角色扮演类活动吗？

A. 喜欢　　　　　B. 一般　　　　　C. 不喜欢

8. 将短剧、角色扮演、故事等活动贯穿于英语课堂教学中，你觉得会提高你的英语学习兴趣吗？

A. 会　　　　　B. 可能会　　　　　C. 不会

9. 将英语戏剧表演等活动形式贯穿于英语课堂教学中，你会感到（　　）

A. 很兴奋　　　B. 和平时差不多　　　C. 不好，影响学习

10. 英语戏剧表演活动中，你愿意和同学们一起合作吗？

A. 愿意　　　　B. 一般　　　　　C. 不愿意

11. 你认为英语戏剧表演等活动可以提高你的口语水平吗？

A. 可以　　　　B. 可能可以　　　　C. 不可以

12. 你认为英语戏剧表演等活动可以提高你的领导能力吗？

A. 可以　　　　B. 可能可以　　　　C. 不可以

一朝回到解放前？

——我与小喜的故事

北京交通大学附属小学 张东云

"小喜终于赶上来了！我成功了！"我想向全世界表达我的喜悦。2020年1月8日，三年级上学期期末考试结束，小喜的语文成绩等级为良（82分），数学成绩等级为达标（60分）。这意味着小喜已经打下语文学习的基础，以后会有更大进步空间。这意味着小喜可以跟上全班的学习步伐，不用再单开"小灶"了。

想到一年级期末，课标要求会认的字，小喜大多不认识；要求会写的字，小喜会写的不多；考试成绩是个位数。过去的3个学期里，我给小喜上过无数次一对一辅导课；过去的3个假期中，我每周鼓励、督促小喜读书、补习。现在我觉得终于可以松一口气，过一个轻松的寒假了。小喜知道了自己的成绩，小嘴抿成一条线，眼睛一下子变亮了："真的？真的？太棒了！"小喜带着胜利的微笑与我告别，开始了假期生活。

一个月后，盘点寒假学习情况，小喜没完成假期作业。两个月后，疫情严重，全体学生居家学习。同学们每天在班级微信群交流学习情况，小喜仅上传过一次作业。"什么都没有，什么都没有……"我不住地叹气，难道一切又回到了原点，一夜回到解放前？曾经的成功不过是竹篮打水一场空？

一、发现身边的科学小达人

居家隔离期间，小喜没完成作业，在家干什么呢？我与小喜妈妈进行了微信沟通。

小喜妈妈：小喜玩肥皂泡，满屋子都是；下油饵抓蟑螂，弄得到处都是；做纸枪，碎屑满桌满地。

小喜妈妈：张老师，非常抱歉，一天过去小喜又没做功课。

小喜妈妈：他总能在自己感兴趣的事情上花很多时间，关注别人关注不到的地方。吹肥皂泡研究很久，对如何捉蟑螂也很有兴趣，不厌其烦地配置各种药水。

看着小喜妈妈的回复，我陷入了沉思。

以前，我会重点关注、鼓励小喜学习。这个假期，我以为小喜成绩提高了，学习自觉性也会提高。看到小喜妈妈得知孩子成绩后高兴得合不拢嘴，一个劲儿地追问我："老师，小喜是全班最低分吗？"我以为小喜父母会乘胜追击，督促小喜学习。显然，情况不像我预想的那样。更糟糕的是，眼下，我想给小喜一对一上课，条件也不允许。

小喜真的一夜回到了解放前？

我必须重新思考对小喜的教育。以前，我通过单独辅导加小组伴读的形式，勉强提高了小喜的成绩。疫情期间，小喜在家独立学习，潜藏的问题立即暴露出来：学习自觉性没有随成绩同步提高，价值感低，很难独立完成学习任务。崭新的线上学习形式，对他而言是巨大的挑战。

如果我不能像以前那样直接对小喜施以援手，小喜的学习成绩就会大幅滑坡。如果小喜不喜欢甚至放弃学习，他的生活就没有意义了吗？如果有，他生命的意义又在哪里呢？我必须抛弃以前的教育方式，重新去找寻。

在工作坊学习期间，老师邀请我们一起阅读介绍阿德勒心理学的图书。我认识到，通过尊重，能够建立个体的自我价值感，最好的尊重就是不附加任何条件地去认可"真实的那个人"。① 我想去认识真实的小喜，于是便从邀请小喜分享一天的生活开始。

刚开始小喜对妈妈向老师"揭发"他在家的所作所为极力反对，但听到我的语音，知道我是真的关心他，便答应在班级群如实分享吹泡泡"秘籍"：在一个泡泡里能再吹出一个泡泡；能吹着泡泡走路、跑步；如果吸管沾了泡泡液，戳泡泡不会破，否则会破；泡泡碰到妈妈毛茸茸的涤纶裤子不会破，弹到地上会破；泡泡刚吹出来是椭圆形，然后变成圆形。小喜还分享了三种泡泡水配方：1 滴洗洁精 + 10ml 水，最大泡泡的直径约为 15cm；2 滴洗洁精 + 10ml 水，最大泡泡的直径约为 17cm；2 滴洗洁精 + 10ml 水 + 1 小撮白糖，最大泡泡的直径约为 20cm。结论是洗洁精浓度越高，吹的泡泡越大，加糖会使泡泡变得更大。

我请科学老师关注小喜。小喜一分享，老师就肯定小喜，表扬他。

"没想到科学老师这么快就夸我了！"小喜可高兴了。小喜回头看见爸爸正用醋和小苏打清洗鱼缸，他马上用这种原料尝试了新实验，得到一小碗粉状结晶物，在上面印上恐龙头像和脚印。我发现视频中小喜一点点地往水中加洗洁精、白糖，准确地操作，控制力道印出完美的头像和脚印，小手很灵巧。他的眼睛就像舞台上的追光灯，泡泡飞到哪里，他的目光就紧追到哪里，仔细地观察，直到泡泡破裂。虽

---

① 岸见一郎，古贺史健. 幸福的勇气："自我启发之父"阿德勒的哲学课 2 [M].
渠海霞，译. 北京：机械工业出版社，2017：50.

然已经吹出了很大的泡泡，但他还不满足，尝试加入更多洗洁精，加入白糖，进行新试验。小喜第一次勇敢地敞开自己，让我意识到吹泡泡对他来说也有积极意义！

接下来，小喜上交的作业量增加了，但仍然少于其他同学。我想给小喜减少作业量。要是以前，我会直接减量，但现在我想先听听小喜、小喜爸妈的意见。"小喜，你觉得作业有没有难度？想不想换成其他感兴趣的内容？不管怎样，老师都支持你。"小喜妈妈回复："小喜说要和同学们做一样的作业。谢谢张老师，我和爸爸也加强督促，让小喜努力完成作业！"

有一次，我听到小喜的读书音频，虽有两处错误，但仍进步很大，准备向全班展示。小喜妈妈说："今晚再练习，争取都读对了，再发给您！"妈妈比老师要求更严格，这是以前从未有过的事。

期末练习看图写话，我知道小喜有生活经验，可以写得很好，但是小喜随便写了一篇请妈妈交上来。以前遇到这种情况，我会很恼火。那天，我先在语文教师群发帖吐槽，与一位来自江苏扬州的老师一起讨论、分析，她说："小喜能写已经不错了，能想办法让他写得更好，是意外惊喜。"我的郁闷消散了，下午试着教给小喜妈妈辅导方法：请小喜把看图写话的内容演一演、说一说，调动生活经验。晚上，小喜完成了一篇精彩的满分作文。

一个个问题被成功化解，我觉得自己再也不怕小喜"一夜回到解放前"了。

二、改造课堂上的"外星人"

回想刚入学时，小喜就像空降到课堂的外星人。上课他不是忙着捅一下后面同学，就是揪一下前面同学。看到同学有好玩、好吃的，他会直接上手抢。除了自己的名字外，小喜几乎不认识任何字。他缺乏基本的生活常识，语言理解和表达水平只相当于幼儿园中班孩子的水平。别人说的话，他听不明白，自己的想法也表达不清楚。

我约小喜妈妈到学校面谈，了解小喜的成长经历与家庭状况。小喜的爸爸妈妈一个是硕士，一个是博士，平时工作忙。小喜一直由奶奶一个人带，上幼儿园之前经常早上出门玩，晚上才回家。小喜父母似乎也明白家庭教育的重要性。当小喜课上不写作业，老师把情况反馈给他爸妈时，他们说："好的，老师。"但是一个学期过去了，小喜语文、数学的期末考试成绩竟然是个位数，小喜就像退潮被遗留在沙滩上的贝壳，落在了班集体后面。我怎么都想不明白，为什么小喜爸妈是高学历的研究人员和大学教师，却当不好父母？为什么小喜一放学，还是玩到困了才回家？对他们的不满开始在我心中积累、发酵。

一年级下学期，我决定自己担起教育小喜的主要责任，不再寄希望于他的父母。我给小喜立规矩、提要求，做得好就表扬，做得不好就批评。我向他提出阶梯式要求，一节课上影响上课的次数从5次降到3次，听到老师提醒就收敛自己的行为——我决心让他学会规则，融入班集体。一招不见效，我就换其他方法。

但是，无论怎样奖励他，用再高的嗓门批评他，都挡不住小喜招惹同学的行径。小喜抢同学的玩具，把同学推倒，往同学肚子上踩，骑在同学身上打人，抢起饭包砸人。小喜扒男同学的裤子，戳男同学的隐私部位。他不断使同学受伤，一个孩子还因伤被送进医院治疗。家长们说："老师，每天孩子都在冒着生命危险来上学。"其他家长集体请愿，要求学校解决问题。

我就像消防员整天忙着处理小喜引发的冲突。天天看着同学被小喜打，我又心疼、又气愤。小喜成了我的心头大患，在学校，我需要每天把他带在身边；外出教研时，我联系小喜父母，要在家看住他。

我每周都要联系小喜父母到学校处理问题。小喜妈妈说："他不学就不学，不影响别的同学就好。"小喜爸爸说："老师，您不能厉害点吗?"我跟小喜、小喜爸妈的关系逐步恶化。

我觉得自己已经站在悬崖边上，随时可能气急动手打小喜，随后因违反师德被停职，或者要为小喜引发的安全事故负责。无论是哪种情况，后果都很严重。幸亏放暑假了，这救了我。我把小喜的情况写成书面报告，新学期一开学就递交给学校领导，寻求帮助。学校聘请了专业心理咨询师对小喜进行了一次心理辅导，由此我也重新认识了小喜。

三、看见教室里的"隐形人"

第一次看到小喜的沙盘作品：路被冲毁，桥梁断掉，小喜带领消防员抓紧抢修——一个 7 岁的孩子想要奋力修复被毁掉的一切。我震惊又心疼，吃不下饭，难过落泪。如果有时光隧道，我想穿越到过去，抱抱孤单的小喜。

我不由得回想起与小喜相处的点滴：小朋友因小喜受伤，我着急上火，而小喜在一边也哭了。我投向他的目光带着愤怒和谴责："你有什么可委屈的？现在害怕得哭了，过后还不是老样子!"我从没想过：小喜有没有委屈？小喜到底是怎么想的？

翻开班级日志，我发现围绕小喜发生的冲突不外乎以下几种情况：小喜强行加入游戏不成被驱离，便破坏游戏；小喜打那些拒绝他的小朋友；后来，因为别人的眼神、表情好像不欢迎他，他就会动手打人。课间别的同学一下课都有固定的玩伴，只有小喜四处找别人玩，十之八九还被拒绝。看上去小喜每天跑来跑去忙着玩，但形单影只的他并不开心。后来，由于他经常打人，小朋友更加远离他。

我观察到，小朋友交友讲究势均力敌，最起码生活中要有交集。课上，小喜不读、不写、不讨论、不参与课堂，同学看不到他。老师对全班说口令，小喜就像没听见。除非老师走过去单独提醒他，他才翻开书，2分钟后他又旧态复萌。老师忙着管理40个孩子的学习状态，顾不上他，只能随他去。如果不是小喜课上折腾，老师不得不停下来提醒、批评他，所有人都会忘记他的存在。

课上，小喜是"隐形人"；课下，同学们也会忽略他。小喜似乎很想打破局面，挤进同学们的世界。比如，同学用飞叠杯搭"高塔"，眼看要成功了，他跑过去轻轻一推，造成一片狼藉。同学于是追着打他，小喜却笑着逃开，不时扮个鬼脸。现在看来，那是小喜无言的独白："你们别看高塔，都看我呀！"

小喜影响课堂，以前我认定原因是他规则意识不强。后来，在心理咨询师的启发下，我想可能还有其他客观原因。小喜是个刚上小学的孩子，知识基础薄弱，自我约束力低，课堂上遇到困难，很容易放弃学习。课堂40分钟时间他不读不写，总要干点什么，很难让他保持安静。小喜在家里被忽视，在学校被疏离。他想被周围人看见，最直接的方式就是搞破坏、踢打他人，遇到的排斥力越大，他的破坏性就越强。哪怕被家长训斥，被同学追打，被老师批评，总还是能被看见，强过被无视。这很可能是前期无论我怎么训练他，他都不会遵守课堂规则、学不会与同学友好相处的原因。

照此下去，随着时间的推移，小喜与同学的差距会越拉越大。小喜作为孩子，无法选择家庭环境；而我作为成人，却可以选择"看见"他。我作为老师，不一定能教出一个诺贝尔奖获得者，但一定可以让一个孩子的学校生活多一点快乐。

我打算放弃惨败的改造计划，重新思考怎么帮助小喜。

四、帮出身边的"小可爱"

我发现小喜热心集体活动，他虽记不住交作业，但是我说请同学下周一带个纸盒给班里用，一过周末其他同学都忘记了，唯有小喜记得。于是，我的教育活动就从带领小喜参与班级活动、让他被同学"看见"开始。我把小喜带在身边，课间让他和我一起摆齐桌椅、检查卫生。小喜手脚麻利，很快成了热情的服务者。午餐时，我教小喜给同学盛米饭，他学得很快，还自发维护秩序，被同学赞为"盛米饭专家"。

同学"看见"了小喜后，我乘胜追击，开始努力改善小喜和我的关系。早上，小喜一走进教室，我微笑着捂一捂他冰凉的小手，问问作业情况，寻机赞扬他的小努力。一天，小喜下午到校，他放下书包，第一件事是伸出手让我握住。我感觉到笼罩着小喜的"看不见"的冰层在消融。

小喜在其他老师的课上仍不时有不当行为，我说："我喜欢小喜，但不喜欢那些行为。"一开始，小喜不相信。后来，他发现不管是跟同学打起来，还是被老师投诉，我都不发脾气，会和他一起捋清楚事情，寻找比打架更好的解决办法。我教他向老师说明情况、表达歉意，示范如何鞠躬。我不指望他道过歉就不犯同样的错误，而是希望他在现实情境中学会与人沟通、表达自己。后来，不管发生什么，小喜都不再向我隐瞒。再后来，别的同学犯了错不敢说，他还帮人传话给我。这说明小喜相信，不管怎样，我都会喜欢他、爱护他。

小喜的注意力水平低于94%的孩子。我观察，不管是在1对40还是1对5的教学中，小喜关注的不是自己读什么、写什么，而是别人的"风吹草动"。"同学，你的橡皮掉地上了。""同学，老师看你呢，快坐好！"。如果要小喜学习，只能一对一上课。于是我找了间空教室，每周三、周四下午单独给他上课。课前，我先跟他聊几句，请他喝酸奶、吃水果。课上，如果小喜答错了，会吐一下舌头，我笑笑，鼓励他再试试。小喜写完一道题，我就批阅一道。每做对一道题，小喜像得了冠军一样开心。下课了，就算小喜没完成作业，我也坚决要求他休息，他的身心健康比学习更重要。第二节课时，以往都在操场玩、叫都叫不回来的小喜，却已经出人意料地提前在教室门口等我了。

渐渐地，课堂上小喜能回答问题了，计算正确率超过一些同学了，他越来越多地参与学习，违反规则的行为越来越少。升入三年级，我没时间给小喜一对一上课了，便在期末复习时坚持给小喜辅导一个月功课。终于，小喜能和同学一起平静地上课了。即便偶有折腾，老师提醒他，他也听得进去了。再后来，小喜测试成绩能及格了，同学们热烈鼓掌，一起大声说："小喜在1班，小喜很重要。"课间，小喜带了篮球、漫画书，和同学一起打球、看书。

课上，小喜越来越多地发出自己的声音，他的目光不再闪烁，变得清澈明亮，整个人充满朝气。三年级第一学期临近期末，一天下了课间操，两位同学走过去搂住小喜的肩，热切地跟他聊着天走回教室。阳光洒在他们肩上，小喜就像在发着光。我眼里闪出泪花，赶紧用手机记录下这令人难忘的一幕。

社团分组，小喜申请做组长，一位同学哭着非要成为他的组员。小喜不再是孤家寡人，是"小可爱"了！我真为小喜开心。

对小喜父母，我不再提要求，转而帮他们想办法。假期，我组织小喜与同学结成小组，一起读书打卡。冬天的一天，放学后我辅导小喜学习忘了时间，小喜爸爸在铺着薄雪的校门口等了一小时。我感到很抱歉，小喜爸爸安慰我："老师比我们讲得清楚，多留一会儿，小喜有收获。"小喜妈妈说："老师，感谢您对小喜的不放弃！"我与小喜爸妈的关系也改善了。

回望我和小喜的一路曲折，小喜从"外星人""隐形人"，到后来变成"小可爱""科学小达人"，小喜是如何变身的呢？小喜真的会"一朝回到解放前"吗？

五、真的一朝回到解放前？

回溯与小喜的每一个镜头，我清晰地认识了小喜，也深入认识了站在小喜身后的自己。

（一）改造多凭想当然

一入学，面对外星人一般的小喜，我把他推给父母，期待他的父母给他补课，让他融入课堂。我照惯例（老师课堂上解决集体的问题，父母课后解决个别学生的问题）去做的时候，低估了我所面临的困难。小喜被长期"散养"，怎么可能仅仅因为上了小学、与老师谈了几次话，就能够有序地学习？期望落空几乎是必然的。一招失败，我不得已接过教育小喜的主要职责，一心想改造他。我每天与小喜过招，一招不见效，就换下一招，反正"教育常规武器库"里各种武器多着呢！"我45岁，小喜7岁，我还治不了一个小孩？"我踌躇满志之时，师生关系已悄然转换成对手关系。

这样的结果只能是惨败。尽管教育武器一次次升级，但失败的结果也一次次重复。因为我只看到了小喜的外部行为，看不见他的内心。我把自己放在高位，把小喜当成弱者、被改造的客体。我想快速赢了小喜，一味地迷信纪律约束、纯粹管理的有效性。然而，没有信任的师生关系丧失了教育的合法性，强加的命令使我和小喜的关系异化为螺丝刀与螺丝，即改造与被改造工具的关系。我疲于奔命，小喜痛苦不堪。我日复一日地在救火、善后、救火中循环……走过千万里，走不出旧套路。

（二）认识真实的自己

"已经站在悬崖边上"的我不得不反思：我这样一个看上去善解

人意的老师，怎么在教育小喜的事情上就走入了僵局？

台湾辅仁大学的夏林清教授讲解行动研究时说，人总是受到来自各方面的影响，比如家庭、单位等，就像被套在一层又一层的盒子里。因为学校每周有卫生、常规考评，每学期有考试，周围很多老师善用奖励、惩罚的方式把班级管理得井井有条，受到领导、同事和家长的肯定。我希望小喜不拖班级后腿，希望班级获得靓丽的成绩，也收获各方认可。这些目标没有写在我的工作手册上，却是我实实在在的每日工作重心。这些外部压力就像套在我身上的一层又一层的盒子，我屈从于外部压力和内心恐惧，选择强势管控小喜。

我也有教育理想，我把教育理想写在家长会的 PPT 上："每一个孩子在我心目中都是优秀的。""教育的核心是培养健康人格。"我信奉尼尔森《正面管教》中提到的"和善与坚定并行"的原则，实践着《如何成为高效能教师》提出的通过流程建设有序、合作的班级的方法。但遇到小喜，我绕过上述方法，选择快速有效地控制他。我会冲小喜发脾气，口头禅是"我生气了"。所以，我执行正面管教"温和而坚定"的原则时，多关注"积极暂停""班级民主会议"等策略，忽略了正面管教的思想基础——尊重，丢掉了管理工作的初衷。

我宣称平等地爱每一个学生，但我是否同样地爱着小喜？在沙盘上，我第一次发现惹是生非的小喜是一个努力修复一切、想被人"看见"的孤独的小男孩，感受到小喜的落寞、委屈、挫败，理解了小喜的百般折腾不过是拼命想冲破"不被看见"的魔障的执着。我看见小喜不是"外星人"，而是班级"隐形人"，生出了恻隐之心，期待通过帮扶改变小喜。此时，我与小喜的关系发生了第一次转变：我由一个强势的改造者转变为温暖的帮扶者，从追求快速、圆满地处理事件转为在过程中助人育人。因为我意识到，照一年级的情形发展下去，小喜小学 6 年也许能得到打赢同学、打败老师的快感，但永远失去的是班集体的温暖、老师的关爱、个人的成就感，而且影响整个班级的发展。我要对小喜进行教育救助。而随着付出越多，我与小喜的共同体关系越牢固。小喜的进步、快乐以及对我的依恋，不断鼓舞着我对他进行更多的帮扶。

（三）发现多种可能性

如果说我为了扭转败局对小喜进行帮扶是自发的教育探索，那么2019年9月我进入教育行动研究工作坊学习，则开启了我有意识地探究和自觉转变的旅程。

开班第一讲，陈向明教授给我们介绍了双环学习理论。教师在面对问题时单纯调整行动策略，期望改变结果，这是单环学习。教师在调整行为背后的价值观念的同时调整行动策略，从而改变结果，便是双环学习。我觉得双环学习理论很有意思，好像一束亮光划过我的世界。但我听完报告以后，这个理论也就被我抛之脑后。

当叙事探究进行到反思写作时，我写小喜，写学校班级环境，写家庭环境，写了很多，就是抓不到问题的根源。我的故事从一稿到四稿，改了多次，总是不得要领。我陷入了资料的海洋，研究陷入困顿。百般无奈之下，我从头翻阅工作坊每一讲的课堂笔记，"双环学习"这个概念再一次跳出来，跃入我的眼帘。我把双环学习图示放到文章中，但也仅仅只是放在那里，没有做任何分析。欧群慧老师在指导我时敏感地抓到了这个闪光点，启发我深入思考双环学习。

在与指导老师们的探讨中，我开始意识到，要把目光从外面收回来，向内聚焦，发掘自己内心深处的想法，叙事探究最终会落实到教育者本身对自己的认识、提升和改变上。我一开始回避对自己的分析，但是后来觉得最终必须面对自己。不仅指导老师们一直在强调这一点，我发现我也到了必须直视自我的关口了，也逃不了了。如果我想把教育叙事进行到深处，就必须把自己的保护壳打开，将内心的想法真实地呈现出来。只有鼓起勇气，正视自己过往的失误或曲折，反思自己内心的教育信念，才会真正有所提升。直到这时，我才真正明白了双环学习，也真正实现了双环学习。而这个过程让我意识到，理论学习只有在经历了困境和挣扎之后才能真正发生，也才能对我这样的一线教师真正产生意义。

以前，我觉得应该改变小喜，让他走到班级中，走到我身边来。现在，我非常赞同这种教育观念：一位机智的教育者认识到要跨过街道走过来的不是孩子，而是老师①。因此，我带小喜摆齐桌椅，教他给同学盛饭，给他一对一上课，帮助他被同学、老师看见。我拉着他的手翻越障碍，不应该仅仅出于同情，更应该基于教育者的职业责任与专业自觉。当下，像小喜这样的孩子越来越多，家庭无法充分满足孩子对亲密关系的需要。作为教师，我必须重视"替代性父母关系"，协助父母完成育人责任。

在居家学习期间，小喜"一朝回到解放前"，我一筹莫展时，工作坊的老师带领我们在线阅读、讨论，我觉得书里到处都是小喜的影子。比如书中说到，在教室里、在学校里，如果孩子表现特殊，很大的原因是孩子跟老师的关系出现了问题，孩子在反抗老师。这不正是小喜的样子吗？读完书的当天，跟小喜妈妈沟通时，我会提醒自己多问问"小喜在忙什么？遇到了什么困难了？"小喜妈妈说："抱歉，小喜又没完成作业。"我不再理所当然地接受歉意，会说"您辛苦了"。我会给小喜写信："既然小喜觉得跟大家一起学习很重要，能不能把学习当成一天中的第一件事来做，写一个字就算成功……"

面对问题，自觉调整乃至改变信念，进而改变行动策略，是双环学习的核心。我认同阿德勒的观点：教育的入口是尊重，不附加任何条件地接受并尊重那个人真实的样子，不做任何否定，不做任何强迫，

---

① 范梅南．教学机智：教育智慧的意蕴［M］．李树英，译．北京：教育科学出版社，2001：204.

帮助其成长，那个人会因此而获得巨大的勇气。我请小喜分享他一天的生活。我想，只要他不是睡着过一天，他总要干些什么，这些事情必定包含积极因素。我真诚地"感受着他的兴趣，快乐着他的快乐"，结果发现了"科学小达人"小喜。后来，面对作业问题时我会征求小喜的意见，而不是直接干预。我从帮扶期待小喜改变到尊重小喜真实的样子，尊重小喜自己的意愿，实现了教育信念的第二次跃迁。

此时，我有种"庄生梦蝶"之感：理性的教育叙事研究与实实在在解决眼前问题的教育实践交织在一起。

解决了眼前问题，我又生出新疑问：以后，小喜会变得自信、好学吗？如果小喜再次"一朝回到解放前"，我该怎么办？根据比斯塔的观点，教育总会包含风险。因为教育不是机器人之间的互动，而是人与人之间的相遇①。成与败，进步或后退，皆有可能。而这种不确定性，还有我丢失的志在必胜的笃定、我的无法掌控，恰恰是我和小喜发挥生命主体性的空间。这种不确定性使我们真正地作为人蓬勃生长，而不是作为零部件按设定程序被塑造和规训。无论多么优秀的教育者都无法保证学生一定会有所改变，但正因为无法保证，才需要无条件的尊重。作为教师，我必须踏出尊重的第一步。无论看来多么幼稚的游戏，我都会与小喜一起尝试，投入其中并愉快享受，因为小喜会因此感到被认可、被尊重、被平等对待。

想明白这些，我不再惧怕。如果再遇到问题，我会尝试再次改变自己的观念，牵着小喜的手翻越障碍。教育就是一个长长的陪伴和建立互信的旅程。我关注与小喜的关系，无条件地接纳小喜。对年幼的孩子来说，我与他的关系不只是达到某种目的（受到教育或成长）的手段，还是一种生活体验，具有积极的生命意义。

———————————

① 范梅南. 教学机智：教育智慧的意蕴 [M]. 李树英，译. 北京：教育科学出版社，2001：204.

从最初强力改造"外星人"小喜遭遇惨败，到在沙盘上看到孤单的小喜，看见"隐形人"小喜。从出于同情心自发帮助小喜被同学看见，一对一上课帮助小喜提高其参与课堂的能力，让小喜成了"小可爱"；再到进入工作坊学习，把帮扶小喜看作职业责任，帮他克服线上学习的新困难，我自觉转变观念，尊重小喜真实的样子，发现了"科学小达人"小喜，这期间我经历了不止一次的观念跃迁。

回首这段教育旅程，我发自内心感谢小喜，因为小喜，我认识到作为成人的我可以继续成长，还有许多的可能性。

 点评

在中小学教师的日常工作中存在反复发生的问题，这些问题的产生与教师的心智模式有很大相关性。只有促进教师心智模式改变，才能最终解决日常工作中的顽症。张东云老师通过她和小喜的故事向我们展示了通过双环学习改变教师心智模式的经典案例。通过她的故事，读者可以了解到契机事件是引起个体心智模式转变的前提。促进心智模式改变的途径主要有理论学习、跨界的小组探寻和视角转换的自我反思。双环学习能否发生，在很大程度上取决于个体是否具有安全感。个体如果处在开放信任的人际关系中，将在很大程度上愿意与他人相互支持、坦诚交流，愿意积极吸纳新知识以扩充和改善认知结构，愿意实现自己内心世界与外部世界的交融，反之则不然。

——欧群慧

附 录 二

教育叙事行动研究笔谈

教育叙事行动研究工作坊结束两年之后，这一组笔谈在《湖南师范大学教育科学学报》2023 年第 2 期发表，经过两年时间的沉淀和打磨，参与者们再次通过叙事写作来回顾和反思工作坊给自己带来的变化。作为教员，陈向明教授首先介绍教育叙事行动研究的思路和做法，以及这类研究对教师成长的意义和可行性。然后，四位学员在有关理论视角的观照下，分别聚焦于自己在知、情、意、行四个方面中某一个方面的变化。小学教师张东云结合双环学习理论，探讨在与学生关系的变化中，自己的心智模式如何从归因模式转向了欣赏模式。教师指导者何晓红在生态系统理论的背景下，分析自己在与教师磨课过程中的情感波动，及从互动关系中的情感联结到身份价值的自我怀疑。大学教师李紫红借助三维生活空间理论框架，探索教师实践性知识中"小丑"意象的生成，呈现自己在教学意志方面从退缩、踌躇到直面冲突的变化。初中教师冯国蕊从跨界学习的角度，分享自己如何将在各类跨界共同体中学到的理论运用于学校的教研活动和家校合作之中，呈现出从摸索运用到主动践行的转变。

四位学员之所以分别从知、情、意、行四个方面介绍自己身上发生的变化，主要是考虑到每篇笔谈的主题可以相对聚焦。任何变化都不是孤立的，都会影响个体其他部分乃至个体所处的群体和社会—文化环境，反之亦然。本次叙事行动研究给学员带来的变化也是如此。

教育叙事行动研究：中国教师的实践与反思

北京大学教育学院教授、博士生导师，华东师范大学上海终身教育研究院特聘研究员

陈向明

2019 年 9 月至 2020 年 10 月，我有幸作为教员，参与了由北京教育科学研究院德育研究中心举办的教育叙事行动研究工作坊。工作坊的教员和学员来自大中小学和幼儿园等不同工作单位，目的是聚焦教师日常工作中遭遇的"顽症"，在行动研究范式下，通过叙事探究路径，了解自己的教育信念，提升发现和解决问题的能力。工作坊提倡跨界视域下所有参与者的合作学习，将研究方法的学习与学员的日常实践应用相结合。每三周我们集中授课一天，上午学习相关理论和方法，下午分组讨论和操练。每次课后，学员写一份反思笔记，修改自己的叙事研究报告，并上传到学习平台。32 位学员按研究问题分成 6 个小组，每周一次小组活动，并上传活动记录。

2020 年 5 月，新冠肺炎疫情严重以后，我们采用了线上学习的方式。教学团队集体备课，教员进组指导，一对一、一对多、多对一，对有困难的学员进行个别指导。在学员遇到瓶颈时，教员邀请了 6 位学员参与双人小组教学，学员先介绍自己做研究的过程和经验，教员随后给予点评和理论提升。这种方式对学员非常有效，因为先听同伴

讲解比只听大学研究人员讲授更容易理解一些概念和做法。工作坊结束时，每人完成一篇研究报告，由于每次集中上课后都进行了修改，故报告有"1.0"版到"12.0"版。

基于工作坊的实践经验与近年来我们持续不断的探索，本文将介绍我们目前对教育叙事行动研究的理解，教育叙事行动研究的理论基础，以及在我国开展教育叙事行动研究的可能性。

一、对教育叙事行动研究的理解

我们对本次工作坊之所以如此凝神聚力，是因为我们希望改变坊间"好人好事"型的叙事探究模式，真实呈现教师工作的复杂性和不确定性，特别是那些反复遭遇、难以解决的困境，以及教师应对困境的艰难过程。另外，由于一线教师最关心的是如何改进自己的工作，而不仅仅停留在讲故事和写故事层面，因此我们将叙事探究改造成了叙事行动研究。在教师呈现了"顽症"的来龙去脉之后，他们再次回到现场，采取行动干预措施，看"顽症"是否有所减轻。有的情况下，"顽症"并没有明显减轻，但是教师通过反复刺激它，与其积极互动，对其更加了解，对症结的理解也更加深入——这也可以被认为达到了叙事行动研究的效果。

首先，我们之所以选择叙事探究方法来开展行动研究，是因为这种方法特别适合一线教师了解和改进自己的工作。教师工作具有情境性、关系性、过程性、复杂性和价值性等特征，而讲故事的方式能够让这些特征浮现出来，随后的行动干预能够有助于改进教育现状。与叙事话语相比，科学话语过于宏大，操作程序过于严苛，不仅难以被教师掌握，而且很难解决他们工作中遇到的真实难题。

基于近几年的不断探索，我们对叙事行动研究的特征形成了一些认识。首先，研究者不提出明确的研究问题，而是从自身遭遇的困境入手，特别是那些具有悖论性、冲突、张力以及与自己预期不一致的困境。研究者需要关注自己对这一困境的情绪反应，反思自己的行为习惯和价值取向。在后续不断讲述和写作故事以及行动干预的过程中，探究的主题会慢慢浮现出来，并变得越来越清晰。

其次，叙事行动研究采用第一人称视角，所说的故事来自研究者的自我觉知和自我陈述。故事的具体内容不一定与"客观事实"完全相符，它之所以留在研究者的"记忆"中，说明它对研究者很重要。虽然故事的内容不一定要完全"真实"，但是细节描述要丰富、生动，情节发生、发展的过程要勾勒清楚，语言要有感召力，让读者感觉身临其境、感同身受。

再次，叙事行动研究具有反身性，研究者需要探讨自己是如何在行动中反思的，当时为什么这么做、这么想，现在为什么这么写，自己的反思方式有何特点，这些特点是如何形成的，这类反思对自己作为一名教师乃至作为一个"人"有什么影响。反思需要坦诚、深刻地剖析自己的心智模式（信念和价值观），而不仅仅是自己所做的事情。在对当前发生的事情和自己的心智模式进行反思的同时，还要兼顾对个体生命历程与社会—文化结构的探究。这是因为我们现在如此行动和思维，与自己过往的生命体验以及身处的社会大环境是分不开的。

最后，顾名思义，叙事行动研究具有行动特征，研究者不能仅停留在对事情的描述、解释和分析之上，还要采用干预措施改变现状。这是因为叙事行动研究者认为，对事情进行干预不仅更能够发现事情的实质，而且更能有针对性地提出改进措施。因此，衡量这类研究质量的标准不是如常规学术研究所要求的"研究结果真实，可以推广到整体"，而是"研究结果是我们所意图达到的，对于我们提高自己的自尊和自信，以及改进现状的意识和能力有帮助"。

二、教育叙事行动研究的理论基础

根据学员的需要，我们在工作坊中介绍了一些理论，作为叙事行动研究的理论基础。在工作坊开班那天，我们介绍了阿吉里斯和舍恩的行动科学中的双环学习理论。该理论认为，如果人们根据结果不断调整行动策略，这便是单环学习；而如果人们不仅根据结果调整行动策略，而且调整自己的信念和价值观（即心智模式），便是双环学习。那什么时候需要双环学习呢？回答是：当我们发现自己不断调整行动策略，仍旧无法解决问题时，我们需要了解自己的心智模式，并根据问题解决的需要对其进行调整或转化。我们之所以一开班就介绍这个理论，是因为我们希望学员不仅仅针对自己遇到的"顽症"在行动策略层面反复调适，还期待他们能够卸下防御，对自己的心智模式进行批判性反思。工作坊后期的研究结果证明，这个理论很好用。使用这个理论对自己的研究过程和结果进行分析的学员，其心智转变的速度明显更快，幅度明显更大。笔谈中，张东云老师就重点使用了这个理论，对自己心智模式从归因到欣赏的转变进行了深入剖析。

针对大部分学员的故事结构平面单一、内容稀松单薄的问题，我们随后又介绍了克兰迪宁和康纳利提出的三维叙事探究空间理论。该理论提倡将故事在特定主题下按"时间、地点、社会"三个维度组合，建构出一个完整的叙事。时间维度进一步细分为过去、现在、未来；地点维度细分为情境和背景，其中包括地理的、机构的，以及与故事相关的情境和时代背景；社会维度细分为个人内在的感觉、期望、反思和精神状态，与个体有关的其他人和社会事件。如此，借助三维叙事探究空间理论，学员将自己原本现时、平面、单薄的故事结构改造成流畅、立体、充满互动的叙述过程。笔谈中，李紫红老师就使用了这个理论，将"小丑"意象从踟蹰到坚定的意志变化放入三维叙事探究空间，进行了生动的阐述。

工作坊进行到中期，有的学员使用非常单一、静态的视角看待自己的故事，或将所有过失都归咎于学生及其家长（这都是他们的错），或完全归咎于自己（这都是我的错）。他们忽略了自己故事所处的社会—文化情境，以及这些情境与自己生命历程复杂交织的关系。此时，我们介绍了布朗芬布伦纳的生态系统理论。该理论将个体所处的环境分成四个环环相扣的系统：①小环境系统，即与个体活动直接相关的环境；②中环境系统，即不同小环境系统相联系形成的系统；③外环境系统，即与个体不直接相关，但是会影响其发展的系统；④大环境系统，即影响以上三个系统的文化和社会环境。根据叙事探究的需要，我们还加入了时间维度：随着时间的推移，个体的经验会发生变化，以上环境系统也会随之变化。笔谈中，何晓红老师便使用了这个理论，将自己的情感从不安到坦然的变化放到这四个系统中进行了缜密的分析。

工作坊成员虽然来自不同活动系统，但能够有效开展合作学习，随着叙事行动研究的不断深入，这个特点变得越来越明显。为了解释这个现象，我们介绍了跨界学习理论。该理论有三个来源：基于文化历史活动理论的拓展学习（以维果斯基和恩格斯托姆为代表）、基于实践共同体理论的情境学习（以莱芙和温格为代表）、基于科学史和科学哲学的非共识合作学习（以斯达为代表）。该理论认为，来自不同活动系统的人们（如本工作坊中的大学研究者与中小学、幼儿园教师）对同样的问题通常有不同的信念、价值观和行为习惯，这便构成了"边界"。边界不被认为是交流的障碍，反而是合作的资源。因为有差异（不是差距），所以需要交流和合作。借助"边界客体"（如反馈交流机制），双方形成了意义协商、视角再造和实践重构等机制，进而获得了跨界学习的结果。笔谈中，冯国蕊老师便使用了这个理论，基于自己在学校教研和家校合作中开展跨界学习的经历，对自己从被动到主动的行动变化进行了卓有成效的探索。

虽然我们介绍上述理论的初衷是满足叙事行动研究过程中学员的需要，但是现在回想起来，这些理论之间存在一定关联，并共同作用于学员学习的不同方面。双环学习理论关注人的心灵转变，因此对学员的认知产生了重要影响。三维叙事探究空间理论是故事的结构载体，促使学员将故事放入时空和社会关系中进行考量。生态系统理论突显的是个体所处的多层社会—文化环境，为学员拓展故事的意义提供了空间。跨界学习理论展示的是教师发生变化的可能性条件，即借助边界客体教师与大学研究者进入共同探究的"第三空间"。

除了上述四个理论，在工作坊后期，我们还根据学员的故事暴露自己真实情况的程度，介绍了克兰迪宁和康纳利提出的三种故事类型：伪装故事（cover story）、隐秘故事（secrete story）和神圣故事（sacred story，这个词带有西方宗教的意味，我们将其改造为"信奉故事"）。如果学员写的都是希望外界认为教师应该表现出的"高大上"形象，就被视为"伪装故事"；如果学员暴露自己平时不会公开的真实做法和想法，便是"隐秘故事"；而如果学员在故事中宣称一些自己认为应该信奉的准则，便被认为是"信奉故事"。随着工作坊开放、平等、安全氛围的建立，越来越多学员的写作从"伪装故事"走向了"隐秘故事"，越来越深入地对自己的"信奉故事"进行剖析和反思。

在工作坊后期，根据学员写作叙事文本的需要，我们除了使用不同版本的叙事文本进行反思性写作训练，还介绍了一些具体的写作思路，例如"拓展、讲述/复述、深挖"（broadening，telling/retelling，burrowing）的行文结构，即作者首先交代故事的社会—历史—文化大背景，然后讲述或复述故事，最后对故事所揭示的深刻理论意涵进行深度挖掘。此外，我们还介绍了文艺理论批评领域广泛使用的行文构思，如人物、时间、地点、故事情节的发展过程、高潮（或反高潮）、结局等。以上理论和探究思路为工作坊的学员提供了"照亮经验的一道光"。在反思笔记里，有学员坦言："我突然感觉自己像是福尔摩斯，用智慧在探寻教育实践中的真问题，我似乎看到一丝丝光了。"

三、开展教育叙事行动研究的可能性

我们近几年的探索表明，教育叙事行动研究是教师成长的一个有效途径，非常适合教师的专业发展和学习共同体建设。总结起来，教育叙事行动研究对教师成长有如下一些作用。

第一，教育叙事行动研究有利于教师认识自我和世界，理解自我及其与他人的关系，辨识学校场域的复杂性。当"问题"发生时，教师通常容易产生挫败感，认为是自己做错了事情，是自己无能。而通过讲故事，教师能够将"问题"外化，意识到问题的复杂性，将自己这个"人"从问题中解放出来，减轻内疚感。

第二，教育叙事行动研究有利于教师的自我表达和自我重构，通过发声走到研究的前台。它促使教师重新审视自己习以为常的惯例，重新定位自己的专业身份。事件的意义因回顾而改变，"没有一个人会没有改变地离开叙事探究"。教师叙事所创造的实践性知识，还能够与主流知识分开，打开空间，让被压制的知识流通起来。

第三，教育叙事行动研究有助于教师集体意识的形成和发展，形成阐释共同体。教育叙事中似曾相识的事件、通俗易懂的语言、震撼心灵的主题，很容易引起其他教师的共鸣。通过叙事，教师将私人"麻烦"转化为公共伦理困境。因此，叙事既是反映自己的镜子，也是观察别人的窗口。

第四，教育叙事行动研究可以让教师将探究的结果用于改进工作，这也是最为重要的。因为主动刺激更能深入探触事情的本质，教师知觉了自己的思维和行动习惯后，才能调整看问题的视角。当然，如果只有教师个体行动起来是不足以改变现状的，还需要与能够解决问题的利益相关者联合起来行动，才有可能撼动现有社会结构的制约。

如果教育叙事行动研究对教师成长有这么多积极作用，那么开展这类研究需要什么条件呢？根据我们的经验，首先，教师需要有拥有感，即自己是行动研究的主体，研究的是工作中的真实困扰，感觉研究对自己有意义。其次，教师的拥有感和意义感来自与其他活动系统的人们（学校领导、同行、家长、大学研究者等）的平等对话，对话有助于形成一种激发性信任，使彼此能够开放、坦诚地交流。再次，不预设清晰的目标和结果，对过程保持开放，在与复杂情境的对话中调整方向和力度，创造性地在行动中反映。最后，不停留在单纯讲故事层面，发挥主观能动性和应对逆境时的韧性，通过择宜采取此时此地最为合适的行动处理问题。

回顾我们走过的历程，也不乏困惑和问题，因此也积累了一些对策和经验：

其一，有些教师叙事的主题始终不清晰，好像什么都想说，又什么都没说清楚。这主要是因为自己还没想明白希望探究的主题到底是什么，为什么这个主题对自己重要。具体的应对措施包括进一步寻找主题词，关注关键事件和关键人物、冲突和张力，在它们之间建立逻辑关系。

其二，有些教师的故事对细节的描写不够，特别是对过程的描写很少，将复杂问题简单化。这主要是出于一种"想当然"的心态，认为这些情况大家都知道，不值得写；或不敢写，担心给自己带来麻烦；或不知如何写。我们提供的对策是转熟为生，参考三维叙事探究空间，补充必要的细节，同时避免"伪装故事"，直面"隐秘故事"，挖掘"信奉故事"，深入剖析自己遭遇的挑战和内心真实的感受。

其三，有的教师的叙事内容细节很多，但反思不够深入。这或许是因为不习惯，也可能是因为不敢，还有可能是因为缺乏理论视角。我们提供的对策是自我提问，或与其他教师结成小组开展头脑风暴，也可以进行分析性对话，或者阅读相关文献，对照其他人的类似研究寻找理论线索。

其四，最后一类不足是教师的叙事风格"伟光正"，有一种加工的、不真实的"腔调"。这往往发生在名校的名师身上，而且他们之前大都发表了很多类似的论文。我们感觉，出现这种情况有可能是因为他们被科研人员过度训练，或者是被报刊编辑误导，对什么是"好的教育研究"缺乏判断标准。我们建议他们尽可能做到真诚和坦诚，倾听自己内心的声音，表达朴素平实，并始终保持怀疑和探究的心态。

总之，教师的职业发展就像是在热带雨林中寻找出路，而不是在高速公路上开快车。教育进步的路径更像是蝴蝶的飞行轨迹，而不像是子弹直达目标的飞行路线。每个人都要发现一条适合自己的、能实现自身职业理想的道路，而教师的讲述和行动往往能使这条道路显现出来。教育叙事行动研究作为一种新的研究范式，对教师的成长具有不可或缺的重要意义。

双环学习中教师心智模式的转变：从归因到欣赏

北京交通大学附属小学 张东云

在工作坊一年的学习中，在信任和支持的环境下，我重新检视自己习以为常的教育行为，记录自己两次面对困境的心路历程，深入、坦诚地反思，不知不觉中自己的心智模式发生了转变，从归因转到欣赏。更重要的是，走出工作坊，我带着转变后的心智模式去工作，教育实践进入了一种全新的境界，习得了通过叙事进行自我反思的能力，也不惧实践中的问题与困难。

一、托出"伪装故事"

进入工作坊之前，我捂住了小喜的故事。

小喜是一年级班上的一个特殊孩子，在校状况频出，就像"外星人"降临课堂。我花了一年时间，把班主任的十八般武艺都用上了，却遭到惨败。小喜伤人越来越严重，我跟小喜和其家长也快"打"起来了。后来，我给小喜补了一年的课，小喜能和同学一起上课了。但补课这件事，领导甚至同一办公室的同事都不知道。我不愿意说，因为它显出我的笨拙、狼狈。再说，为一个孩子补一年的课，不是大多数老师的选择，我担心别人对我的看法。

2019 年 9 月，小喜升入三年级，我和同事被学校选派参加工作坊的学习。第一次课上，陈向明老师做了《一线教师为什么也要做研究》的演讲。"教育实践的特点：情境性、特殊性、不确定性、不稳定性、价值冲突性。教师工作的特点：在低洼的沼泽地里挣扎，是一种关系型实践。教师最需要的是择宜的能力……"那是我第一次见到陈老师，被老师平静、和缓的演讲击中。陈老师说的情况，我天天感受得到，但有的说不清楚，有的说不出来。我就像一个失语者，被老师说中了心思。

课上，两位助教老师（王青老师、安超老师）一一分析学员的反思贴。课后，对于我随手写的甚至有些"注水"的反思，工作坊的欧群慧老师读后当面与我交流。工作坊的学习如此不同，我眼中的云端之上的学者降落到身边，用行动告诉我们——小学教师值得被看见！我所带的班级，也是一小片青葱、神圣的"田野"，值得被研究。第三次课上，我第一次讲述了小喜的故事。

当时，我的故事标题是《从个别生转化的个案中能提取多少普遍性策略》。老师说，这是一个成功的教育案例，适合在培训中宣讲，不适合进行叙事探究。我预感"伪装故事"将被"打破"，因为事情背后还有许多苦痛，还有"隐秘故事"等待被挖掘。

二、挖掘"隐秘故事"

在工作坊，老师也讲授，但更多的是提问、交流，他们相信我们能生成自己的理解。所以，每次上课，我都要拼命地"扑腾"才能"通关"。有时，我想从老师那里套取答案："老师，这件事你怎么看？"感觉答案就在老师嘴边，但老师始终抿紧嘴角。每次课，我都觉得精力已经耗尽，甚至不能忍受公交换乘，必须打车回家。同伴说："跟工作坊的学习相比，感觉以前读了个假研究生。"

老师布置我们写叙事故事，我不知道怎么写，使用的方法很粗暴，就是写、写、写，但写出的故事自己都不愿看。老师查看作业后，没有批评我，只是问："你写自己曾经这样做，是因为什么？""这么做一定是好的吗？"……沿着老师的问题思考，我总能从混沌向清明迈进。于是就可劲儿地写，把自己交出去，老师总能接住，像拓展训练中的"信任背摔"。

写故事也像做沙盘游戏，我们用文字发掘内心。工作坊的王青老师讲解三维叙事空间理论时，提出用表格来分析故事。我不仅要写小喜的表现，还要写自己的行动、想法，以及环境的影响。比如，训练小喜课间做到轻声慢步无效后，学校考评中班级没有获得流动红旗，我感觉自己很没用。小喜经常在楼梯上、操场上抢同学的玩具，跟同学打架，甚至放学前3分钟都能打伤一位同学。学校要求"安全第一"，我提心吊胆地不敢离开学校一步，每天一睁眼就想，今天不知道又会出什么事。

我写故事上瘾，还写出"故事冲突'说明书'"。现实中纠缠在一起的各种因素，通过写作，被一条条"撕开"。写作前，故事"粘"在身上，写出来后，我脱下了这件"湿衬衫"。

原来，我认为问题都出在小喜身上。当我们一起出现在聚光灯下，我有了惊人的发现：为什么我努力改造，小喜打人情况却越来越严重？是不是我"逼"出了问题学生？想到这儿，我吓得不敢再写下去！

在工作坊，我听到其他学员讲述的一些故事：一位拥有工作室的名班主任，有一个5年都没搞定的学生，快被气炸了；一位年轻的男老师正面临"面子"与"里子"的矛盾，有时夸大孩子的问题，给自己发火找借口……每位学员都有"疑难杂症"。如果要获得真正的成长，就必须豁出去，研究真问题。

打开保护"壳儿"，原来的"好"也被打破。以前，我觉得自己是富有爱心的好老师，但范梅南在《教学机智》里说，向学生走过去是老师的职责。在家长会上，我宣称"平等地爱每一个孩子"，但是生活里学生受伤，我心疼，小喜站在一边哭，我却谴责他"你还哭？"。写叙事故事，让我重新发现了小喜：他不像"外星人"，更像是"隐形人"！他百般折腾，只是因为想被"看见"！

这些发现在我心里掀起惊涛骇浪，我追问自己：要做什么样的老师？再给小喜补课时，面对小喜和小喜父母，我不敢居功，变得更谦和。三年级上学期期末，小喜语文考了 82 分，数学成绩达标，我们开开心心地进入了寒假。

三、寻找新"药方"

寒假结束前，新冠肺炎疫情发生，转为线上教学。接下来的两个月里，小喜仅上传过一次作业，"什么都没有，一夜回到解放前"，此时我想给他补课都没机会。

两个月里，我悬停在"中间地带"，动弹不得，成功经验"失灵"，"缺陷"浮现出来。为什么一松手，小喜又回到原点？如果小喜放弃了书本学习，生活还有没有意义？回顾以前，我看小喜，看到的都是他的问题，心心念念如何解决问题，不知不觉把问题看得大过小喜自身。现在，我需要寻找新"药方"。

工作坊的老师推荐我们阅读《精彩观念的诞生——达克沃斯教学论文集》《被讨厌的勇气："自我启发之父"阿德勒的哲学课》《教育的美丽风险》等书籍。其实，我书架上就放着一套阿德勒的书，过去几年，只读过开头。此时，我被困境催逼着，几天就读完一本书，每周期待线上交流，希望与同伴、老师碰撞出新想法。

阿德勒认为"教育的入口是尊重"。我可以尝试不附加任何条件地接受并尊重小喜真实的样子吗？上午看了书，下午我就迫不及待地联系小喜，请他分享一天的生活。我认为，他一天总要做些什么，按照书中观点，其中必定包含积极因素。

小喜在班级群分享了吹泡泡"秘籍"，我发现了一个善于动手、细心观察、热情探究的"科学小达人"。原来，吹泡泡也有积极意义！更令人欣喜的是，此后，小喜上交的作业量增加了。但小喜仍然不能完成全部作业，我对小喜说：你想做多少作业可以自己决定，老师支持你。我敢于这样说，是因为我觉得作业没那么重要，孩子比问题更重要——我进入了一个全新的世界。

期末，我要求孩子们看图写话，开始小喜写得又杂乱又简短。我很生气，因为感觉他能写好。心平气和后，我教他方法。最后，小喜写出一篇满分习作。

暑假，我送给小喜一只篮球，不是奖励，只因他喜欢。后来，我不再带小喜所在的班级。暑假期间，一天晨跑，我偶然碰到小喜，此后，每天早上都能"偶遇"他。我们互相打声招呼："嗨，早上好！"我真真切切地感受到，比夏日的晨光还要明媚的是孩子对老师的依恋。

建立良好的关系不仅是教育手段，更是生活体验，对我们都具有积极的生命意义。这种"无关利益的成就"给教师带来"珍贵的鼓励"，以及超越日常的愉悦感和崇高感。

四、觉察心智模式的转变

我所写的故事反思，有 282 个字是关于双环学习的内容。工作坊的欧群慧老师从 1 万多字里抓住了些微的闪光，捅破"窗户纸"："之前，你所有的武器都来自单循环'仓库'。现在，你重新理解小喜，意味着价值观改变了，心智模式改变了，这就是双环学习。"那一刻我很震惊，这意味着，问题解决的关键在自己！

阿吉里斯和舍恩提出双环学习理论，单环学习是指行动者只改变行动策略，主导价值观不变；双环学习不仅调整行动策略，而且调整价值观和信念，回到自身探究问题。彼得·圣吉认为，心智模式是决定我们对世界的理解方法和行为方式的那些根深蒂固的假设、归纳，甚至就是图像、画面或形象。人们用心智模式来对事件进行预测、归因，以及做出解释，虽然它不易被察觉与检视，但却无时无刻不在影响着我们的认知方式。

陈向明老师提示我们思考："如何看待学生？背后是什么样的教育信念？"从 2020 年 6 月到 10 月工作坊学习结束，我重新审视自己的教育行动，反思行动背后的信念和价值观，其间与欧群慧老师结对，数次修改反思内容，在大学的学术训练营多次分享自己写的故事，每次分享都重回故事现场深入反思。就在我写作本文时，又有新的反思涌现。叙事反思像掘一口井，挖得越深，水越清冽。

最初，我紧盯小喜的问题，期望通过解决问题改造他；后来，我对自己的心智模式有了更为清晰的理解，转为发现、欣赏小喜。进入全新的境界后，回看以前陷在单循环路径中的自己，就像蒙着眼拉磨的驴子，观念不变，就算不断地变招，"教育常规武器库"里的武器再多，仍然在原地打转。以前我将注意力集中在小喜的问题上，通过技术分析把问题归于某种原因，如家庭对他的忽视、缺乏良好的行为习惯等。我越是急切地希望解决问题，就越迷信纪律、管控的威力，我们两个异化为螺丝刀与螺丝，即改造与被改造的工具。小喜痛苦不堪，我也被推到"悬崖"边上。抱着解决问题的思维，结果必有成败之分。学生的问题层出不穷，教师的烦恼就无穷无尽，这条教育之路布满荆棘。

后来，我从改造小喜转为帮助小喜，通过一对一补课对他进行资源倾斜，但还是用缺陷模式看待小喜，认为他课堂表现不佳，目标仍然是解决问题、改造他，只是兼顾满足了小喜希望被老师关爱、被同学关注的内在需求。

新冠肺炎疫情发生后，教育环境发生改变，以前的成功经验失效，我被迫寻找新办法。在欧群慧老师认为我的心智模式已经发生了转变后，我在反思中反复体会新的心智模式到底新在何处。我最大的变化在于，不再把小喜"不读不写"的行为看成是错误的，是需要压制、改变、清除的，而是接纳孩子当下的样子，努力寻找"问题行为"背后的合理性解释，寻找小喜行为的闪光点。针对作业问题征询小喜的意见，面对习作困难的小喜不离不弃地给予帮助……，这些策略建立在信任的基础上——相信小喜是完整的、鲜活的、独一无二的生命个体，坚信他可以用自己的双脚走向理想，眼前的问题、困难是暂时的，我愿意陪他去努力。

作为教师，我信任、欣赏、陪伴小喜，帮助有大小之分，绝无成功与失败之别。小喜点滴的成长，都令我收获职业成就感和自我实现的价值感。以后，不管小喜多少次"一夜回到解放前"，我都不再惧怕。遇到问题，我愿意陪着他翻越障碍。教育就是一段长长的陪伴和信任的旅程。想明白这些，这条教育之路春暖花开。我体会到，心智模式从归因转变为欣赏，不仅仅对学生有益，更重要的是解开了教师心灵的缠缚。

我特别感谢与教育叙事行动研究的相遇。我的实践是故事，生命是故事，故事里不仅有理性，更多的是丰沛的情感。在叙事研究里，情感不需要压抑与抽离，自然地在字里行间流动。

我和大部分小学教师一样，虽拥有丰富的心灵体验，但苦于无法明白地表达出来。陈向明老师已有的相关研究给我带来启发："老师都发生了心智模式的变化，从单一、现时的技术分析模式，走向了复杂、历时的实践-反思模式。""他们开始学习如其所是地爱孩子，不再采用缺陷式的、控制的和改造的方式，而是用接纳、欣赏和陪伴的态度对待孩子。""老师之所以发生了如此大的变化，其中很重要的一个因素是'主体性'得到了彰显。"……这样的学术研究对我很有启发性。沿着这样的道路，我逐步厘清了自身心智模式转变的过程。

首先，实现心智模式的转变，反思必不可少。教育实践中，不管是改造小喜，还是给小喜补课，都是当时我所知道的最优解。新冠肺炎疫情期间再次遇到问题，通过自我反思，我才找到更好的办法。

其次，实现心智模式的转变，勇气必不可少。人都会有局限性，也可能有失误。作为教师，有勇气检视自己的不完美，才可能接近完美。

最后，实现心智模式的转变，外部支持、理论学习必不可少。心智模式潜藏在个人的言行之中，自己习以为常。如果不是机缘巧合参加了工作坊的学习，遇到优秀的教员团队，学习"双环学习"理论，进行叙事行动研究，受到近身的引导、启发、点拨，以及一群学员的热诚陪伴，我一个人在面对问题时，很难实现思想跃迁。

现在，走出工作坊已经2年多了，在教育教学中，我带着研究成果去实践，敢于相信、欣赏现在的学生，不惧教育的美丽风险，变得平和、有力，热爱学习、研究。内心越是清明，我越能充满信心地往前走。

从不安到释然：情感引发的身份怀疑

北京市学校德育研究会学术秘书　何晓红

大学毕业后，作为非师范生，基于对自身受教育过程的反思，我心中涌动着一种"以人为本"的教育样态，很想回到家乡的学校工作，把心中所想践行出来。于是，我在县城的一所初中学校工作了四年，在教学中遇到诸多困惑，之后我到一所师范大学读硕士，想以此来拓宽视野、提升解决问题的能力。其间，我参与了教师行动研究项目，看到了教师来到校外空间学习的热情。但是，教师能否持续参与更多依赖学校的安排。为此，我想尝试在学校内部创设教师持续学习的空间。在一所民办学校校董的支持下，我以教师指导者的身份进入学校初中部，参与学科教研工作。在2019—2020年为期一年的教育叙事研究行动工作坊学习中，我将这段参与学科教研的经历写成一篇教育叙事，主要讲述了自己对指导者身份的自我怀疑。本文围绕"情"，对这段经历进行再经历、再讲述，描绘出这段经历中的情感体验①，

---

① 情感体验是维果斯基理论体系的一个关键概念。他认为：思想源自意识的动机层面，包括我们的喜好与需求、兴趣与冲动、情意与情感。（人的）每个想法都保留着他与这一想法所表达的现实之间之情感关系的痕迹。这意味着认知与情感本源相依，二者辩证统一，有着相互关联性和不可分离性。

尝试探究其中的情感变化及其所反映的身份困惑。

附
录

一、"反问"来袭的"不安"之情

2019 年 9 月，我刚进入学校的第一个月，密集听课一周后，给老师们提了很多教学改进建议。第二个月，我入校再次观摩课堂时，并未看到建议落实，于是主动询问部分教师，得到的反馈是"建议好是好，（我们）也觉着这样的方向是对的，可是不知道怎么落地"。为此，我和主管教学的副校长商讨此事。他提议，可以"尝试先从陪伴一位教师开始，看看怎样能让年轻教师成长起来，给其他教师打打样"。副校长推荐与我合作"打样"的是郝老师，她是一位二十五六岁、入职该学校前有三年左右教学经历的年轻教师。

2020 年春季学期的教学和教研都转到了线上。同年 4 月，在阅读了七年级语文组所有教师的《老王》教案后，我发现郝老师的教案内容翔实，只是在引导学生理解课文主题的思路上中规中矩。在全组教师集体教研时，她表达了对课文主题深刻性的认识，并表示不知道如何在课堂教学中呈现。当时，我建议郝老师再次打磨教案，认为这能帮助她提升课堂教学能力。

在用微信沟通的过程中，郝老师连用了双重的问号和三重的感叹号。我直接询问她，她说："就是一种反问。"我的第一反应是"反问是啥意思"，迅速地把语法书找出来查看。现在想来，我当时真不知道反问什么意思吗？当然不是，我只是不知所措，感到慌张。

当时，工作坊的学习也转到了线上，我所在的 5 人学习小组讨论自己的故事时，陈向明老师问："为什么你那么在乎标点符号？"我不假思索地说："标点符号是来表达情感的啊！双重标点符号里面是有情绪的啊！我想知道郝老师用双重符号表达什么啊？"向明老师继续问："你到底在乎什么呢？在意她挑战你在学校的身份吗？"我当时没有直接回应，但心里想："挑战就挑战呗，我不关心。"

当后来在反思贴中写下这段对话时，我自问："我真的不关心、不在乎吗？"其实不然，当我作为指导教师遇到困难时，心中会有一个声音响起："费这个劲干啥，还不如自己去给学生上课来得直接。"郝老师的"反问"将我内心的这种声音再次唤起。成为教师指导者并不是我自己心中向往的选择，尤其是在承受学校期待的压力时。虽然我对承担压力也不是全无信心，但是自认为可以选择不承受这样的压力。给学生上课既是我渴望的事情，又是实现自己教育抱负的直接行动——是进入学校继续做教师，还是成为一名教师指导者呢？从"反问"引起的慌张中，我体察到"不安"的搅扰。这种情感非常强烈，搅扰着我，致使有一段时间我不太想跟郝老师沟通，也不知道后续跟她沟通什么。

二、课堂教学的"怀疑"映照

伴随着叙事学习的进行，向明老师建议我们围绕故事中的困境尝试行动，来寻找破解难题的可能性。于是，我鼓起勇气跟郝老师沟通，入班观摩她的线上课堂。课后，郝老师说出"自我怀疑"的想法，当时，"我也是这样怀疑自己"的声音在我心中回荡。

我和郝老师也说起关于《老王》教案的那次讨论。我了解到郝老师的无奈。她说："我使尽全力做好教学设计、带好班、上好课，可是为什么还有那么多不尽如人意的地方呢？"郝老师的这些话语，让我重温了作为教师指导者的"压力感"。但是，这没有让我感到无能为力，而是在跟郝老师的共情中，感受到一种被理解的轻松。

我好像找到了"不安"的所在。郝老师以标点符号来表达"反问"时，我觉知到郝老师对我指导的质疑和对再次打磨教案的抗拒。她的情感反应"传导"过来，我的"不安"出现了。经由郝老师的怀疑映照，我也开始反省自己作为教师指导者的工作方式：标榜着要支持与陪伴教师，却想着用自身在学校的地位高于郝老师的"优势"，强力"推进"她改变。我的推进"动用"了指导者在学校角色里的权力关系，来应对学校对自己工作效果的期待所产生的压力，借以增强自身的效能感。这一所为与成为教师的支持者与陪伴者的所想出现了矛盾。

这样来看，我的"不安"关联着自己是否要成为教师指导者，以及成为什么样的教师指导者的问题。所想与所行的矛盾背后是身份认同与实际行动之间的不一致：在意识层面想成为校内教师持续学习空间的创设者，但实际扮演的是"命令"教师成长的"管理者"角色。内在的不一致引发了我的"不安"。反之，这种"不安"又促使我寻找对自我的认识。情感与自我认知交融在一起的叙事过程，让我看到了自身的困境：要走向何方？要成为什么样的人？"不安"悬停在这里。

三、融"理"入情的"释然"之感

随着工作坊学习的进行，助教王青老师介绍了布朗芬布伦纳的生态系统理论。这一理论认为，有机体与其所处的即时环境的相互适应过程受各种环境之间的相互关系，以及这些环境赖以存在的更大环境的影响。

根据这一理论，有学者绘制了人的发展的生态系统模型图（见图1）。这一模型以儿童（人）的发展为中心，父母、教师，以及与儿童密切接触的人都在最内的小环境系统中。中环境系统是儿童直接接触的家庭、邻居和幼儿园等抚育成长的小环境系统之间的相互关系。外环境系统指的是对儿童产生间接影响的社会环境，大环境系统指的是文化、法律和规范等。这种不同系统彼此嵌套、相互影响的视角，拓

展了我和郝老师之间互动的视域。我将具体探究这一视域拓展（见图
2）对自身情感变化的影响。

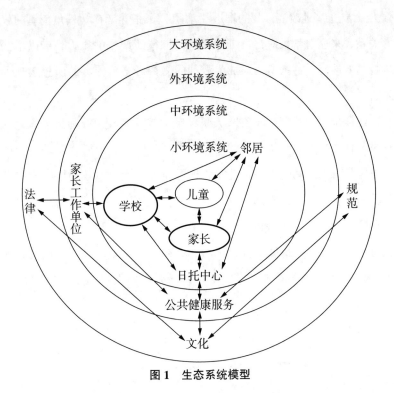

图1　生态系统模型

1. 对情感发生的理性认识

在我和郝老师互动的小环境系统中，围绕《老王》教案打磨的讨论，
她用"反问"表达了"不是这样还能怎样，我这样理解和设计有什么不可
以?"的意思。郝老师的教案本已不错，我对是否再次推进她打磨教案也
有犹豫，她的质疑把我的"犹豫"放大了。在翻看语法书的身体反应中，
我体验到"不安"的搅扰。在线上课的观摩后，我主动与郝老师电话沟通
时，她觉知到对学生说出"有仇"的暴躁，源自课堂教学问题引发的自我
怀疑。我意识到，她与学生的互动和与我的互动有相似性。我也怀疑自己
问郝老师的问题是否合适，推进打磨教案的行为对她是不是有帮助。在与

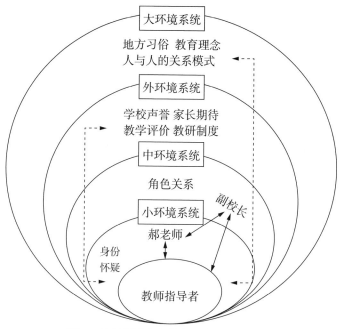

图 2　教师指导者与教师互动的环境系统

郝老师的自我怀疑发生共情时，我意识到搅扰自身的"不安"，实际上跟搅扰郝老师的"暴躁"一样，都来对自我的怀疑。这种怀疑关涉自身参与教研的角色是什么，以及要成为什么样的教师指导者的身份认同。同样，它也触及郝老师作为教师的身份认同。

　　图 3 呈现了"反问"引发我"不安"的情感问题，同样也扰动着郝老师。在打磨教案的活动中，我"推进"郝老师做她害怕的事情，在这看似冲突的情境中，郝老师的害怕和质疑与我的犹豫和怀疑发生了情感交互。这种交互的发生，源于我们都受到的身份怀疑的困扰。郝老师对自我怀疑的情感流露，激发了我的共情，让我意识到"不安"产生的内在动因，实际上是自己对自身教师指导者身份的怀疑。在将"不安"的情感放入我们互动的小环境系统中细细考究时，我意识到如下的情感反思过程：害怕—犹豫—质疑—怀疑—不安。这样的理性认识让我从"不安"的搅扰中脱身，开始有意识地探究身份认同

的不一致受到什么因素的影响。

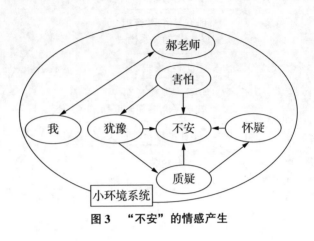

图3 "不安"的情感产生

2. 对身份怀疑的认识拓展

我和郝老师双人小环境系统的建立，离不开主管教学的副校长的"支持"。2019 年 9 月，当副校长提议郝老师和我合作"打样"时，我自己的想法是：上示范课，让教师们看到建议是如何具体落地的。郝老师关于"打样"的反应，让我意识到不应该让郝老师承担此压力。因为这更多是我在给自己"打样"，是学校对我工作效果的期待。我和郝老师商定，我与她所在的 3 人教研小组共同备课，打磨教案。10月，我在她的班级上了示范课。

在示范课后，郝老师尝试设计了更多让学生主动参与课堂的活动，自我感觉课堂效果不错。可是，紧随而来的期中考试中，她所教的两个班级的语文成绩和所带班级的整体成绩都不理想。当时，她承受着很大的压力。有了这次期中考试的"教训"，成绩的稳定和提升成为学校教学工作的重中之重。

在中环境系统，副校长、教师指导者和郝老师的互动发生在教学工作的角色关系中，受到学校环境的直接影响。郝老师感受到的"压力扑来"（见图4），来自副校长对她稳定和提升学生成绩的工作期待。

同样，这也是学校对副校长的工作期待，如同学校对我提高郝老师的教学能力的工作期待一样。相较于副校长和郝老师在教学评价上的强权力关系，我和郝老师的权力关系偏弱。这样看来，郝老师在我的"推进"中有表达"抗拒"的空间，或许，还有一种情况是我的"推进"对她教学能力的提升没有帮助。这意味着学生成绩成为中环境系统互动关系的关键目标。

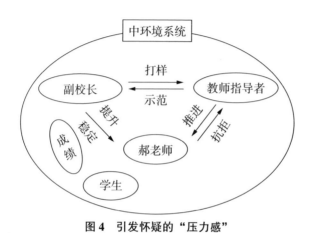

图4 引发怀疑的"压力感"

在我和郝老师关于压力感来源的讨论中，来自副校长的稳定和提升学生成绩的压力也外显出来。他的"不敢"嵌套在学校的社会声誉、学生家长的期待、教育评价等外环境系统，以及当地社会的教育理念、人才观念、关系模式等大环境系统之中（见图2）。教师指导者是这一嵌套关系中的利益无关者。我变革课堂教学的"敢"是溢出学校系统之外的。我对副校长"不敢"的轻视并不值得炫耀。

经由生态系统的拓展认识，我再认识了自身、郝老师和副校长的互动所产生的影响。我认识到：这种嵌套式的环境系统对教学革新行动有着"限制性"的影响，我理解了郝老师的"害怕"和副校长的"不敢"，意识到了教学革新的复杂性。这种系统的复杂关联，让我意识到即使自己再次回到课堂，实现自己的教育理想也不是轻而易举的。

3. 情感转化的共情同理

经由郝老师的情感映照，我的身份怀疑的困境浮现出来。在对教育现实的复杂性、系统性的拓展认识中，我放下了是否成为教师指导者的纠结，认识到困难与挑战在环境系统的结构性影响中在所难免。我理解了自己的"不安"的产生过程，体验了"害怕—犹豫—质疑—怀疑—不安"的情感流动。对这些看起来是"消极"情感的积极力量的切身体认，促使我追问自己：成为教师陪伴者的想法是值得向往的吗？自己真能为教师提供支持吗？能提供什么支持？

此时，我对自己身份的再次深入追问，不再受到"不安"的搅扰，而有一种面对现实与认识自我的释然之感。正如斯宾诺莎所言：要阻止或消灭一种情感，只能借助另一种比它更为强烈的情感。我的"释然"之情，如果仅仅由理性认识与自我认知转化而来，是不稳定的，还需要培育与它一致的言行，才能增强释然之情的力量（见图 5）。我和郝老师互动的这段情感体验为"我成为什么样的教师指导者"指明了行动方向。

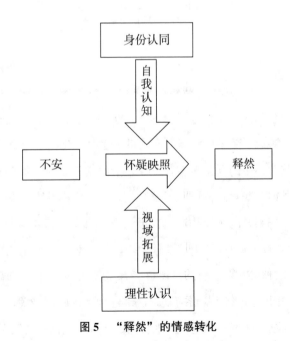

图 5 "释然"的情感转化

意象变身中的意志变化：从踌躇到坚定

广东第二师范学院外国语言文化学院

李紫红

每个人都依赖"意志"（will）这种人类特有的心理现象来确定目标、克服困难，并最终支配自己的行动以达成既定的目的，教师对教学行为的调节也并不例外。作为教师实践性知识的表征形式之一，"意象"（image）反映教师的自我认知以及教师对教学、学生和教育教学情境的认知，融合了教师的"信念、情感与需求"。此"意"虽非彼"意"，但都与知识（knowledge）及情感（feeling）有千丝万缕的关系。并且，两"意"的相遇产生了某种神奇的化学反应，让我生成了对意志的新理解。

在本文中，我试着梳理一个源自个体生活的叙事文本，以"小丑"意象的三种形态——"面具下的小丑""素颜的小丑""会变身的小丑"呈现一名高校公共英语课教师在不同成长阶段教学意志的变化，期待为其他教育工作者带来可能的启迪。撰写故事之初，我主要聚焦对叙事探究这种研究方法论的运用，努力通过理解过往经验去进行叙事的建构，并且通过叙事探索该如何研究自己从教二十多年所经历的一切；随着故事的发展，逐步采取行动，对现象进行有效的干预，进入旨在赋权增能、改变现状的教育叙事行动研究。

一、意志的困顿：意象的缘起与浮现

2019—2020 年，我访学期间师从陈向明教授并进入第三期教育行动研究工作坊，向陈老师及其团队学习。当老师要求我们提出一个困扰已久的疑题时，我马上想到了自己在公共英语课程中开展的教学改革。为何改革带来的总是沮丧和自我怀疑？

作为在教育领域摸爬滚打二十多年的资深教师，我主张以英文原著阅读提升学生的人文素养，并且在线上、线下组织戏剧表演、朗诵、讨论、书评撰写等活动。我有两个英语基础相当接近的教学班，但在课堂氛围和师生互动方面非常不同。A 班氛围冷淡，学生偏于沉默，表情有时候比较尴尬；而 B 班的教室让人感到安全、舒适，孩子们总是笑眯眯的，眼里有光。在 A 班，学生每次下课后匆匆离去，留下孤零零的我，颇有一种被遗弃的凄凉；B 班学生下课后会抢着帮我拎包，一路聊文学、聊考研计划等，直到校车候车亭，让我真切地感受到作为教师的幸福。

两个班的巨大差异令我思考：这样的改革是否不妥？部分学生会不会特别反感我的举措？到底要不要继续下去？在进行叙事写作很久之后，在阅读了杜威关于"意志"的一系列论述的基础上，回望这一段经历，我恍然大悟：自己虽然对教学充满了热情，对文学阅读的作用颇有信心，但是并没有清晰地意识到改革的难度，对学生的可能反应缺乏正确的预判，更无法克服困难以持久、有力地实现既定目标——很显然，我已经陷入了一种意志上的困顿状态。

一个突发事件迫使我认真思考自己在 A 班的教学问题，即个别学生提前冲出教室。那天，我被遗忘在空荡荡的教室里，百感交集之时，脑海里突然冒出一个咧着嘴的大花脸。这是"小丑"意象的第一次浮现，我不明所以。若要真正触碰这个故事的内核，只有进一步追索和深描其背后蕴含着的丰富意义。看到我的迷茫与脆弱，陈向明老师建议我读帕尔默的著作《教学勇气：漫步教师心灵》。

二、意志的锤炼：意象的溯源与深描

帕尔默认为，教师在教室里体验到的纠缠不清只不过是折射了教师内心生活中的交错盘绕。这句话深深触动了我，在自己的内心深处，交错盘绕着的到底是什么？教学改革为何一直无法推进？经过自我反思，当时虽然有所触动，但仍然没有明确的思考和行动方向。

恰此时，工作坊的助教王青老师向我们推介三维叙事探究空间理论框架，将我带进了一个相对复杂、丰富的时空之中。克兰迪宁和康纳利认为，将个体故事放置于特定主题下，依据时间、地点、社会三个维度加以重组，最终能形成一个完整的叙事，从而帮助写作者更好地组织、分析、建构和反思故事。时间维度探索具体往事与当前的关联，基于过去与现在畅想未来的可能情况与可能结果；社会维度关心个体的故事与哪些人相关，与哪些社会事件相似；地点维度重点关注故事发生的具体地点与周围环境、彼时盛行的风气等相关因素。

漫游于三维叙事探究空间，我鼓起勇气回到生命的原初，清晰地看到时代背景、学校教育、家庭教育和工作经历这些元素如何错综复杂地纠缠在一起，拧成一股合力，造就了今天的自己。求学与求职之路的漂泊助我养成探索精神，同时带来内心的不安与焦虑。这种内在紧张日积月累，进入课堂，在某个时刻变成了内心的恐惧，而后者其实是一种自我的分离。根据帕尔默的观点，只有获得自身认同与完整，我们才可能抛弃这种恐惧。抑或正如杜威所言，一个有性格（character）的人才会拥有坚定的意志，从而实现实际自我和观念自我的同一（self in which real and ideal are one）。而我从小被动适应新环境和照顾他人想法，意志难免是薄弱的。

陈向明老师问："你是否愿意进一步锤炼自己，回到故事现场，与学生开诚布公地探讨你当年的教学？"对于这个提议，我无比忐忑。可是，我十分渴望继续推进教学改革，同时也明白，只有弄清楚学生的想法，才有可能真正成为一名好老师。这种情感与认知的联结最终促使我采取了行动。

我彼时远在北京访学，通过 QQ 和微信对远在广州的部分学生进行了访谈和问卷调查。调查结果表明，两个班的学生对我的评价非常不同。A 班同学认为我有些像中学老师和他们的父母，嫌弃我对他们阅读进度与阅读效果的追问和敦促；而 B 班同学则毫不吝啬地表达对我的喜爱，将我当时的教学状态视为最适合他们的风格。往事如画卷般伴随着坦诚的交谈缓缓展开，我习以为常的课堂竟然犹如多棱镜，呈现出我与 A、B 班学生迥然不同的师生关系，也照见了师生关系中"我"（如表 1 所示）的恐惧与依赖（表 1 中的"接纳型课堂"是经过深刻反思之后在我心目中构建的理想课堂）。

表 1　多棱镜中的课堂

课堂类型	防御型课堂 （A 班）	愉悦型课堂 （B 班）	接纳型课堂 （理想课堂）
自我形象	精心设计自我形象	淡然忘却自我形象	欣然拥抱自我形象
主体	教师为主体	学生为主体	双主体
课程	课程相对僵化	课程相对灵活	课程保持开放
师生关系	恐惧、排斥 有个性的学生	欢迎、喜爱谦虚、 勤奋的传统学生	拥抱质疑与挑战， 直面矛盾

三、意志的变化：意象的延展与阐释

故事中有个从教室后门冲出去的 A 班学生曾找我道歉，将早退归咎于错误地领会了我的指令。我马上接受了这个解释，潜意识里绕开了更为尖锐的矛盾，没有勇气去探讨学生是否对自己的课堂早已厌倦。在陈向明老师的指导下，我尝试分析小丑意象的内涵（见表2），惊讶地见证了自身教学意志的变化。我第一次直觉般邂逅的意象是一个面具下的小丑，其原型为我近十年前在泰晤士河畔游玩时偶遇的卖艺小丑。他以热情的握手和灿烂的笑容作为取悦顾客、收费拍照的谋生手段，却被不谙世事的我误认为单纯的待客之道而没给他钱，他非常郁闷，落寞的背影至今令我耿耿于怀。

素颜的小丑于意象溯源时接踵而来，得益于我读硕时研究戏剧理论的经历及工作期间参加戏剧工作坊的体验。我的戏剧课老师特别推崇一个自由、快乐、专注于愉悦的"小丑"。其取悦的不仅是客户，还有他自己。素颜小丑的课堂貌似令人神往，但是如果总是试图绕开那些张力时刻，我们可能会错失与持相反观点和立场之人相遇的机会，也因此错过真实的对话。对变化小的环境的依赖，其实也是对他人意志的依赖，从而很难形成自身坚定的意志。

表2 "小丑"意象的延展与阐释

小丑类型	面具下的小丑	素颜的小丑	会变身的小丑
浮现场景	泰晤士河畔	戏剧工作坊	教育叙事行动研究工作坊
信奉原则	教师是知识权威，学生需有回应，师生关系纵向有序	教师是引领者，学生可自主学习，师生关系横向平等	教师是舞者，教学相长，师生关系灵活多元
做事规则	教师垄断教学设计，师生活动单向	学生参与课程设计，师生双向互动	课程设计应情境而变，师生互动顺其自然
知的变化	相对僵化的师生关系	相对单一的师生关系	多元并置的师生关系

小丑类型	面具下的小丑	素颜的小丑	会变身的小丑
情的变化	压抑、惶恐、疏离	放松、快乐、温暖	自若、明达、无挂碍
意的变化	瞻前顾后	过度依赖	从容坚定

杜威一直强调，知、情、意只是同一意识的三个方面，是为了方便分析而人为区分的结果。但是，以"意志"的概念框架去回看和阐释这个故事，却给我带来焕然一新的领悟：只有走出舒适圈，去努力营造一个接纳型课堂，接受多元并置的师生关系，以自若、明达、无挂碍的情感进入教学，才能从容坚定地走好教学之路。如是课程观之下，教师是一个会变身的小丑，能主动拥抱教育过程中的美丽风险。教育的开放性必然会削弱教师对课堂的控制，因而会带来一定的不确定性。然而，比斯塔认为，"教育之弱"所带来的教学效能弥补了这种风险可能导致的损失。教师作为舞者，教学相长，如果学生拒绝共舞，教师也可以独舞，同时仍坚持发出邀约。也许，学生某天听到音乐，也会跳上两步，足矣。这种领悟给我带来极大安抚。故事的内核——"意志的困顿、锤炼与变化"在铺陈之下渐渐坦露真实的容颜。

结束访学和工作坊的学习后，我回到自己的工作岗位，心怀前所未有的笃定，在新任班级启动并深化新一轮英语文学阅读教学改革，坚持至今。在此过程中，同样会遇到不理解或者不认同我教学风格的学生，但我的内心不再有惊涛骇浪，而是心平气和地与学生探讨其中的原因，同时接受一些差异化的方案。我国学生习惯了义务教育阶段以标准化试题的训练为主的英语学习，并且缺乏英语运用的环境，要接受英语原著的整本书阅读以及貌似与考试无关的教学活动，无论在学习方式还是学习动机上都面临巨大的挑战。当我对这些客观困难有了清晰的认识，并且坚信自己所做之事有利于学生的长期发展时，沮丧或者自我怀疑等消极的情感就不再困扰我。吾志弥坚，迎难而上。能够跟上步伐的学生继续阅读和参与戏剧表演，感觉吃力或者意愿低的学生可以放慢脚步，不定期观看我推送的阅读讲座视频，他们也会受到"邀约"的感召，偶尔"共舞"。在未来的某一天，相信这些记忆片段也会成为他们生命长河中一朵美丽的浪花。

总之，三维叙事探究空间理论框架的运用有助于探讨教师实践性知识中教师意象的生成，帮助我梳理如何在重重困难中推行教学改革、为构建更为和谐的师生关系而不断努力的心理过程。于我而言，这个过程充满了情感的波动，关涉教师教育观念的深刻转变。在对这个叙事文本的撰写、讲述、重构与再生成中，我渐渐摆脱退缩、踌躇的秉性，成长为一个敢于直面冲突、勇敢拥抱教育不确定性的教育者，期待着在经验的溪流之中生成新的关系，并将其带入未来的经验之中。

行走于跨界的镜道中：
从描摹到创新

冯国蕊
北京市海淀区教师进修学校附属实验学校

2019 年 9 月，我受学校派遣，跨越自己日常工作的边界，参加了由北京教育科学研究院德育研究中心举办的教育行动研究工作坊，师从陈向明老师学习教育叙事行动研究。2020 年 6 月，我主动申请加入陈老师主持的"教师跨界学习机制"研究课题组。2022 年 9 月，我加入跨界学习小组，与陈老师的 4 位访问学者、3 位中小学和幼儿园教师以及 3 位大学教师一起学习。三年来，从教育叙事行动研究工作坊到跨界课题组再到跨界学习小组，跨界学习的经历让我不断与各种理论相遇。这些平日里可遇不可求的理论与现实中复杂而不确定的情境，以及来自各个活动系统的跨界者，如同一面面镜子，让我行走于跨界的镜道①中，全方位、多角度地映照自己，并不断探索身边的教育世界。本文基于三年的跨界学习经历，借助跨界学习理论，对自己教育教学行动的变化及其机制进行探索。

---

① "镜道"是舍恩和阿吉里斯讲授反映性实践课程时提出的一个概念，他们认为这个概念可以形象地说明一个反映性探究组织犹如一个满是镜子的厅廊，成员在其间可"映照"出自我和他人。详见：舍恩. 培养反映的实践者 [M]. 北京：教育科学出版社，2008：268-270。

一、工作坊：跨界学习初体验

工作坊的学习为期一年，每三周集中学习一天，共计十二次。5位教员有主讲老师、助教老师还有专门负责考勤的班主任，30多位学员包括中小学、幼儿园教师和几位访问学者。除此之外，教室角落里还有一位一直默不作声的观察员。在离开工作坊之后我才逐渐了解这种"复杂"的人员构成。学校最初决定派遣我去参加工作坊的学习，实属不同领导间激烈博弈的结果，因为我当时担任年级组长兼班主任，虽然每三周才进行一次集中活动，但抽出一整天时间实属难得。于己而言，有一种远离尘嚣的洒脱。

我跨越了自己日常工作的边界，与来自不同活动系统的参与者一起来到"边缘地带"共同创生一种新的学习方式——跨界学习。但在当时，我对这个概念闻所未闻，身在其中也毫无觉察，但每次都会满怀期待地奔赴这个"边缘地带"。助教老师课前的热身活动让我们很快进入状态，并且每次都不一样。接下来的作业（反思贴）点评，助教老师的视角非常独特，每位学员都被深深吸引。每次面授课我们小组都特意坐在最前排，以便接受老师近距离的指导，后来向明老师名正言顺地成了我们组的指导教师。课后作业通常是写300字的反思贴，阅读相关文献，以及修改自己的故事至进阶版本，如从3.0版至4.0版，最终至12.0版。

对于在"边缘地带"的所学，我总是迫不及待回到"核心地带"去实践。例如，第六次课上学习了访谈的技巧：三个P，第一个P代表pause（停顿），第二个P代表probe（追问），第三个P代表paraphrase（释义）。回到学校，我便运用这三个技巧访谈学生，在"低洼湿地"中的运用远不像"干爽高地"时的练习那样顺畅。但这并没有妨碍我像搬运工一样，将工作坊中所学零零散散地移至工作场域灵活运用。

　　某次年级会，我把工作坊上课的模式迁移过来，大家一改往日好人好事的汇报腔，真实分享自己的教育教学故事。我学着工作坊教员的样子，提醒大家：听完故事之后不要急于评价、支招，而是通过不断的追问，让讲故事的教师提供更多的故事细节。也许在故事不断浮出水面的过程中，问题的成因和解决策略也会相伴而生。某个教师讲完学生的故事之后，不知道大家从哪个点迁移到自己家孩子身上，产生了源源不断的故事，所以我顺势引导：养育子女是一辈子的质性研究。

　　就这样，一年时间里我沉浸在跨界学习中，游走于理论与实践之中。向明老师称此次跨界学习经历是一次让每个人刻骨铭心的历险，这个教育事件是靠我们共同来创作的，甚至是可遇不可求的。每个人保持开放的心态，总有想不到的惊喜，从而创造不可能的可能性。

二、描摹匠：开展跨界校本研修

　　工作坊即将结束时，陈老师发出了课题组的招募信息。我自然不会错过这个机会，将个人简介发送到课题组的邮箱，表白了我的意愿，至今初心仍然不改：

　　　　经过工作坊一年的学习，我对于资料的收集、整理和分析有了一定的理解，但在研究中尚做不到游刃有余地使用。所以希望通过本次课题研究，从大学研究者身上不断学习，提高理论水平，同时赋予平时的实践以理论意义，并能够在课题组中运用收集和分析资料的各种方法。

　　第一次参加课题组研讨时我发现，早在工作坊成立之初，"教师跨界学习机制研究"课题已经嵌入其中（这也是那位一言不发的观察员在场的原因）。陈老师还是一如既往地开放和包容，我们几个新加入课题组的老师——被点名发言。我笑称发现自己进入课题组时，研究的框架如同大厦已经建成。陈老师回应："你会发现这座大厦在大家的碰撞下也会瞬间坍塌。"这句话再次印证跨界的研究成果是在交互中生成的。

在课题组的一年，我开始慢慢参与其中，并撰写了论文《在跨界学习中破茧成蝶：求索一线教师的专业成长之路》。此文采用叙事的方法对工作坊一年的学习经历进行回顾与重塑，探究自己在跨界学习中的变化轨迹。坦率地讲，这一年的经历只是让"跨界"这个概念逐渐进入我的视野，但我对它的理解还仅仅停留在日常语言层面，对跨界学习理论知之甚少，至于其理论渊源更不得而知。只是亲身经历告诉我，跨界学习使自己受益颇丰，于是我试着在工作的场域范围内将不同的活动系统聚拢到一起，跨越边界进行教学研讨活动。

2021年4月，我与学校的教学副校长以及到我校挂职的杭州市拱墅区教育局教学干部一起设计了一次校本研修活动。黄老师为大家呈现了一节初二年级的数学课，学生由来自不同学科的任课教师构成，师生一起探究平行四边形的性质。台下课堂观察的教师打破年级与学科边界，分为两个大组，一组专门观察学生行为，另一组聚焦教师行为。每个大组又分为四人小组，每个小组还收编了校医等行政人员。此外，学校的部分管理者也从自己的视角对此次校本研修进行观察。

授课教师在课堂伊始提出研究图形可以从宏观和微观两个层面展开，两个小时的录音资料（含教师授课以及教师们的研讨）显示教师16次用到"微观"和"宏观"这个概念。课后研讨中，课堂观察团队中的校医表示自己理解的"宏观"和"微观"比较接近整体和个体。生物老师表示生物学上的宏观就是肉眼能看得见的，比如生物个体，微观是肉眼所看不见的，需要借助显微镜，比如细胞，所以建议改为"整体"和"局部"，可能更便于学生理解。

本次教研活动的参与者来自学校各个活动系统，如教研组、行政部门、管理层等。平日里的教研活动多以学科组为单位，学科组内部享有一套共同的话语体系、教学行为模式。学科组之间的差异形成一条较为明显的"边界"，这些差异在一定程度上阻隔了各个活动系统之间的交流。跨界学习理论将差异视为交流的资源，它可以促使参与者重新审视自己的惯常假设及长期的专业实践，进而引发深度学习，在思想观念与行为系统方面发生变化。这次教研活动中，来自不同活动系统的参与者对"宏观"和"微观"产生了不同的理解，这种差异构成了沟通的必要性，并形成新的集体概念，也就是生物老师所说的可以调整为从"整体"和"局部"来研究图形。

此时的我如同"描摹匠"，关于跨界学习理论，耳熟能详的自然是"师傅"经常挂在嘴边的那句"差异是资源"，分析资料时不断捕捉来自不同活动系统的参与者之间的差异，也确有一些有趣的发现。但毕竟不同活动系统仍然处于学校这个大系统之中，存在很强的同质性，多样性不足。除此之外，此次教研活动具有一定的偶然性，在学校并未形成惯例，故其连续性也不够，跨界者没有形成一种相互依存的学习关系，也就无法解释教师在其中的变化机制。

三、创新者：构建家校跨界共同体

2022年9月，我加入由陈向明老师带领的跨界学习小组，每两周开展一次活动。第三次活动前，大家阅读了大量有关跨界学习理论的文献，其间每个人就跨界学习理论提出自己的问题，诸如跨界学习理论的贡献在哪里，其理论来源是什么，跨界学习的要素及机制是什么，等等。通过几位高校老师的分享，以及彼此的碰撞与激发，小组成员澄清了对跨界学习理论的疑惑并形成了更加深入的理解。之后，我又不断听小组讨论时的录音资料，反复阅读相关文献，努力参透跨界学习理论的"前世今生"。此时，我也慢慢地从一位"描摹匠"成长为创新者。

根据我现在的理解，跨界学习有三个理论来源：非共识合作学习、拓展学习、情境学习。三种学习理论来自不同的流派，但是三者均把注意力放到了边界，关注不同活动系统的边缘地带，把"边界"和"跨界"当作他们理论中的重要概念工具。2011年，荷兰学者阿克尔曼和巴克尔通过综述前人研究，将"跨界学习"定义为：跨界者在边界区域基于对边界客体的共同实践而产生的学习。这个概念中包含了三个要素，跨界者、边界、边界客体。关于跨界学习的机制，两位荷兰学者将其概括为识别、协调、反思、转化，陈向明老师将其本土化为意义协商、视角再造、实践重构三种机制。

1. 理论引导下的家校跨界共同体构建

作为中学起始年级的初一，在新生入学不到两个月的时间里，屡屡发生沟通不畅以及信任缺乏造成的家校冲突。例如，在入学不久的某次评选中，由于对评选结果不满，家长气冲冲地在电话里直接问新入职的班主任今年多大年龄，是否已经为人父母。我作为年级组长理所当然要出面调停，但是事与愿违，家长的情绪越来越糟，最后在电话里哭着说："学校必须给我们一个说法。"放学后的办公室空荡荡，只剩下我和班主任，外面漆黑一片，班主任忍不住流下委屈的泪水。我脑海中闪过很多画面：家长拿起电话向北京市民热线或者区教委投诉，然后是副校长、校长层层审核自己的投诉回复件，行政会上向所有行政干部做情况说明……

随后，我决定从家校矛盾这个"大麻烦"入手成立家长委员会。各班班主任在班级群发起招募信息，为了控制总人数，每班限报3人。我所在年级一共8个班，最终进入年级家委会的家长一共29名。在此家校跨界共同体中，跨界学习涉及的三个要素（跨界者、边界、边界客体）清晰可见。

首先，"跨界者"是最为明显的要素，我和家长来自不同的活动系统，我们跨越自己日常工作的边界，进行合作与实践。

其次，跨界者的工作性质、价值观念及行为方式都存在明显差异，这些差异形成了"边界"。单就家长进入家委会的原因进行分析，就会发现其微妙差异：近距离地了解孩子的学校生活；督促自己把更多的时间和精力放在孩子身上；为学校、老师和孩子们提供力所能及的服务；等等。关于成立家委会的初心，以我为代表的教师希望家委会协调家校关系，但不要额外制造家校矛盾；希望家委会提供教育资源，但不要过多"插手"学校的教育教学工作。

最后，"边界客体"作为桥接两个领域共同实践的媒介，在家校跨界共同体中，我将其界定为"孩子的健康成长"。家庭与学校两个活动系统都承认这个边界客体，但又各有侧重。家庭更加关注亲密关系的建立、本体安全感的形成、生活习惯的养成、道德品质的发展等；学校则通过有明确指向性的教育教学活动，促进学生学业发展和身心健康发展。据此可见，"孩子的健康成长"具有多元性和复杂性，这就为家校共同实践创生了足够的空间。

2. 家校跨界共同体实践的过程及机制

在跨界学习中，跨界者第一步就是要清楚识别出不同边界存在的差异。家校跨界共同体构建之初，我对差异有所预期。但更多差异在合作的过程中慢慢浮出水面，面对不同的利益诉求，跨界者不断进行着差异识别与意义协商，并伴随着对问题的持续反思与视角再造。

（1）差异识别

2022 年 11 月下旬，受新冠肺炎疫情影响，北京许多区县不得不转为线上教学，家庭和学校各自的劳动分工出现错位。一个学生在朋友圈发了一张四仰八叉躺在沙发上睡觉的猫，暗指自己的学习状态。我儿子也在朋友圈发了这样的文字：最近网课精神状态不太好，坐久了站起来走路膝盖能磕到墙角上。针对这种现状，我在家委会的群里发起议题：目前希望解决孩子居家学习中的什么问题，以及我们家委会目前可以做些什么。

在抛出议题后，第一个反馈是一条发出但又撤回的消息，润色之后再次发出，其中有一句"副科因为没有太多学习任务，也是让大家上自习"。在群里看到这样的反馈，我自然倒吸一口凉气。人为压缩或削减音体美等国家课程，此乃教育禁忌。但疫情事发突然，学校一夜间转为线上教学，实为无奈之举。但我仍然故作镇定地在群里进行了礼貌性回应，随后单独给这位家长发送信息了解情况。家长连忙解释说，社区要求自己也居家，所以这几天一直观察孩子们上课，刚才的建议其实没别的意思，就是想有效利用时间。在发起议题讨论时，我希望家委会对学校教育教学和管理工作予以支持，积极配合，但家长要对学校开展的教育教学活动进行监督。

（2）意义协商

在识别到差异之后，我与家长逐渐展开了意义协商。首先，我对劳动技术、形体等课程临时改为自习课做了一定的解释，并承诺线上教学的第二周一定恢复正常。同时，我还对家长的监督给予了积极回应，并适当暴露了自己对线上教学进行后台巡课时发现的一些问题。这时，家长才放下芥蒂，如此回应：

有些话不太方便在群里说，所以和您私下沟通……我上周居家办公的时候也在观察孩子上课。正如家长们私下所说，有些课教学质量真的不乐观，比如……

家长从自己的视角反馈了孩子们上网课存在的一些真实问题，比如人坐在电脑前但思维在"神游"，还有的同学在上课期间私自建群聊得火热。除此之外，家长还一针见血地指出课堂的顽疾：上课喜欢举手发言的其实就那么几个，估计平时上学也是这样，不爱发言的同学在网课上会变得更加沉闷。

这些监督和反馈听起来"刺耳"，但对教师改进教学确实很有帮助。接下来，我借由《教育部关于建立中小学幼儿园家长委员会的指导意见》中提到的家长委员会的基本职责，将大家的意见、建议和监督合理、合法化，并将它们的意义界定为"参与学校管理"而非"插手学校工作"。当我借用政策性文件，将家委会的职责办公室为"参与学校管理""参与教育工作""沟通学校与家庭"时，发现家与校更能够敞开心扉、增强信任，从而产生同频共振的言行，并产生更多创新的举措。仅疫情防控期间，家委会就提供了十几门选修课程供大家选择，极大地丰富了孩子们的居家生活。

(3) 视角再造

在发出"针对居家线上学习的现状，家委会可以做些什么"的议题之后，家长在群里纷纷回应："建议学校为学生指定每天的体育锻炼计划""建议老师增加课堂互动环节""建议早自习随机检查各科背诵情况"……当我以重申议题的方式"拦截"了家长的各种建议之后，接下来的讨论家长要么以"我特别认真地思考了冯老师的议题"开篇，要么以问答的形式确保自己不离题。字里行间感受到家长的小心翼翼甚至是战战兢兢，好像生怕言语不当连累到自己家孩子。

研讨时，向明老师一语道破我们之间的关系，家庭和学校作为两个高利益相关的活动系统，其关系非常微妙和脆弱，双方跨界者也就更加敏感进而小心翼翼行事。换位到家长的角色，作为母亲的我又何尝不是如此，为了相安无事，除了对学校老师适时表达谢意之外，更多是敬而远之。在一定程度上，家长主动申请加入家委会并且积极承担责任与义务的勇气是令人敬佩的。家长换位到教师的视角，也能意识到家长只负责一个孩子，教师则要回应所有孩子及不同家庭需求的为难之处，还表示疫情当下也"心疼"教师：教育教学工作从不停滞，还要担负起繁重的防疫工作。

陈老师建议，作为家校关系中的主导角色，教师更应该主动放低自己，坦诚对话。在家长眼里，我貌似是无所不能的教育工作者，但在跨界交往中，我则不断暴露自己的母职之弱，如情绪变化无常却也经常束手无策。而家长在其所擅长的领域又都可称为专家，从家委会为学生提供的丰富课程便可窥见一斑。例如，创意涂色课程中，家长亲手绘制巨幅凤眼莲线稿，并将学校校标作为边框融入其中，学生创意涂色之后又转化为学校的文创产品。

家校跨界的关键在于跨界双方是否保持高度的开放性，超越个人利益诉求，致力于"边界客体"——孩子的健康成长。在实践过程中，既清晰地识别差异，又不断地进行意义协商、视角再造，进而建立一种彼此平等、相互回应的关系，创生出有助于孩子们成长的新空间。

四、跨界者：行将致远

回看三年的跨界学习经历，我不断与各种理论相遇，也总在宣称理论是最好用的工具。学友笑称："你只要看到理论，眼睛就发亮，揉吧揉吧就能上手用。"其实则不然。首先，为何大学期间习得的各种教育学理论，我们更容易早早"还"给老师？因为那个时候我们尚未曾遭遇现实教育情境中的诸多两难与困境。其次，如若不是在工作坊中沉浸式地体验跨界—交互—生成的学习机制，又怎会大受裨益？过早地与理论相遇也只会陷入相遇而不相识的境遇。换言之，即使你偶然碰上它了，你又怎么会知道你所发现的事物就是你想追寻的东西？最后，"揉吧揉吧就能上手用"也仅仅停留在描摹阶段，但这种在理论的指导下"立即行动"也确实是对我的一种赞誉。真正创造性地使用理论是在对其"前世今生"等诸多问题有了深入理解之后，我也能够更加游刃有余地用理论解释自己所做的事情。

一方面，我扎根于教育教学一线这片沃土；另一方面，我又何其有幸参与了跨界学习之旅。因此，我和学校的同道中人一起沉浸在田野中，以教育世界的真实问题为导向，将其转化为研究问题，并在行动中不断地进行描摹与创新。在整个研究过程中，我们探究这个世界的奥秘，融入这个世界之中，使自己更好地成为世界的一部分，使之成为我们共同的世界。简言之，跨界学习如同镜道，让我活出另外一个自己。

出 版 人　郑豪杰
责任编辑　何　蕴
版式设计　沈晓萌
责任校对　贾静芳
责任印制　米　扬

图书在版编目（CIP）数据

心灵的转化：参与和跨界中的教师学习／陈向明，
王富伟主编. —北京：教育科学出版社，2024.3
（实践-反思教育学文丛）
ISBN 978-7-5191-3608-6

Ⅰ.①心… Ⅱ.①陈… ②王… Ⅲ.①中小学教育—
教育研究—文集 Ⅳ.①G632.0-53

中国国家版本馆 CIP 数据核字（2023）第 228945 号

实践-反思教育学文丛
心灵的转化：参与和跨界中的教师学习
XINLING DE ZHUANHUA：CANYU HE KUAJIE ZHONG DE JIAOSHI XUEXI

出版发行	教育科学出版社				
社　　址	北京·朝阳区安慧北里安园甲 9 号		**邮　　编**	100101	
总编室电话	010-64981290		**编辑部电话**	010-64989421	
出版部电话	010-64989487		**市场部电话**	010-64989009	
传　　真	010-64891796		**网　　址**	http：//www.esph.com.cn	
经　　销	各地新华书店				
制　　作	北京金奥都图文制作中心				
印　　刷	保定市中画美凯印刷有限公司				
开　　本	720 毫米×1020 毫米　1/16		**版　　次**	2024 年 3 月第 1 版	
印　　张	37.25		**印　　次**	2024 年 3 月第 1 次印刷	
字　　数	450 千		**定　　价**	130.00 元